Hans Peter Riegel

# IMMENDORFF

riverside

Von Hans Peter Riegel sind bei Riverside Publishing neben der Biographie über Jörg Immendorff, auch die Biographie über Joseph Beuys, die Textsammlungen »Über Kunst« und »Flickering Subjects« sowie Monographien erschienen.

Hans Peter Riegel

# IMMENDORFF

Die Biographie

ISBN 978-3-9524961-3-8

4. aktualisierte Auflage 2018

Riverside Publishing ist eine Marke
der Riverside AG Zürich

## INHALTSVERZEICHNIS

# TEIL 1 / 1945 - 1962

## NACH DEM KRIEG

Immendorff wurde in ein verwüstetes Land hinein geboren, wenige Tage nach Kriegsende, in einem Dorf an der Elbe, dort, wo die letzte Schlacht des Krieges stattfand. Hier an der Elbe endete alles, hier waren die Frontlinien der Armeen zum Stillstand gekommen. Mit diesem Moment wandelte sich der große Strom zum Graben, an dem die tektonischen Platten der Weltsysteme aufeinander stießen. An dieser Nahtstelle lag Immendorffs Geburtsort, der mit seinen beiden Ortsteilen dies- und jenseits der Elbe, zu einem Archetypus der deutschen Teilung werden sollte.

Bleckede, ein deutsches Dorf, mit Fachwerkhäusern, Feuerwehrteich, Obstgärten und alten Bäumen, unweit von Lüneburg, hinter einem Saum von Erlen- und Eichenwäldern gelegen, dann zum Fluss hin mit freier Sicht auf die Weiten des Elbvorlandes mit seinen Feldern, Feuchtwiesen und Mooren. Fast schien die Lage Bleckedes, im Schutz der Wälder, wie eine glückliche Fügung, die den Ort vom Krieg weitgehend unberührt ließ und bei seinen Bewohnern die Hoffnung nährte, es wäre bald schadlos überstanden. Wenige Tage vor seinem Ende jedoch brach der Krieg unvermittelt über das Dorf herein, hinterließ verwüstete Felder, niedergebrannte Höfe und geplünderte Speicher.

Als Jörg-Dietrich Immendorff in der fünften Woche nach der deutschen Kapitulation, am 14. Juni 1945, in einem Zimmer der Dorfschmiede von Bleckede geboren wird[1], sind die von Zerstörung verschonten Häuser in den Dörfern entlang der Elbe mit Flüchtlingen überfüllt. Heimatlose schleppen Leiterwagen mit ihrer letzten Habe hinter sich her. Die Elbe spült immer noch die Leichen derjenigen an Land, die vor den Russen fliehend in den Strudeln des breiten Stroms ertranken, abstürzten, als sie über die gesprengten Brücken zu klettern versuchten, entkräftet untergingen, beim Versuch, schwimmend an das westliche Ufer zu gelangen.

Immendorff, bei seiner Geburt untergewichtig, überlebt selbst nur mit knapper Not, denn seine Mutter, hungernd wie die anderen Überlebenden des Krieges, konnte ihn nicht stillen.

Irene Mewes, Immendorffs Mutter, war aus dem vom Bombenkrieg zerstörten Hamburg nach Bleckede gelangt. Sie stammte aus einer Familie von Hamburger Elbfischern. Eine kleine, rotblonde Frau, mit wachem Verstand und herbem hanseatischem Charme. Nicht schön aber auch nicht ohne attraktive Züge. Im September 1944 begegnet sie Immendorffs Vater in Lüneburg, wo sie als Sekretärin der Militärverwaltung eingesetzt ist und sein Regiment neu aufgestellt wird, nachdem es an der Ostfront aufgerieben worden war.

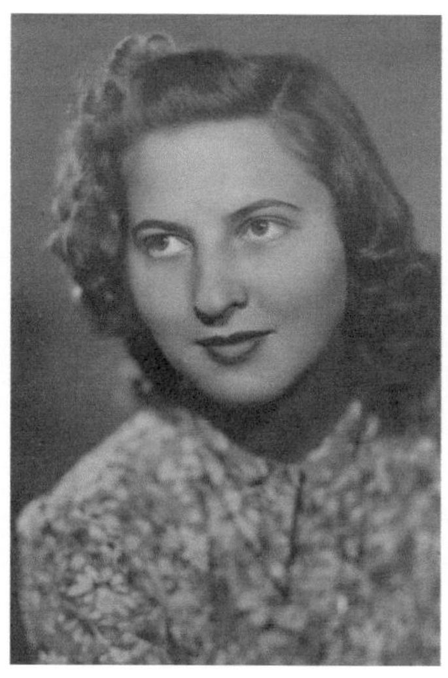

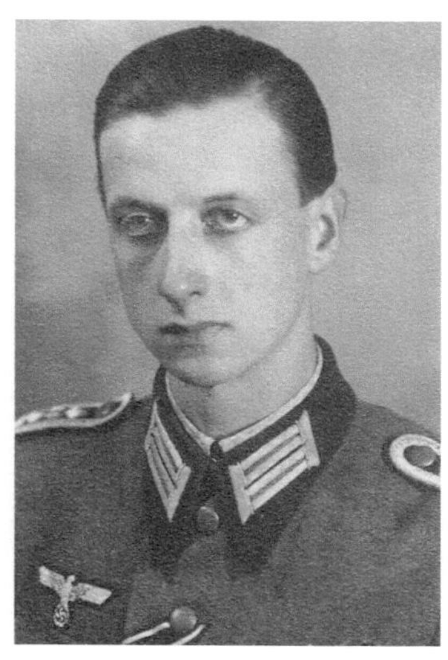

1, Immendorffs Eltern 1945

Armin-Dietrich Immendorff, der Vater, ist ein dreiundzwanzigjähriger Kavallerie-Offizier, ein schmaler, fast zarter junger Mann, mit skeptischen Zügen, von kaum auffälliger Statur, eher zurückhaltendem Temperament, elegant und wohlerzogen. Im November 1940 war er aus der Obersekunda eingezogen worden. Da er ein hervorragender Reiter war und sein Vater schon als Kavallerist gedient hatte, schickte man ihn ebenso in ein Reiter-Regiment.

Zur Feindaufklärung ausgebildet, zählte er zu den ersten, die bei Hitlers Überfall russischen Boden betraten. Armin-Dietrich Immendorff erlebte barbarische Schlachten, die kaum vorstellbaren Gräuel der Ostfront, durchlitt den russischen Winter, war er bei den Elite-Einheiten, die bis auf wenige Kilometer nach Moskau vorrückten.

Er wurde verwundet und für besondere Tapferkeit mit dem Sturmabzeichen sowie mit der Nahkampfspange ausgezeichnet.

Diese erhielten Kämpfer, die „das Weiße im Auge des Feindes" gesehen hatten, die Mann gegen Mann bis zur letzten Entscheidung kämpften, bis sie den anderen getötet hatten.[2]

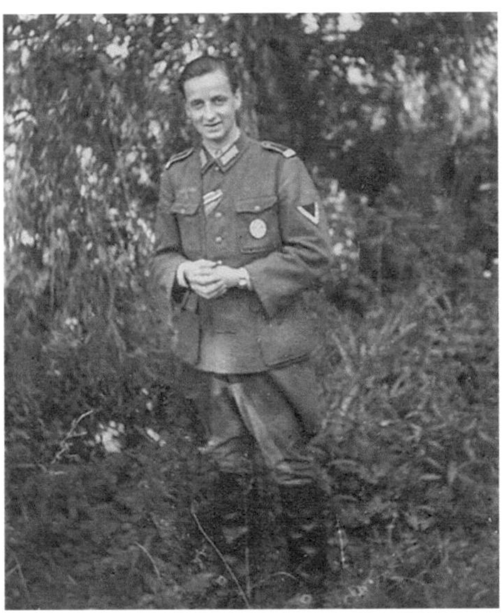

2, Immendorffs Vater in Kavallerie-Uniform

Die Bilder der Schlachten, die Todesangst, die Bombennächte, Elend und Verzweiflung in sich tragend - die Zeugung Jörg Immendorffs muss einer dieser flüchtigen Augenblicke von Intimität inmitten des apokalyptischen Chaos eines längst verlorenen Krieges gewesen sein, in denen sich zwei Menschen, die sich nur wenige Stunden kannten, ungeachtet der Folgen und ohne Gewissheit, sich je wiederzusehen, miteinander verbanden.

Gegen Ende Oktober 1944 wurde Immendorffs Vater wieder an die Front geschickt, um an den letzten Rückzugsgefechten in Weißrussland teilzunehmen. Während eines kurzen Fronturlaubs, der wohl nur wegen der weit fortgeschrittenen Schwangerschaft seiner zukünftigen Frau genehmigt worden war, heiraten Immendorffs Eltern am 24. März 1945 auf dem Standesamt in Bleckede. Kurze Zeit später, am 15. April, rückte die Kampflinie an das bisher von Kriegshandlungen verschont gebliebene Bleckede heran.

Die letzten Aufgebote Hitlers, nicht zuletzt SS-Einheiten und Getreue des Regimes, versuchten sich vor den heranstürmenden Engländern und Amerikanern nach Norden über die Elbe, in das noch unbesetzte Schleswig-Holstein zu retten. Von der anderen Elbseite her drängten Menschenmassen in panischer Flucht vor den Russen über den Fluss.

Deutsche Truppen hatten sich im Wald beim Bleckeder Moor und entlang des Elbdeichs eingegraben, um den strategisch wichtigen Brückenkopf Bleckede zu verteidigen. Britische und amerikanische Artillerie nahm das Dorf unter Beschuss, Infanterie und Panzer rückten vor, Tiefflieger bombardierten die deutschen Stellungen. Die Artillerie der Wehrmacht feuerte ihrerseits vom gegenüberliegenden Elbufer aus die auf Stellungen der Alliierten, wobei man in Kauf nahm, auch den Dorfkern mit seinen von Flüchtlingen überfüllten Häusern zu treffen.

Immendorffs hochschwangere Mutter wird, wie die anderen Einwohner, denen es nicht mehr gelungen war, vor den Kampfhandlungen zu fliehen, schutzsuchend vor dem Beschuss, Tage und Nächte im Keller oder einem Erdbunker verbracht haben.

Am 22. April besetzten die Engländer Bleckede. Versprengte deutsche Einheiten, die sich in den Wäldern verbargen, kämpften dennoch bis zur Kapitulation, und auch später noch soll es dort Schießereien gegeben haben.

Später glaubte Immendorff, sich an die Umstände dieser Zeit zu erinnern: „Ich bin nun Jahrgang 45, Juno, ich hab ja im Mutterbauch wahrscheinlich noch Göbbels im Radio gehört. Vielleicht sogar Hitler (...)über den Volksempfänger und hab die Bomben fallen hören.[3]

Sein Vater hatte überlebt. Vor der heranrückenden Roten Armee war er mit seiner Einheit in einer abenteuerlichen Flucht quer durch Osteuropa bis in die Nähe von Klagenfurt gelangt, wo sein Regiment, das letzte Reiterregiment der deutschen Militärgeschichte, in einer theatralischen Inszenierung am 9. Juni die Waffen niederlegte. Noch 1963 berichtet er, inzwischen Hauptmann der Bundeswehr, auf bedenkliche Weise romantisierend, von diesem Moment: „Schwadron neben Schwadron, Pferd an Pferd; es blitzten in der Sonne Zaumzeug, Bügel und Sporen. (...) Zum letzten Mal sprach der Oberst zu seinen Reitern: Kurz, knapp und klar, so wie stets seine Befehle waren, aber diese Worte fassten alles zusammen, was den anständig gebliebenen deutschen Soldaten auch damals noch prägte: Dank, Stolz, Gedenken, Zuversicht."[4]

Nr. 92 B

Bleckede, den 15. Juni 1945

Die Hausfrau Dorothea Anna Irene Immendorff geborene Merves,

wohnhaft in Bleckede, Lüneburgerstraße 7,

Ehefrau des Hermann-Dietrich Ernst Otto Alfred Gustav Immendorff,

wohnhaft zuletzt in Bad Pyrmont

hat am 14. Juni 1945 um 9 Uhr 45 Minuten

zu Bleckede in ihrer Wohnung

ein~~en~~ Knaben geboren. Das Kind hat den Vornamen erhalten:

Jörg-Dietrich

Eingetragen auf mündliche — ~~schriftliche~~ — Anzeige der Hebamme Margarete Dierks, die bei der Geburt zugegen gewesen ist.

Die Anzeigende ist dem Standesbeamten bekannt.

Vorgelesen, genehmigt und ——— unterschrieben

Margarete Dierks

**Der Standesbeamte**

[Unterschrift]

1. Eheschließung der Eltern ~~bzw. Geburt der Mutter (bei unehelichen Kindern)~~ am 24. März 45 in Bleckede (Standesamt Bleckede Nr. 7/45).
2. Eheschließung des Kindes am ... in ... (Standesamt ... Nr. ...).
3. Tod des Kindes am ... in ... (Standesamt ... Nr. ...)

Vermerk: Erste Eheschließung mit Christliebe Marianne Reinecke am 5. August 1965 in Düsseldorf-Nord, StAmt Düsseldorf-Nord, Nr. 837/1965.

~~T 1498~~

Gestorben am 28. Mai 2007 in Düsseldorf

St.Amt Düsseldorf Nr. 2828/2007

3, Immendorffs Geburtsrurkunde

## EINZELKIND

Nachdem Immendorffs Vater am 23. Juni 1945 in Klagenfurt aus der Gefangenschaft entlassen worden war[5], machte er sich auf den Weg zu seiner Frau und seinem wenige Tage zuvor geborenen Stammhalter. Als er Bleckede erreichte, muss er seine junge Familie in prekärer Situation vorgefunden haben, denn trotz des beschwerlichen Transports in diesen ersten Wochen nach dem Krieg brachte er Frau und Kind nach Bad Pyrmont, in das Haus seines Vaters.

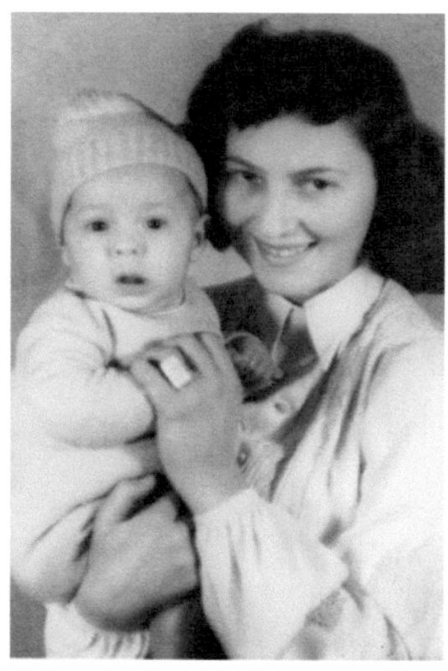

4, mit der Mutter Ende 1945

Immendorffs Großvater, Dr. Georg Immendorff, Tierarzt, ehemaliger Kavallerie-Offizier der kaiserlichen „Südwest-afrikanischen Schutztruppen“ und Leiter der Reitschule von Bad Pyrmont, war ein angesehener Bürger seiner Stadt. Dass die Wahl seines Sohnes auf die aus bescheidenen Verhältnissen stammende Irene gefallen war, dürfte ihn kaum begeistert haben. Immendorffs Mutter hingegen, deren Vater Dorfbriefträger war, wird die Heirat in eine Offiziersfamilie, als gesellschaftlichen Aufstieg erlebt haben.

Georg Immendorff wird als soldatisch strenger Mann geschildert, der den Habitus eines Kolonialoffiziers, verbunden mit einem solchermaßen geprägten Frauenbild, kultivierte, was drei Ehen und wohl auch außereheliche Affären nach sich zog.

Seine Großmutter Molly kannte Immendorff nicht. Sie verstarb schon 1936, als sein Vater dieser fünfzehn Jahre alt war. Sie war die dritte Frau von Georg Immendorff und soll eine herzliche, aber auch resolute Frau gewesen sein, die als Kriegswitwe drei Kinder mit in die Ehe gebracht hatte. Immendorffs Vater war der Nachzügler, das einzige gemeinsame Kind von Georg und Molly Immendorff.

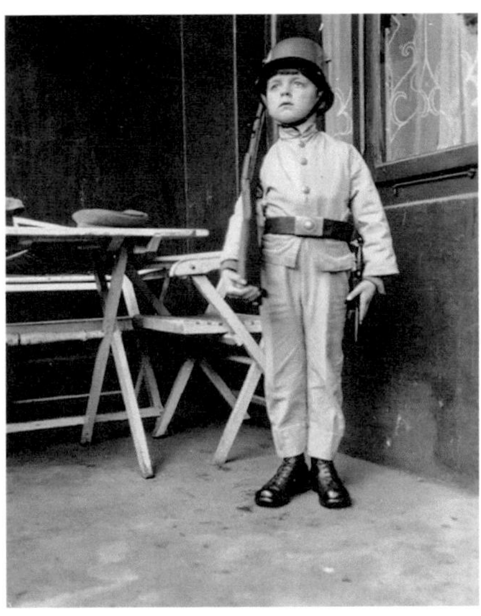

5, Immendorffs Vater 1927

Armin-Dietrich Ernst Otto Alfred Immendorff, so sein vollständiger Geburtsname, als einziger Nachkömmling von seinem Vater ebenso vergöttert wie mit der Strenge einer militärischen Erziehung bedacht, war ein sensibler, in sich gekehrter Mann: „Mein Vater, der Offizier, war ein musischer Mensch, er spielte Schlagzeug und zeichnete Karikaturen, er saß gern in Cafés und machte dort den guten Mann, während meine Mutter zu Hause das zweite Hemd bügelte.“[6]

Er wuchs als Sohn eines Militaristen auf und so begegnete er seinem Sohn Jörg mit kühler Distanz und Strenge, herrschte den kleinen Jungen an, züchtigt ihn mit Kopfnüssen. Vom Großvater hingegen erhält Jörg die Zuwendung, die ihm sein verschlossener, oft abwesender Vater, nicht vermitteln kann. „Zu meinem Großvater bestand eine Nähe, die ich zu meinem Vater nie hatte.“[7]

Für den zarten, kränkelnden Jungen ist die Fürsorge, die er im Haus seines Großvaters erfährt, lebensrettend. Im Hungerwinter 1945 hätte Immendorff anderen Ortes nur schwerlich überlebt. In jener weißen Villa in Bad Pyrmont, weitgehend abgeschirmt vom Elend der Nachkriegszeit, erlebt er seine ersten Kindheitsjahre als wohlbehütetes Einzelkind. Weshalb sich aus dieser Zeit nur Heile-Welt-Motive in Immendorffs Gedächtnis abbilden: „Sein Haus in Bad Pyrmont stand voll mit Erinnerungsstücken, ausgestopften Löwen-, Antilopen-, Zebra- und Warzenschweinköpfen. Von diesen prächtigen Tieren lag immer ein ganz merkwürdiger Geruch im Hause.“[8]

„Der Garten umfasste ein riesengroßes Grundstück - hinten mit Bäumen, wo ich mich dann immer versteckte. (…) Ich hatte da nur ein Stück Ast und bin in einen Baum geklettert und konnte stundenlang auf Indianer, die nur in meiner Phantasie waren, schießen. (…) Also war der Baum wie eine Weltschale, wie ein Kokon, in dem ich mich versteckte.“[9]

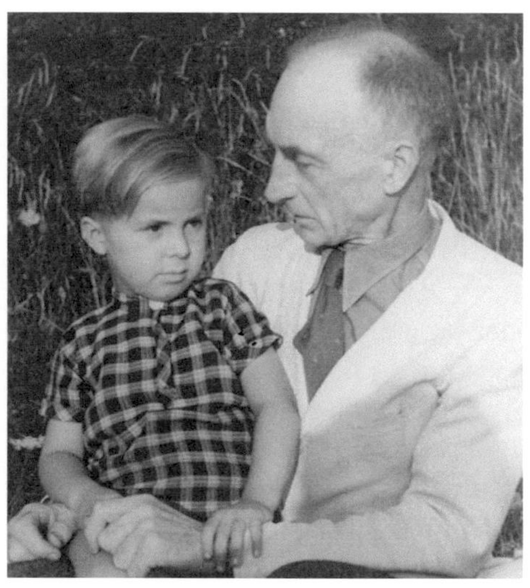

6, mit dem Großvater 1949

Immendorffs Vater, wegen seiner Kriegsteilnahme ohne Schulabschluss, mit lediglich soldatischer Ausbildung, einer in der unmittelbaren Nachkriegszeit nicht sonderlich gefragten Profession, fand zunächst keine Arbeit. Erst im November 1946 bekam er eine Anstellung in der Buchhandlung Krüger in Bad Pyrmont.[10]

Die Arbeit in der Buchhandlung war angesichts der musischen Neigungen Armin-Dietrich Immendorffs im Grunde eine konsequente Loslösung vom dominanten Vater und vielleicht auch eine Form der Sinnfindung nach den traumatischen Kriegserlebnissen. Man kann nur mutmaßen, warum er diese Tätigkeit nach nur einem halben Jahr wieder aufgab, denn er selbst äußerte sich fast nie über seine eigenen Befindlichkeiten. In seinem Arbeitszeugnis ist vermerkt, er wolle sich „in einem anderen Betrieb eine Lebensstellung aufbauen."[11]

Möglicherweise war er letztendlich doch zu sehr von der sicheren Ordnung, der Disziplin und der Männerwelt des Militärs geprägt, als dass ihn die Stille einer Buchhandlung, die Servilität, die er als Verkäufer an den Tag zu legen hatte, auf Dauer zufriedenstellen konnte.

Er bewirbt sich, da der deutsche Staat ja entmilitarisiert war, für eine dem Militär im weitesten Sinn verwandte Karriere beim Zollgrenzschutz. Den Sohn und seine Frau im Haus des Großvaters zurücklassend, begibt er sich nach Emden, wo er 1947 als Zollbetriebsassistent in den Zolldienst übernommen wird.[12]

Die Eheleute werden sich in dieser Zeit nur an wenigen Wochenenden gesehen haben. Erst 1950 findet die Familie wieder zusammen, als Immendorffs Vater bei der Zolldienststelle Knock an der Wesermündung Dienst tut und später auf die Nordseeinsel Borkum versetzt wird.[13]

Die Lebensumstände der jungen Familie waren unwirtlich, ein scharfer Kontrast zum Komfort der Villa in Bad Pyrmont. Bestand doch die Dienstwohnung, die man Immendorffs Vater in Knock zugeteilt hatte, lediglich aus einem Schlafzimmer und einer Küche. Auch auf Borkum verbesserte sich die Lage kaum, wie sich Immendorff im Gespräch mit dem Journalisten Andreas Wrede erinnerte. Sein Zimmer sei feucht gewesen, und es habe Mäuse gegeben. Zur Schule musste er laufen, da er noch nicht Fahrrad fahren konnte. Und wenn ihn Bauern auf dem Wagen mitnahmen, schlief er regelmässig ein, weil ihn das Laufen zu sehr anstrengte.

Es war Immendorffs resolute Mutter, die entschied, mit ihrem kränklichen Sohn weg von diesen schwierigen Lebensumständen nach Bleckede, in das Haus ihrer Eltern, zu ziehen. Bedingt durch die daraus folgende, auch in den kommenden Jahren häufige und länger anhaltende räumliche Trennung von ihrem Mann, wird Immendorffs Mutter, unterstützt allein von ihrer Familie, de facto zu einer alleinerziehenden Mutter. Seinen Vater hingegen erlebt Jörg Immendorff wie einen, fremden, sonntäglichen Besucher.

Die Begegnungen zwischen Vater und Sohn während dessen seltenen Besuchen sind oftmals auf Kinobesuche beschränkt, bei denen sie, dem Geschmack des Vaters folgend, Kriegsfilme und Western anschauen. Mitunter finden auch Spiele mit der schon vom Großvater zusammengetragenen Zinnsoldaten-Sammlung statt. „Sonntags bevor es zu Tisch ging, baute mein Vater immer Schlachten auf(...) und ich verlor natürlich regelmässig, was mir die Offizierslaufbahn verdorben hat.“[14]

Das Erleben einer intakten Familie bleibt Immendorff vorenthalten, andere Kindheitserlebnisse, bei denen Väter normalerweise eine Rolle spielen, Reisen zum Beispiel oder Sport, hat er nie erwähnt.

Dennoch sind für ihn die Jahre in Bleckede die glücklichsten seiner Kindheit. Verwandte und Freunde, die Familie seiner Mutter, vermitteln ihm Geborgenheit. Seine Großmutter, die ihm Geld für die Dorfkirmes zusteckt, die bodenständigen Menschen, die weiten Landschaften, das Leben am Fluss, Bilder die sich in Immendorffs Gedächtnis verankern.

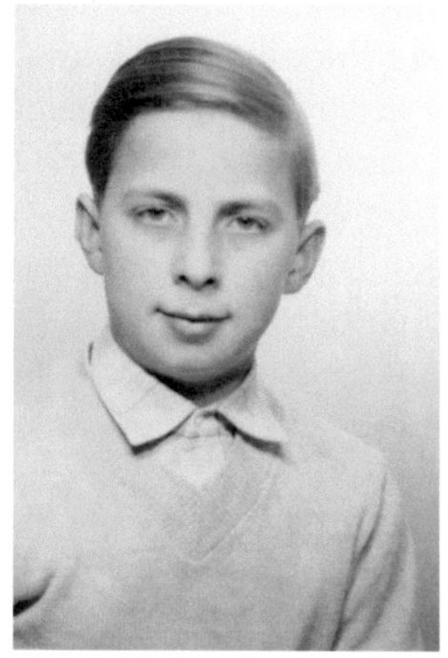

7, Einschulung 1951

Immendorff besucht die Volksschule in Bleckede, alte Holzbänke, Tintenfass auf dem Tisch, er muss dort noch in Sütterlin schreiben. Er ist ein unkomplizierter, fröhlicher Junge, allseits beliebt, weniger Anführer, mehr Ideengeber für Spiele und Streiche. Im Sommer schwimmt er mit seinen Freunden in der Elbe, klettert auf flussaufwärts fahrende Lastkähne, um sich anschließend den Fluss hinab treiben zu lassen. Im Winter rodeln sie auf den Deichen, laufen Schlittschuh auf gefrorenen Weihern und Tümpeln.

1954 wird Immendorffs Vater als Oberleutnant in den Bundesgrenzschutz aufgenommen.[15] Die paramilitärischen Strukturen des Bundesgrenzschutzes müssen ihm, dem Herrenreiter mit restaurativen Wertvorstellungen, mehr behagt haben, als das von Beamtentum geprägte Umfeld des Zolls. In den Folgejahren besucht er zahlreiche Fortbildungen, bereitet sich auf seinen späteren Übertritt zur in der Gründung befindlichen Bundeswehr vor. Schließlich wird er 1958 als Hauptmann eines Panzerbatallions in die Bundeswehr aufgenommen.

Wegen der häufigen Trennungen von seiner Frau, ist kaum verwunderlich, dass Immendorffs Vater außereheliche Affären hatte. In Kreisen von Militärs in diesen Jahren wohl nicht ungewöhnlich und der maskulinen Reputation eher förderlich als Anlass zu besonderer Irritation. Jedenfalls solange die Seitensprünge nicht allzu öffentlich werden und die Ehefrau mitspielt. Immendorffs Mutter duldet das Tun ihres Mannes über lange Zeit, doch irgendwann erträgt sie die Untreue ihres Mannes nicht länger: „Ich war im Offiziers-Corps dafür bekannt, ach die arme Irene, denn er hat´s ja mit der und der. Das kann man eine Weile ertragen, aber ich habe dann gesagt, wenn das so weiter geht, müssen wir uns trennen."[16]

1956 begegnet Immendorffs Vater bei einem Lehrgang des Bundesgrenzschutzes Dorothea, einer selbstbewussten, attraktiven Sekretärin und geschiedenen Mutter eines achtjährigen Sohnes. Diese Beziehung sollte keine seiner üblichen Affären werden. Für beide scheint es aufrichtige Liebe zu sein. Spätestens mit dieser neuen, offen ausgelebten Beziehung des Vaters war die Scheidung von Immendorffs Eltern unvermeidlich.

Immendorff ist elf Jahre, als ihn die Eltern in den Schwarzwald zur Kur schicken, da er kränklich ist. Wohl auch schicken sie ihn weg, um ihn fern zu halten von ihrem Konflikt. Obwohl Immendorff, selbst wenn er nicht unberührt blieb von den Auseinandersetzungen der Eltern, noch kaum verstanden haben wird, was zwischen ihnen geschah.

Der Strenge eines Kurbetriebs in den fünfziger Jahren unterworfen, fern der gewohnten Umgebung, getrennt von seinen Spielkameraden, von Großeltern und Verwandten, leidet der zarte Knabe bitterlich an Heimweh. Ein oder zwei Monate, eine Ewigkeit für ein Kind. Dann endlich kann er nach Hause.

Die Reise vom Schwarzwald nach Bleckede muss er allein bewältigen. Dreimal, viermal oder gar öfter umsteigen. Bus, Regionalbahn, D-Zug, eine schier endlos erscheinende Reise. Die wachsende Freude, als die vorbeiziehende Landschaft vertrauter wird. Das pochende Herz, als der Zug, die Schuppen und Silos des ländlichen Bahnhofs passierend, in Bleckede zum Stillstand kommt. Dann, das Ausschauen nach den Eltern, vergebens.

Jemand aus der Verwandtschaft erwartet ihn. In hilflosem Bemühen vermutlich, sich der Unmöglichkeit jeglicher Erklärung, jeglicher Schonung bewusst, dem in Erwartung der Eltern freudig glühenden Kind verständlich zu machen, dass seine Eltern nicht kommen werden. Die Mutter im Krankenhaus, der Vater weg. Ausgezogen.

1957 wird die Ehe der Eltern geschieden. Noch im selben Jahr heiratet Armin-Dietrich Immendorff seine zweite Frau Dorothea. Die Umstände dieser Wochen und Monate sind für den sensiblen Jungen traumatisierend. Für Immendorff wurde die Scheidung der Eltern und alles was hiernach für ihn folgte, zur schwerwiegendsten Zäsur in seinem Leben. „Was man nicht hat, das vermisst man am stärksten. Das kann sich einer, der eine normale Familie hat, wo die Eltern zur Verfügung stehen, nicht vorstellen, der kann das nicht nachempfinden.“[17]

## ERWACHSEN WERDEN

Im Herbst 1957 wird Immendorff auf das Internat „Institut Kalkuhl“ nach Bonn-Beul geschickt. Seine Mutter ist weiterhin abwesend, bleibt in Bleckede, scheint nicht in der Lage, sich um ihren Sohn zu kümmern. In den fünfziger Jahren waren Internate Zuchtstätten der Elite, in denen Liebe und Zuwendung weiter entfernt waren als der Mond, was sich, ungeachtet der in dieser Epoche gültigen Erziehungsideale, allein schon aus der zahlenmäßigen Differenz der wenigen Erzieher zu ihren zahlreichen Zöglingen ergab.

Und auch wenn das „Institut Kalkuhl“, anders als Immendorff später berichtete,[18] keine Schlafsäle mit sechzig Betten hatte, sondern die Knaben in kleineren Gruppen untergebracht waren, für Immendorff muss der Wechsel vom Idyll seiner dörflichen Kindheit zum Internat ein erneuter Schock gewesen sein.

Der zarte, ängstliche Immendorff ist den Ritualen der schon etablierten, der älteren, ihm an Kräften überlegenen Mitschüler ausgesetzt. Kaum anzunehmen, dass sich dieses Internat von anderen Anstalten solcher Art unterschied. Und wo größere Gruppen gleichen Geschlechts in einer geschlossenen Situation zusammenleben, entstanden zu allen Zeiten Hierarchien, in denen sich die Stärksten die besten Plätze sicherten.

In seinem Roman „Elementarteilchen“ beschreibt Michel Houellebecq Gewalt und sexuelle Übergriffe in einem Internat dieser Zeit: „Er hatte seine Schlafanzugjacke ausgezogen. Die Falten seines kleinen weißen Bauchs sind gegen das Porzellan des Waschtischs gepresst. Er ist elf. Er will sich die Zähne putzen, wie jeden Abend; er hofft, dass er sich waschen kann, ohne dass es einen Zwischenfall gibt.“[19]

Immendorff deutet solche Erfahrung an: „Es gab Situationen im Internat, nach der Scheidung meiner Eltern, wo ich sehr gelitten habe, weil ich einsortiert wurde von meinen Mitschülern. Ich war ja nicht gerade kräftig.“[20]

Bei anderer Gelegenheit erinnerte er sich: „Es ist nicht schön, wenn Sie in eine Situation kommen bei Mitschülern, die aus sehr gut betuchtem Hause sind, die dann am Wochenende mit Auto und Chauffeur abgeholt werden, und Sie müssen dann im Internat bleiben und mit ein paar anderen den Sportplatz säubern“[21]

„Rückblickend schien diese Zeit nicht immer einfach für ihn gewesen zu sein“[22], so der heutige Direktor des Ernst-Kalkuhl-Gymnasiums und der fünf Jahre jüngere Mitschüler Immendorffs Ernst-Martin Heel.

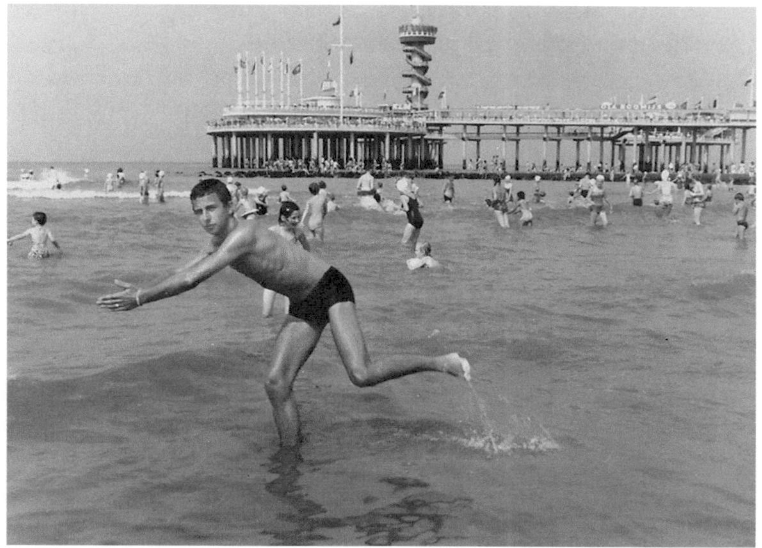

8, Schulausflug nach Scheveningen

Die Mutter folgt Immendorff erst ein Jahr später nach Bonn. Sie nimmt eine Stelle als Sekretärin im Wirtschaftsministerium an. Gleichzeitig wechselt Immendorff vom „Institut Kalkuhl“ auf die Privatschule „Ernst-Kalkuhl-Gymnasium“.

Immendorffs Mutter sucht mit ihrem Umzug von Bleckede nach Bonn nicht allein die Nähe zu ihrem einzigen Kind. Sie hofft wohl ebenso, durch die Nähe zu ihrem geschiedenen Mann, der inzwischen nach Koblenz versetzt worden ist, ihrem Sohn zumindest die Illusion einer Familie zu erhalten. Die Vermutung liegt nahe, dass sie die Scheidung, selbst wenn diese von ihr gewollt war, nur schwer ertragen konnte, worauf ihr Krankenhausaufenthalt nach der Trennung, ihre anschließende lange Absenz und der Umstand, dass sie nie wieder heiratete, hindeuten. Ihr Sohn wird fortan zum primären Lebensinhalt.

Diese enge Bindung zu ihrem Sohn geht zunächst von ihr aus. Sie zeigt sich unter anderem durch ihr starkes Kontrollbedürfnis, dem sich Immendorff bis an sein Lebensende durch beinahe täglichen Telefonkontakt mit ihr unterwirft. Wenngleich Immendorff in frühen Jahren um die übliche Distanz sich abnabelnder junger Menschen bemüht war, blieb seine Mutter zeitlebens ebenso für ihn die emotional tiefste Beziehung.

Da Immendorffs Vater als Soldat wenig verdient und somit nur geringe Alimente leistet, wird der Unterhalt des Jungen überwiegend von der Mutter bestritten. Die Eltern geschieden, die Mutter alleinerziehend, Immendorff wächst in für diese Zeit ungewöhnlichen familiären Verhältnissen, zudem mit begrenzten ökonomischen Möglichkeiten auf.

Obschon eine andere Entscheidung finanziell vernünftiger gewesen wäre, Immendorff hätte schließlich auch eine normale, öffentliche Schule besuchen können, besucht er eine teure Privatschule, ein Tagesinternat. Natürlich ist diese Entscheidung der Mutter, die viel und oft bis abends arbeiten muss, sicherlich auch pragmatisch begründet. Die Privatschule wirkt allerdings auch wie der Versuch einer Frau, die mit dem Scheitern ihrer Ehe in den fünfziger Jahren in aller Regel sozialer Aufstiegschancen verlustig ist, zumindest ihr einziges Kind, in der Welt „der besseren Kreise“ aufwachsen zu lassen.

Der Journalist Andreas Wrede, der Immendorff über viele Jahre begleitete und diverse Portraits über ihn verfasste, erinnert sich an Immendorffs Schilderungen: „Er litt unter der sozialen Ausgrenzung durch seine wohlhabenden Mitschüler. Damals besaß er lediglich ein altes Herrenrad Marke ‘Vaterland’ (Anm. Immendorff zitiert dieses Fahrrad später in Bildern vor allem während der ‘Café de Flore’-Phase) während er neidvoll die Rennräder oder Mopeds der anderen betrachtete. Um seine Knie schlotterten Billig-Jeans. Als er einmal durch einen Tausch an eine echte Levis-Jeans gelangte, musste er diese auf Verlangen seiner Mutter zurückgeben, weil sie nicht wolle, dass er die Hosen anderer Leute trage.“[23]

Während der Internatszeit, auch wegen der berufstätigen Mutter weitgehend auf sich allein gestellt, führt Immendorff schon früh ein relativ autonomes Leben. Bald mehr das eines jungen Erwachsenen als das eines Kindes. Mit fünfzehn will er älter erscheinen, beginnt zu rauchen, rasiert sich Geheimratsecken, schmuggelt sich so in Bars oder in Kinos, wo er vorzugsweise französische Filme der „Nouvelle Vague“ sieht.

Seine ersten Erlebnisse mit dem weiblichen Geschlecht bleiben oberflächlich, Mädchen gegenüber verhält sich Immendorff, linkisch und scheu: „Ich wusste einfach nicht wie das geht mit Mädchen, hatte regelrecht Panik. Ich hatte nicht diese, wie soll ich sagen, Technik des Anmachens drauf. Das fiel mir wahnsinnig schwer.“[24]

Neben Kino- und Barbesuchen zeigt der jugendliche Immendorff keine besonderen Interessen, beschäftigt sich weder mit Musik noch mit Literatur, allenfalls noch mit Karl May. Auch der Sport, eines der Felder, auf denen sich pubertierende Jungen vorzugsweise profilieren, wird kaum geeignet gewesen sein, dem schwächlichen, sportlich unbegabten Jungen Selbstvertrauen einzuflößen.

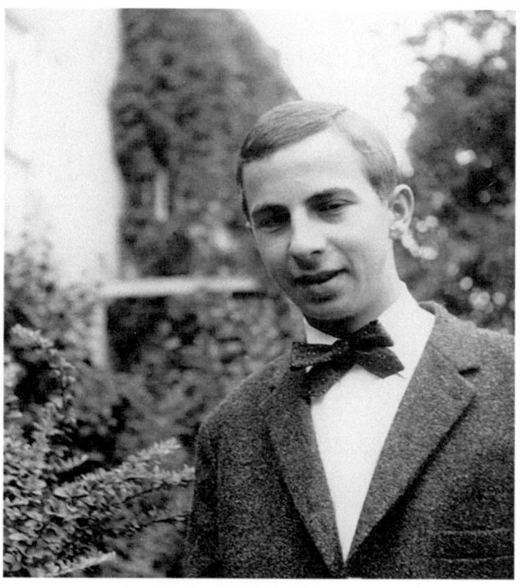

9, Internats-Schüler um 1959

Im Zeichnen, Kunstunterricht gibt es in diesen Jahren noch nicht, findet Immendorff schließlich eine Nische, in der er sich keinem Wettbewerb stellen muss, ist doch das Interesse seiner Schulkameraden, der zukünftigen Wirtschafts- und Politikelite, im musischen Bereich eher unterentwickelt. Hier kann Immendorff endlich mit eigenen Leistungen glänzen. Er wird mit Illustrationen für die Schülerzeitung "Unsere Welt" betraut und findet im Zeichenlehrer seinen ersten Mentor.

Bei einer Aufführung des „Sommernachtstraums“ zum achtzigjährigen Jubiläum der Schule wirkt er maßgeblich bei der Gestaltung des Bühnenbilds mit. Er malt einen Wald. Eine Arbeit, die zu einer Art Erweckungserlebnis für ihn wird und ihn noch 1998 zu dem großformatigen Gemälde „Malerwald“ inspiriert.[25]

Sein Lehrer Karl Baumeister erinnert sich: „Ich inszenierte eine große Aufführung des Sommernachtstraums. Immendorff erklärte sich bereit, mit Jürgen Lachera weite Teile der Bühnenbildgestaltung zu übernehmen. Ich erklärte den Jungs mein Regiekonzept und erwartete, dass sie anfangen ihre Arbeit durchzuplanen. Jürgen begann erstmal zu lesen, Jörg aber griff einfach nach seinen Pinseln und begann zu malen. Kein Zögern, keine Bedenkzeit, doch nur scheinbar ist sein Vorgehen kopflos gewesen: Er ging schlichtweg hochkonzentriert umgehend an die Arbeit.“[26]

Für die selbe Jubiläumsfeier gestaltet Immendorff einen Raum, in dem er Bilder seiner Mitschüler und eigene Arbeiten ausstellt. Der Schriftsteller Stefan Andres, der die Festrede hielt, erwirbt eine Handvoll Blätter. Immendorff nimmt zehn D-Mark ein, Anfang der sechziger Jahre viel Geld für einen Schüler und Nahrung für sein Ego.

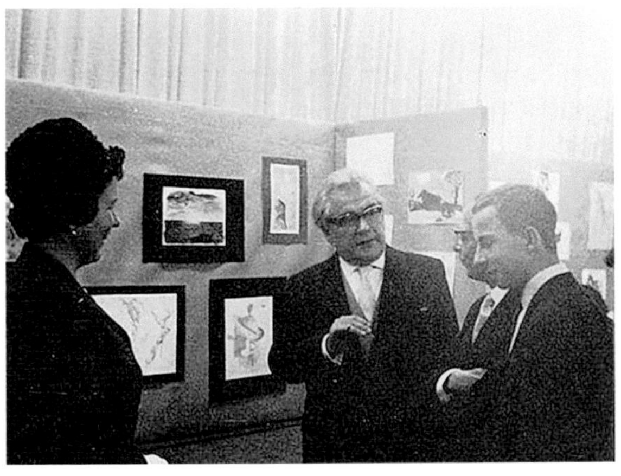

10, mit Stefan Andres

Aufgrund seines Zeichentalentes erfährt er nach und nach mehr Anerkennung von seinen Mitschülern. Ihm wird bewusst, dass er damit über eine eigene, besondere Stärke verfügt. Gleichzeitig eröffnen ihm die Zeichnungen während der Zeit im Internat und in der Schule eine Gegenwelt, in die er sich zurückzieht, weil ihm „die eigentliche nicht unbedingt behagt“.[27]

Möglicherweise inspiriert von dieser ersten Erfahrung mit dem Theater wird Immendorff Statist am Bonner Stadttheater, nimmt Ballettunterricht, hat sogar einmal einen Solotanz. Immendorff ist fasziniert von der Bühnenwelt, erlebt Klaus Kinski, der bei einer Hamlet-Rezitation, weil er sich gestört fühlt, einen Totenkopf aus Plastik in die Zuschauerreihen schleudert, worauf die Aufführung in eine wüste Publikumsbeschimpfung durch Kinski mündet.

Immendorff ist auf der Bühne, während ein betagter Schauspieler bei seinem letzten Satz stirbt. Doch trotz der Faszination, die das Theater auf ihn ausübt, es sollte nicht zu seiner Berufung werden: „Insgesamt war mir das Theater zu autoritär, wie schon das Internat. Im Theater fand ich ähnliche Strukturen wieder: Man wurde einfach eingesetzt oder irgendwo platziert, was mir sehr unsympathisch war. (...) Doch dann kam der entscheidende Schritt. Die Bewerbung für die Düsseldorfer Kunstakademie.“[28]

# TEIL 2 / 1963 - 1969

## KÜNSTLER WERDEN

Als Kind schon findet Immendorff in Bildwelten Zuflucht vor der Strenge seiner Erziehung und seinem Dasein als Einzelkind. Senfsoße mit Ei, ein Gericht das er nicht ausstehen kann und dennoch vollständig aufessen muss, bevor er den Tisch verlassen darf, erträgt er nur durch das Dekor auf dem Grund des Tellers, Bilder, die er Löffel um Löffel freilegt: Hirsche, Heidelandschaften und Windmühlen. Mit Husaren und Grenadieren, die er aus den Militärbüchern des Vaters abzeichnet, erfindet er eigene Schlachtordnungen, zeichnet Indianer auf die leeren Seiten der elterlichen Bücher.[29]

Einen ersten rudimentären Kunstbegriff entwickelt Immendorff mit Hilfe von Sammelbildchen berühmter Gemälde, wie sie früher Zigarettenpackungen beigegeben waren. Dazu konnte man bei den Zigarettenherstellern große Folianten mit erklärenden Texten bestellen, worin die Sammelbildchen an entsprechend markierten Stellen, eingeklebt wurden. Da Immendorffs Mutter starke Raucherin war, ergab sich bald ein ansehnlicher Vorrat an kunstgeschichtlichen Sujets.

Obschon er gern zeichnet, ist es kaum verwunderlich, dass Immendorff, dem Wunsch des Vaters folgend, im Rahmen einer militärischen Laufbahn Medizin oder Jura studieren soll. Immendorff hingegen, desinteressiert an einer solchen Laufbahn, wie auch durch seine mittelmäßigen schulischen Leistungen nicht ausreichend qualifiziert, körperlich schwach und schon in der Jugend unter Magengeschwüren leidend, muss nie Militärdienst leisten.

Noch während seiner Internatszeit bekommt Immendorff 1961 die Chance, in dem von ihm gern besuchten Bonner Jazz-Club "New Orleans" einige Papierarbeiten im kubistischen Stil auszustellen. Es sind düstere Szenarien, mit unterschwellig religiösem Mystizismus, signiert mit einem Kreuzzeichen. Er erntet wohlwollende Kritiken in der Lokalpresse[30], verkauft auch ein paar Blätter.

Indessen war Immendorff künstlerisch weder familiär vorgeprägt, noch wäre ihm eine genialische Frühbegabung attestieren, noch entsprang sein Handeln er aus einem tiefen Bedürfnis, wie er selbst urteilt: „Ich bewunderte die Existentialisten, trug schwarze Rollkragenpullover, rauchte Gauloises und trank Rotwein, bis mir schlecht wurde. Wenn Sie allerdings aus dieser frühen Ausstellung ableiten möchten, ich hätte vielleicht schon immer Künstler werden wollen wie andere Kinder Lokomotivführer oder Feuerwehrmann, dann irren Sie sich. (...) Dass ich Künstler geworden bin, hat viel mit Zufällen zu tun."[31]

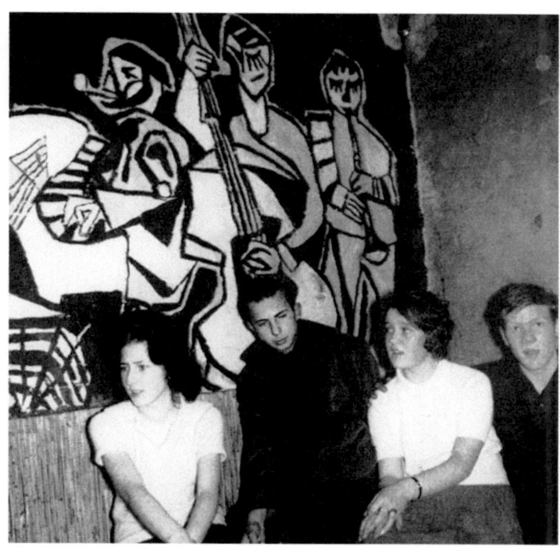

11, im Jazz Club New Orleans

Den entscheidenden Impuls erhält Immendorff, als der von ihm bewunderte ältere Mitschüler Jürgen Lachera die Schule verlässt, um an der Kunstakademie in Düsseldorf zu studieren. Immendorf besucht die Obertertia und will ebenfalls die Schule verlassen.

Seine damalige Situation schilderte er gegenüber Andreas Wrede konfliktbeladen: „Als sein Freund Lachera die Schule verliess und ihm Immendorff folgen wollte, kam es zum Konflikt mit seiner Mutter, die ihn anhielt, zumindest die Mittlere Reife zu machen. Immendorffs Widerwillen fand dann wohl in seinen schulischen Leistungen Ausdruck, die zuvor schon nicht die Besten waren und nun extrem schwach wurden."[32]

Im Sommer 1963 verlässt Immendorff die Schule. Gerade siebzehn geworden, hinter sich eine unzureichende Schulbildung, vor sich die Perspektive, Glasmaler zu werden, wie es ihm sein Kunstlehrer rät, oder auf den Erfolg seiner Bewerbung an der Düsseldorfer Kunstakademie zu hoffen.

Weil das Kunststudium in den kunsthandwerklichen Klassen auch ohne Abitur aufgenommen werden konnte, sofern die erforderliche künstlerische Begabung nachzuweisen ist, konnten Immendorff zum erwünschten Studium gelangen. Wahrscheinlich auch, weil seine Mappe Aquarelle von Theaterszenen und Zeichnungen von Balletttänzern enthält, wird er in die Klasse Bühnenkunst aufgenommen, die von Professor Teo Otto geleitet wird.

Teo Otto ist, als Immendorff sein Studium beginnt, der renommierteste Bühnenbildner des deutschsprachigen Theaters und wird an die Mitwirkung Immendorffs in seinem Studiengang entsprechend hohe Ansprüche gehegt haben.

Zum Studium der Bühnenbildnerei zählen Fächer wie Dramaturgie, Theaterwissenschaft, szenische Räume, Kostüm- und Maskenbild, Musik, Licht- und Tontechnik. Immendorff, der als einziger der Klasse ausschließlich für Freie Kunst eingeschrieben ist, muss jedoch, wie auch sein Lehrer schon nach kurzer Zeit erkennt, wenig Eignung für dieses aufwendige Studium gezeigt haben. Otto rät ihm schließlich seine Zukunft in der Malerei zu suchen.

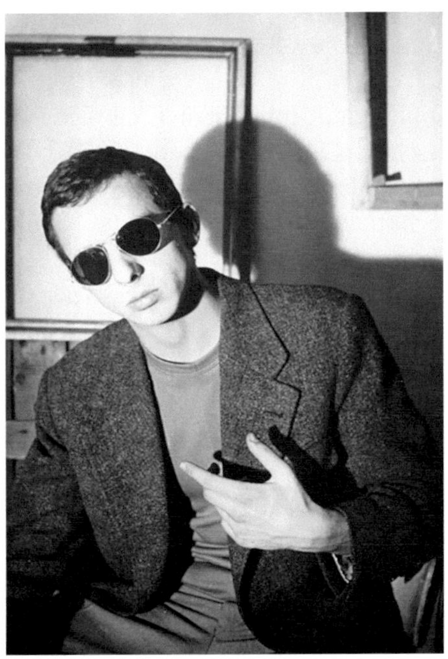

12, Künstlerpose um 1961

Zwar schien Immendorff in diesem Moment deplatziert und doch hatte er den Ort seiner Wünsche erreicht. Die Düsseldorfer Kunstakademie, 1773 gegründet, traditionsreichste Kunstschule Deutschlands, galt in den fünfziger und sechziger Jahren als eine der international bedeutendsten künstlerischen Ausbildungsstätten, an der wichtige zeitgenössische Künstler lehrten. Der kolossale Prachtbau aus der Spätrenaissance mit seinen lichtdurchfluteten hohen Räumen, weiten Treppenaufgängen, ehrfurchtgebietend langen Fluren, Marmorböden und Säulen wirkt auf Immendorff wie die Inkarnation des Kunstolymp und erweckt in ihm ein fast „religiöses Gefühl“.[33]

Während der Ödnis der spießbürgerlichen fünfziger Jahre war die Düsseldofer Altstadt, an deren Peripherie sich die Akademie befand, mit ihren zahlreichen Bars, Jazz-Clubs und Galerien, ein Fluchtpunkt für Künstler und Intellektuelle. Günter Grass schrieb unter der Treppe einer Bar an der „Blechtrommel“, Klaus Doldinger spielte mit den “Feetwarmers“ zum Tanz auf, Alfred Schmela eröffnete seine legendäre Galerie mit “Monochromes Bleus“ von Yves Klein.

In den sechziger Jahren wird Düsseldorf dann endgültig zu einem weltweit beachteten Epizentrum moderner Kunst. Aus dem Ausland kommen einflussreiche Künstler nach Düsseldorf. Yves Klein, Namjune Paik, Daniel Spoerri, Dieter Rot, Marcel Broodthaers stellen aus oder arbeiten zeitweilig hier. Joseph Beuys wird an die Akademie berufen. Die ZERO-Bewegung um Otto Piene, Heinz Mack und Günther Uecker feiert Triumphe. Die Düsseldorfer Galerien zeigten die für diese Zeit bestimmenden Kunstrichtungen, Fluxus, Konzept-Kunst und Neuer Realismus. Jean Fautrier, Robert Rauschenberg und Cy Twombly stellen erstmals in Deutschland aus. Wenig später folgen die Vorboten der Pop-Art. Beat-Clubs und Boutiquen nach Londoner Vorbild werden eröffnet. Die Akademiestudenten Gerhard Richter und Sigmar Polke begründen zusammen mit dem späteren Galeristen Konrad Fischer-Lueg, als Antwort auf die angloamerikanisch geprägte Pop-Art, die Malerei des Kapitalistischen Realismus.

Immendorff, der sehr romantische Vorstellungen mit dem Künstlerberuf verbindet und sich ein Bohèmeleben nach Pariser Prägung wünscht, findet in Düsseldorf eine ungefähre Miniatur seines Traums: „Ich hing Wunschvorstellungen, Träumen oder

Klischees nach. Mit Paris hatten die zu tun, der Bohemien-Existenz, dem Existentialismus, dem Willen, aus den Zwängen elterlicher Vorstellungen auszubrechen, und der Abneigung, das anzustreben, was meine Schulfreunde als Lebensziel für sich anvisierten."[34]

Auch scheint er der Auffassung, das Künstlerdasein, müsse seinen Ausdruck in einer gewissen Exzentrik finden. Zu seinem Studienantritt jedenfalls erscheint er mit einen schwarzen Umhang, in Baletthosen sowie einem Stock mit Silberknauf.[35]

Sein damaliger Mitstudent, der Konzept-Künstler Franz Erhard Walther erinnert sich an Immendorff dieser Tage: „Ein ganz netter, lieber, weicher Junge, ich kanns nicht anders sagen, nett, lieb, weich, zuvorkommend, höflich, will Kunst machen und verfolgt da sein Ding. Das war sehr spürbar."[36]

Der naive Jüngling, auf dem Land und im kleinstädtischen Bonn aufgewachsen, dessen bislang einziger Auslandsaufenthalt eine Klassenfahrt an die niederländische Nordsee war, wird in ein Leben katapultiert, das er bisher allenfalls vom Hörensagen kannte. Euphorisiert lotet er umgehend seine neu gewonnene Freiheit aus, versetzt seine Umgebung in Aufregung, als er, ohne sich abzumelden, nach Paris reist.

„Ich hatte in der Altstadt ein Mädchen getroffen, in die ich verschossen war, die war ein bisschen älter, meine erste Geliebte, wenn man so will. Dann sind wir mit 5 Mark nach Paris, im alten Hallenviertel rausgekommen, eine Hotel-Klitsche genommen. Wir sind sogar nach St.Tropez gefahren, haben immer abgefallene Trauben genommen am Marktplatz, ein bisschen Käse, Brot, das musste reichen. Und Gauloises oder Gitanes habe ich geraucht. Das ging alles über meine Kräfte. Aber das war sehr schön. Das war meine erste Reise."[37]

Immendorff ist zufrieden mit seiner neuen Welt. In dem Turmzimmer, wo die Bühnenklasse untergebracht ist, hat sich Immendorff eine Ecke in der Nähe des großen Atelierfensters eingerichtet. Dort malt er Bilder irgendwo zwischen Chagall und Pop-Art, aus Geldmangel auf alle Materialien, die er vorfindet, sogar auf Autotüren. Oft sitzt er dort auch allein bis in die Nacht, betrachtet die Lichter der Stadt und trinkt Wein.

Bald jedoch verändert sich die Situation für ihn dramatisch. Nach nur drei Semestern muss er sich eine neue Klasse, einen neuen Lehrer suchen. Immendorff berichtet später, er sei nach seiner Weigerung, eigene Arbeiten für die Dekoration des Geburtstagfestes von Professor Otto herzugeben, aus dessen Klasse hinausgeworfen worden: „Ich weigerte mich, weil ich der Auffassung war, dass meine Bilder keine Dekoration seien. Der Assistent hat mich deswegen aus der Klasse geworfen. Das war Pfingsten(…). Als ich wieder nach Düsseldorf zurückkam, standen meine ganzen Arbeiten vor der Tür. Ich sollte mir einen neuen Professor suchen oder die Akademie verlassen.“[38]

Die Schilderung Immendorffs ist allerdings nur schwerlich nachvollziehbar, wenn man bedenkt, dass Otto als feinsinniger, bescheidener Humanist und engagierter Lehrer galt. Unwahrscheinlich auch, dass sich Immendorff, „nett, lieb, weich, zuvorkommend, höflich“, wie er geschildert wird, ein junger Student in den ersten Semestern am Beginn der sechziger Jahre, gegen seinen Professor aufgelehnt haben wird. Zudem war Teo Ottos Geburtstag der 4. Februar, Pfingsten wiederum am 19. Mai vorüber.

Nun also ist er gezwungen, sein Studium bei einem anderen Professor fortzusetzen. Nach diesem Scheitern bereits in den ersten Semestern ein schwieriges Unterfangen. Vergeblich geht er mit seiner Mappe von Tür zu Tür. Schließlich bleiben nur der Metall-Plastiker Norbert Kricke sowie Joseph Beuys, die bereit sind ihn aufzunehmen.

Die Klasse von Joseph Beuys ist ein Auffangbecken für Schwierige, Unangepasste. Instinktsicher schart Beuys hier einen Kreis von Talenten um sich, die später zur Elite der deutschen Kunst zählen werden. Neben Immendorff unter anderen Anselm Kiefer, Imi Knoebel, Blinky Palermo und Katharina Sieverding. Immendorff, der sich nicht für die Bildhauerei von Kricke begeistern kann, ist notgedrungen auf die Großzügigkeit von Beuys angewiesen. Ohne eine Vorstellung davon zu haben, wer Beuys ist, wofür er steht und was ihn bei diesem Lehrer überhaupt erwartet, tritt er in dessen Klasse ein.

## ÜBERMUTTER

Immendorff ist neunzehn, als er 1964 an der Düsseldorfer Akademie der zehn Jahre älteren Chris Reinecke begegnet. Die Beziehung scheint zunächst weniger von Leidenschaft als vielmehr von einer fast mütterlichen Sorge Reineckes für Immendorff geprägt.

„Er war in einem Männerheim untergebracht, er war ja eigentlich noch viel zu jung zum Studieren. (...) Ich dachte, das geht einfach nicht und habe ihn dann bei mir in meinem Zimmer aufgenommen. Ein Jahr lang oder mehr habe ich ihn durchgeschleust. Der wich mir nicht mehr von den Fersen, und ich dachte, es muss sich ja jemand um den jungen Mann kümmern. Bis ihn dann meine Mutter im Kleiderschrank entdeckte. (...) Da drängten dann mein Eltern auf Heirat und er auch.“[39]

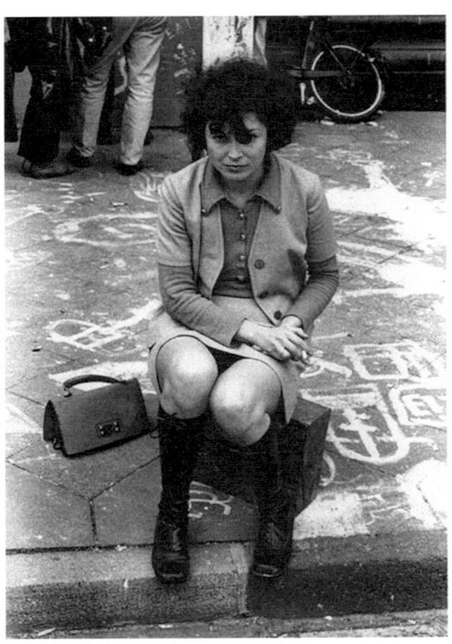

13, Chris Reinecke

Dunkle Locken, sinnliche Gesichtszüge, elegant gekleidet, man hätte sich Chris Reinecke gut in einem französischen Film vorstellen können. Allerdings findet der schüchterne Jüngling in der schönen, klugen Mitstudentin auch eine Art von bürgerlich familiärer Geborgenheit, die er in seinem Leben zuvor so oft vermissen musste.

Chris ist um den Haushalt besorgt und geht einer regulären Beschäftigung nach, womit sie mutmaßlich auch wesentlich zum Lebensunterhalt ihres jungen Freundes beiträgt, der gelegentlich in Teilzeitjobs arbeitet. Da es zudem in den sechziger Jahren für unverheiratete Paare so gut wie unmöglich ist, eine Wohnung zu mieten, schon gar für den noch minderjährigen Immendorff, wird die frühe Hochzeit für ihn auch eine pragmatische Entscheidung gewesen sein.

„Heute weiss ich nicht mehr genau, warum ich meine erste Frau geheiratet habe. Wir haben das einfach gemacht. Sie war zehn Jahre älter, sie war 29 und ich – glaube ich 19. Das war vollkommen absurd. Und sexuell war ich vollkommen unbedarft. Ich hatte 'Null' Ahnung, bin da auch nie herangeführt worden. Das ist ein grosses Versäumnis gewesen. Durch die Scheidung hatte meine Mutter nicht gerade Lust, mich aufzuklären.“[40]

Für die Eheschließung benötigt Immendorff die Einwilligung seiner Mutter. Diese jedoch, skeptisch gegenüber der Verbindung ihres unreifen Sohns mit der deutlich älteren Frau, wendet sich entschieden gegen die Hochzeit: „Ich wusste sofort, das kann nicht lange gut gehen. Er suchte Wärme und Häuslichkeit, und sie hat ihn, sie war ja eine reife Frau, sie hat ihn natürlich auch versorgt, seine Sachen in Ordnung gehalten.“[41]

Nach hartnäckigem Beharren ihres Sohnes willigt Irene Immendorff schlussendlich ein, wohl in der Sorge, sich mit ihrem Sohn zu überwerfen, den sie nach dem Ehemann nicht auch noch verlieren will. Am 5. August 1965 schließlich heiraten Immendorff und Chris Reinecke.

Die Künstlerexistenz, hinlänglich oft beschriebener tagtäglicher Kampf um das Werk, aber auch um das nackte Überleben, verlangte in den sechziger Jahren Frauen, die sich der Kunst verschrieben hatten, einen gegenüber ihren männlichen Kollegen weit überproportionalen Einsatz ab. Die wenigen Kunststudentinnen, die es überhaupt gab, mussten, wollten sie nicht schon an der Akademie in dem von Männern dominierten Betrieb zerrieben werden, fast notgedrungen Außenseiterpositionen einnehmen, um Nischen der Kunstwelt zu besetzen. Überwiegend waren diese Nischen konzeptueller Natur. Letztlich gelang es nur wenigen Künstlerinnen dieser Generation, wie Hanne Darboven oder Katharina Sieverding, anerkannt zu werden und nachhaltig erfolgreich zu sein.

Chris Reinecke erinnert sich: „Es lag auch an der Atmosphäre in der Akademie. Beuys hatte seine Mannschaft in seinem Raum - in einem anderen Raum waren Polke, Richter, Franz Erhard Walther und ich als einzige Frau. Immer, wenn ich etwas handwerklich arbeitete, z.B. aus Latten einen Keilrahmen baute, haben die Männer hämisch gelacht. Oder ich hatte eine Gummischürze um, da bezeichnete Polke mich als Gummifetischist. Es waren immer so böse Spitzen, die ich mir anhören musste. Nur mit dem Franz Erhard Walther verstand ich mich gut. Er war der einzige, der mir etwas gezeigt hat, wenn ich etwas nicht konnte, anstatt mich auszulachen. Walther hatte aber wiederum selber Schwierigkeiten in der Gruppe. Wenn Walther noch nicht im Raum war, ist Polke mit seinem Schuh hergekommen und hat auf den Papierarbeiten von Walther mal schnell einen Ratscher gemacht. Die Gruppe war von Hass gekennzeichnet. Allgemein galt die Faustregel: 'Du machst ja Scheiße', wortwörtlich."[42]

Sie brachte beste Voraussetzungen mit, eine herausragende Position in der Kunstwelt zu erobern: Begabung, Egozentrik, Willen. Chris Reinecke ging ihren Weg von Anfang an mit großem Ernst und unerschütterlicher Konsequenz, studierte zunächst zwei Jahre in Paris, verließ aber frustriert den reaktionären Lehrbetrieb der École des Beaux-Arts.

1961 nimmt sie ihr Studium der Malerei in Düsseldorf auf. Zunächst bei Gehard Hoehme, dann bei Karl Otto Götz. Wie auch Franz Erhard Walther, sucht sie einen neuen Werkbegriff jenseits von Malerei und Bildhauerei.

Für Immendorff ist Chris Reinecke bald schon mehr als nur Lebenspartnerin. Der Jüngere, Unerfahrene sucht in der ersten Phase der Beziehung instinktiv die Kritik der intellektuell überlegenen und künstlerisch erfahreneren Chris. Oft legt er seine Arbeiten auf den Boden, worauf sie das, was ihrem Urteil nicht standhält, ein wenig kokett mit ihren zierlichen Füßen beiseite schiebt. Bedingt durch die Differenz an Alter und Erfahrung nimmt Chris Reinecke eine autonomere Position in der Beziehung ein.

Deutlich wird dies auch durch die Tatsache, dass Reinecke an Immendorffs Urteil über ihre Arbeit wenig interessiert schien: „Die Arbeiten besprach ich mit Peter Dürr. Das war mein Vertrauter, ein junger Mann, der sich dann später eine Plastiktüte über den Kopf zog. Mit dem konnte ich über die Wirkung meiner Kunst, die Reaktionen, die Leute reden."[43]

Ihre eigenen Arbeiten inszeniert sie öffentlich, in Interaktion mit dem Publikum, fordert die Betrachter zum Verändern der Stücke auf, beschäftigt sich mit ihrem Körper, umkreist damit Fragen sinnlicher Wahrnehmung. Chris Reinecke ist eine der ersten Künstlerinnen in Deutschland, die Gender-Themen in ihre Arbeiten einbringt.

Ab 1966 beginnen Reinecke und Immendorff gemeinsame Aktionen zu entwickeln. Chris Reinecke, zweifelsohne die treibende Kraft bei der gemeinsamen Erforschung eines alternativen Kunstbegriffs, sieht die Kooperation mit Immendorff in Zusammenhang mit ihren eigenen künstlerischen Intentionen. Die Strukturen ihrer Aktionen, der Umgang mit poveren Materialien, die Nutzung von Stempeln, die Interaktion mit dem Publikum, die ausführlichen Konzeptpapiere und minutiösen Berichte werden nahezu deckungsgleich in die gemeinsamen Projekte übernommen und sollten später von zentraler Bedeutung für die Ausformung von Immendorffs eigenen Projekten "Tierlidl" ist hier exemplarisch zu nennen.[44]

Befördert von Reineckes prozesshaftem, kollektivistischem Kunstansatz, beginnt auch Immendorff, der sich bislang als Maler verstand, der Aktionskunst zuzuwenden. Der „Reigen", eine frühe Aktion der beiden im Januar 1966 verbildlicht dies. Unter Mitwirkung von Joseph Beuys, Verena Pfisterer, Sigmar Polke und Franz Erhard Walther, drehten sich die Beteiligten händehaltend auf einer Wiese, um nach jeder Drehbewegung ein Foto zu machen.

Ebenfalls im Januar 1966, durch Vermittlung von Franz Erhard Walther, kann das Paar in der "Galerie Kanalstraße" in Fulda, eine weitere Aktion durchführen. Titel der Aktion ist "deutsch, deutsch, deutsch". Bilder von Immendorff, die den Begriff „deutsch" mit Bildern wie "Esst deutsche Äpfel" oder "Der deutsche Pass" umkreisen, bilden den Rahmen. Auf dem Boden hat Reinecke Zettel mit der Aufschrift „deutsch" ausgelegt, über die das Publikum laufen soll.

Mit der am 6. März 1966 um fünf Uhr früh von Reinecke verfassten „Morgenandacht für Ehepaare" inszenieren sie, gedacht für spätere Aufführungen,[45] ihre intime Form der Kommunikation, bei der sie eine Art Babysprache benutzen: „Liebes

Pummelchen Guten Morgen und einen guten Tag wünscht Dir Dein Posthörnchen, der dich so toll liebt. (…) Och mein süßes Miezchen, heute morgen haben wir ja die tolle Marmelade! Ich geb Dir 1000000000000000 Küsschen, dein Mumu."

„Guten Morgen, meine kleine Sonne, ich wünsche dir einen frohen, schönen guten Morgen und einen guten Tag mit deinem Posthörnchen. (…) Du kleines Pelzmuschelchen liegst dort so eingerollt im Teddy. Aber Du magst ja keine nassen Küsselchen. Schlaf man auch noch schön (…) Dein Posthörnchen, das Dich liebt. "[46]

Bei Immendorffs Aachener Ausstellung "Vietnam, Vietnam, Vietnam" im April 1966, erscheinen erneut die Papierschnipsel auf dem Boden, Buchstaben die zusammengesetzt das Wort „Vietnam" ergeben. An einer Wand ein Transparent, auf dem ebenfalls „Vietnam" geschrieben steht. Zur Vernissage führt Immendorff, erstmals in der Verkleidung eines Babys, eine Kunstaktion durch. Unter der Decke kauernd, nackt, nur mit Unterhose und Babymaske bekleidet, wirft er, während die Besucher eintreffen, Blumen ins Publikum.

Der Publizist und Kurator Klaus Honnef berichtet über diese Aktion für die 'Aachener Nachrichten': „So stellt sich automatisch eine Bedeutung her, wenn der Bodenbelag aus Buchstaben besteht, welche, in richtiger Reihenfolge gesehen, den Namen „Vietnam" ergeben und darauf Menschen achtlos ihre Füße abtreten. (...) Erst recht stellt sich Bedeutung her, wenn Immendorff vorm Vietnam-Plakat Blumen herunter segeln lässt, wie die amerikanischen Bomber Bomben auf die gekrümmten Rücken der vietnamesischen Reisbauern.[47]

Die Nachfolgenden, wieder gemeinsame Aktion des Paares ist am 30. Juli 1966 "Frisches", in ihrer Privatwohnung an der Bankstraße. Immendorff begrüßt die eintreffenden Besucher, erneut nur mit Unterhose und Baby-Maske bekleidet. Reinecke zeigt eine konzeptuale Arbeit.

„An einer Sofawand hatte Reinecke ein großes farbig lackiertes Lattengerüst aufgehängt, an dem sieben Körperfragmente, auf Sperrholz gemalt, befestigt sind und von den Besuchern als veränderbares Relief beliebig zusammengestellt werden können. Neben dem Kopf, einem Selbstportrait, befinden sich ein Oberkörperteil mit BH sowie der Unterkörper und Gliedmaße an dem Gerüst.

Die farbliche Unterteilung des Gerüstes in sieben Abschnitte greift die schon beim 'Entfernungsstab' angewandte Methode der Abstandsmessung in Farbfeldern auf. Entsprechend der jeweiligen Distanz werden die Körperteile aus unterschiedlichen Blickwinkeln gesehen. Ausgehend vom eigenen Körper analysiert Reinecke das herrschende Frauenbild in der Gesellschaft und die sich aus der geschlechtsspezifischen Wahrnehmung ergebenden Verhaltensmuster."[48]

Protagonisten von "Frisches" sind neben Immendorff und Chris Reinecke auch Joseph Beuys, Franz Erhard Walther sowie Verena Pfisterer, die jeweils eigene Arbeiten beisteuern. Als Gäste treten der Videokünstler Nam June Paik und die Aktionskünstlerin Charlotte Moorman auf.

Auf Anregung von Beuys, hatte Immendorff in seiner jüngst erlangten Funktion als Kulturreferent des Allgemeinen Studierenden Ausschusses (AStA) Moorman eingeladen.

Zuvor hatte Moorman bei einem Happening in New York mit blankem Busen Cello gespielt, worauf sie inhaftiert worden war. Die Einladung war daher auch eine Form der Solidarisierung mit Moorman. Anlässlich von "Frisches" wiederholt sie diese mit einer Video-Installation von Paik verbundene Aktion.

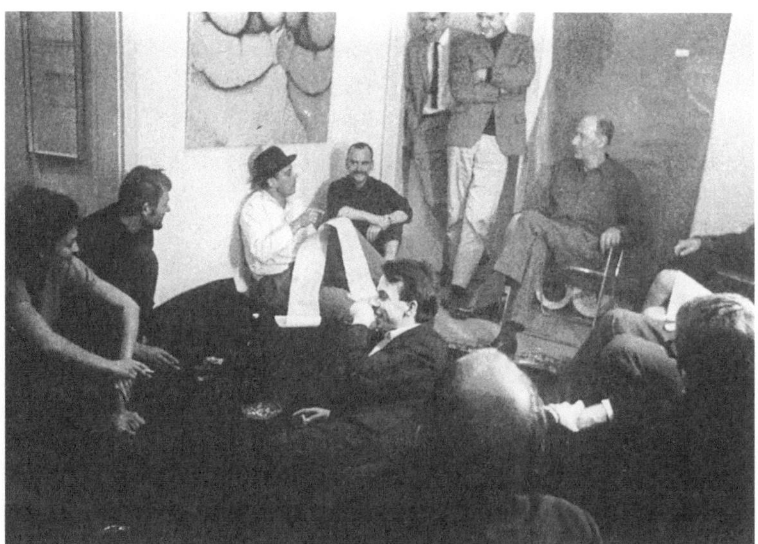

14, Beuys und Immendorff während "Frisches"

Die seltsam anmutende Rolle, die Immendorff als Baby verkleidet während "Vietnam, Vietnam, Vietnam" und "Frisches" spielt, wirft über den Kunstzusammenhang hinaus, für einen Moment etwas Licht auf die seelischen Befindlichkeiten des im Übrigen so verschlossen wirkenden Immendorff. Chris Reinecke erinnert sich: „Es machte ihm Freude sich zu verkleiden. Ich nehme auch an, da ist auch diese Kindlichkeit wieder da. Das hatte mich auch gewundert, dass er Angst hatte 'ihr werdet mich verlassen'(...) so Appelle des Gernhabens, was er gebraucht hat."[49]

Neben den dänischen Künstlern Per Kirkeby, Henning Christiansen und Bjorn Norgaard sind Immendorff und Reinecke im April 1967 eingeladen, an den "Deutsch Dänischen Tagen"[50] in Aachen mitzuwirken. Eine Woche lang führen die Künstler verschiedene Aktionen durch. Immendorff zeigt überdimensionale aus Holz ausgeschnittene Figuren weißer, schwarzer und asiatischer Babies (Europäerbabychen, Negerchen, Chineschen). Immendorff will sie als symbolhaft für Liebe, Frieden, Sanftmut und Völkerverständigung verstanden wissen. Daneben baut er die „einzig respektable Waffe" auf, eine Kanone aus Pappe, aus der er mit Babymaske und Unterhose bekleidet, Papierkugeln verschießt, in denen sich Zettel befinden, auf die Sprüche wie „hapmi lieb", „bä tunst", „teine tunst mache", „hab alle lieb", „Für alle Lieben in der Welt", „Künstler seid nett zu den Leuten", gedruckt sind. Später posiert er neben einem großen Transparent, auf das er unter anderem geschrieben hat „(...)für alle Lieben in der Welt als Mahnung - gebt den Reaktionären in Politik und Kunst ordentlich Zunder!"

Gemeinsam führen Immendorff und Reinecke eine Version des „Reigens" durch. Später verfasst sie den Text zu Immendorffs Eigen-Dokumentation seiner Aachener Aktionen den sie "Gedanken zu Immendorffs Babies und Aktionen" betitelt.[51]

Parallel zu Immendorffs Beiträgen zeigt Chris Reinecke in Aachen eigene Sujets und führt die Aktion "Umgebungskleider" durch, bei der sie das Publikum auffordert, transparente Plastikkleider zu tragen, auf die sie schreibt, was die Probanden in der Umgebung wahrnehmen können. Sie will damit das Erlebnis einer sinnlichen Erfahrungserweiterung vermitteln. Zu ihren Ausstellungsstücken liefert sie detaillierte Gebrauchsanweisungen. Später setzte sie sich mit dieser wie auch anderen

Aktionen in der Infozeitung des Kunstakademie-AStA kritisch auseinander.[52] Diese Aktion Reineckes trägt bereits unverkennbar den Geist linker Ideologie und deren Streben nach einem kollektiven, offenen künstlerischen Prozess, welches schließlich, Anfang 1968, zur Gründung des "Lidl-Raums" führen sollte.

Zuvor, am 20. Mai 1967 führten Immendorff und Reinecke während eines Happenings am Rheinkai in Düsseldorf ähnliche Aktionen wie in Aachen durch. Reinecke forderte das Publikum auf, Umgebungskleider zu tragen, während Immendorff das "Chineschen" im Fluss badete.

Im November 1967 erreicht das Baby-Projekt mit der Ausstellung "Für alle Lieben dieser Welt" in der Kölner Galerie "Art Intermedia" seinen Zenit. Immendorff, erneut in Unterhose und Babymaske, fordert die Besucher auf, die Babys zu füttern und zu waschen, wäscht sich selbst mit einem Waschlappen. Chris Reinecke liefert zu Immendorffs Aktion, in der für sie typischen Diktion, den theoretischen Überbau:

„Die Babies sind Mittel und Endpunkt zugleich.- Mittel dessen was mit Ihnen geschieht – wofür sie Mittler sind – als Endpunkt sind sie das, was sie sind: Wesen mit ihnen zugeteilten Funktionen: sich gegenseitig waschende oder lachend dastehende Wesen. Sie können von ihrem 'Schöpfer' außerhalb dieser Funktion zu beliebig neuen Funktionen herangezogen werden oder auch in der ihnen ursprünglich zugedachten verbleiben. Ganz nach Belieben des 'Schöpfers' und übrigens eines jeden. Der ein solches Baby besitzen würde. Welche Funktionen könnte ein solches Baby nicht übernehmen?!"[53]

"Lidl", ein Kunstwort, welches aus Immendorffs Sicht das Geräusch einer Babyrassel nachahmen soll und für Chris Reinecke an das „Pipi machen" ihres Cousins erinnert, ist Titel des neuen, von beiden ins Leben gerufenen Projekts, das mit der Gründung des „Lidl-Raums" im März 1968 manifestiert wird. Zwar ist die erste "Lidl"-Aktion ein Sololauf Immendorffs, bei dem er am 31. Januar 1968 mit einem schwarzrotgoldenen Holzklotz, auf dem "Lidl" geschrieben steht, vor dem Bundeshaus in Bonn auf und ab geht, dennoch markiert der im März desselben Jahres eröffnete "Lidl-Raum" den tatsächlichen Beginn der gemeinsamen "Lidl"-Projekte.

Der "Lidl-Raum" in Düsseldorf, ein ehemaliges Hinterzimmer einer Kneipe, an der Kreuzung von Blücher- und Parkstraße, mit einer zur Straße gelegenen Fensterfront, sollte Chris Reinecke und Immendorff dazu dienen, alternative künstlerische Konzepte auszuprobieren und diese hier öffentlich zu machen.

"Lidl" bedeutete künstlerische Arbeit in der Öffentlichkeit - heraus aus dem Elfenbeinernen Turm in die Öffentlichkeit. Statt Kunst in Museen und Galerien, die Mietung von geeigneten Räumen, die groß genug waren, um die Menschen von der Straße herein zu holen und sie bekannt zu machen mit unseren Ideen. Erweiterung des Bewusstseins aller", erklärte Chris Reinecke das Vorhaben. [54]

Gleichzeitig wollen sie in gemeinschaftlichem Wirken mit den „wahren Kräften in Kunst und Politik" Projekte entwickeln. Bei der Gründung gehören deshalb auch der Literat Hansjürgen Bullkowski sowie der Unternehmer und Kunstsammler Wolfgang Feelisch, der das ganze finanziert, zur "Lidl-Gruppe". Sie wollen ihre Idee in die Öffentlichkeit tragen, wollen Menschen ansprechen, die Museen und Galerien üblicherweise nicht frequentieren. Euphorisiert schreiben Reinecke und Immendorff: "Der 'Lidlraum' ist Kunstobjekt, der 'Lidlraum' ist permanente künstlerische Aktion, der 'Lidlraum' ist Architektur, wie wir sie uns nur wünschen können. Ein regelrechtes Ausstellungsprogramm ist deshalb für uns überflüssig geworden."[55]

Am 16. Mai 1968 führt das Paar im "Lidl-Raum" das "Honigstück für Ehepaare" auf, die vielleicht poetischste Aktion während ihrer Zusammenarbeit. Im „Honigstück für Ehepaare" (Honig = engl. Honey = Liebling) tauchen Immendorff und Chris Reinecke ihre Füße in Honig, um anschließend Hand in Hand durch den Raum zu wandern, bis ihre Spuren nicht mehr haften und sich verlieren. Eine beinahe anrührend anachronistische Thematisierung von Liebe und Partnerschaft einer Zeit, in der Kommunen und Polygamie en vogue sind.

Honig, die Inspiration hierzu kann sicherlich bei Beuys gesucht werden[56], wird von beiden auch in den folgenden Monaten immer wieder als Material eingesetzt, bei Konzepten wie "Honigraum" oder "Honigstand", bei "Tierlidl" wie auch bei der Aktion in Kooperation mit Wolf Vostell anlässlich der Pressekonferenz der "documenta 4", am 26. Juni 1968 in Kassel. Immendorff gießt hierbei Honig über die Mikrofone, während Chris Reinecke versucht, die Redner auf dem Podest zu umarmen und zu küssen und Vostell einen Sack mit Pfenningen ausleert, womit er auf die kommerzielle Abhängigkeit der „documenta“ vom Kunstmarkt verweisen will.

Bei der nachfolgenden Aktion “Ich mache die Dokumenta frei“ am 26. und 27. Juni, die sich gegen die unklaren Kriterien der Künstlerauswahl für die “documenta“ richtet, fällt auf, dass Immendorff allein agiert und statt des möglichen „Wir machen die Dokumenta frei“ das singuläre „Ich mache...“ benutzt. Diese Formulierung, auch wenn sie möglicherweise unbedacht gewählt ist, könnte einen Paradigmenwechsel in der Beziehung zu seiner Kunst- und Lebenspartnerin Chris Reinecke andeuten. So negierte Reinecke später die Miturherberschaft an der tags zuvor erfolgten Sponti-Aktion, indem sie in einem Brief an den Magistrat der Stadt Kassel vom 30.7.1968 Immendorff die Urheberschaft zuweist und verlangt, ihm die Rechnung für den Schaden durch die Aktion zu schicken. Erste Konflikte in einer bald schon endenden Beziehung.[57]

Reinecke beginnt sich sukzessive aus der Dualität ihrer künstlerischen Arbeit mit Immendorff zu lösen: „Für mich gab es keine Halbheiten. Was ich mache, mache ich ganz. Diese Ernsthaftigkeit und Kompromisslosigkeit hat gestört.“[58]

Auch wenn sie sich aus der Front gemeinsamer Aktionen zurückzieht, unterstützt sie Immendorff weiterhin, indem sie ihm Anstöße gibt, bei seinen Aktionen konzeptionell mitwirkt, Texte schreibt. Der Prozesscharakter von “Tierlidl“[59] im August 1968 trägt deshalb immer noch recht deutlich ihre Handschrift.

Immendorff proklamiert mit “Tierlidl“ eine Stadtgründung durch Tiere. Er ernennt eine Schildkröte zur Botschafterin, aus deren Bewegungen auf dem Boden des “Lidl-Raums“ sich der Grundriss der „Lidl-Stadt“ ergibt. Immendorff will Bürokratismus und Profitgier eine schöpferische Stadtplanung entgegenstellen, mit der die herkömmlichen Planungsweisen entlarvt werden sollen. Er informiert die Presse, lädt Düsseldorfer Stadtplaner ein, will der Stadtplanung die ‘Lidl-Stadtpläne’ zum weiteren Ausbau der Stadt Düsseldorf und jeder anderen Stadt zur Verfügung stellen.“[60]

In den weiteren Monaten des Jahres 1968 dient der “Lidl-Raum” vor allem Chris Reinecke als Plattform für ihre experimentellen Arbeiten mit dem Publikum. Hinzu kommen Teach-

Ins, Diskussionsrunden und Veranstaltungen mit Gästen, wie Nam June Paik, Charlotte Moorman, der spanischen Fluxusgruppe "Zaj", auch Künstlerfilme werden gezeigt. Eine Film-Installation von Wolf Vostell zum Beispiel, über den Schah-Besuch am 2. Juni 1967, bei dem Benno Ohnesorg erschossen wurde, wonach die Studentenrevolten in Deutschland ausbrachen. Ungeachtet dieser Aktion, wie überhaupt seltsam unberührt von den Ereignissen des Jahres 1968, bleiben die Aktionen im "Lidl-Raum" weitgehend apolitisch, wenn man den "Lidl-Raum" nicht an sich als politische Manifestation verstehen will.

Gemessen an den Debatten der Jahre um 1968, ist nicht nur die politisch eher defensive Haltung Immendorffs und Reineckes auffällig. Auch die sexuelle Revolution, gesellschaftliche Veränderungen, aus denen neue Formen des Zusammenlebens resultierten, die nicht zuletzt in Kunst-Kreisen eifrig ausprobiert werden, scheinen Immendorff und Reinecke unberührt zu lassen. Sie betreiben ihre Kunst weit jenseits von Aktionsformen, die aus Befreiung der sexuellen Revolution resultierten.

Yves Klein ließ schon 1960 in Farbe getränkte nackte Frauen über seine Bilder rollen, Charlotte Moorman provoziert 1967 halbnackt mit ihrer "Opera Sextronique", Valie Export tritt in München mit einer im Genitalbereich ausgeschnittenen "Aktionshose Genitalpanik" auf, die Aktionskünstler Brus und Muehl urinieren in der Öffentlichkeit, übergießen nackte Frauen mit Eingeweiden und Kot geschlachteter Tiere. Künstler betrachten den Körper, auch ihren eigenen, als Material, zeigen sich nackt, fügen sich Schmerzen und Verletzungen zu. Der Tabubruch wird zu einem künstlerischen Leitmotiv dieser Jahre.

Demgegenüber wirken die Aktionen von Immendorff und Reinecke spielerisch, fast ein wenig naiv, bleiben ohne die provokative Sprengkraft, welche die Aktionskunst dieser Zeit auszeichnet. Die Auseinandersetzung mit Gender-Fragen, die in nur wenigen Arbeiten durchscheint, ist allenfalls ironisierend, wie in "Ehepaar mit Ei".

Erinna König, Künstlerin, Weggefährtin und Freundin des Paares, erinnert sich: „Irgendwie haben die schon gut zusammen funktioniert, vor allem zu Beginn. Ich glaube, Jörg hat Chris damals einfach bewundert. Sie war ja auch klug und sehr hübsch. Nachher wirkte es ziemlich spießig, wie sich Jörg benahm."[61]

Mit der Beschäftigung als Datentypistin bei einer Computerfirma erwirtschaftet Chris Reinecke den überwiegenden Teil des Haushaltseinkommens. Wenn man so will, könnte man bestenfalls in der ökonomischen Rollenverteilung des Paares einen avantgardistischen Ansatz sehen, so wie ihn auch Immendorff verstanden wissen wollte: „Ehepaar war ja zu der Zeit eine Größe, die ich ernst genommen habe. Es war nicht so sehr die bürgerliche Institution, als eher eine Arbeitsverbindung.“[62]

Im Januar 1969 wird der "Lidl-Raum“ geschlossen. Und obschon Chris Reinecke weiterhin zur "Lidl“-Gruppe zählte, vollzieht sich nun das Ende des Künstler-Duos Immendorff/ Reinecke.

Chris Reinecke, die mit "Lidl" einen eher theoretischen, auf die Erprobung neuer, demokratischer Formen künstlerischer Zusammenarbeit ausgerichteten Ansatz verbindet, versucht von nun an ohne Immendorff ihr Anliegen umzusetzen, mit anderen Künstlern zusammenzuarbeiten, mit gemeinsamen Ideen subtil in die Gesellschaft hineinzuwirken.

Immendorffs Wirken hingegen entwickelte sich zunehmend aktionistisch und extrovertiert. Die von Immendorff selbst zu den Aktionen eingeladenen Pressevertreter sehen dann auch wunschgemäß in ihm den maßgeblichen Protagonisten, in der Presse wird er als "Lidlchef“ tituliert. Chris Reinecke, solchermaßen in den Hintergrund gedrängt, lässt Immendorff gewähren, sieht sich selbst gleichberechtigt neben anderen im Rahmen eines kollektivistischen Prinzips.

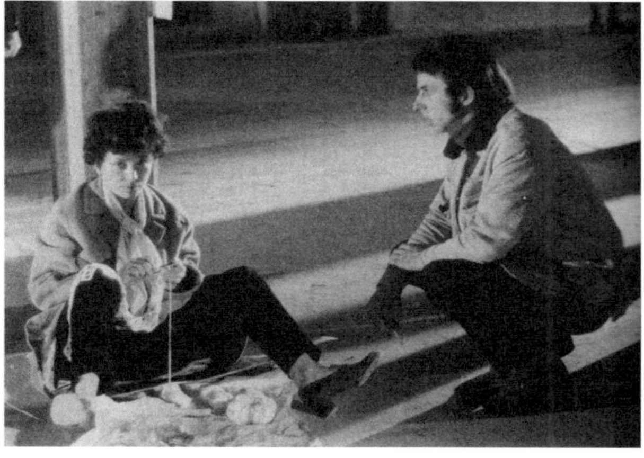

15, mit Chris Reinecke 1968

## ÜBERVATER

Bis zur Mitte der sechziger Jahre war die Kunstakademie Düsseldorf ein Hort stillen, fast wissenschaftlichen Arbeitens. Dies sollte sich ändern als Joseph Beuys, 1961 auf den Lehrstuhl für "Monumentale Bildhauerei" berufen wurde. Bald löste sich Beuys von der traditionellen Interpretation seines Lehrauftrages und entwickelte seine Pädagogik im Sinn seines erweiterten Kunstbegriff der "Sozialen Plastik", worunter er die Mitgestaltung des Individuums in der Gesellschaft durch eigene kreative Impulse verstand.

Beuys' Gedanke war, die herrschenden Bildungs-, Rechts- und Wirtschaftsbegriffe durch die subversive Kraft der Kunst zu verändern. Dass er hierbei einen Umbau der Gesellschaft nach den esoterischen Ideen Rudolf Steiners im Sinn hatte, blieb sein Geheimnis. Seine in diese Hinsicht zunächst völlig unbedarfte Klasse, diente ihm als Experimentierfeld und Resonanzraum für seine Ideen.

1963 führt er in der Aula der Akademie das "Festum Fluxorum Fluxus"[63] durch, seine erste eigene Aktion und Auftakt für eine Dekade, während der dieses Haus durch Beuys' Einfluss von Aktionismus und Aktionskunst geprägt sein sollte. Beuys' Handeln richtete sich dezidiert gegen traditionelle Kunstvorstellungen und sprengte die Grenzen zwischen bildender Kunst, Musik, Schauspiel und Dichtung.

Überzeugt, dass jeder Kunst studieren soll, der sich dazu berufen fühlt, lehnte Beuys auch den üblichen Weg der Aufnahmeprüfung ab und nahm Studenten in seine Klasse auf, deren Persönlichkeit er stärker gewichtete als ihre künstlerische Begabung.[64] Seine im Grunde anarchische Haltung stand allerdings in gewissem Widerspruch zu seiner Form des Lehrens.

Beuys verhielt sich gänzlich anders als seine Professorenkollegen. Er war fast täglich in der Akademie anzutreffen, arbeitete dort auch an Wochenenden oder in den Semesterferien. Der übliche Akademiebetrieb hingegen war noch vom überwiegend konservativ autoritären „Meister-Habitus" der Kunstprofessoren geprägt. Manche waren selten anwesend, kümmerten sich wenig um ihre Studenten und gaben allenfalls den Meisterschülern differenzierte Aufgabenstellungen und Korrekturen. Beuys dagegen kümmerte sich um seine Klasse, setzte sich in offener Diskussion mit seinen Schülern auseinander. Dass er hierbei weitestgehend den edukativen Ideen Steiners folgte, war insofern nebensächlich, da er seine Schüler zu exeptionellen Leistungen forderte - zumindest jene, der ersten Jahrgänge. Denn ungeachtet seiner Ablehnung von Konventionen bezüglich seines Verhältnisses zu den Studenten sowie der Strukturierung seines Studiengangs, war er hinsichtlich der Leistungen seiner Schüler anspruchsvoll und unerbittlich in seinem Urteil.

Immendorff erinnert sich: „Ich hab erst mal gestaunt. Große offene Augen. Fühlte mich dauernd überfordert. Beuys, sein Sprachniveau, sein rhetorisches Niveau, der ging ja nicht runter, der guckte nicht an den Studenten runter und versuchte dann mit den Studenten auf Studentenniveau zu reden. Der redete, wie Beuys redete. Der erwartete, dass man sich da hocharbeitet.“[65]

„Wenn Beuys reinkam“, so Immendorff, „da fieberten wir und fürchteten den Auftritt. Beuys hat gnadenlos das, was er nicht gut fand, gebrandmarkt. Nicht immer argumentativ begründet. Das war dann schon mal: Scheisse hier, also unmöglich. Aber auch: Das ist aber toll, das ist aber interessant, das müssen wir schnell beiseite nehmen und der Rest wurde meistens vernichtet. Dann ging er und kam nach einer halben Stunde wieder.

Da war so ein helles Bild mit einem Fallschirmspringer. Ich setze an und ziehe mit dünner Wasserfarbe, damals habe ich noch nicht in Öl gemalt, und einem breiten Pinsel Striche drüber, wie Regen, versetzt über das ganze Bild. Da kam er rein, er hatte wohl etwas vergessen oder wollte uns noch etwas sagen, dann sagt er: Hör mal, ganz toll, lass das jetzt so. Da habe ich nicht gefragt, warum das jetzt besser ist. Ich hatte aber begriffen, weil die Farbe da dünner drüber stand, dass es also eine ganz andere Ebene mir ermöglichte. Es ging gar nicht darum zu fragen: Ist das jetzt Regen? Fliegt der Flieger jetzt durch einen Regenschauer, oder so? Das war aber vollkommen nebensächlich. Interessant war, dem eigenen ersten Plan einen anderen Plan zuzugesellen. Ein Plan, der nichts mit einer bewussten Bildschöpfung zu tun hat, der einfach nur irritiert.“[66]

Beuys’ anthroposophisch geprägtes Menschenbild, verbunden mit seiner optimistischen Natur und seiner warmen rheinischen Sprachfärbung, verlieh ihm die distanzauflösende Aura eines gütigen Vaters, weshalb er sich für den vaterlos aufgewachsenen Immendorff über die Rolle des Lehrers hinaus zu einer zentralen Bezugsperson entwickeln sollte.

Ausdruck findet dies vor allem darin, dass die Figur Beuys von Anbeginn zu einem zentralen Motiv in Immendorffs Malerei wird. Unzählige Bilder, in denen Beuys eine Rolle spielt, sollten im Laufe der Jahre entstehen. Eines der ersten dieser Beuys-Bilder, "Mona Schwana", erwirbt Beuys sogar. Eine völlig unübliche Geste gegenüber einem Schüler.

Den Titel des Bildes entlehnte Immendorff aus einem Mickymaus-Heft, in dem die "Mona Lisa" im Museum Entenhausens "Mona Schwana" hieß: „Das Bild hat er sofort gekauft, 200 Mark habe ich dafür bekommen. (...) Irgendwie hatte ich das Gefühl, er wollte das Bild aus dem Verkehr ziehen."[67]

Immendorffs Verehrung für Beuys trägt bisweilen skurrile Züge. Er bezeichnet sich selbst als "Beuysritter", äussert sich in anhimmelnder Geste des Jüngers. „Er war der Lieblingsschüler von Beuys und rannte da in seiner Manier mit einem Pappschwert in der Akademie rum und sozusagen einer Toga. Da hatte er natürlich sämtliche coolen Jungs gegen sich. Die coolen Jungs waren Palermo, Polke, Richter. Die wollten alle nur cool sein. Die fanden den vollständig idiotisch", erinnert sich Immendorffs späterer Galerist Michael Werner. [68]

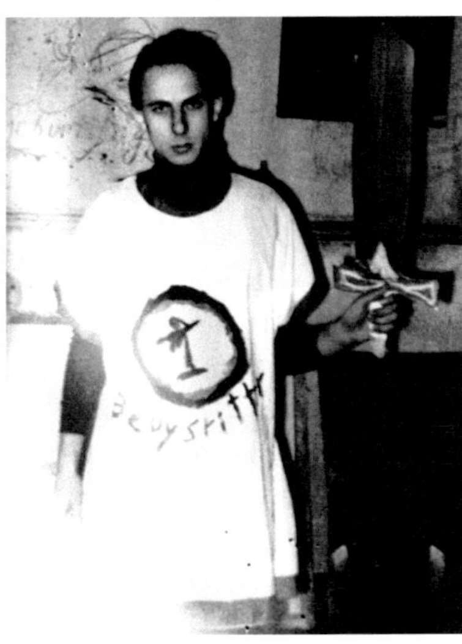


Abb. 16, Beuysritter 1965

Dass auch Beuys Sympathie für Immendorff empfindet, wird augenscheinlich, als er im August 1965 Immendorffs Trauzeuge bei dessen Hochzeit mit Chris Reinecke wird. Im November desselben Jahres dann ist Immendorff Beuys' Assistent bei dessen berühmt gewordener Aktion "wie man dem toten Hasen die Bilder erklärt". Beuys wiederum wirkt im folgenden Jahr bei Kunst-Aktionen des Paares mit, bei "Reigen" wie auch bei „Frisches", und hilft Immendorff bei der Installation seiner Ausstellung „Vietnam, Vietnam, Vietnam" (23.04.-16.05.1966, Galerie Aachen).

Der diskreten Unterstützung von Beuys hatte Immendorff bereits seine erste Einzelausstellung, im August 1965 bei dessen Galeristen Alfred Schmela zu verdanken.[69]

Zuvor war er vergeblich bei Schmela vorstellig geworden. Er hatte seine Bilder auf einem Handkarren zu dessen Galerie gebracht, wurde jedoch abgewiesen. Und auch wenn ihn Schmela bei einem Akademierundgang lobt, eine Ausstellung avisiert, „noch zwanzig solcher Bilder und ich mache eine Ausstellung mit Ihnen"[70], ohne Beuys hätte Immendorff diese, für einen jungen Künstler außerordentliche, Chance kaum bekommen.

Die Ausstellung bestand, fast schon folgerichtig, im Wesentlichen aus einer Serie von Bildern, in deren Mittelpunkt Immendorffs „Übervater" Beuys steht: "Beuysland", "Fruchtmann", "Dienstag Weste", "Nichtschwimmer".

Kurze Zeit später bereits, während Schmelas Geburtstagsfeier im November 1965, überwirft sich Immendorff jedoch mit dem Galeristen. Schmela, der mit seiner Galerie in neue Räume zog, bat jeden seiner aktuellen Künstler, zu denen inzwischen auch Immendorff zählte, eine eintägige kleine Ausstellung, eine Art Hommage an ihn, in der alten Galerie zu machen.

„Ich meinte aber, Schmela sei zwar eine gute Galerie, ich hätte jedoch nicht ein genügend enges Verhältnis zu ihm, um eine Hommage machen zu können. Da war der Teufel los. (…) Das war ein großer Skandal, aber im Nachhinein auch ein sehr wichtiger Schritt, der mich dazu zwang, auf eigenen Füßen zu stehen."[71]

Der dem Eklat folgende Bannstrahl des einflussreichen Schmela, der die gerade erst lancierte Karriere Immendorffs torpediert, ist so wirksam, dass er erst 1978 wieder eine reguläre

Galerie-Ausstellung in Düsseldorf bekommen sollte. Immendorff musste erkennen, dass ihm durch das Zerwürfnis mit Schmela der herkömmliche Karriereweg über den Kunstmarkt, zumindest für die nächsten Jahre, erheblich erschwert, wenn nicht gänzlich verbaut war.

Ihm bleibt keine andere Möglichkeit, als für seine Arbeiten alternative Wege der Präsentation zu finden. Seine Aversion gegen den Kunstbetrieb und dessen Mechanismen, denen er sich in seinem naiven Affekt widersetzt hatte, versucht er in der Folge dahingehend zu deuten, die Zurückweisung von Schmelas Ansinnen sei Ausdruck seiner grundsätzlichen Haltung gegen Gesellschaft und Kapital. Mit Aktionen, Provokation und Diskurs sucht er nun, diese Haltung zu untermauern.

Auch zwischen Beuys und Immendorff kommt zur Verstimmung. Schon als Immendorff sich Schmela verweigerte bekam Beuys einen Wutanfall. Nun lässt Immendorff Bildsujets folgen in denen er sich ironisierend gegen Beuys wendet. In "Blaue Punkte/grüne Punkte" sind Beuys und Schmela Spielkartenkönige, Anspielung auf der Kunst-Kommerzialisierung, derer er die beiden bezichtigt, und in "Hut von Beuys mit Frisur auf Ständer" macht er sich über Beuys' Image lustig.

Beuys ist nicht amüsiert und lässt seinen Schüler in der Folge mit seinen Arbeiten allein. Das fehlende Korrektiv allerdings, verschärft Immendorffs Unsicherheit bezüglich seiner weiteren künstlerischen Entwicklung. Immendorffs berühmtes Bild „Hört auf zu malen" wird zum Ausdruck dieser Phase. Das Bild, zufälliges Ergebnis eines misslungenen Entwurfs und der Not seiner Situation geschuldet, kann als Kulminationspunkt der Loslösung Immendorffs von der Künstlerexistenz eines Malers und damit seiner Hinwendung zu anderen Formen, wie der Aktionskunst, gesehen werden. Beuys befindet, als er das Bild sieht, knapp: „Lass das so."

Immendorff beginnt aus Alltagsgegenständen Pop-Art-Objekte zu gestalten, entwickelt Happenings und Aktionen. Er verbarrikadiert symbolisch das Aktmodell einer Malklasse mit Holzlatten, um so die Diskussion über die traditionellen Unterrichtsmethoden der Akademie anzuregen. Einen Maurer, der unbedacht ein Bild von ihm benutzt, um Mörtel aufzufangen, fordert er auf, das Bild zu signieren, da er aus dessen Nutzung eine neue Funktion des Bildes entstanden sieht.

„Natürlich war es nicht die Absicht des Maurers mir eine andere Funktion für meine Bilder zu zeigen. Durch ihn begann ich aber, mir mehr über die Nutzung meiner Bilder Gedanken zu machen. In der Presse machte der Vietnamkrieg Schlagzeilen. In der Akademie herrscht Konkurrenzdenken. Ich wollte Kunst für Liebe und Frieden machen. So sollten die Bilder nützen.“[72]

Immendorff verzichtet in dieser Phase auf eine vertiefte Auseinandersetzung mit der Malerei und beginnt, inspiriert von seiner Frau Chris Reinecke und zweifelsohne unter dem Einfluss des der Malerei gegenüber skeptischen Beuys, zum Aktionskünstler zu wandeln. In Gemeinsamkeit mit Chris Reinecke aber auch schon ersten eigenen Aktionen, die bereits seinen gegenüber Reinecke weniger theorielastigen Weg vorzeichnen.

Schon im Januar 1966 definiert dieses Kunstverständnis mit den Aktionen „Herr Süsterhenn, verlassen sie Deutschland“ sowie „deutsch, deutsch, deutsch“. In der öffentlichen Wirksamkeit von Aktionen, wie er sie bei der Fluxus-Bewegung erlebt, sieht Immendorff jetzt die Möglichkeit, auch ohne traditionelle Galerie-Ausstellungen seine Ideen einer breiteren Öffentlichkeit zugänglich zu machen. Dieser Wunsch nach öffentlicher Wahrnehmung jenseits des Kunstbetriebes, wird in den folgenden Jahren zentrales Element seiner Projekte und gleichzeitig zu einem wichtigen Aspekt von Immendorffs Persönlichkeitsentwicklung.

Hinter diesem Aktionismus kann man, neben dem Wechseln des Genres, auch die Erkenntnis eigener Unzulänglichkeiten vermuten:. „Ich war weiss Gott, als ich anfing, nicht der supertalentierte Künstler. Bei mir haben die höheren Wesen [Dies bezieht sich auf ein Bild Sigmar Polkes ’Höhere Wesen befahlen: rechte obere Ecke schwarz malen!’, Anm. d. Autors], glaube ich, mehr mitgewirkt als bei anderen. Ich war kein doller Zeichner. Ich habe das mit etwas anderem wett machen können. Mir hat dann später, als es darum ging, eine Art Antikunst zu machen - nicht gegen die Kunst, sondern gegen die jeweils etablierte Kunst - vielleicht mehr meine Naivität oder meine Isolation geholfen, und dass ich nicht gut malen konnte.[73]

„(...) ich wollte gar kein politischer Künstler werden. Ich machte meine Kunst als jemand, den, da er weder ein Trottel noch ein Unsensibling war, Politisches nicht kalt ließ. Ein Künstler ist kein Kopf voller Ölfarben, die er mit sich rumschwappt.“[74]

Unter dem Eindruck der weltweiten Proteste gegen den Vietnamkrieg ergriff Immendorff im November 1965 erstmals in politischem Sinn Partei. Er gestaltete, motiviert durch eine von Günter Grass initiierte Petition deutscher Künstler, eine eigene Unterschriftenliste. Die Gestaltung des Papiers mit schnell hingepinselten Linien, einer Bundesfahne und auf dieser einen karikierten blauen Adler am oberen Rand des Blattes, veranschaulicht seine damalige naiv jugendlich anmutende Aufgeregtheit. Unter der Überschrift „Wir erklären uns gegen den Krieg in Vietnam“, sammelt er fünfundzwanzig Unterschriften, darunter die von Beuys, Palermo und Polke. Seine damalige Haltung erläuterte Immendorff später so: „Das war eher eine Parteinahme und, soweit ich mich erinnere, das erste Mal, dass sich ein Kunststudent in Verwicklung mit seiner Arbeit zu einem Politikum äußerte. Es empörte mich, dass ein großes Land so ein kleines niedermachen wollte. Das alles geschah ohne theoretischen Background.“[75]

Bei seiner gemeinsam mit Chris Reinecke konzipierten Aktion „deutsch, deutsch, deutsch“ im Januar 1966 wollte sich Immendorff gegen „den Staat“ äußern, löst dieses Vorhaben jedoch mit der wenig zielgerichteten Aktion nicht ein. Noch im gleichen Monat wurde er mit “Süsterhenn, verlassen Sie Deutschland“[76] ein wenig deutlicher: „Unbeleckt von allem, hatte ich da weder ein großartiges Interesse an Partei- noch an Weltpolitischem im Sinne gesellschaftlicher Veränderung. Ich erinnere mich an eine Veranstaltung, wo Süsterhenn sprechen wollte. Damals verantwortlich für die Aktion ’Saubere Leinwand’, kümmerte er sich darum, dass in Film und Literatur Dinge, die der CDU nicht passten, nicht vorkamen.“[77]

Immendorff entwirft ein Objekt zu diesem Vortrag, eine Leinwand, auf die ein Adler mit ausgebreiteter Schwinge und die Aufschrift „Süsterhenn, verlassen Sie Deutschland“ gemalt war. Die Leinwand hatte in Gesichtshöhe ein Loch. „Durch dieses Identifikationsobjekt konnte man den Kopf stecken, um sich mit dieser Forderung einverstanden zu erklären, wie es Beuys, ich und andere auch taten.“[78]

Aus “Frisches“, dem Aktionsabend im Juli 1966 in der Wohnung von Immendorff und Reinecke, resultierte durch die solidarisierende Einladung von Charlotte Moorman, eine weitere „politische“ Äußerung, die jedoch ohne öffentlichen Effekt blieb, da außer den agierenden Künstlern kaum mehr als eine Handvoll Gäste erschien.

“Vietnam, Vietnam, Vietnam“ im April des folgenden Jahres, ist dann ein weiterer Versuch kritischer Artikulation, erneut gegen den Vietnamkrieg. Zwar gelingen Immendorff mit den Blumen, der Pappkanone und den überdimensionalen Babies anrührende und auch künstlerisch spannende Momente, die in großen Lettern plakatierte Losung „...gebt den Reaktionären in Politik und Kunst ordentlich Zunder“ indes verlor sich zwischen anderen, ähnlich klingenden Phrasen dieser Zeit. Auch die Aktionen im Juni anlässlich der „documenta“, bei denen es an einem Tag gegen die Kommerzialisierung der Kunst, am anderen gegen die Zulassungvoraussetzungen zur „documenta“ geht, sind beispielhaft für Immendorffs politisch inhaltliche Richtungslosigkeit.

An der Gründung von Beuys’ “Deutscher Studentenpartei“ am 22. Juni 1967 beteiligt sich Immendorff zwar, wird auch deren Mitglied.[79] Gleichwohl befindet er sich seinerzeit schon in Distanz zu Beuys’ utopistischen Politikansätzen. Ebenso hält er sich von dessen “Ringgesprächen“ fern, in denen es primär um anthroposophisch determinierte Weltanschauungen und kaum um Klassenkampf, um studentische Revolte geht.

In wie weit Immendorff die Geisteswelt von Beuys damals begriff, ob er wusste, wie stark Beuys von Steiner geprägt war, ist fraglich. Jedenfalls hat sich Immendorff nie in dieser Hinsicht geäussert.

Statt sich Beuys anzuschliessen, sucht Immendorff, der erkennt, dass seine Aktionen die bislang primär im Kunstumfeld stattfinden, in der öffentlichen Wahrnehmung weitgehend unbeachtet bleiben, mit Beginn des Jahres 1968 nach Formen, mit denen er sich öffentlich wirksamer äußern kann.

So informierte am 30. Januar 1968 seine Mutter, er beabsichtige am kommenden Tag vor dem Bundeshaus in Bonn zu demonstrieren. Kein ungewöhnliches Vorhaben in diesen Tagen.

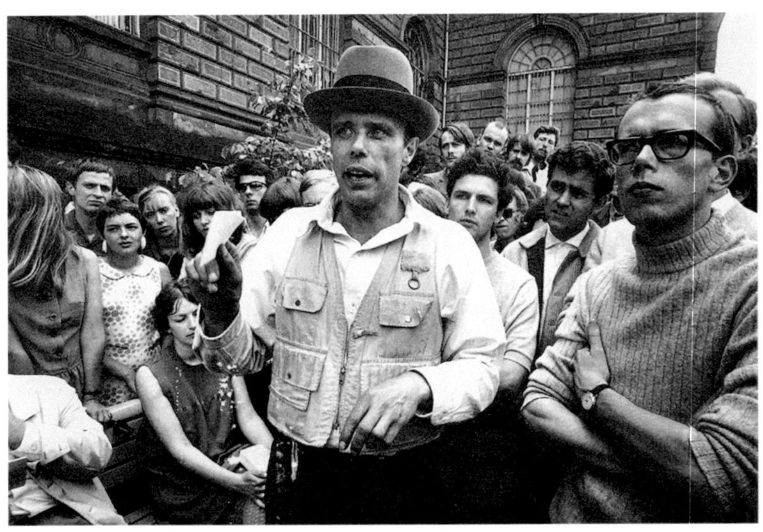

17, Gründung der "Studentenpartei", Beuys und Stüttgen, Immendorff im Hintergrund mit Sonnenbrille

Wie viele sie denn seien und wogegen demonstriert werde, will seine Mutter wissen. Immendorff erläutert ihr, dass er die Aktion allein durchführen wird. Seine Mutter ist entsetzt, fürchtet sie doch, ob des Vorhabens des Sohnes ihre Arbeitsstelle im Wirtschaftsministerium zu verlieren. Ihre Bitte, auf die Aktion zu verzichten, bleibt jedoch vergebens, denn Immendorff hat bereits die Presse eingeladen.[80]

Am nächsten Tag, einem Mittwoch, schreitet Immendorff um 15 Uhr, mit einem schwarzrotgold bemalten Holzklotz, der mit einer Schnur am linken Bein befestigt ist, vor dem Bundeshaus auf und ab. Auf den Klotz hat er "Lidl" gepinselt. Mit dieser spielerisch dadaistischen Aktion will gegen die „geistlose und unschöpferische Politik" in der Bundesrepublik demonstrieren.

Nach dreißig Minuten erscheinen Polizisten in Uniform und in Zivil, die den Klotz mit der Begründung konfiszieren, durch den Abrieb der Farbe würde die Nationalflagge beleidigt. Nachdem die Polizisten abgezogen sind, bindet sich Immendorff einen zweiten Klotz um den Hals. Er bleibt unbehelligt, muss sich jedoch einige Tage später wegen „Verunglimpfung der Bundesrepublik Deutschland" einem Verhör des Verfassungsschutzes stellen.

Bazon Bock, Weggefährte Immendorffs, wertet dessen Aktion heute so: „Das Interessante war, dass er einen phantastischen Gedanken hatte, nämlich, dass man auf der Ebene des spielenden Kindes die psychischen und politischen Ereignisse sehr viel besser abbilden oder zum Thema machen konnte. Er hat tatsächlich die Politik der Bonner Regierung im Vietnamkriegsdebakel dargestellt, und es gelang ihm durch dieses spielende Kind, sich zu zeigen.“[81]

Mit dem kurze Zeit später, im März, gegründeten “Lidl-Raum“ verlässt Immendorff endgültig das tradierte Kunstumfeld und verlegt seine Aktivitäten in den öffentlichen Raum. Den “Lidl-Raum“, ein antiautoritäres Konzept der Kunstvermittlung, will er gemeinsam mit seinen Kombattanden Reinecke, Bullkowski und Feelisch auch als politisches Statement verstanden wissen.

Am 31. März 1968 beendet Immendorff, der schon seit Monaten nicht mehr regulär studierte, endgültig sein Studium an der Kunstakademie. Wenige Tage später, am 11. April, schießt der vermutlich neonazistische Hilfsarbeiter Josef Bachmann auf Rudi Dutschke, der schwer verletzt wird. In den nachfolgenden Tagen eskalieren Demonstrationen zu Straßenschlachten. Die APO debattiert die „Gewaltfrage“, diskutiert, welche Mittel zur Durchsetzung ihrer politischen Ziele sinnvoll und legitim seien.[82]

Zur gleichen Zeit wandelt Immendorff, einem Sternsinger gleich, mit einem Stab, auf den er einen Eisbären aus Pappe montiert hat, durch die Straßen, läutet an Haustüren, hält den Stab in den leeren Hausflur.[83] In dem Eisbären sieht Immendorff „ein Symbol gegen die weltweite Eiszeit zwischen den Generationen und gesellschaftlichen Klassen“.

Die Aktivitäten Immendorffs auf der Straße sowie im “Lidl-Raum“ wirken vor dem Hintergrund der Ereignisse des Jahres 1968 eigenartig entrückt, frei von jeglicher Formulierung eines politischen Anliegens. In den Äußerungen Immendorffs dieser Tage findet sich keine Spur von Anteilnahme an den Ereignissen um das Dutschke-Attentat. Und während im Mai in Paris die Barrikaden brennen, führen Immendorff und Reinecke das “Honigstück für Ehepaare“ auf. Scheinbar unbeeindruckt von der Gewalt auf den Straßen, befassen sie sich mit der Utopie der Zweierbeziehung, versuchen sich in Ironie, in anarchisch fröhlichen Varianten künstlerischer Ideen, nutzen Honig als „Symbol für Sanftheit und Verführung“.

Am 15. November sind Immendorff und Chris Reinecke zu einem Aktionsabend an die Karlsruher Kunstakademie eingeladen. Sie kündigen die Errichtung eines “Honigplatzes“ und die Aufführung der “Morgenandacht für Ehepaare“ an. Ohne Immendorff oder Chris Reinecke zu informieren, waren jedoch am Vortag der AStA und die Gruppe PUYK, die eingeladen hatten, zurückgetreten, weil deren Forderung nach studentischer Mitbestimmung nicht entsprochen worden war. Sämtliche geplanten Veranstaltungen waren durch die Akademieleitung abgesagt worden. Immendorff, am 14. schon angereist, ob der Geschehnisse überrascht und auf sich allein gestellt (Chris Reinecke sollte erst am kommenden Tag eintreffen), denkt nicht daran, unverrichteter Dinge abzureisen, und verkündet kurzerhand: „Lidl bleibt da“, hängt am nächsten Tag ein Transparent auf: „Lidl übernimmt die Akademie - Ab 15.11.68 Lidl Akademie in Karlsruhe“.

Immendorff spricht unter einem Transparent mit der Aufschrift „Ich halte mich als Verteidigungsminister bereit“ mit Pressevertretern, gibt eine Pressemitteilung heraus, in der er pathetisch verlautbart, dass am 15.11.68 Rektor Kindermann und der Senat der Karlsruher Kunstakademie abgesetzt worden sei. „Die Karlsruher Kunstakademie ist ab diesem Zeitpunkt ’Lidl Akademie’“.[84] Am frühen Abend trifft Chris Reinecke ein, bringt vorbereitete Telegramme mit, die an die Landesregierung Baden-Württembergs sowie Studentenvertretungen und die Leitungen anderer Hochschulen versandt werden: „Asta U. Puyk tritt sofort zurück – Die Akademie der Professoren – Es lebe der Winterschlaf – Vorträge fallen aus – Wir bitten um Solidarität“.[85]

Auch wenn Immendorffs Aktion schlussendlich geräusch- und folgenlos verebbt, erscheint sie wie ein Wendepunkt in seinem gesellschaftlichem Verhalten. Mit der Absicht, in Karlsruhe seine Interpretation des „Love and Peace“ aufzuführen („Honigplatz“, „Morgenandacht für Ehepaare“), veranlasst ihn seine persönliche Betroffenheit nach der „gewaltsamen“ Unterbindung seines Vorhabens, zu einem signifikanten Wandel seiner Haltung. Er hatte seine Utopien mit Sanftheit und Ironie vorzutragen versucht, nun, nach den Karlsruher Ereignissen, schien er Geschmack an Provokation und Aktionismus gefunden zu haben. Wenige Tage später setzt er an der Kunstakademie Düsseldorf fort, was er in Karlsruhe begonnen hatte.

Immendorff arbeitet inzwischen als Teilzeit-Zeichenlehrer an der Freiherr-vom-Stein-Realschule. Als Plattform für seine neuerliche "Lidl"-Aktion, nutzt er eine bereits laufende und von Senat der Akademie genehmigte Ausstellung, bei der er mit seinem Junglehrer-Kollegen Klaus Beck Schülerarbeiten zeigt. Ihre Absicht ist, wie die Düsseldorfer Nachrichten am 6. Dezember berichten, angehende Kunsterzieher mit der Mentalität ihrer späteren Zöglinge vertraut zu machen. Zugleich wollen sie Vorschläge für neue künstlerische Lehrmethoden unterbreiten.[86]

Am 9. Dezember jedoch, ruft Immendorff wie in Karlsruhe, die Gründung der "Lidl-Akademie" aus, die er als Protest gegen den Numerus Clausus und für die Öffnung der Akademie zu Gunsten „aller schöpferischen Kräfte" verstanden wissen will.[87] An der "Lidl-Akademie" sollen alternative Formen des Kunststudiums erprobt werden, ein entsprechender „Lehrplan" wird aufgestellt. Auf einem Flur der Akademie wird eine "Lidl-Klasse", in Form eines aus Sperrholz und Papierwänden bestehenden Raums eingerichtet. In einem Flugblatt erklärt Immendorff Akademie-Direktor Trier sowie die Professorenschaft für abgesetzt. Als erste Mitarbeiter der "Lidl-Klasse" führt er zehn Personen auf, darunter: Chris Reinecke, Peter Dürr, Johannes Stüttgen, Wolf Vostell und Mauricio Kagel.[88]

Der Senat der Akademie reagiert mit für Immendorff überraschender Konsequenz, auf dessen die Vereinbarung einer Schülerausstellung deutlich überschreitende Aktion und seine aggressiv ironischen Statements. Am 10. Dezember 1968 erlässt das Kultusministerium Hausverbot gegen Immendorff und fordert ihn auf, die Ausstellung abzubauen.[89]

Dieser kontert mit geradezu hilfloser Geste: „Das Hausverbot und der Erlass des Kultusministers mit dem Aspekt der reduzierten Öffentlichkeit, bleibt für mich und die Lidl-Akademie unverbindlich. Ich möchte betonen, dass ich jederzeit bereit bin, mit Vertretern des Kultusministeriums und anderen Interessierten zu sprechen." [90]

Die Akademieleitung bleibt unbeeindruckt. Immendorff reagiert nun mit offener Rebellion und errichtet vor der Akademie einen “Lidl-Stützpunkt“, ein weiteres Papierhaus. Beuys und eine Reihe von Studienkollegen solidarisieren sich mit ihm. Die Akademieleitung erwirkt eine einstweilige Verfügung unter Androhung einer empfindlichen Geldstrafe, das Papierhaus wird konfisziert. Immendorff kontert, indem er ein „Landschaftsverbot“ gegen die Akademie verkündet.

Somit auf die Straße getragen, geben Immendorffs Aktionen von nun an der örtlichen Presse Nahrung. “Lidl“, wird hierbei weniger durch konkrete Ideen oder Forderungen bekannt, als durch das provokante Auftreten des “Lidl-Chefs“ Immendorff.

Darüber hinaus entwickelte sich “Lidl“ bald schon zu einem Reizwort, das in Zusammenhang mit dem “Akademiestreit“[91] gestellt wurde, in dessen Zentrum eigentlich Joseph Beuys und seine schon jahrelang bestehende Auseinandersetzung mit anderen, überwiegend konservativen Professoren über Lehrmethoden und Zulassungsverfahren stand.

Mit der “Lidl-Akademie” schloss sich Immendorff im Grunde nur der bereits existenten Bewegung um Beuys an, die er nun auch auf sich zu beziehen versuchte.

Wenige Tage später, so zeigt die hektische Abfolge von Aktion und Gegenreaktion, von Briefen, Erlassen und Pamphleten, schien Immendorff jedoch die Kontrolle über die Ereignisse entglitten zu sein, denn seine Aktionen an der Düsseldorfer Akademie basierten, wie auch seine Sponti-Aktion in Karlsruhe, nicht auf einem durchdachten Konzept, schon gar keinem künstlerischen.

Entfernt können die “Lidl“-Aktionen in Zusammenhang mit den Ereignissen an anderen Hochschulen gesehen werden, denn alternative Hochschulkonzepte, studentische Mitbestimmung, Öffnung der Hochschulen für Begabte, waren zu dieser Zeit Diskussionsgegenstand an praktisch allen deutschen Hochschulen. Die mit der “Lidl-Akademie“ verbundenen Forderungen waren so gesehen weder besonders innovativ, noch entfalteten sie politische Sprengkraft. An einer Zusammenarbeit mit politisierten Gruppen der Akademie, die in Kontakt mit dem SDS [92] stehen, war Immendorff nicht interessiert, da er keinen Zugang zu diesen eher an gesellschaftlichen Theorien interessierten, dogmatischen Zirkeln fand.

Letztlich traf Immendorff mit seinen Aktionen an der Akademie auf eine, verglichen mit anderen Hochschulen, politisch relativ desinteressierte Studentenschaft. Der studentische Protest an der Kunstakademie, auch abseits von Immendorffs Aktionen, blieb vor dem Hintergrund der Unruhen von 67 und 68 gewaltfrei und trotz aller damaliger Aufgeregtheiten seltsam zahnlos.

Folglich konnte Immendorff, der ja selbst kein Student mehr war nur wenig Kombattanten für seine Aktionen gewinnen und erkannte selbst die „Frontenbildung in Anhänger der Lidl-Bewegung und deren Gegner".[93] Lediglich „55 Studenten und Personen aus anderen Berufen" gegenüber rund 400 immatrikulierten Studenten, trugen sich schließlich als „Mitarbeiter" der illegalen Lidl-Akademie ein.[94]

Immendorff, der ehemalige Kunststudent, hält sich gleichwohl nicht lange mit der Aufarbeitung seines Misserfolgs mit der "Lidl-Akademie" auf. Im Januar 1969 macht er erneut auf sich aufmerksam. Am Jahrestag der "Lidl-Klotz"-Aktion, baut er ein Haus aus Papier, das er an die Mauer des Bundeshauses in Bonn lehnt.

Auf einem Flugblatt formuliert er sein Ansinnen: „Ich möchte die Erweiterung der politischen Auseinandersetzung im Sinne der Vielfalt der Arbeitsaspekte an Problemen unserer Gesellschaft und unseres Lebens nicht von anderen fordern, ich möchte mit dazu beitragen, diese Vielfalt im Interesse der Arbeit an diesen Problemen zu realisieren. (...) Ich halte mich als Verteidigungsminister bereit."[95] Seine intelligent hintersinnige Idee, an das unbewegliche Machtzentrum der Republik eine mobile Kreativ-Zelle anzudocken, wird nach wenigen Minuten durch die Polizei beendet, das Papierhaus mit übertriebener Härte zerstört, Immendorff vorläufig festgenommen.

Nach einigen kleineren Aktionen, die er subversiv, mit Hilfe von Mitstreitern, in die Akademie trägt, kündigt Immendorff für den 5. bis 10. Mai 1969 eine "Lidl"-Aktionswoche an. Geplant sind Diskussionen und Vorträge über die Funktion von Kunsthochschulen sowie Kunstpädagogik. Die Professoren Beuys und Warnach stellen hierzu ihre Räume zur Verfügung. In einem Schreiben an Immendorff vom 22. April, welches eine Woche später allen Studenten und Lehrkräften bekannt geben wird, weist ihn der Direktor der Akademie-Professor Trier, in konziliantem Tonfall auf die mangelnde und auch nachträglich verweigerte Genehmigung zur Durchführung der „Aktionswoche“ hin und legt Immendorff „deshalb dringend nahe, von der geplanten Veranstaltung Abstand zu nehmen“.[96]

Immendorff hingegen, dessen Hausverbot ohnehin noch Bestand hat, ignoriert das Verbot seiner „Aktionswoche“ und beginnt wie geplant am 5. Mai mit deren Durchführung. Beuys ist die erneute Unruhe höchst willkommen, kann er sich doch hier neuen Zündstoff für seinen “Akademiestreit“ erhoffen, der inzwischen ein wenig erlahmt schien. Es stellt seinen Klassenraum zur Verfügung und gewinnt seinen Professoren-Kollegen Warnach es ihm gleich zu tun.

Die Journalistin Helga Meister berichtete damals: „Am ersten Tag der ‘Arbeitstagung der Lidlakademie’ rückten an: Blumenmädchen in exotischem Kostüm; Beatle-Jünglinge mit Gesichtsbemalung; ein Krabbelkind; ein Ziehharmonika-Spieler aus der Altstadt; Professor Beuys mit Hut; einige wenige alltäglich gekleidete Menschen. Ihr Gepäck war ungewöhnlich wie ihr Aufputz; Matratzen, Decken, Kochgeschirr, Brote, Margarine und Dauerlutscher. Eine Marmeladentorte und ähnliche Kuriosa gesellten sich später hinzu. Zuvor war verkündet worden, dass die Lidl-Anhänger von auswärts in der Akademie nächtigen wollten.“[97]

Nachdem sich Immendorff und seine Mitstreiter trotz deutlicher Aufforderung von Akademie-Direktor Eduard Trier weigern, die Akademie zu verlassen, sieht sich Trier genötigt die Polizei zu rufen. Diese erscheint dann auch mit ansehnlichem Aufgebot, um die Aktivisten hinaus zu treiben. Anschließend wird die Akademie, erstmalig in ihrer Geschichte, zum Zwecke von „Reinigungsarbeiten“, für eine Woche geschlossen.

Daraufhin solidarisiert sich der bislang eher distanzierte AStA, während die “Lidl“-Aktivisten an nächsten Tag vor der ein Zelt sowie Informationsstände errichten.

Als äußeres Zeichen der Okkupation hisst Immendorff auf dem Dach der Akademie eine “Lidl“-Flagge. Keineswegs jedoch steht er selbst im Zentrum der Aufmerksamkeit. Denn letztlich geht es nun vor allem um Beuys, der als Spiritus Rector der Aktionen gilt und die Akademie inzwischen in drei Lager gespalten hat: Jene die für ihn, andere, die gegen ihn sind, und der Teil, der einfach in Ruhe lehren und studieren will.[98]

So ist es dann vor allem Beuys, der auf der Straße mit Passanten und Presse diskutiert. Immendorff fordert zu Ringkämpfen auf, Chris Reinecke, James Lee Byars, Per Kirkeby und Panamarenko steuern Aktionen bei zu der Protestaktion, die mittlerweile Happening-Charakter gewonnen hat.

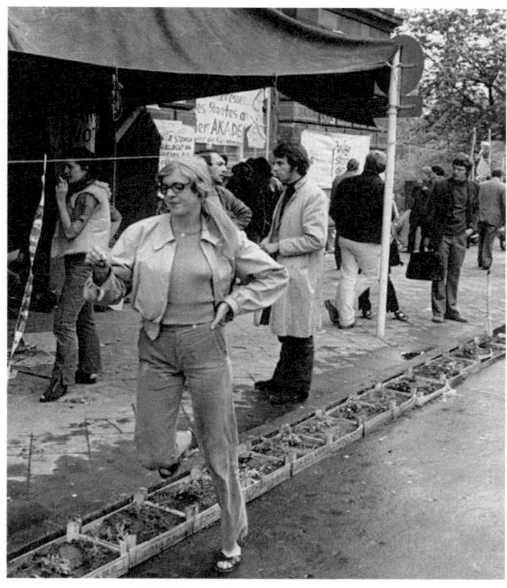

18, Immendorff vor der Kunstakademie während ihrer Schließung

Im Endeffekt verschob sich Immendorffs "Lidl"-Aktion in den Hintergrund. Nicht einmal in den Flugblättern, den Pamphleten und Parolen, die in und um die Akademie aufgehängt oder an die Wände geschmiert wurden, spielte er oder seine Aktion noch eine tragende Rolle. Immendorff, der seit mehr als einem Jahr nicht mehr an der Akademie studiert, war endgültig ins Abseits geraten. Während diesen Tagen aufgenommene Fotos der Parolen und Transparente in und um die Kunstakademie, zeigen keine sichtbarenVerweise auf "Lidl", er ging nur noch um Beuys und dessen "Akademiestreit".[99]

Nachdem die Akademie am 14. Mai wieder öffnet und der Betrieb überraschend reibungslos wieder aufgenommen wird, bietet sich Immendorff auf Flugblättern als „Aktmodell für alle Klassen“ an.[100] Ein letzter, kaum noch ironisch zu fassender, sondern geradezu verzweifelt anmutender Versuch Immendorffs, nochmals einen Fuß in die Tür zu seinem ehemaligen „Kunst-Olymp“ zu bekommen.

Nunmehr gezwungen, seinen Wirkungskreis außerhalb der Akademie zu suchen, baut Immendorff sein "Lidl"-Projekt weiter aus, erweitert seinen Aktionsradius. Ein erster „Stützpunkt" der "Lidl-Akademie" wird in einem Lagerhaus am Greifenweg 51, in Düsseldorf Oberkassel, eröffnet. Hier gründet Immendorff eine private "Lidl-Malschule", errichtet "Lidl-Stützpunkte" in Trier und Darmstadt, will "Lidl-Dokumentation", "Lidl-Film", Öffentlichkeitsarbeit, Diskussionsforen, Arbeitsgruppen realisieren.[101]

Ausgestoßen aus der Akademie, seines Lehrers beraubt, entfernt von den Gefährten, scheint er seine Aktionen rund um die "Lidl-Akademie" nun zu hinterfragen. Das Projekt "Lidl-Sport" jedenfalls, das er im März 1969 gründet, ist Immendorffs Versuch, ein gestärktes Kollektiv im Rahmen einer Sportmannschaft zu bilden: „Meine Kunst sollte nützlich sein. Mit den Lidl-Sportaktionen wollte ich die zerfallende Lidl-Gruppe zusammenhalten. Die Aktionen sollten uns 'fit' halten."[102]

Am Anfang steht allerdings wieder eine Einzelaktion, bei der Beuys am 27. März, am Rande einer Vernissage im Städtischen Museum Mönchengladbach zum Ringen herausfordert. Auf dem Programm von "Lidl-Sport" stehen Ringen, Tischtennis, Fußball, Fahrradfahren, Schwimmen und Leichtathlektik. "Lidl-Sport" soll Immendorffs Mannschaft einerseits für zukünftige Aktionen stärken, andererseits will er mit dem Projekt die fortschreitende Kommerzialisierung des Sports im Vorfeld der Olympischen Spiele in München 1972 durch subversive Aktionen konterkarieren.

Die "Lidl-Sportmannschaft" reist in der Folge das ganze Jahr hindurch zu „Wettkämpfen" nach Göttingen und Heidelberg, spielt Fußball in Antwerpen, schwimmt bei Luzern über den Vierwaldstättersee. Die „Wettkämpfe" sind in erster Linie Spaßveranstaltungen, mehr geselliges Beisammensein als Wettkampf und dienen vornehmlich dazu, ein Netzwerk von sympathisierenden Künstlern, Galeristen und Kuratoren aufzubauen.

Immendorff verkündet schließlich die Teilnahme der "Lidl-Mannschaft" an den Olympischen Spielen in München. Er sieht darin ein Statement „zur Entlarvung des hysterischen Zirkus, der kapitalistischen und staatskapitalistischen Systeme mit ihrem täglich gegen die Menschheit gerichteten Terror der Ausbeutung".[103]

Diese Änderung der Diktion, vom ironischen Unterton zum dogmatischen Politjargon, lässt bereits den Wandel Immendorffs vom friedensbewegten Baby-Aktionismus zur politischen, letztlich auch persönlichen Radikalisierung erahnen.

Diese Radikalisierung wirkte jedoch, wenn man sie losgelöst vom gesellschaftlichen Diskurs dieser bewegten Jahre betrachtet, durchaus auch wie eine Sublimierung der Frustrationen und Zurückweisungen, die er in seiner Karriere bis zu diesem Zeitpunkt erfahren hatte.

An seinen Angriffen auf die „herrschenden Klassen“ kann man auch die Wut des am herrschenden Kunst- und Akademiesystem Gescheiterten herauslesen. Seine spätere Selbstkritik lässt dies überraschend deutlich aufscheinen: „Ich wertete die Kritik als Angriff auf meine Person und setzte der Kritik Trotz entgegen. (...) Ich übersah dabei vollkommen, dass Lidl den Studenten gar nichts Konkretes anbieten konnte. Lidl bot Phrasen von einer 'erlösenden Kunst' an. Die Lidl-Praxis zeigte mit dem dicken Finger auf den 'Künstler Immendorff' und seine Probleme.“[104]

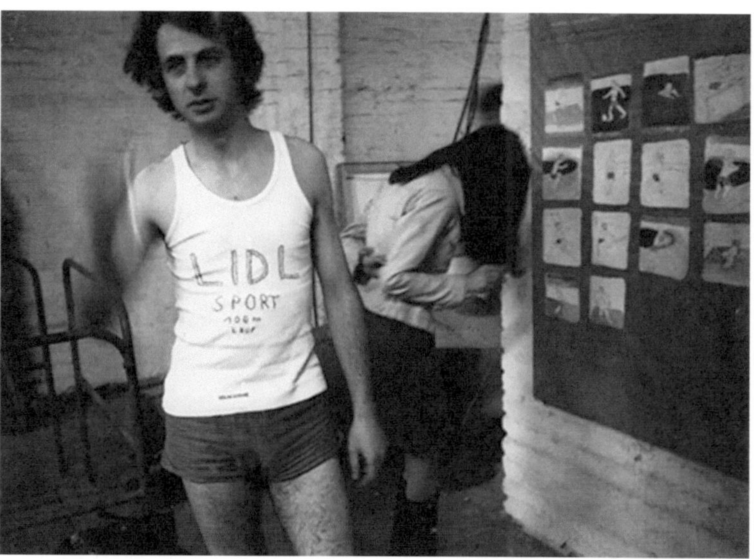


19, Lidl-Sportler Immendorff 1969

# TEIL 3 / 1970 - 1977

Nachdem Immendorff die Akademie verlassen hatte, seine beruflichen Perspektiven äußerst vage waren und sich auch Chris Reinecke, die ihm bislang ein Mindestmaß an ökonomischer Sicherheit gab, zunehmend von ihm distanzierte, begann er, so scheint es, eine zukunftsträchtige Beschäftigung zu suchen.

Im Rahmen seines neuen Projektes "Lidl-Akademie - Stützpunkt 1" im wohlhabenden Düsseldorf-Oberkassel gründet er eine „Private Malschule" und formuliert einen Werbebrief: „Verehrte Eltern! Düsseldorf hat eine neue Private Malschule, in der Ihre Tochter oder Ihr Sohn von jungen akademisch gebildeten Lehrkräften im Malen, Zeichnen, plastischen Formen und Theorie unterrichtet wird und auf eine spätere, freie oder angewandte künstlerische Tätigkeit vorbereitet wird. (...) Hochachtungsvoll Jörg Immendorff Zeichenlehrer."[105]

Wegen mangelnder Resonanz scheitert das unternehmerische Experiment jedoch bereits nach vier Monaten kläglich. In seinem Buch „Hier und Jetzt" wird Immendorff selbst eine bittere Bilanz dieser Erfahrung ziehen und die Malschule als Anbiederung an bürgerliche Anschauungen und Beispiel für die „Verkommenheit der Lidl-Idee" kritisieren. [106]

Das Ende der Malschule und die anschließende Aufgabe der Räume am Oberkassler Greifweg, war Ouverture zum finalen Akt des "Lidl"-Projekts. "Lidl", einstmals erfunden und getragen vom Künstlerduo Immendorff/Reinecke, diente inzwischen vollständig Immendorffs eigenen Interessen. Das vorgebliche Gruppenprojekt von vier Partnern an der Blücherstraße, später die selbsternannte Vertretung studentischer Anliegen während des Akademiestreits - bei näherer Betrachtung ist vor allem die Figur Immendorff auszumachen, die die anderen Mitstreiter in den Schatten stellt. Immendorff schreibt selbst: „Eine 'Lidlgruppe' musste als Tarnung für den klein-bürgerlichen Künstleregoismus des 'Lidlchefs' Immendorff herhalten."[107]

Zwar gibt sich Immendorff in Äußerungen wie diesen gern selbstkritisch, mitunter selbstironisch, doch scheint dies eher dazu gedacht zu sein, sich nur umso mehr der Loyalität anderer zu versichern, um die eigenen Interessen durchzusetzen. Aufschlussreich in diesem Zusammenhang sind Immendorffs öffentliche Erklärungen. In seinem Manifest von 1969 „Ich werde nicht dulden, dass ihr mich alleine lasst“ [108] zur Gründung des “Lidl-Stützpunkts 1“, ruft er auf, sich mit ihm zu solidarisieren zum Zwecke „gesellschaftlicher Arbeit“ zur „Erweiterung dieses gemeinschaftlichen erzieherischen Lebens“.

Obgleich er weiterhin das Kollektiv beschwört, steht überdeutlich seine eigene Situation im Vordergrund: „Die über uns verfügen, bestimmen die Bedingungen, unter denen wir arbeiten lieben und liegen.(...) Und wenn ich sehe, habe ich die Möglichkeit, zu untersuchen (…), ob es die Bedingungen sind, unter denen ich arbeiten, lieben und liegen will. Und sind sie es nicht, weil sie meinen Interessen nicht entsprechen, weil sie mir keine Möglichkeit zur Entfaltung geben (…), dann bekämpfe ich diese Bedingungen.“ [109]

Gegen Ende der sechziger Jahre, agiert Immendorff nur noch auf der Bühne des Aktionismus, entfernt von der programmatischen Arbeit im “Lidl-Raum“, von den durchdachten Performances, die er mit Chris Reinecke vortrug.

Ungeduld und eine mangelnde Bereitschaft zur Durchdringung sind Ursache für seines konzeptlosen Agierens. Seine Aktivitäten sind vor allem dem Ziel dienlich, größtmögliche öffentliche Aufmerksamkeit zu erringen. Ein innerer, ideologisch fundierter Zusammenhang seiner Aktionen ist nicht auszumachen. Vielmehr gewinnt man den Eindruck, er suche nach dem Prinzip „Try and Error“ seinen Weg zum Ruhm.

Immendorff wird zunehmend als aggressiv und provokant wahrgenommen, wie auch seine Aktionen vornehmlich der Provokation zu dienen scheinen. So schlägt er am 24. April 1969, bekleidet mit einer Schärpe in den Bundesfarben, auf die er „Lidl für alle Deutschen“ geschrieben hat, mit Hammer und Meißel ein Loch in die Wand des Museums in Trier und will mit dieser Aktion das Museum, die exklusive Kunstinstitution, symbolisch für jedermann öffnen.

Im Dezember 1969, bei einer Veranstaltung der kritischen Volksuniversität Eindhoven, stemmt er vom Bühnenboden des dortigen Schauspielhauses Bodenbretter los und verteilt diese mit der Bemerkung “Jeder bekommt ein Stück von der Bühne“[110] an das Publikum, bis er gewaltsam von der Bühne getragen wird.

Mit einige Mitstreitern stürmt Immendorff im darauffolgenden Januar die Generalprobe von “Trotzki im Exil“, das zur

Eröffnung des neuen Düsseldorfer Schauspielhauses gespielt werden soll. Die Aktion, zu der Chris Reinecke ein dezidiertes Konzept erstellt hatte, wird in der Presse Immendorff zugeschrieben.[111]

Im Februar ist “Lidl“ zur Gruppenausstellung “Jetzt - Künste in Deutschland heute“ in die Kölner Kunsthalle eingeladen. Hier sollen aktuelle Themen der bildenden Kunst, unter anderem auch Aktionskunst präsentiert werden, wie von der “Lidl“-Gruppe vertreten.

Mit dem Vorhaben, in einem musealen Rahmen Kunstrichtungen zu präsentieren, die ebendiese Institutionen eines elitären Kunstbegriffs bekämpften, lag “Jetzt“ allerdings schon im Ansatz falsch. An einer äußerst konventionell gestalteten Vernissage sollten gar öffentlich subventionierte Förderpreise vergeben werden.

Nachdem auf der Vernissage mit Feuerlöschern gesprüht und die Veranstaltung daraufhin abgebrochen wird, identifiziert man Immendorffs eigens für “Jetzt“ rekrutierte “Lidl“-Gruppe als Urheber der Aktion und droht ihr mit Ausschluss von der Ausstellung. Immendorff greift diese Steilvorlage sofort auf. Seine Aktivisten, sieben Männer, ehemalige Kommilitonen überwiegend, sowie Chris Reinecke, sprühen Sprüche wie „Köln ist ein Arschloch“, „Heute steigt eine dufte Fete“ oder „Wo ist die Polizei?“ an die Wände der eigenen Ausstellungskoje.

Die “Lidl“-Gruppe lässt am 27. Februar zweite Aktion folgen, eine „Werbeveranstaltung“ für das „Büro Olympia“, verteilt Flugblätter mit Parolen wie „Viel Sand auf das olympische Feuer“ oder „Hier wird trainiert“. Zwischen den Ausstellungsstücken wird Ball gespielt, eine Filmvorführung gestört, mit der Konsequenz, dass die “Lidl“-Gruppe von “Jetzt“ ausgeschlossen wird und Hausverbot erhält. Immendorff hatte erneut ein Kunstskandälchen provoziert.

Das durchaus legitime Anliegen von “Lidl“, auf die konservative Ausstellungspraxis aufmerksam zu machen, entwertete sich dadurch, dass weder Immendorff noch die “Lidl“–Aktivisten ernstzunehmende Gegenvorschläge anzubieten hatten. Chris Reinecke, der mehr an Konzepten als an Krawall lag, hatte im Vorfeld einen dezidierten Aktionsplan ausgearbeitet und entwickelte während der Aktionen subtilere und konstruktivere Ideen, konnte sich aber mit ihren Vorschlägen gegen

Immendorff und die von Männern dominierten “Lidl“-Gruppe nicht durchsetzen.

Die Kölner Aktionen sind das Ende von “Lidl“. Mit der „Privaten Malschule“ bereits hatte Immendorff sich selbst und damit das “Lidl“-Projekt diskreditiert, die intellektuelle Fallhöhe seiner Aktionen war jetzt auf dem Niveau pubertären Klamauks angekommen. In der öffentlichen Wahrnehmung genießt Immendorff inzwischen den Ruf eines notorischen Aktionisten.

Schließlich scheint Immendorff einzusehen, dass seine Aktionen, da sie nicht an konkreten Zielen ausgerichtet sind, wirkungslos bleiben. Er sucht ein neues Spielfeld, will seinen Aktionismus zum Anliegen umformen, sich zum politischen Kämpfer wandeln.

Während der „Jetzt“ Ausstellung hatte sich Immendorff mit Erinna König und deren Lebensgefährten Henning Brandis verbündet, um gemeinsam das “Büro Olympia“ zu gründen. “Büro Olympia“ soll, basierend auf Immendorffs “Lidl–Sport“-Ideen, mit Hilfe der erfahrenen Polit-Aktivisten König und Brandis wirksame Aktionen gegen die Olympischen Spiele 1972, entwickeln. Auch Chris Reinecke beteiligt sich nochmals, aus Sympathie für Erinna König und weil sie von der neuen Gruppe theoretisch fundierte, ernsthafte politische Agitation erhofft.

Erinna König erinnert sich: „Vor der Ausstellung ’Jetzt - Künste in Deutschland heute’ 1970 in der Kunsthalle Köln sprach Jörg Henning und mich auf der Treppe der Kunstakademie an und lud uns nach Köln ein, um mit einer Aktion an der Ausstellung teilzunehmen. ’Lidl’ war mit allen Teilnehmern erschienen, die dann folgenden Aktionen schienen nicht abgesprochen und ereigneten sich spontan, der Feuerlöschernebel während der Ansprache, das Ballspiel der “Lidl“-Gruppe in der Ausstellung (…)

Danach fragte Jörg mich und Henning Brandis, ob wir die ‚Abteilung Musik’ übernehmen könnten (…) so kam es zur Zusammenarbeit, und gemeinsam beratschlagten wir die Gründung eines Cafés, das Café Olympia heißen sollte. Wir: Jörg und Chris (Reinecke), Christian Göldenboog, Henning Brandis und ich. ‘Lidl’ hatte sich aufgelöst, das Café Olympia sollte an die Stelle von ’Lidl’ treten. Unsere Publikation: ’Bevor man Omelette macht, muß man Eier zerschlagen’ enthielt unsere

Programmatik für den Kampf gegen die Olympischen Spiele in München 1972 und die Gesellschaft im allgemeinen.“[112]

Immendorff, Chris Reinecke, Erinna König, Henning Brandis und Christian Göldenboog eröffnen wenige Tage nach “Jetzt“ das “Büro Olympia“ in einem Ladenlokal an der Neubrückenstraße 14, in der Düsseldorfer Altstadt. Das “Büro Olympia“ soll „Aufklärung durch Aktion“ leisten. Eines der ersten Projekte ist die Zusammenarbeit mit dem „Committee of Social Action for Indians of the Americas“. Die Kämpfer für die Rechte der Indianer hatten sich an Immendorff wegen seiner Beiträge zum “Akademiestreit“ gewandt, über die im amerikanischen Nachrichtenmagazin „Newsweek“ eine Notiz erschienen war.

Die Gruppe empfängt eine Vertreterin der Indianer, die Schaufenster werden mit Statements und Parolen beklebt und entwickeln sich so zu einem eigenständigen Kommunikationsmedium.

“Alcatraz oder Freiheitskampf der Indianer“, ein Fenster wird mit der Todesliste der “Black Panther“ gestaltet. Am 1. Mai 1970 überreichen Chris Reinecke und Erinna König Bundeskanzler Willy Brandt in Dortmund im Museum am Ostwall ein Couvert mit dem Anliegen, die Indianer sollten als eigene Nation an den Olympischen Spielen teilnehmen, denn „Indianer sind Feuerkenner“.

Das Sammelsurium von Parolen, macht sichtbar, wie richtungslos die Gruppe agierte, deren innerer Zusammenhalt in der eher diffusen Überzeugung, gegen herrschende politische Systeme agieren zu müssen, bestand.

Die Versuche, für die Aktionen des “Büro Olympia“ eine belastbare innere Logik zu entwickeln, bleiben jedoch unvollkommen. Ein zentrales Anliegen fehlte zunächst. Dies wird schließlich im Sommer 1970 mit dem Kampf gegen Wohnungsnot und Mietwucher gefunden.

Inzwischen hatten sich Immendorff, König und Brandis der maoistischen Splittergruppe KPD/AO [113] angeschlossen, deren Aktivitäten in der Stadtteilarbeit Inspiration für die Neuausrichtung des “Büro Olympia“ werden.

Wieder treibt Immendorff sich selbst und seine Mitstreiter zu hohem Tempo an. Am 3. Juli wird ein Haus am Fürstenwall besetzt. Am 7. Juli verfasst Immendorff das Manifest „Politik für den Aufbau einer revolutionären, proletarischen Massenorganisation".[114] Am 5. August 1970 wird in den Räumen des "Büro Olympia" die „Mietersolidarität Düsseldorf" gegründet.

Weitere Aktionen folgen im September. Eine Demonstration gegen Mietwucher am 14. sowie „Baut Euch Eure Häuser selbst" vom 19. bis 26. September auf dem Schauspielhausvorplatz. Für dieses Projekt waren eine Woche lang eine Reihe von kleinen Papphäuschen auf dem Platz aufgestellt, die von den "Büro Olympia"-Aktivisten sowie Gästen tatsächlich bewohnt wurden. Als Aktion für die Umnutzung des Messeareals mit Wohngebäuden wird schließlich am 9. Oktober an der alten Messe symbolisch ein Grundstein gelegt. Anschließend marschiert die Gruppe, die sich an der Messe zusammengefunden hatte, zur Kunsthalle, um dort die Eröffnung der "beetween 5" - Ausstellung zu stören.

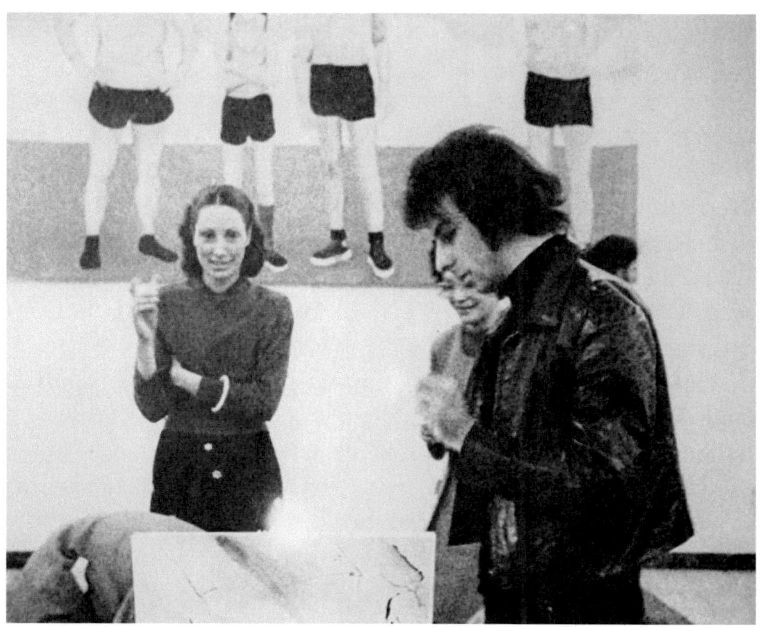

20, "Büro Olympia" mit Erinna König

## DAS ENDE EINER EHE

„Wir trafen uns täglich im inzwischen umbenannten 'Büro Olympia' in der Neubrückenstraße, einem ehemaligen Tabakwaren-laden mit Neonleuchte 'Tropenzierde' im Fenster. Die Miete wurde durch fünf geteilt, tägliche Öffnungszeiten festgelegt. Das Schaufester war das neue künstlerische Betätigungsfeld für Henning Brandis und mich. Tägliche Besprechung im Hinterzimmer: neue Ideen, neue Aktionen. Chris brachte schriftliche Konzepte mit, Jörg stützte sich auf seine Einfälle, die häufig gegen die Konzepte von Chris entstanden. Es wurde viel gestritten und gelitten. Jörg und Chris waren starke Konkurrenten, ihre Liebesbeziehung konnte ich nur erahnen. Abends gingen wir mit ihnen zu Fuß durch den Hofgarten nachhause: zwei Ehepaare nach der Arbeit.“[115], erinnert sich Erinna König.

Das Paar hatte seine Künstlerlaufbahn mit individuellen Kunstäußerungen begonnen, entwickelten, sich dann als Künstlerduo mit prozesshaften Kunstexperimenten weiter, jetzt waren sie mit “Büro Olympia“ und “Mietersolidarität“ bei dem kollektivistischen Ansatz, Kunst im Leben und damit auch in der Politik aufgehen zu lassen, angekommen. Ungeachtet ihrer gemeinsamen Absichten im Hinblick auf gesellschaftliche Veränderungen, lassen sich im Laufe des Jahres 1970 die inhaltlichen Differenzen und persönlichen Spannungen zwischen ihnen nicht mehr verbergen.

Chris Reinecke: „Es gab dann immer Krach. Mit mir gab es auch Krach, weil ich merkte, dass er kleine Jungs, Lehrlinge, Schüler und Studenten um sich versammelte, um den großen Meister zu spielen. Dies war sehr unangenehmen, weil Immendorff sich richtig aufzuspielen begann. Das war aber nur der Anfang. Als später die maoistische Partei dazukam, wurde es immer schlimmer. Er veranstaltete dann Schulungen und lud zu ihnen ein. Ich ging zu diesen Schulungen nicht hin, und einmal sollte ich dort vor versammelter Mannschaft Selbstkritik üben, was ich nicht gemacht habe. Das war so richtig knallhart. Aus seiner maoistischen Gruppe ist eine richtige Kaderpartei geworden: Die langen Haare waren weg, und alle hatten ihren kurzen Kaderhaarschnitt. Daraufhin habe ich gesagt, 'So geht es nicht mehr' und habe ihn aus der Wohnung geschmissen.

Wir stellten fest (Immendorff war damals 25), dass wir uns anders entwickelt hatten und ganz andere Menschen waren, als wir geglaubt hatten. Ursprünglich wollten wir uns gemeinsam, jeder mit seinen Mitteln, für ein bestimmtes Ziel zusammentun. Da sollte es keinen Untergebutterten und keinen Dominierenden geben. Das demokratische Prinzip sollte in der Kunst und überall gelebt werden. Das war aber nicht der Fall."[116]

Ihre Wege trennten sich jedoch nicht allein wegen Immendorffs ausgeprägtem Ego oder politischer Differenzen. Chris Reinecke warf Immendorff auch Beziehungen zu anderen Frauen vor. Zudem musste sie feststellen, dass er, der jahrelang von ihrem Einkommen profitiert hatte, ihr verheimlichte, von dem Galeristen Michael Werner regelmäßige Zuwendungen in für damalige Zeiten nicht unbeträchtlicher Höhe erhalten zu haben.

Chris Reinecke: „Die Sache mit Werner habe ich ihm sehr übel genommen. Wir wollten damals nicht in Museen und Galerien hinein, haben in der Kunsthalle Düsseldorf mit Aktionen gestört, so dass die Polizei kommen musste. Genauso haben wir uns immer gefragt, wieviel Arbeitslohn in einem Objekt steckt, und wieviel Geld wir daher nehmen können."[117]

Erinna König bewertet dies folgendermaßen: „Jörg hat Chris sehr viel zu verdanken. Sie hat ihn am Anfang korrigiert, hat ihm wichtige Hinweise gegeben. Er war ja total unerfahren in der Kunst. Sie hat im Grunde alle Theoriepapiere für ihn verfasst. Lidl, das waren beide. Sie hat ihn jahrelang durchgefüttert. Und dann nimmt er hinter ihrem Rücken Geld von Michael Werner. Das war ein unglaublicher Vertrauensbruch. Das hat Chris mehr verletzt als seine Frauengeschichten."[118]

Bazon Brock sieht die Beziehung in ähnlicher Weise, jedoch mehr vor dem Hintergrund von Immendorffs expressiver Persönlichkeit: „Sie war bereits eine entfaltete Künstlerin, sie war ziemlich sicher, durch das Institut der Ehe wurde sie aber dem Zeitgeist gemäss eigentlich sozusagen zur Unterordnung veranlasst. Aber der Sache nach hat sie eigentlich geführt. Er hatte eine Eigenständigkeit ihr gegenüber im Hinblick auf Radikalität – sie war nicht so radikal – sie wäre nie mit anderen Menschen so radikal umgegangen. Sie hätte auch nie gewagt, jemanden zu beschimpfen oder Kampagnen zu machen. Sie war moderat und er war radikal."[119]

Chris Reinecke verlässt das “Büro Olympia“ und schließt sich der maoistischen Splittergruppe KPD/ML an.[120] Ihre Ehe ist beendet.

Immendorff war später viel daran gelegen, die Zusammenarbeit mit Chris Reinecke aus seiner Vita auszublenden, ihren künstlerischen Anteil an “Lidl“ zu schmälern. Wenn “Lidl” in der kunsthistorischen Rezeption Immendorff zugeschrieben, mehr noch, zu seinem ersten Hauptwerk erklärt wurde, hatte Immendorff an dieser Sichtweise zentralen Anteil, indem er Chris Reineckes Beitrag unterschlug. So auch in seinem 1973 erschienenen Buch „Hier und Jetzt: Das tun, was zu tun ist“[121] , dem Standardwerk zu “Lidl”.

Die Kunsthistorikerin Susanne Rennert, die sich ausführlich mit Chris Reineckes Beitrag zu Lidl befasste, schreibt in ihrem Buch „60er Jahre Lidl-Zeit“: Aufschlussreich an diesem ’Rechenschaftsbericht’ sind die – das Bildmaterial – kommentierenden kritischen Texte, in denen Immendorff, ganz unter dem Eindruck parteipolitischer Praxis, die in der Vergangenheit eingenommenen künstlerischen Positionen diskreditiert und als bürgerlich, naiv – systemstabilisierend entlarvt. Im Gegensatz dazu propagiert er nun: eindeutigere Parteinahme, größere Kritikfähigkeit, schonungslose Offenheit der eigenen Arbeit gegenüber. Immendorffs Offenheit hatte Grenzen: Schon hier konstruierte er einen Lidl-Mythos, indem er Lidl als sein Produkt darstellte, die Namen anderer Lidl-Mitarbeiter nur nebenbei erwähnte, Chris Reineckes Beitrag weitgehend unter den Tisch fallen ließ. Reinecke wurde zur Marginalie, ’Hier und Jetzt’ aber eine Art Standardwerk, das man aufschlägt, wenn man sich über Lidl informieren will.“[122]

In “Hier und Jetzt“ erscheint Chris Reinecke nur auf einem einzigen Foto, am Rande, fast unkenntlich mit einer Mütze auf dem Kopf und nicht einmal bei einer “Lidl“-Aktion. Das Foto zeigt den „Reigen“. Bis auf diesen sind gemeinsame Aktionen, wenn sie überhaupt erscheinen, ohne Nennung ihres Namens in dem von Immendorff handschriftlich verfassten Text sowie ohne weitere Abbildungen von Chris Reinecke dokumentiert. Aufschlussreich ist auch, wie Immendorff seinem mit Pamela Kort verfassten Interviewband, gefragt nach seiner ersten Aktion, den „Reigen“ für sich in Anspruch nimmt und Reineckes Teilnahme nicht einmal erwähnt: „Ich machte die Aktion ‘Reigen', Beuys war dabei, Sigmar Polke, Verena Pfisterer, Franz Erhard Walther, der für mich wichtig war, und andere."[123]

Reinecke sagte später bitter: „Ja, dass er sich 'Lidl' anrechnete fand ich sehr schlimm. Das hat er immer proklamiert, dass er 'Lidl' war. Dabei war es eine ganze Mannschaft. Wir wollten, und er doch auch, eine Gemeinschaft Gleichgesinnter und Gleichwertiger sein. Diese Idee, die wir ja von Beuys hatten, fanden wir richtig und wichtig."[124]

In späteren Ausstellungen oder Publikationen von Immendorff wie in dem Bildband "Lidl"[125], 1981, oder „Frühe Arbeiten und Lidl" von 1992 sind Chris Reineckes Beiträge, wie sie selbst als Person, gleichfalls nahezu vollkommen eliminiert.[126] Sie selbst gibt ihr anfängliches Bemühen zumindest um Nennung ihrer Beiträge zu "Lidl" nach einer Weile auf: „Es war ein Kampf gegen eine Wattewand. Mal las ich, dass der Szeemann eine Ausstellung gemacht hat, dann sagte mir dieser oder jener etwas, aber ich wusste gar nicht, an wen ich mich wenden sollte. Oder ich traf den Johannes Stüttgen, der sagte: 'Oh, Chris, wir haben dich ja gar nicht vergessen.' Es war unglaublich. Das ist alles so albern."[127]

Chris Reinecke verließ den Kunstbetrieb, widmete sich politischen und sozialen Tätigkeiten, reiste, suchte neue Aufgaben. Ohne Zweifel war ihr „Ausstieg" durchaus eine selbstbestimmte Konsequenz ihrer systemkritischen Haltung, doch er trug auch Züge der Resignation: „Später hatte ich dann gar keine Chance, mich künstlerisch zu etablieren. Alle begrüßten mich freundlich, aber keiner wollte meine Arbeiten sehen. Kaspar König besuchte mich einmal und hat sich einige Arbeiten von mir angeschaut. Von ihm habe ich dann aber nie mehr etwas gehört."[128]

Während „Baut Euch Eure Häuser selbst", der Aktion vor dem Düsseldorfer Schauspielhaus, wurde den Protagonisten des "Büro Olympia" vor Augen geführt, dass ihre Aktionen für die "Mietersolidarität" immer offensichtlicher durch die von der DDR gesteuerte Deutsche Kommunistische Partei - DKP okkupiert wurden, mit der bislang lediglich ein lockeres Aktionsbündnis bestand.[129] Die DKP erschien vor dem Schauspielhaus mit einer Suppenküche und verteilte nicht abgesprochenes Infomaterial.

Ende 1970 verlässt das "Büro Olympia" deshalb die "Mietersolidarität", denn Immendorff, König, Brandis und Göldenboog waren inzwischen eifrige Parteigänger der maoistischen KPD/AO[130], die sich ab Juli 1971 nur noch KPD nannte und gleichzeitig die „Liga gegen den Imperialismus"[131] gründete, in der Immendorff, König, Brandis und Göldenboog und auch die spätere grüne Bundestagspräsidentin Antje Vollmer, aktiv wurden.

Diese maoistisch geprägte Unterorganisation der KPD kämpfte einerseits gegen den US-Imperialismus und dessen Verbündete, wie die Bundesrepublik Deutschland. Andererseits auch den "sowjetischen Sozialimperialismus", in dessen Einflussbereich sich auch die DDR und die von ihr gesteuerte DKP befand.

In der „Liga gegen den Imperialismus" will sich die Gruppe des „Büro Olympia", für den „Befreiungskampf der unterdrückten Völker der Welt" engagieren. Unter anderem für Nordvietnam. Immendorff selbst engagiert sich in der Organisationen Nationales Vietnam-Komitee, sammelt Spenden „für den Sieg des kämpfenden Vietnamesischen Volkes". 1973 reist er zu einer Solidariätsveranstaltung nach London, trifft dort den Botschafter Nordvietnams, dem er eine Hồ Chí Minh-Porträt schenkt.

Neben ihrer offen demonstrierten Zugehörigkeit zur „Liga gegen den Imperialismus" gründen die "Büro Olympia"-Aktivisten die konspirativ angelegte „Rote Zelle Kunst", in deren Protokollen sie sich nur mit Tarnbezeichnungen nennen. Getreu der Parteidoktrin, nach der die Zelle als kleinste organisatorische Einheit am besten geeignet ist, die bestehenden gesellschaftlichen Strukturen zu unterwandern, wollen sie ihre Kunst in den Dienst der Arbeiterklasse stellen, um diese vom Joch kapitalistischer Ausbeutung zu befreien. „Die Entscheidung lautet auch für die Künstler: Für das Kapital oder für das Volk?“[132]

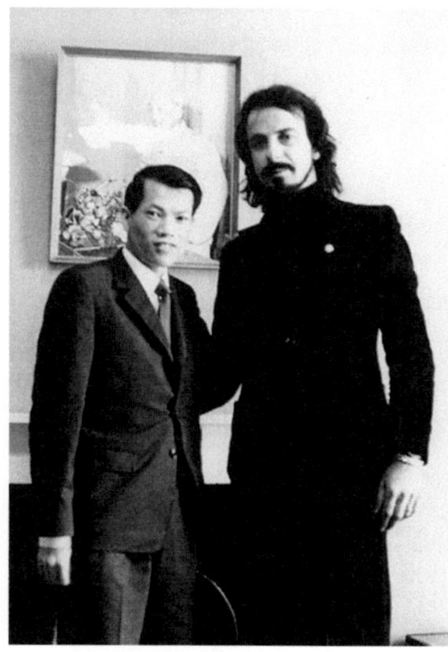

21, mit dem Botschafter Nordvietnams in London

Mit Beginn des Jahres 1971 nimmt Immendorff die Tätigkeit eines Lehrers für Kunst und Werken an der Dumont-Lindemann-Hauptschule in Düsseldorf auf. Er hatte schon zuvor an verschiedenen Schulen als Aushilfslehrer gearbeitet, obwohl er weder eine pädagogische Ausbildung noch einen Studienabschluss vorweisen konnte. Nur einer Sonderregelung auf Grund des damaligen Lehrermangels hat er es zu verdanken, in den Schuldienst aufgenommen zu werden. Anfangs verdient er kaum mehr als 900 D-Mark.

Immendorff will Basisarbeit leisten, will „den Unterricht im Interesse der Schüler, der zukünftigen Jungarbeiter und Lehrlinge machen“. Für die “Rote Zelle Kunst“ führt er Seminare durch, hält auf Einladung des AStA an der Kunstakademie Vorlesungen in „praxisbezogener Kunstpädagogik“.[133]

Hinter dem auf den ersten Blick unverfänglichen Titel verbirgt sich das „Programm Sozialistische Kunstpädagogik“, mit dem sozialistisch geschulte Kunsterzieher den öffentlichen Schulbetrieb beeinflussen sollen.[134]

Seine Tätigkeit an der Hauptschule orientiert Immendorff durchaus an der „Sozialistischen Kunstpädagogik“, gestaltet den Unterricht jedoch in einer Weise, dass seine politische Haltung keinen Anstoß erregt.[135] Im Laufe der Zeit erweist er sich sogar als bemerkenswerte pädagogische Begabung, wird von Lehrerkollegen und Schülern geschätzt, erprobt mit Erfolg neuartige, kollektive Unterrichtsformen. Mit den Schülern gestaltet er eine Schülerzeitung, führt eine Meinungssäule ein, regt bei den Schülern Diskussionsfreudigkeit und Kritikfähigkeit an. Er wird von den Schülern zum Vertrauenslehrer gewählt, arbeitet aktiv an der Gründung der Schülermitverwaltung, lokal und auf Landesebene mit.

Immendorffs künstlerische Arbeit besteht in dieser Phase überwiegend aus der protokollarischen Erfassung seines Wirkens an der Schule sowie Rechenschaftsberichten über Politaktionen. Gleichzeitig wendet er sich der Agitpropmalerei[136] zu, verbindet grobschlächtige, disproportionale Zeichnungen und Gemälde, die wirken wie nachlässig hingeworfene Polit-Comics, mit Texten und Parolen aus dem Alltag des Klassenkampfs. Dennoch interessiert sich der Kölner Galerist Michael Werner für Immendorffs Arbeit.

1969 bereits zeigte Immendorff die “Planungsübersicht einer Arbeitswoche, August 1968” in dessen Galerie. 1970 will Werner mit Immendorff eine weitere Ausstellung gestalten. Immendorff, zu dieser Zeit nicht geneigt, Kunst im herkömmlichen Verständnis auszustellen, macht zur Bedingung, einen Rechenschaftsbericht über seine Arbeit an der Hauptschule sowie nicht etwa eigene, sondern die Arbeiten seiner Schüler zeigen zu dürfen. Die Ausstellung bekam den Titel „Bericht von einer Hauptschule“.

Auf der “documenta 5“, 1972, eingeladen für den Bereich “Zeichnungen deutscher Avantgarde“, zeigt Immendorff ebenfalls Teile des Rechenschaftsberichts über seine Arbeit mit den Schülern sowie weitere Bilder, die sich mit dem Beitrag des Künstlers zum Klassenkampf befassen. Immendorff eliminiert mit diesen Aktionen seine Künstlerpersönlichkeit zu Gunsten eines vermuteten klassenkämpferischen Auftrags und entfernt sich auf diese Weise zusehends von anerkannten Beurteilungskriterien für Kunst. Er macht Antikunst, die sich der Kommerzialisierung durch den Kunstmarkt entzieht.

Zweifelsohne ist er überzeugt von seiner Mission. So wie er sich mit glühendem Eifer in die Gefolgschaft von Beuys stellte, begibt er sich nun in die Arme der Partei, unterwirft sich vorbehaltlos deren Dogmen und Ritualen. Er geht den Weg vieler Altersgenossen, die die antiautoritären Hippie- und Studentengruppen verlassen und nun, am Beginn der neuen Dekade, nach ideologischer Orientierung und Anschluss an ein neues Kollektiv suchen. „Darin blieb Immendorffs Verhalten symptomatisch, denn Unterwerfung war der Trend der Jahre nach 1968, als die Studentenbewegung in die kleinen orthodoxen Zellen einer politischen Selbstdisziplinierung zerfiel. (...) Die Unterwerfungsbereitschaft wurde nicht nur durch die sozialromantischen Versprechungen einer kollektiven Existenz genährt, Vorhut der Revolution und sich gegenseitig stets solidarische Partner zu sein. In ihr manifestierte sich vor allem die Unfähigkeit zu einer individuellen Lebensform."[137]

Regelmäßig trifft sich Immendorff mit den Genossen der „Roten Zelle Kunst" zu ideologischen Schulungsabenden und Strategiedebatten. Kern der Gruppe sind weiterhin die Protagonisten des "Büro Olympia". Die Treffen organisiert Immendorff oftmals in seiner Dachmansarde an der Bastionsstraße in der Düsseldorfer Altstadt.

Erinna König: „Anfangs hielten wir Seminare in den Beuys-Räumen ab für alle Studenten der Akademie und luden Vortragende ein wie z. B. Hans Imhoff aus Frankfurt. Wir studierten den Marxismus-Leninismus, wir lasen die Klassiker. Es gab Diskussionen, Protokolle wurden geschrieben, Fragestellungen erarbeitet. Jörg diskutierte nur ungern, seine Beiträge bestanden aus Slogans, die man umsetzten können sollte. Das war seine wirkliche Stärke, die Vereinfachung komplizierter Inhalte auf eine griffige Formel (…) Auch später, als wir die 'Schulungen', inzwischen für die ISK (Internationale Sozialistische Kulturschaffende) in der Bastionsstraße abhielten, war Jörg genial im Erfinden von Parolen. Viele finden sich auf seinen Bildern wieder."[138]

Nach den Zusammenkünften findet bei Immendorff jedoch eine eigenartige Verwandlung statt. Vom Revolutionär zum Disko-Stenz. Er beginnt erkennbar, seine Selbstinszenierung zu verändern, bekleidet sich mit Goldkettchen, Seidenhemd, Samthosen und schwarzen Stiefeln, zieht eine Lederjacke über und taucht ab in den Kneipendschungel der Düsseldorfer Altstadt. In diesen Jahren beginnt Immendorff sein Nachtleben mit ebensolcher Routine zu strukturieren wie seine Arbeit.

Freitags um zwanzig Uhr beginnt seine Tour. Immer die gleichen Lokale, in fast unabänderlicher Reihenfolge "Kreuzherreneck", "Revolution", "Creamchease". Später kommen neue Lokale hinzu, der "Weiße Bär" oder die "Zwiebel". Er ändert seine Vorlieben, das Ritual ändert er nie. [139]

In der Nachbarschaft seines Wohnhauses befindet sich ebenfalls eine Kneipe. "Bastionsstübchen", klassisch einfach, mit Stammtisch, Sparvereinskasse, Vereinswimpeln und Jukebox. Hier sucht Immendorff die Nähe zur arbeitenden Klasse, für die zu kämpfen er sich entschlossen hat. Den Stammgästen des "Bastionsstübchens", einfachen Handwerkern und Arbeitern, wird der exzentrische Künstler zunächst ein wenig suspekt erschienen sein. Dennoch gewinnt Immendorff bald die Sympathien von Gästen und Wirtin.

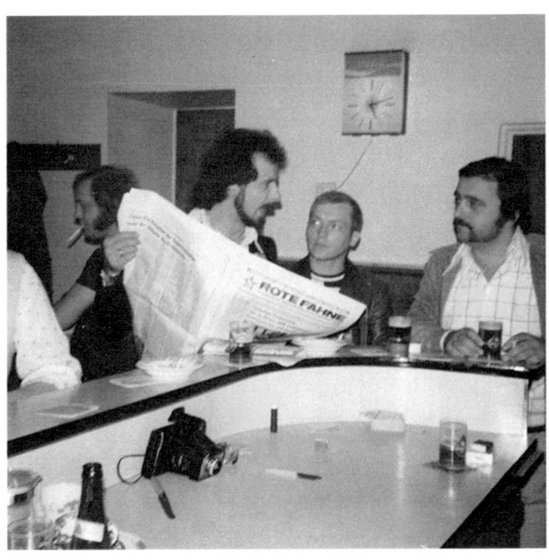

22, im Bastionsstübchen

In Gegenwart der einfachen Leute fühlt er sich endlich am Puls des Proletariats, zumal man ihn, wenn er am Tresen stehend demonstrativ die "Rote Fahne" liest, gelassen nimmt und ihm hin in und wieder gönnerhaft ein Expemlar seiner Parteizeitung abkauft. Als ihm die Wirtin den Auftrag für ein Bild mit der Szenerie ihrer Kneipe erteilt, malt er in das Szenario

'Willi' einen alten Nachtwächter hinein, der eine Taste der Jukebox drückt, worauf Vietnamkämpfer in einer Blase aus der Jukebox hervortreten. Obgleich die Gäste der Kneipe seiner politischen Ausrichtung kaum folgen werden, nutzt Immendorff, vom Wunschdenken seiner Botschaft getragen, noch den Auftrag eines Kneipenbilds zur Agitation.

Die Schule, an der Immendorff seit 1971 als Lehrer für Kunst und Werken tätig ist, befindet sich an der Grenze der Arbeiterquartiere Bilk und Oberbilk, damit bereits im Einzugsgebiet des Hauptbahnhofs, in dessen Umfeld das Rotlichtmilieu Düsseldorfs angesiedelt ist. So ist es naheliegend, dass der ein oder andere Schüler in mehr oder weniger starkem Bezug zu diesem Umfeld lebt.

Obschon er im Unterricht konzentriertes Arbeiten fordert und, wo nötig, Strenge zeigt, ist er doch nahbar, gibt sich kumpelhaft, wird für manchen seiner Schüler über den Unterricht hinaus zur Bezugsperson. Immendorff ist Mitte zwanzig und damit altersmäßig nicht allzu weit von seinen fünfzehn- und sechzehnjährigen Schülern entfernt.

In Begleitung seiner Schüler wird Immendorff zum Stammgast in Bierkneipen dieser Gegend, die von jungem Publikum aber auch von Zockern und Kleinkriminellen frequentiert werden. In der ihm eigenen, geradezu zwanghaften erscheinenden Routine, beginnt sich Immendorff in ein Wechselspiel von Arbeitsdisziplin und Ausschweifungen einzufinden.

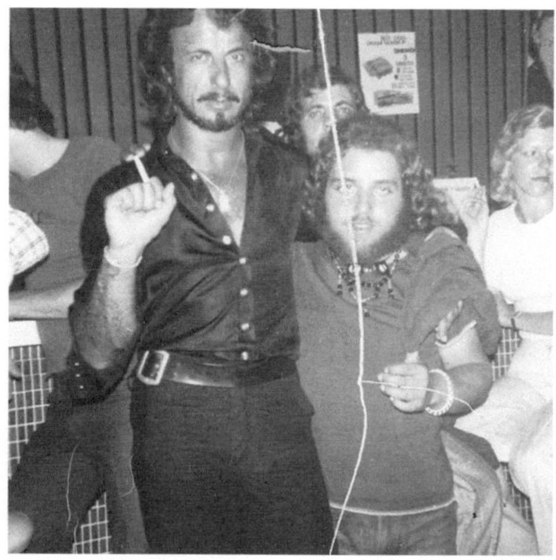

23, in der Discothek

Wochentags um Disziplin bemüht, zieht er mit seiner jugendlichen Entourage von Freitags bis Sonntags um die Häuser, nicht selten mit Abstürzen verbunden: „Auf den Putz haue ich nur am Wochenende. Ich bin Quartalssäufer. Sonst habe ich einen geradezu widerlich bürgerlichen Tagesablauf, knallhart."[140]

Weiterhin engagiert sich Immendorff gegen den Vietnam-Krieg, arbeitet in Vietnam-Ausschüssen mit, demonstriert, verteilt Flugblätter, malt Agitprop-Bilder. Anlässlich eines Solidaritätsfestes der Vietnam-Hilfe im Dezember 1973 hält Immendorff eine Rede „An die parteilosen Künstlerkollegen".[141]

In ihr wirft er den Künstlern ihre als künstlerische Freiheit maskierte Abhängigkeit vom Kapitalismus vor und fordert sie auf, an der antiimperialistischen Kulturfront mitzuwirken. Mit dieser Manifestation gegen die aus seiner Sicht bürgerlichen Künstlerkollegen sowie die kapitalistischen Mechanismen des Kunstmarktes zementiert Immendorff endgültig seine Außenseiterposition, wird zu einer Persona non grata für den Kunstmarkt.

## DER COACH

Ende 1970 erhielt Immendorff von dem Galeristen Michael Werner, der in Erfahrung gebracht hatte, dass Immendorffs frühe Arbeiten in einem Keller der Düsseldorf Akademie lagerten, einen Brief, in dem er ihm anbot, diese Arbeiten zu erwerben. Gleichzeitig trug er Immendorff eine neue Ausstellung an. Ein Jahr zuvor hatte Immendorff bereits erstmals bei Werner ausgestellt: Briefe verschiedener Akademieprofessoren, die sein Hausverbot an der Düsseldorfer Akademie betrafen. Unter einen Brief von Bobek schrieb er "Skulptur von Bobek", unter den Brief von Hoehme "Bild von Hoehme" stand. Immendorff betrachtete dies als eine Form von Konzept-Kunst.[142]

Gegenüber der erneuten Anfrage Werners gab sich Immendorff, der den Kunstbetrieb verlassen hatte, um sich der politischen Agitation sowie der Arbeit als Lehrer zu widmen, zunächst reserviert: „Ich war ja Hauptschullehrer und sagte auf die Anfrage von Michael Werner: Er könne eine Ausstellung machen, wenn er bereit sei, zuerst die Arbeiten meiner Schüler zu zeigen, also Hauptschülerarbeiten. Ich sagte das in der festen Annahme, dass er das ablehnt. Aber wider Erwarten sagte er zu und machte den Vorschlag, ich könne ja dann meine kleinen Dinger - ich habe damals kleine Bilder auf Holzplatten gemalt - dazu stellen."[143]

Auf diese Weise gelingt es Werner, Immendorff zu einem eigenen Beitrag zu bringen. Dessen Bilder handeln von der Realität der Hauptschulausbildung, die mit Betriebspraktika verbunden war, bei denen die Schüler aus seiner Sicht als billige Hilfskräfte missbraucht wurden. Die Ausstellung aus dem Jahr 1971 hieß "Die Arbeit an einer Hauptschule".

Michael Werner, 1939 in Nauen bei Berlin geboren, aufgewachsen in Mülheim, ausgebildet bei dem legendären Berliner Galeristen Rudolf Springer, hatte, als er Immendorff begegnete, bereits eine Reihe außerordentlicher künstlerischer Begabungen ausgestellt und an seine Galerie gebunden, darunter Georg Baselitz, Marcel Broodthaers, James Lee Byars, Per Kirkeby, Markus Lüpertz und A.R. Penck.

Schon 1963 nahm die Kunstszene Notiz von Michael Werner, als er seiner Berliner Galerie Werner & Katz[144] die erste Einzelausstellung von Georg Baselitz präsentierte, mit der er gleich einen veritablen Skandal provozierte. „Die große Nacht im Eimer“, ein Bild, das einen onanierenden Jüngling zu zeigen schien, wurde zusammen mit dem Bild „Der nackte Mann” wegen Unsittlichkeit von der Staatsanwaltschaft beschlagnahmt und erst 1965 nach einem Prozess zurückgegeben.

Michael Werners hervorstechendste Eigenschaft ist wohl Unbeirrbarkeit, stellt er doch in der Hochzeit von Fluxus und Konzeptkunst, zu einer Zeit, als das Tafelbild, Ausdruck bourgeoisen Kunstverständnisses, geradezu verpönt war, Malerei aus, Georg Baselitz, Markus Lüpertz oder Per Kirkeby, pflegt aber auch ungewöhnliche konzeptuale Positionen, wie die von Marcel Broodthaers oder James Lee Byars.

In einer Mischung aus Wagemut und Weitsicht lässt er sich auf den schwierigen, vom Kunstmarkt bereits ausgesonderten, politisierten, zwischen Aktionismus, Aktions- und Konzeptkunst lavierenden Künstler Immendorff ein. Da er Immendorff von Anbeginn mit großer Überzeugung begegnet, gewinnt dieser bald Vertrauen zu dem spröden, oftmals sarkastischen Michael Werner. Schließlich erwirbt Werner praktisch das gesamte Frühwerk Immendorffs. Und obwohl selbst Politischem eher fern, stellt er auch Immendorffs Agitprop-Kunst aus.

1996 erinnert sich Werner: „Von Jörg Immendorff, der wie jeder gute Maler viele Feinde hat, wird behauptet, er male Historien- und Geschichtsbilder, und tatsächlich ist auf seinen Bildern ziemlich viel los. Aber für mich ist ein Bild von Immendorff abstrakt. Alle Motive sind für mich wie Äpfel, und es macht keinen Unterschied, ob ich einen Blick auf einen Jörg Immendorff oder einen Hans Arp werfe. Aber wenn er ein gutes Bild malt, bin ich fasziniert.“[145]

Zwischen Immendorff und seinem Galeristen entwickelt sich bereits in den Anfangsjahren ein Verhältnis, das dem von Immendorff zu Beuys vergleichbar ist. Nicht nur, dass Michael Werner an den angefeindeten, egozentrischen Außenseiter Immendorff glaubt und ihm diese Haltung durch tätiges Engagement demonstriert, der Galerist wird auch zum Coach seines Künstlers.[146]

Während sich Immendorff und Werner anzunähern beginnen, befindet sich Immendorff noch in der Emanzipationsphase von Beuys, sucht sich über seinen radikalen, politischen Weg von dessen Dominanz zu befreien. Sein Korrektiv besteht aus seinen Genossen und ehemaligen Mitstudenten, die seine Bildern primär aus politischer Perspektive betrachten und kritisieren. Es ging zumeist um formale Fragen, nach der Hierarchie der abgebildeten Personen, der Umsetzung revolutionärer Dramatik.

In dem Werner, desinteressiert an gesellschaftskritischen Aspekten, die Auseinandersetzung mit Immendorffs Bildern auf die künstlerischen Fragen konzentriert, beginnt er nach und nach in gewissen Sinn die Rolle eines Lehrers - eines Coaches besser gesagt - einzunehmen, die einstmals Beuys innehatte. Gleichzeitig stößt er bei Immendorff einen Prozess an, der mit dessen Hinwendung zur überwiegend künstlerisch motivierten Malerei enden sollte.

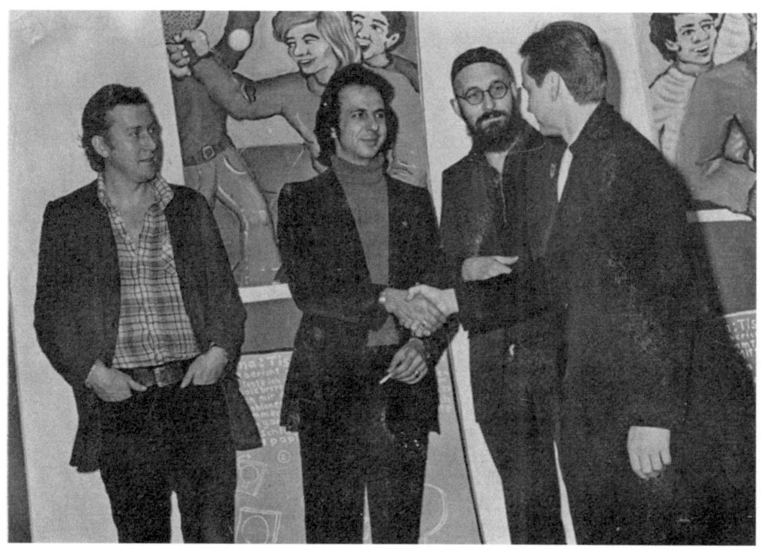

24, Michael Werner, Immendorff, Georg Baselitz, Franz Dahlem 1972

Werners Galerie schlingert in ihren Anfangsjahren gelegentlich am finanziellen Abgrund entlang. Doch selbst in dieser Zeit gelingt es dem Galeristen ein monatliches Honorar an Immendorff zu zahlen. Wie für Immendorff ist Michael Werner für alle Künstler seiner Galerie nicht nur loyaler Partner in schwierigen Zeiten, er ist Manager, Berater, Coach und Zuchtmeister seiner Künstler für die er sich gleichzeitig mit großer Verve einsetzt. Umsichtig baute er ein Netzwerk von Galeristen, Kuratoren und Rezensenten auf, die sich für seine Künstler, interessierten und die in den Folgejahren wesentlich zu deren Aufstieg beitragen sollten. Hieraus jedoch resultierte bald auch ein gewisser Argwohn gegenüber Werner. Der Journalist Aloys Inseiter analysierte 1984 in der Zeitschrift „Tendenzen“:

„Werner baute innerhalb der letzten 15 Jahre ein gigantisches Präsentationsunternehmen für ’seine’ Künstler auf. Es ist so verwinkelt und verschachtelt, dass vieles dem Betrachter verborgen bleibt. Auch heute noch wird es von Kunstkritikern und Museumsfachleuten unterschätzt. Nur das Auftreten immer derselben Personen im Kreise von Werner bringt zum Grübeln. Da finden sich immer wieder Dr. Siegfried Gohr, Leiter der Kunsthalle Köln und jetzt auch kommissarischer Leiter des dortigen Museums Ludwig, Johannes Gachnang, früherer Direktor der Kunsthalle Bern und heute mit dem Galeristen Springer in Westberlin Besitzer des Verlages Gachnang und Springer, Bern-Berlin. Oder Rudi Fuchs, Leiter des Van-Abbe-Museums in Eindhoven und ’documenta’-Macher 1982.“ [147]

Bei weitem nicht allein Werners geschicktem „Networking“, sondern vielmehr dessen Beharrlichkeit verdankt Immendorff seine Rückkehr zur Malerei und damit die Rettung seiner Karriere. Er sieht in Werner einen Bündnispartner, mit dessen Hilfe er seine künstlerischen Intentionen popularisieren kann, der ihm zu Anerkennung verhilft. Wohl im Bewusstsein um die Unabdingbarkeit von Werners Unterstützung, nimmt sich Immendorff, der sich im Kunstbetrieb selbstgewiss, ja mitunter arrogant verhält, Werner gegenüber bis zum Äußersten zurück. Angespannt erwartet er bei Werners Atelierbesuchen dessen Kritik:

„Der Mann kommt rein, Sie haben das Bild, sind ganz gespannt, zünden sich eine Zigarette an und warten auf die Reaktion. Und er geht fast schlafwandlerisch auf einen Punkt zu, den Sie schon insgeheim für sich als Schwäche erkannt haben.“[148]

In der Folge entstehen regelmäßig auch Situationen, in denen Immendorff inneren Widerstand gegen die in aller Regel sehr dezidierten Argumente seines Galeristen aufbaut, sich geradezu trotzig sperrt, unbedacht weiterarbeitet, Bilder übermalt und manchmal auch wutentbrannt vernichtet. Michael Werner, der ein präzises Gedächtnis für Bilder hat, erinnert sich dann Wochen später an solch ein Bild, um vergeblich nach dem inzwischen zerstörten Motiv zu fragen.

„Es ist gerade in der Kunst schwer, radikale Kritik zu üben. Sie verletzt sehr schnell, weil sie aus einer Intimität geboren ist und weil sehr viele Emotionen an der Produktion hängen. Da immer die richtige Sprache und eine Art Behutsamkeit zu finden, das hat der Werner geschafft. Er hat es aber nie an Radikalität mangeln lassen. Es ging teilweise bis zur Schmerzgrenze."[149]

Die derselben Generation angehörenden Männer verbindet ein eigenartiges Verhältnis. Der sich äußerlich so antiautoritär gebärdende Immendorff unterwarf sich der Autorität Werners, als suche er dessen strenges und dann doch wieder gütiges Verdikt. Werner nimmt diese zentrale Rolle in Immendorffs Leben ein, weil er über seine Funktion hinaus bereit ist, eine gewisse Vaterrolle für Immendorff zu übernehmen.

Bemerkenswert, und auch dies ein Indiz für Immendorffs Respekt Werner gegenüber, ist eine gewisse Distanziertheit, die das Verhältnis beider prägt. Es gibt nur wenig privaten Kontakt, sie umarmten sich nie, nie kommt es zu dem in Künstlerkreisen durchaus üblichen Bruderkuss.

„In der Moderne sägt die Kunst ständig an den Ästen, auf denen sie gerade sitzt. Manche Künstler wollen freilich gleich den ganzen Baum umlegen. Zu ihnen gehörte einst Jörg Immendorff. Wie kaum ein anderer Künstler seiner Generation hat er in den sechziger und siebziger Jahren Aufstieg und Agonie der Studentenbewegung durchlebt und umgesetzt. (...) In beklemmender Ausführlichkeit erfährt von den Skrupeln jener Jahre, wer heute Immendorffs Buch 'Hier und Jetzt: Das tun, was zu tun ist' in die Hand nimmt.“[150]

Immendorffs Buch erschien im Juni 1973 anlässlich der gleichnamigen Ausstellung “Hier und Jetzt: Das tun, was zu tun ist“ im Westfälischen Kunstverein. In diesem 228 Seiten umfassenden Rechenschaftsbericht, der handschriftlich, in mit Filzstift gezeichneten Druckbuchstaben, verfasst ist, rechnet Immendorff, als führe er einen Schauprozess gegen sich selbst, mit seiner bisherigen künstlerischen Arbeit ab.

„Ich träumte davon, in der Zeitung zu stehen, von vielen Ausstellungen, und natürlich wollte ich etwas 'Neues' in der Kunst machen. Mein Leitfaden war der Egoismus.“[151]

Detailliert behandelt Immendorff in seinem Bericht die einzelnen Stationen seines Kunstschaffens, seit den ersten Zeichnungen der Schulzeit. Detailversessen seziert er seine Arbeiten und Aktionen, untersucht sie nach dem Aspekt der Nützlichkeit für den Kampf der arbeitenden Menschen gegen die herrschenden gesellschaftlichen Verhältnisse, um schlussendlich seine gesamte künstlerische Tätigkeit der Vergangenheit, als nutzlose bürgerliche „Phantasterei“ abzutun.

Selbst “Büro Olympia“ und “Mietersolidarität“, Projekte die immerhin von eindeutig politischem Handlungswillen getragen waren, finden keine Gnade: „Wir ließen uns von der spontanen Zustimmung der Werktätigen blenden. Auf die Fragen nach den Ursachen und auf die Frage nach der Perspektive des Kampfes gegen diese Ursachen, konnten wir isoliert und ohne Theorie keine Antwort finden. Es war Handwerkelei. [152]

Nachdem er sich im Verlauf seiner bisherigen Karriere konsequent und vorsätzlich ins Abseits des Kunstbetriebs manövriert hatte, kappt Immendorff um die allerletzten Verbindungen zum Kosmos anerkannter Kunstbegriffe. Stattdessen unterwirft er sich mit seiner Selbstbezichtigung der Doktrin kommunistisch maoistischer Ideologie, stellt sich und seine Arbeit rückhaltlos in den Dienst der Partei, der KPD/AO.

„Hier und jetzt" ist ein maßgebliches Dokument zu Immendorffs künstlerischer Vita, nicht zuletzt im Hinblick auf "Lidl". Hier schon offenbart sich allerdings auch die Doppelbödigkeit seiner Selbstbezichtigung. Einerseits, so hat es den Anschein, demaskiert er mit rückhaltloser Offenheit die Motive seines Handelns als egoistisch.

Und auch seine vorgebliche Abkehr von den Mechanismen der „Kapitalistischen Kultur" findet in der Realität keine Entsprechung, denn Immendorff nutzt weiterhin den Vermittlungskontext der etablierten, „kapitalistischen" Plattformen für Kunst, wie Galerien oder Museen, für die öffentliche Darstellung seiner Arbeit. So manifestiert sich dann die Ambivalenz seiner Aussagen sowohl in der weiteren Zusammenarbeit mit der Galerie Michael Werner als auch in dem Umstand, dass die mit der Buchpremiere einhergehende Ausstellung „Hier und jetzt" im Kunstverein Münster präsentiert wird, einem angesehenen Museum, das gemäß seiner Doktrin Teil des Kunstsystems ist, das er doch eigentlich bekämpfen will.

Zumindest, und in dieser Hinsicht bleibt Immendorff konsequent, exponiert sich, indem er die Kreise „Kapitalistischer Kultur" provoziert. Denn ohne vorherige Absprache konfrontiert Immendorff den Kurator Klaus Honnef mit Agitprop-Bildern, stellt die Ausstellung in den Dienst des „anti-imperialistischen Kampfes", nutzt sie als Plattform für politische Agitation der KPD. Klaus Honnef, einflussreicher Kunstvermittler schon damals, der noch wenige Wochen zuvor Sigmar Polkes erste museale Ausstellung im Kunstverein Münster kuratierte, fühlte sich hintergangen:

„Ich wollte meinen Augen nicht trauen und fühlte mich wie vom Donner gerührt. Andererseits hatte ich mit dem Künstler eine Verabredung über eine erste Solo-Ausstellung in der Museumssphäre getroffen, ohne mich konkret auf bestimmte Werke festzulegen. Da ich keinen Grund sah, den Schwenk, den Immendorff inzwischen künstlerisch vorgenommen hatte, der Öffentlichkeit vorzuenthalten und faktisch Zensur auszuüben, obwohl diese Werke meinen Vorstellungen von avancierter Kunst völlig entgegen liefen, habe ich die Ausstellung nicht abgesagt.[153]

Und weiter notierte Honnef in seiner Kolumne in der Zeitschrift „Kunstforum“: „Immendorff ist Mitglied der Liga gegen den Imperialismus, er gehört zur neuen KPD, deren Anführer Semmler und Horlemann, zwei ausgediente Linke von 1968, über die die Zeit hinweggegangen ist, so eitel sind, dass sie sich gegenüber dem Fernsehmagazin ’Monitor’ nicht nur für den Sturm aufs Bonner Rathaus verantwortlich erklärten, sondern darüber hinaus noch unverhüllt mit einem Bekenntnis zur physischen Gewalt brüsteten. Besser kann man seine Gegner gar nicht munitionieren, und Minister wie Genscher und Weyer schlagen längst Kapital daraus.

Immendorff, der in seiner Ausstellung offen für die Ziele der neuen KPD, ich weiß nicht der wievielten Spaltgruppe innerhalb der teutonischen Linken, plädiert, besteht darauf, dass in den Ausstellungsräumen ein „Informationstisch“ der Liga gegen den Imperialismus aufgestellt werde, der während der Dauer der Ausstellung dort stehen bleiben müsse. Ich erhebe keine Einwände, und das bewusst, indem ich mir Immendorffs in der Ausstellung vorgetragene Argumentation zu eigen mache. Vor deren subjektiver Ehrlichkeit empfinde ich Respekt. (...) Ob allerdings die Broschüren, die auf dem Tisch ausliegen, mit Titeln wie ’Brandt und Breshnew - zwei Friedensheuchler’, aber auch solche der Verlage Rowohlt und Suhrkamp, tatsächlich Informationen enthalten, bezweifle ich füglich. Mir dämmert, dass ich auf einer Sprengbombe sitze. Ich fühle mich wie ein Ehemann, der gerade mit einer Freundin zu Bett liegt, als seine Frau das Schlafzimmer betritt.“[154]

Zur Vernissage erscheint Immendorff in Begleitung von KPD-Funktionären, bürgerlich bieder in schwarzen Anzügen mit weißem Hemd und Krawatte. Sie halten Reden gegen den amerikanischen Imperialismus in Vietnam „in einem grauenhaft verdünnten Funktionärsdeutsch, mit dem verglichen die Sprache Walter Ulbrichts wie Poesie anmutet“. [155]

Wenige Tage nach der Ausstellungseröffnung wird die KPD-Zentrale in Dortmund durchsucht, werden die führenden Köpfe der KPD Horlemann und Semmler verhaftet.

Immendorff behauptet später, die Ausstellung umgehend für eine Solidaritätskundgebung genutzt zu haben: „Ich habe dann aus dem Fenster des Kunstvereins in Münster rote Transparente raushängen lassen ’Die Kunst gehört dem Volk’, ’Freiheit für

Semmler'. Der KSV, die Studentenvereinigung, hatte gegenüber in der Uni ähnliche Transparente aufgehängt. Es hingen die Klassiker in der Ausstellung: Marx, Engels, Lenin, Stalin, Mao Tse Tung. Das war der Skandal für Münster, Münster war nicht unbedingt ein liberales Pflaster. Der Museumsleiter musste seinen Hut nehmen, weil er mir so viel Raum gab. Gab ein böses Presseecho, ein Stalinist kriegt so eine Ausstellung (...)"[156]

Klaus Honnef hingegen erinnert sich anders an die Vorgänge jener Tage: „Aus den Fenstern des Kunstvereins kann Immendorff nichts herausgehängt haben, da es keine Fenster gab. Der Raum des WKV bestand aus einem geschlossenen Kubus oberhalb des Eingangs zum Museum, des Neubaus notabene, der inzwischen samt Kunstverein idiotischerweise wieder abgerissen wurde. Gegenüber WKV und Museum befand sich das Gebäude, in dem viele Fachbereiche der Geisteswissenschaften untergebracht waren. Und ich kann mir nicht vorstellen, dass der Dekan oder gar der Direktor des Kunsthistorischen Instituts, Herr Professor Dr. Kauffmann, konservativ bis in die Knochen, es zugelassen hätten, dass das Gebäude mit Transparenten ausgestattet wird.

Seine Ausstellung hat mir in Münster nicht die geringsten Schwierigkeiten bereitet, sieht man davon ab, dass ich meinen Urlaub verschieben und Stallwache halten musste. Erst mehr als ein Jahr später habe ich aus eigenem Interesse meine Stelle als Geschäftsführer gekündigt. Und der Skandal in Münster hielt sich in Grenzen. Denn die Ausstellung war publizistisch und in puncto Besucherfrequenz ein Flop."[157]

Immendorff vergab in Münster die Chance, die ihm Honnef mit der ersten großen Einzelausstellung in einem renommierten Haus geboten hatte brachial und löste seinen Vorsatz, sich aus dem „bürgerlichen" Kunstbetrieb zu verabschieden, auf diese Weise tatsächlich ein.

Honnef rückschauend: "Er war nicht besonders umgänglich und konnte sehr verletzend sein. Das ist die eine Seite. Die andere jedoch, dass ihm noch negativer jenes System aufstoßen musste, das Kunst in der Öffentlichkeit auf vielfältige Art verhandelte und in seiner Sicht zur bloßen Ware oder zum beliebigen Dekor abstempelte. Seine Naivität bestand darin, dass er und seine Mitstreiter glaubten, dieses System mit seinen eigenen Mitteln und Möglichkeiten schlagen zu können. Die Münsteraner Ausstellung schien der Beweis zu sein. Der Ort war als Startrampe für eine Karriere im Kunstbetrieb bekannt. Doch das System hat auf Immendorffs Angriffe nicht nach dem Motto, die dümmsten Kälber finden ihre Schlächter selber, reagiert, sondern zurückgeschlagen. Dabei hat es seine stärkste Waffe ausgespielt: einfach ignorieren."[158]

Immendorff begriff die bestehenden gesellschaftlichen Verhältnisse in der Bundesrepublik bereits seit seinen ersten Aktionen gegen den Vietnamkrieg als Aspekt einer globalen Auseinandersetzung der politischen Systeme und deren Hegemoniestreben. Er projizierte dieses Ringen, ganz im Sinne der Doktrin seiner Partei, der KPD, auf den täglichen Kampf zwischen Unterdrückten und Unterdrückern, zwischen Arbeitern und Kapitalisten.

Seine Agitprop-Malerei Mitte der siebziger Jahre, mit der er sich in den Klassenkampf einreihen will, ist ohne jedes Bemühen um malerische Finesse und von völlig ironiefreier Unzweideutigkeit. Die Kompositionen, die sich an die Formensprache des Sozialistischen Realismus anlehnen, und auf größtmögliche Informationsvermittlung hin ausgerichtet sind, wirken entsprechend konstruiert und bemüht.

Die realitätsferne Solidarisierung von Arbeitern und Intellektuellen, die er in seinen Bildern immer wieder beschwört, ist utopistisches Wunschdenken. Seine Appelle an die Künstlerkollegen, sich dem „Kampf“ der Arbeiterklasse anzuschließen, ihre Kunst in den Dienst der „Sache“ zu stellen, wirken einerseits naiv, andererseits mutet seine Haltung gegenüber Künstlerkollegen auch befremdlich an.

Zwar steht Immendorff nicht allein in seiner Befangenheit gegenüber der „bürgerlichen Kultur“, in der man einen grundsätzlichen Reflex der politischen Linken sehen kann, doch wirkt die Art und Weise, wie er Künstlerkollegen frontal angeht, undifferenziert und polemisch.

So stellt er in dem Gemälde “Eine Kunstaktion“ von 1973 auf der linken Bildhälfte Joseph Beuys bei einer Aktion und darunter ein monochromes Bild von Blinky Palermo dar. Auf der rechten Hälfte zeigt Immendorff Arbeiter, denen er in den Mund legt: „Für wen machen diese Künstler ihre Arbeiten? Wem nützt es, wenn der Beuys am 1. Mai, dem Kampftag für die politische und soziale Befreiung der arbeitenden Menschen, sein Kunstsüppchen kocht und uns aufgekehrte Flugblätter, verpackt in Tüten, als ’Kunst’ andrehen will?“[159]

Immendorffs Realismus erscheint nicht nur in diesem Bild naiv, denn wie viele Arbeiter sind bei Kunstaktionen anzutreffen oder befassen sich in Galerien mit Avantgardekunst? Und selbst wenn sie dies tun würden, wäre kaum anzunehmen, dass sie in der von Immendorff formulierten Weise über die gesellschaftliche Funktion von Kunst reflektieren würden.

Die Widersprüchlichkeit von Immendorffs damaliger Position hinterfragen auch Wolfgang Max Faust und Gerd de Vries in „Hunger nach Bildern“, ihrem Standardwerk zur neueren deutschen Malerei: „ Sowohl die angestrebte Wirkung wie auch die hierzu benutzte Ästhetik verfehlen die gesellschaftliche und kulturelle Wirklichkeit, weil sie von einer Gesellschaftsstruktur ausgehen, die nicht mit den realen Verhältnissen übereinstimmt. Durch 'Agitprop' sind die Massen nicht zu bewegen, sich zu verändern. So ergibt sich die widersprüchliche Situation, dass der Adressat von Immendorffs Bild letztlich gar nicht die Arbeiterschaft ist, sondern eben der Kunstkontext, den er durch seine ästhetischen wie politischen Aktivitäten bekämpfen will.“[160]

Indem er Palermo und Beuys frontal anging, übertrat Immendorff letztlich auch ein ungeschriebenes Gesetz der Kunstwelt, das besagt, sich nicht kritisch und schon gar nicht herabwürdigend über die Arbeiten anderer Künstler zu äußern.

Dieses Verhalten verweist einerseits auf Immendorffs weitgehende Ausgeschlossenheit von der „Kunstszene“, andererseits lässt sich ein Unterton heraushören, der den Liebesentzug von Beuys beklagt: „Das Abschiednehmen als Student wollte ich, musste ich wollen, habe ich provoziert. Nicht, indem ich Beuys beleidigen wollte, aber es ergab sich. Also, es zog mich automatisch in die Situation des politischen Agitators – und ich wusste, dass Beuys diesen politischen Agitator nicht ertragen konnte. (…) Das war dem Beuys ein Gräuel. Ich habe den Kampf gegen ihn ja auch in Bildern geführt, bis zum Brandmarken.“[161]

Für seine „Hier und Jetzt“-Ausstellung in Münster 1973, hatte er mit sichtlichem Bemühen um Realitätsnähe die Köpfe von Marx, Engels, Lenin, Stalin, Mao und Ho Tschi Minh gemalt. Nach der Ausstellung schenkte er diese Bilder der KPD, für die Dekoration der Parteizentrale. Unglücklicherweise schienen die Bilder den Parteioberen jedoch nicht zu behagen, da sie nicht dem fotorealistischen heroisierenden Darstellungsstil des sozialistischen Realismus entsprachen. Die Genossen befanden, Stalin schiele, und hängten die Bilder wieder ab.

Als Immendorff die Bilder bei einem späteren Besuch nicht mehr vorfindet, reagiert er gekränkt. Ein Bruch vollzieht sich, der nicht mehr zu beheben ist. Immendorff sieht sich nun als Opfer des diffusen Misstrauens seiner Genossen gegenüber Künstlern und Kunst. Und als die KPD Mitter der siebziger Jahre beginnt, sich vom Maoismus loszusagen, um sich mit dem Sozialismus albanischer Prägung zu assoziieren, ist dies für ihn Anlass, sich endgültig abzuwenden.

Die Anlehnung Immendorffs an die kommunistische Organisation muss nicht allein mit „Sinnsuche" interpretiert werden. Sie entsprang gleichzeitig seiner Sehnsucht nach dem „guten Kollektiv", nach der für eine aus seiner Sicht bessere Gesellschaft wirkenden Gruppe, die für ihn zum Surrogat der Familie werden sollte.

Erneut erfährt Immendorff einen Liebesentzug. Seine Rückschau auf diese Vorkommnisse, lässt seine Betroffenheit erkennen, ist jedoch auch typisch für Immendorffs Eigenart, Niederlagen umzudeuten. Denn indem er anführt, die Bilder mit Vorsatz unzureichend gemalt zu haben, negiert er, dass er es aufgrund seiner mangelnden handwerklichen Fähigkeiten, die er selbst immer wieder beklagte, gar nicht hätte besser machen können: „Ich hatte aber, und das war mein Vorteil, eine versteckte, mir nicht bewusste Abneigung dagegen, Politik vollständig zu dienen. Ein subversives Element in mir, in der Art und Weise, wie ich meine Bilder malte, ließ nicht zu, dass ich Opfer wurde und mich als Künstler auslöschen ließ. Stalin schielte, das war ein Ausweg."[162]

Die in seinem Verhalten immer wieder aufscheinende Renitenz erweist sich erneut, als er der „Anti-Kapitalist" von Helmut Mattner, einen Düsseldorfer Großgastronomen, 1000 D-Mark in die Hand gedrückt bekommt, um die Wände von dessen Nobel-Discothek auszumalen. Immendorff nimmt das Geld aber scheut sich nicht - entgegen der Absprache - politische Motive zu malen. Mattner lässt die Bilder wieder übermalen und verlangt das Geld zurück. Immendorff weigert sich, worauf er lebenslanges Hausverbot erhält.

Letztendlich muss Immendorff resigniert eingestehen, dass die Agitprop-Malerei für ihn zu einer Sackgasse geworden ist: „Die Kunst konnte auch damals nichts verändern in dem Sinne, dass sie imstande gewesen wäre, soziale Strukturen oder

Machtverhältnisse oder soziale Ungerechtigkeit direkt zu verhindern oder abzuschaffen, sie war bestenfalls Propagandamaterial für die Idee."[163]

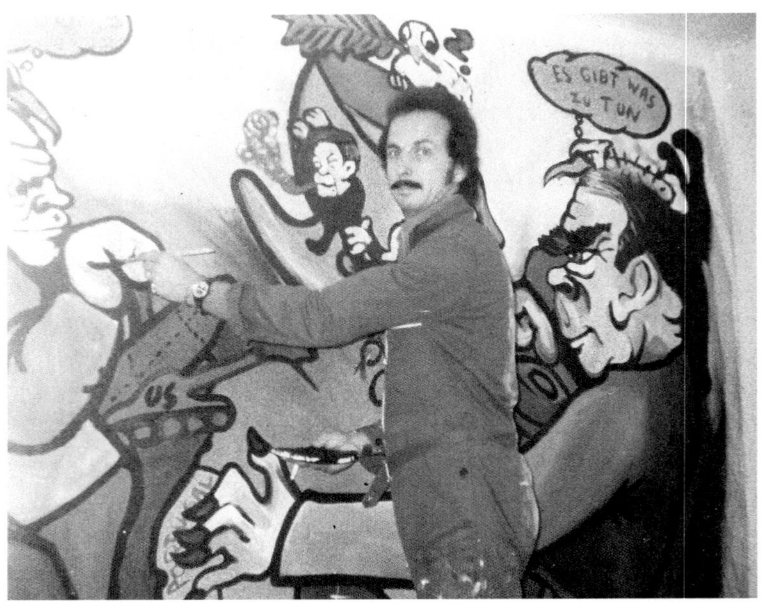


25, Agitprop für die Nobel-Discothek 1974

## DER TOD DES VATERS

Trauert man um einen Vater, den man nie hatte? Ist der Tod, der plötzliche, unerwartete Verlust, ein Hieb von rauer, harter Gewalt oder doch nur ein kurzer schneller Schnitt, die Wunde nicht tief, so oberflächlich wie die Erinnerung an den Vater, dem man kaum je wirklich nahe kam?

Am 29. Dezember 1974 begeht Immendorffs Vater im Haus seiner damaligen Frau Dorothea Selbstmord. Nicht allzu begabt in finanziellen Angelegenheiten, darin seinem Sohn nicht unähnlich, hatte er mehr Wert auf das Prestige von Reitpferd und Porsche, denn auf ökonomische Sicherheit gelegt. Für das Alter hatte er keine Rücklagen, die einen solchen Lebensstil erlaubt hätten.

Armin-Dietrich Immendorff war ein widersprüchlicher Mensch. Er zeichnete und liebte Jazz. Als Ausbilder eines Panzerregiments pflegte er einen harten Führungsstil. Hingegen hatte er Angst vor dem Fliegen, fuhr endlose Strecken mit dem Auto in den Süden. Auf Fotos sieht man ihn in Südfrankreich als eleganten, schlanken, fast zarten Mann, modisch gekleidet, mit offenem Hemd und Halstuch.

Andererseits sammelte er Militaria, erging sich seinem Sohn gegenüber in Monologen über seine „Wehrmachts-Abenteuer". Er sprach hierbei eigentlich nie über sich, über seine Befindlichkeiten, blieb verschlossen und grüblerisch. Männer seiner Generation waren allein gelassen mit ihren traumatischen Kriegserlebnissen.

Zuletzt Oberstleutnant, Personalchef des Bundeswehr-Krankenhauses in Koblenz, hatte er sich vielleicht zu weit von seinen Idealen entfernt, war in seinem Innersten Kavallerist und Reitlehrer geblieben. Immendorffs Mutter Irene schildert die Todesumstände ihres früheren Ehemannes: „Der Vater hatte natürlich einen Scheidungsgrund geliefert bei seiner damaligen Frau, mit einer Angestellten. (…) Und es kam zum Skandal. Und dann ist der Vater von Jörg zu seiner Noch-Frau gefahren und wollte wieder nach Hause, und sie hat ihn nicht gelassen. Und dann hat er sich in seinem Auto in der Garage mit einer Haube vergast."[164]

Sie hatten noch eine Suppe gegessen. Seine Frau bügelt die Hemden, während der Motor seines Porsche nicht aufhört, auf hohen Touren zu laufen. Als sie nachschauen will, findet sie die Tür zur Garage verschlossen. Das Garagentor ist versperrt. Erst mit der Hilfe eines Nachbarn gelingt es ihr, in die Garage einzudringen. Immendorffs Vater ist bereits tot.

Erst am folgenden Tag findet die Stiefmutter die Kraft, Jörg Immendorff über den Tod seines Vaters zu informieren. Er ist kaum zu einer Reaktion fähig, womöglich weniger aus Bestürzung, denn aus Überraschung und Ratlosigkeit.

Selten hatte Immendorff Kontakt zu dem Vater gehabt, der für ihn immer schon nur in der Ferne existierte. Kein Familienleben, keine Gespräche, keine gemeinsamen Urlaube. Nur Fetzen der Erinnerung an die früheste Kindheit. Ob Immendorffs Vater demgegenüber glücklich war mit dem Lebensweg des Sohns, kann man durchaus in Zweifel ziehen.

Auf einem Foto von Anfang der siebziger Jahre, sieht man Immendorff mit seinem Vater in dessen Wohnzimmer sitzend. Die Wand im Hintergrund ist dekoriert mit Pistolen und Gewehren. Immendorff, der Ungediente, der linksradikale Vietnamkriegsgegner, herausgeputzt mit Samtanzug und Krawatte, verkrampft auf der Sofakante sitzend, schaut seinen Vater an, der seinem Blick auszuweichen scheint. Wenn vielleicht auch ungewollt, die Fremdheit der beiden sich gegenüber sitzenden Männer spricht aus jedem Detail dieses Bildes.[165]

„Als mein Vater Selbstmord machte und mich vorher sprechen wollte und dann die Verabredung nicht einhielt, da war ich doch sehr traurig drüber, weil ich lange nicht mehr mit ihm gesprochen hatte und er mich zum ersten Mal, ja, vielleicht als erwachsenen Mann gesehen hat, und dass diese Chance vorbeiging, das lässt so ’n Loch, das ist nicht schön.“[166]

Kurze Zeit nach der Beerdigung bereits beansprucht Immendorff das Erbe seines Vaters. Er erhält eine Abfindung, die Zinnsoldaten, die Militärbücher, die Garderobe, die Uniformen und Stiefel sowie die Möbel des Vaters, die schon seinem Großvater gehört hatten. Ein Buffet und ein großer Tisch mit zehn Stühlen aus schwarzer Mooreiche. Diese Möbel sollte Immendorff bis zu seinem eigenen Tod behalten. Immendorff holt die Sachen in Koblenz ab, quittiert den Empfang, seine Stiefmutter sieht er nie wieder.

Wenngleich er dies sich selbst nicht zubilligen wollte, war Immendorff vom Tod des Vaters tief betroffen. Vielleicht in der

Einsicht, dass ihm die Gelegenheit genommen wurde, seinem Vater in der Abgeklärtheit zweier erwachsener Männer begegnen zu können, sich mit ihm auszusprechen, ihm auf diese Weise endlich näher zu kommen.

Stattdessen bleibt die unerfüllte Sehnsucht nach dem Vater, nach dessen Zuwendung, dem Respekt und der Freundschaft, die Väter und Söhne in späteren Jahren mitunter verbindet. Der Tod seines Vaters wird, ähnlich der Scheidung seiner Eltern, zu einem Trauma für Immendorff, wie sich seine damalige Lebensgefährtin Ulrike Harbig erinnert: „Er hat immer wieder von seinem Vater gesprochen. Ein Foto von ihm hing an der Pinnwand vor Jörgs Schreibtisch."[167]

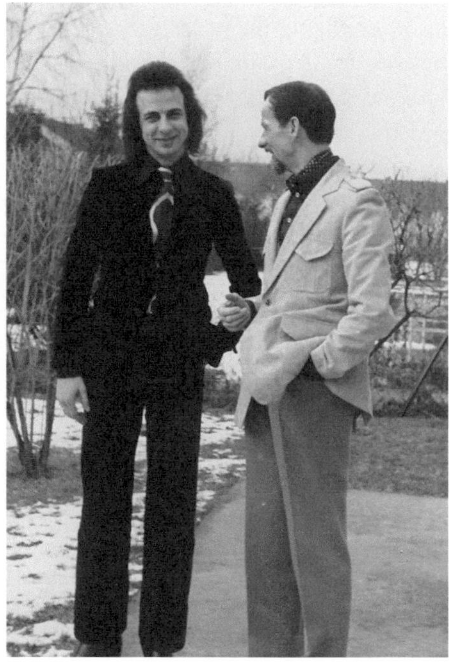

26, mit dem Vater am Beginn der siebziger Jahre

## DIE GEFÄHRTIN

Seit der Trennung von Chris Reinecke hatte Immendorff nur Kurzzeitbeziehungen und flüchtige Abenteuer. In der Silvesternacht 1975/76 zieht Immendorff allein durch die Düsseldorfer Altstadt. Zuletzt bleibt er in einer Bar namens „Zwiebel" hängen, eine laute, mittelmäßige Rockkneipe. Er setzt sich ans Ende des Tresens, in die hinterste Ecke des Raums. Während alles um ihn tanzt, beobachtet er still eine junge Frau, die an der Bar bedient. Schließlich findet Immendorff den Mut, sie anzusprechen.

Die vierundzwanzigjährige Ulrike Harbig hat jene herzliche Wärme, nach der sich Immendorff sehnt. Sie hingegen war eher irritiert über ihren Verehrer, der sich bald heftig um sie bemühte: „Eigentlich war er gar nicht mein Typ. Hemd bis auf den Bauchnabel offen, Goldkettchen, Lederhose, ich fand das total uncool. Sein Machogehabe war aber nur Fassade. Wenn man ihm näher kam, war er ganz anders. Weich, lieb, er hatte sehr liebe Augen."[168]

Entgegen ihrer zunächst instinktiven Zurückhaltung läßt sie sich auf eine Beziehung mit ihm ein. Nach einigen Wochen beschließen sie gemeinsam in Immendorffs neues Atelier an der Kirchstraße in Düsseldorf-Oberbilk zu ziehen.

Sie leben ein bürgerliches Leben in bescheidenen Verhältnissen. Immendorff unterrichtet morgens, arbeitet nachmittags im Atelier, Ulrike macht eine Schreinerlehre. Eine Ehe ohne Trauschein. Ihre Eltern nehmen Immendorff wie einen Schwiegersohn an und werden mit seiner Mutter bekannt gemacht.

Wie schon in seiner Ehe mit Chris Reinecke erweist er sich bald als wertkonservativ, versucht Ulrike gegenüber die traditionelle Mann-, Frau-Rollenverteilung durchzusetzen. Er weigert sich Hausarbeiten zu machen, bringt Ulrike dazu sich dem Haushalt und den Aspekten seines leiblichen Wohles zu widmen.

„Er war schon ein Spiesser. Alles musste immer seine Ordnung haben, feste Zeiten, immer die gleichen Abläufe. Er las keine Bücher. Kein Kino, kein Theater. Freitags dann in die Altstadt. Da er ja zu der Zeit kaum Ausstellungen hatte und sich auch nicht gross für andere Künstler interessierte, ausser vielleicht seinen Kumpels von Michaels Galerie, gab es in der Richtung auch wenig."[169]

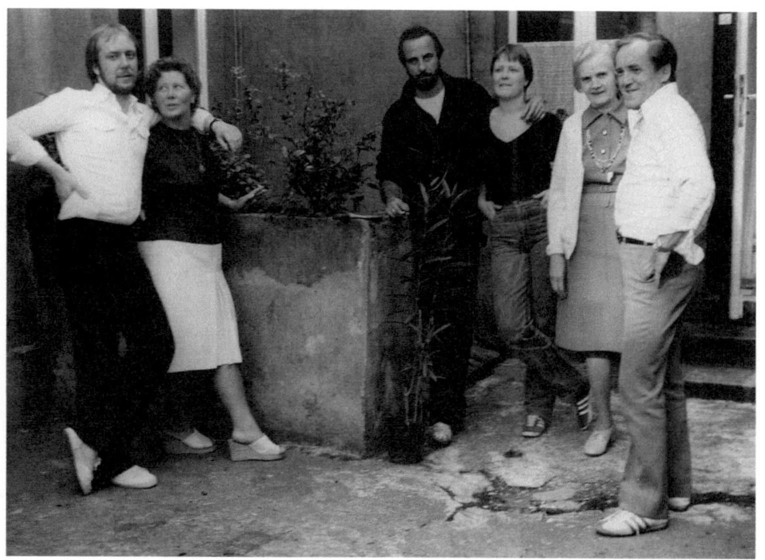

27, Kirchstraße, mit Ulrikes Eltern und ihrem Bruder und dessen Frau

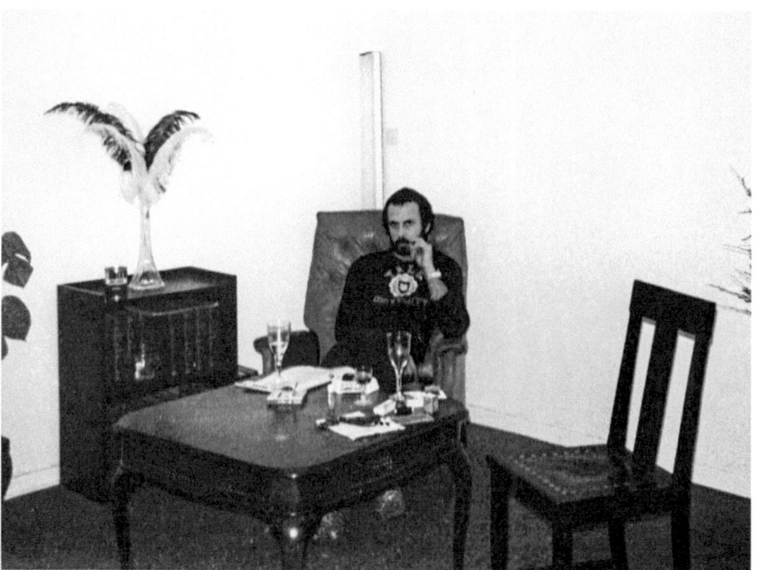

28, Kirchstraße

Es scheint, als habe Immendorff während dieser Phase seines Lebens, in realistischer Betrachtung der für seine künstlerische Laufbahn absehbaren Optionen, einen Rückzug ins Private angetreten.

Er richtet sich ein, bürgerlich, bieder, hält Katzen, die er sehr liebt. Aspekte seiner Persönlichkeit werden spürbar, die bislang von seinem lauten, nicht selten aggressiven Habitus verdeckt wurden: „Jörg war im Herzen sehr weich, ängstlich. Er hat immer versucht, den starken Mann zu spielen, war aber im Grunde ein totales Weichei.

Er könnte in Tränen ausbrechen, war geradezu hysterisch darauf bedacht nicht krank zu werden, sich nicht mit irgendwas anzustecken. Er rauchte Kette, hatte aber Panik vor Lungenkrebs. Er fuhr zum Beispiel mit Helm Cabrio. Den Helm zog er auch an, als ihm einer seiner kriminellen Kumpels wegen irgendwas zu drohen schien und bei uns klingelte. Jörg versteckte sich hinterm Vorhang, mit Gummiknüppel bewaffnet, bis es mir reichte und ich dem Typen die Tür aufmachte, er hatte ein paar Kirschen für Jörg unterm Arm."[170]

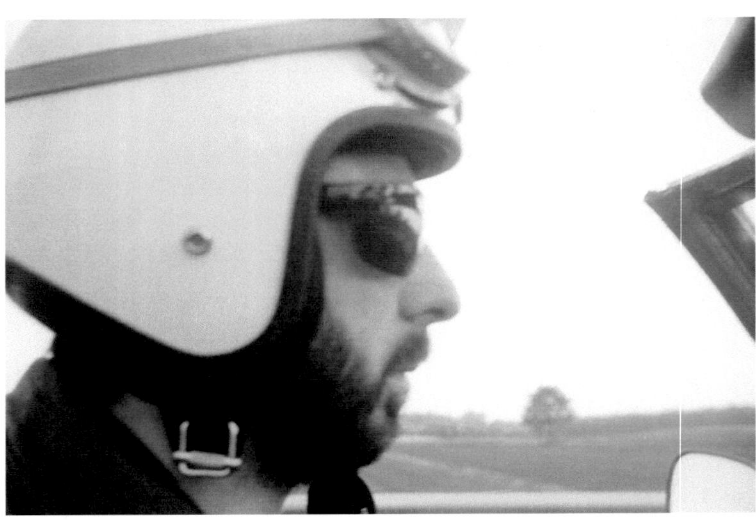

29, im Cabriolet

Im Engagement für die Grün-Alternativen finden sie gemeinsame Inhalte. Auch wenn die Grün-Alternativen ein Auffangbecken für ehemals radikale Linke werden, sich Immendorff demnach mit einer Reihe von deren Zielen assoziieren kann, sind deren ökologische Inhalte Neuland für ihn.

Ulrike Harbig, rund zwölf Jahre jünger als er, zählt zu einer Generation, für die dieses Thema stärker im Focus steht als für die Nachkriegs- und die 68er-Generation. So ist sie in hohem

Maße für dessen Sensibilisierung hinsichtlich ökologischer Fragen verantwortlich.[171]

Immendorff engagiert sich schließlich, wie auch seine Lebensgefährtin, intensiv für die neue Bewegung. Er malt auf Stellwänden, die Ulrike zuvor gezimmert hat, halten Versammlungen in ihrer Wohnung ab, sie organisieren Veranstaltungen, verteilen Flugblätter, demonstrieren und debattieren gemeinsam.

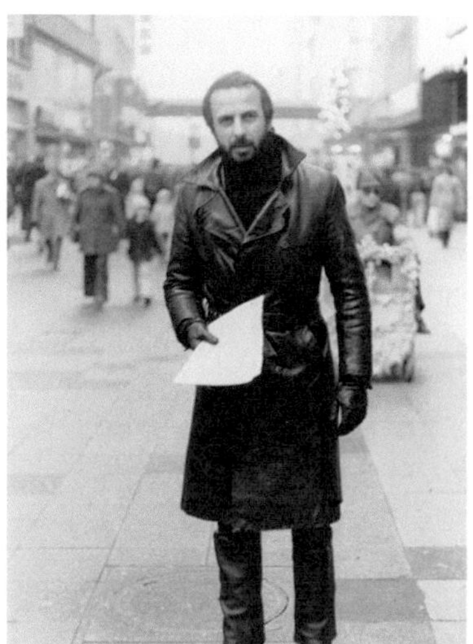

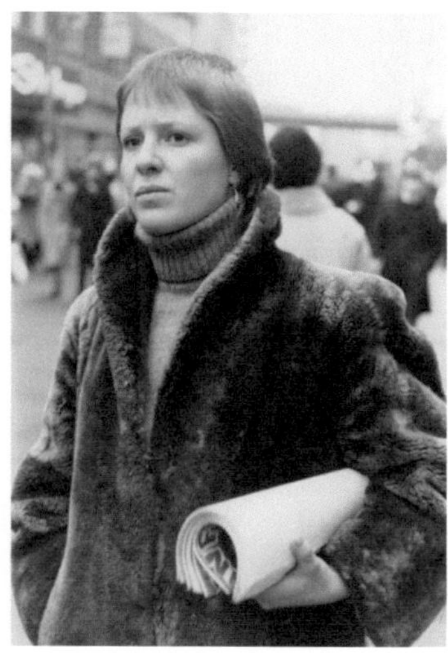

30, bei einer Flugblatt-Aktion für die Grünen 1979

## IMMENDORFF MAL PENCK

Michael Werner hat offenbar gespürt, dass Immendorff nach neuen Themen suchte. Seit Mitte der sechziger Jahre vertrat er auch den damals noch in der DDR lebenden Künstler A. R. Penck: Ralf Winkler, so dessen richtiger Name, ein kleiner, quirliger Kunst-Anarcho, der weitab vom vorherrschenden sozialistischen Realismus in abstrakter Manier mit seltsamen Strichmännchen und Chiffren hantiert, ist zu dieser Zeit in der DDR ebenso wie Immendorff in der Bundesrepublik ein Außenseiter.

Penck, dessen Bilder nur unter konspirativen Bedingungen aus der DDR nach Westdeutschland gebracht werden konnten, war durch seinen Freund Georg Baselitz, der schon vor dem Bau der Mauer die DDR verlassen hatte, mit Michael Werner in Verbindung. Der hatte Immendorff immer wieder von seinen Reisen zu Penck berichtet. Anfang 1976 lässt Immendorff durch Michael Werner Penck die Idee einer Kooperation zwischen Ost- und Westkünstlern antragen. Penck antwortet: „Lieber Jörg Immendorff, ich habe von Deinem Vorschlag gehört. Er interessiert mich.“ Darüber stand: „Eisbär wir kommen.“ Und auf einer Zeichnung: “Ich hoffe, das Eis ist gebrochen.“[172]

Mit dem ihm eigenen Enthusiasmus entwickelt Immendorff die Idee von einem Aktionsbündnis mit dem ostdeutschen Malerkollegen, will gemeinsam aus west- und ostdeutschen Aktivisten eine „Einheitsfront gegen die Hegemonisten“ schmieden.

Im Sommer desselben Jahres soll während der Biennale in Venedig ein erstes Treffen mit Penck stattfinden, dessen Bilder außerhalb des offiziellen DDR-Beitrags gezeigt werden. Immendorff antizipiert in Vorbereitung seines Beitrags zur Biennale diese Begegnung mit einer Zeichnung, die beide Künstler in inniger Umarmung wie lange entzweite Brüder zeigt. Pencks Antrag für die Reise nach Venedig wird jedoch von den DDR-Behörden nicht genehmigt.

Immendorff reagiert, indem er auf dem Biennale-Gelände ein Flugblatt verteilt, auf dem steht: „Der freie Austausch fortschrittlicher künstlerischer und politischer Auffassungen ist in vielen Staaten nicht möglich. Ich denke hierbei vor allem an die Situation in meinem eigenen Land, wo man versucht, aufrechte Demokraten und Kommunisten mit dem Ausbau von

Gesinnungsschnüffelei mundtot zu machen. Im anderen Teil Deutschlands, der DDR, führt jede politische Kritik zu hohen Zuchthausstrafen. Die Biennale als Forum für europäische und damit internationale Künstler kann dazu nicht schweigen.“[173]

Auch in seinem Biennale-Beitrag befasst sich Immendorff mit seiner Sicht auf die politische Situation in Deutschland. In einer Bilderserie thematisiert er die Berufsverbote, die gegen „linke“ Lehrer im Zuge der Antiterrorismus-Gesetze ausgesprochen wurden, und setzt diese Vorgänge gleich mit dem Unterdrückungsapparat der DDR.

Im September 1976 endlich kommt es zur ersten Begegnung von Immendorff und Penck im Café Lindencorso Unter den Linden: „Penck kam rein im schmuddeligen Pullover, ballte die Faust und rief laut 'Rotfront', wobei das gehobene Publikum leicht zusammenzuckte, weil man solche Töne schon damals nicht mehr so enthusiastisch zum Besten gab, außer vielleicht am ersten Mai. Und dann wollte ich den Penck agitieren. Ich war ja in meinem ideologischen Wahn immer noch linkslastig. Penck aber war Perry-Rhodan-Anhänger.[174] Sie müssen sich also eine Situation vorstellen, in der Penck mir etwas von Ufos erzählte und ich ihm von Mao Tse-tung (...)“[175]

Der damals ebenfalls anwesende Schweizer Kurator Johannes Gachnang erinnerte sich später ein wenig anders an das Zusammentreffen der beiden Künstler: „Als erster traf Ralf Winkler alias A.R. Penck (damals noch DDR) ein. Doch an diesem Morgen fiel es mir wirklich schwer, seinen sächselnden Monologen zu folgen. (…) Glücklicherweise erschien dann bald der ebenfalls noch erwartete Jörg Immendorff (BRD) zum ersten Zusammentreffen der beiden Künstler, dem eigentlichen Ausgangspunkt verschiedenster künstlerischer Unternehmungen entlang der Naht, die in den darauf folgenden Jahren entsprechende Wirkungen erfuhren.“[176]

Die Unruhe in dem überfüllten Café veranlasst Penck, einen Ausflug nach Köpenick anzuregen, wo er in einem Keller sein Atelier hat. Nachdem sie Pencks Arbeiten gesehen haben, suchen sie vergeblich eine Gastwirtschaft und stranden schließlich in einer Wohnsiedlung. Das einzig belebende Element der tristen Anlage ist eine Tischtennisplatte, in deren Mitte man, statt eines Netzes, eine Reihe von Backsteinen gesetzt hatte. Ein wenig unschlüssig ob der eigenartigen Situation stehen die beiden Künstler vis à vis an dem Tisch und beginnen eine Art intellektuelles Pingpong zu spielen, bei dem sie sich in ironisierender Weise Parolen zurufen, während sich der neutrale Schweizer wie ein Schiedsrichter auf die seitlich stehende Bank nieder lässt. Der Tisch, die Backsteinmauer, die in diesem Moment symbolhaft den Dialog der beiden sich gegenüber stehenden Künstler behindert, prägendste Erinnerung dieser ersten Begegnung zwischen Immendorff und Penck, wird später ikonographischer Bestandteil von Immendorffs „Café Deutschland"-Zyklus.

Erste Folge des Zusammentreffens der beiden Künstler im Herbst 1976 ist die Ausstellung „Immendorff x Penck - Penck x Immendorff", die vom 12. Januar bis 12. Februar 1977 in Köln, in der Galerie von Michael Werner stattfindet. Schon diese erste und, abgesehen von Gruppenausstellungen, auch einzige gemeinsame Ausstellung, illustriert nicht nur ihre unterschiedliche künstlerische Auffassung, sie steht auch prototypisch für ihre konträre Sichtweise aufeinander.

Die Bilder, die Penck für die Ausstellung gemalt hatte, waren von den DDR-Behörden konfisziert worden. Durchaus auch in Reaktion auf diesen Willkürakt, malt Penck neue, schnell hingeworfene Bilder von radikaler Expressivität. In seinen ursprünglichen Beiträgen ließ Penck noch Bezüge zu Immendorff durchscheinen, indem er dessen bevorzugte Symbole, wie Kerzen oder Fahnen, adaptierte. Jedoch schreibt er den Namen Immendorffs auf diesen, wie auch auf den neu gefertigten Bildern, konsequent falsch, nur mit einen „f". „Diese Fehlleistung könnte man auch stellvertretend für Pencks Schwierigkeiten lesen, die Realität 'Immendorff' anzuerkennen. Den Namen von jemandem konsistent falsch zu schreiben oder falsch auszusprechen, ist häufig ein Zeichen dafür, dass man sich mit dieser Person nicht wirklich auseinandersetzen will, sie immer wieder 'vergisst' ", interpretiert Isabelle Graw diesen Umstand. [177]

Immendorff hingegen, getragen von schwärmerischem Engagement für die neue Freundschaft, malt Penck als Figur in seine Bilder hinein, entwirft eine Fahne, auf deren Tuch die Künstler an jenem, für ihre erste Begegnung symbolhaften Pingpongtisch stehen. Die Fahne trägt folgenden Text: „Wir wollen ein gutes Kollektiv werden. Ein Kollektiv, was Gegensätze einschließt. Entweder gelingt dem Verständnis, so etwas fertigzubringen, oder die Konfrontation bringt eine Entscheidung von Verfahren (...)“[178] Auf einem anderen Gemälde halten beide ein Tuch mit einer ebenso pathetischen Aufschrift: „Die Hände gegriffen mit der Absicht, die Pinsel zu verzahnen, bieten wir alles Deutschland mal Deutschland – friedliebend, demokratisch, unabhängig – 1 mal!“[179]

Penck, der sich nach dem Geologen und Eiszeitforscher Albrecht Penck (1858 -1945) benennt, beschäftigt sich seit den sechziger Jahren mit Naturwissenschaften und Informationsvermittlung. Nicht zuletzt auch durch sein Außenseiterdasein in der DDR ist er kaum geneigt, auf Immendorffs politisches Sendungsbewusstsein einzugehen. Schon gar nicht kann er sich, desillusioniert vom täglich realexistierenden Sozialismus, mit Immendorffs sozialistischen Utopien assoziieren. Letztlich ist der anarchische, häufig mit sächsischem Idiom witzelnde Penck eher belustigt von Immendorffs linkem Pathos.

Im Januar 1979, dem kältesten Winter des Jahrhunderts, kommt es zu einem weiteren Treffen. Immendorff reist, in Begleitung seiner Freundin Ulrike Harbig, mit dem Zug durch ein tief verschneites Land nach Dresden. „Dann wollten wir ins Atelier, es gab kein Taxi, der Schnee lag meterhoch, und mein Bart war festgefroren. Symbolischer konnte das Ambiente nicht sein, es passte zur inneren Verfassung (...) es wurde schnell klar, dass wir uns nicht verstanden – es ging einfach nicht. Wir kamen dann überein, dass wir uns mit Blättern unterhalten: Er machte ein Blatt, ich reagierte auf das Blatt, als Reaktion machte er das nächste.“[180]

Der Wortlaut der Blätter war eher einfach: „Der Westen ist gut, der Osten ist schlecht; der Osten ist gut, der Westen ist schlecht“. Immendorff erinnert sich später, dass Penck eine Art Dada-Performance aufführte, mit einer Axt hantierte, sie wild auf ein Schlagzeug, das im Zimmer stand, einschlug.

„Ich war zwar von der Reise schon genervt, doch schien mir, als ob er mich testen wollte, prüfen, wie belastbar ich war, und ich hielt es auch aus. Eine Zeichnung von ihm trug den bezeichnenden Titel ’Immendorff mit Kopfschmerz’.“[181]

Trotz der erneuten Schwierigkeiten, sich anzunähern, entsteht zwischen Immendorff und Penck eine Freundschaft, die sich auf der privaten Seite mit der Zeit durchaus positiv entwickelt, hingegen im künstlerischen Bereich eine deutliche Asymmetrie aufweist. In gewisser Hinsicht beneidet der ständig um Form und Inhalt ringende Immendorff gar die Art und Weise, wie Penck mit seiner Arbeit umgeht.

„Ich habe die anderen immer sehr bewundert; wie der Penck zum Beispiel im Vorbeigehen seine Bilder malte, weil die ganze Arbeit im Kopf schon getan war. Das floss dem einfach so aus dem Pinsel (...). Sein Reservoir war übervoll. Das hat mich oft geradezu eifersüchtig gemacht.“[182]

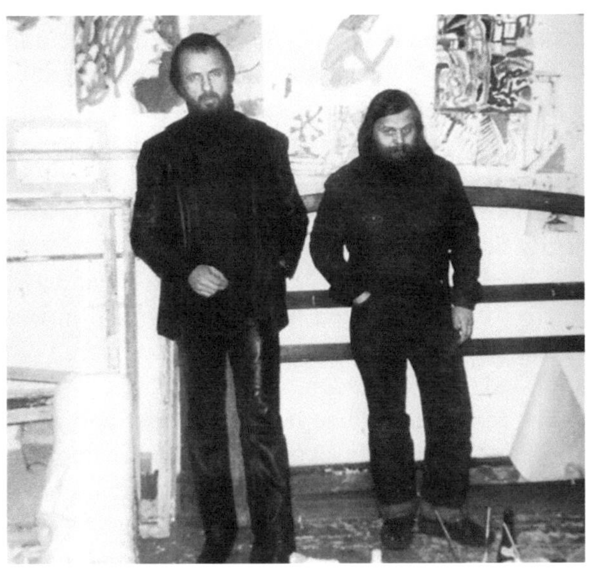

31, mit Penck in Dresden 1979

Ulrike Harbig erinnert sich an das Verhältnis zwischen Penck und Immendorff: „Jörg und Ralf mochten sich, obwohl ich die nie bei langen oder tiefergehenden Gesprächen erlebt habe. Ralf hat sein Ding gemacht und Jörg manchmal nicht so ganz ernst genommen.“[183]

Anregungen, die Immendorff aus der Begegnung mit Penck gewinnt, werden zum Fundus, aus dem er sich in den kommenden Jahren für sein “Café Deutschland“-Projekt sowie für weitere Arbeiten, wie der Großplastik “Weltfrage Brandenburger Tor“, bedienen sollte. Die Mauer, Hammer und Zirkel, die er zur Systemklemme umdeutet. Stacheldraht, Wachtürme,

Grenzsoldaten, der Pingpongtisch und letztlich Penck selbst, werden zur Materie seiner Bilderfindungen.

In Pencks Werk hingegen finden sich keine weiteren Bezüge zu Immendorff, keine Verweise auf jenes „Kollektiv“, das Immendorff beschwört. Und während Immendorff die Begegnung mit Penck geradezu verklärt, ihr in seinem Interview-Buch von 1993[184] ein ganzes Kapitel widmet, erwähnt Penck in einem ähnlichen Interview[185] nur am Rande und in Zusammenhang mit Joseph Beuys und dessen „politischem Kindergarten“.

Michael Werner bemüht sich in den folgenden Jahren immer wieder um die Pflege der Beziehung zwischen den beiden, regt die von Penck gestaltete Zeitschrift „Krater und Wolke“[186] an, in der Penck Immendorff eine Ausgabe widmet. Auch steuert Penck Texte zu Immendorffs Publikationen wie „FF bringts“[187] bei. Zudem besuchen beide Künstler wechselseitig ihre Vernissagen und Feste, wobei Penck zu Immendorffs Veranstaltungen häufig Gedichte vorträgt oder musikalische Beiträge liefert.

Im August 1980 treffen sich Immendorff und Penck wieder. Dieses Mal in Bern anlässlich der von Johannes Gachnang eingerichteten Immendorff-Ausstellung „Malermut rundum“. Der kurz zuvor aus der DDR ausgebürgerte Penck spielt während der Vernissage ein Freejazz Bass-Solo.

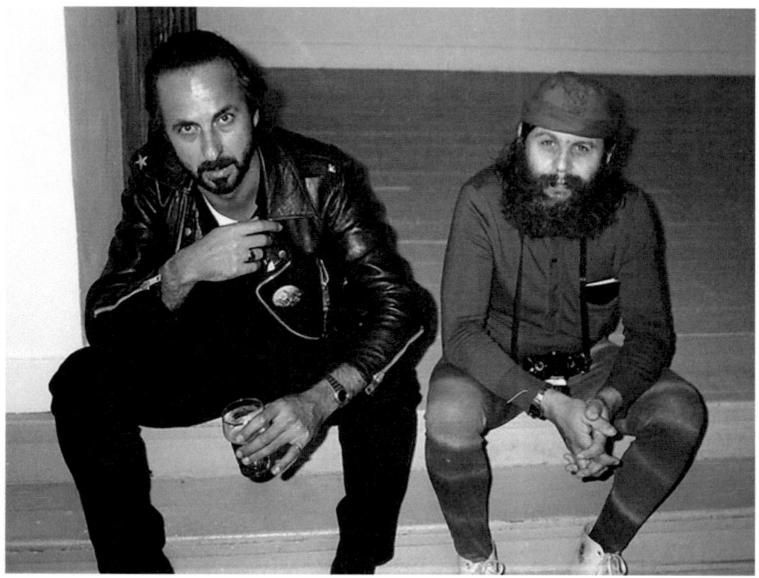

32, mit Penck in Bern

# TEIL 4 / 1978 - 1989

Zu Beginn des Jahres 1976 wird der Paragraph 88a erlassen. Der sogenannte „Gummiparagraph“, der gegen das Umfeld der RAF [188] gerichtet war, stellte die „Verfassungsfeindliche Befürwortung von Straftaten“ unter Strafe. Nun konnte schon eine bloße Sympathieäußerung für die Aktionen der RAF zu Verhaftung und Aburteilung führen. 1975 bereits wurde das Gesetz gegen „Bildung oder Unterstützung einer terroristischen Vereinigung“ erlassen, dessen Auslegung und Anwendung gegen linke politische Zirkel gerichtet war, die sich angesichts der nervösen Stimmung im Lande einem unterschwelligen Generalverdacht ausgesetzt sahen.

Wie viele Zeitgenossen sieht Immendorff hierin einerseits die Reinkarnation eines Totalitarismus, vergleichbar mit den Verhältnissen während des Dritten Reichs, andererseits interpretiert er die Entwicklungen analog der Situation jener Deutschen, die dem Unterdrückungsapparat des DDR-Regimes ausgeliefert sind.

Immendorff, der sich gerade erst vom radikalen Dogmatismus seiner KPD-Zugehörigkeit befreite, ohne sich jedoch aus den Zusammenhängen politisch linken Denkens zu lösen, findet in der Gemengelage zwischen „RAF-Gesetzen“, Raketen-Aufrüstung und Anti-Atomkraftbewegung neue Themen.

Zwar schreibt er immer noch Texte in verquastem Parolendeutsch auf seine Bilder, doch sie werden kürzer, die Wortwahl hintergründiger, der plakative Pseudorealismus seiner Agitprop-Bilder weicht differenzierteren Bilderfindungen, wird von Symbolen und Chiffren abgelöst.

Gleichzeitig verändert Immendorff seine Haltung hinsichtlich der Gegebenheiten tradierten Kunstschaffens. Zeigt er sich zuvor bildlich noch als Teil der kämpfenden Klassen, wandelt er sich nun zum Einzelkämpfer, ist wieder Aktionist, Darsteller seiner Kunstinszenierungen. Sichtbarstes Indiz dafür ist, dass er sich selbst in seine Bilder hinein malt, in der Regel ins Zentrum des Geschehens, aber auch, indem er verschiedene Rollen am Rande übernimmt. Immendorff verbindet auf dieses Weise sein ungebrochenes politisches Sendungsbewusstsein mit dem ihm eigenen Narzissmus des Selbstdarstellers. Nicht mehr die Partei, er selbst ist es nun, der Fragen stellt, Losungen verkündet, die

Richtung weist. Schließlich, und hierin kann man seine entscheidenste Wende seit Gründung des “Lidl-Raums“ 1968 sehen, beginnt er sich wieder der Sphäre etablierter Kunstvermittlung anzunähern.

Zur Biennale im Sommer 1976 hat man Immendorff eine Koje im Panorama zeitgenössischer Kunst zugeteilt. Unweit von Immendorffs Raum zeigt der italienische Maler, Salonkommunist und römische Senator, Renato Guttuso, sein „Begräbnis von Togliatti“. Das Großgemälde stellt, klassischer Historienmalerei nicht unähnlich, die Beerdigung des ehemaligen Generalsekretärs der Kommunistischen Partei Italiens, Palmiro Togliatti, dar. Eine Heldenbestattung, mit großer Menschenmenge und einem Meer roter Fahnen.

Immendorff ist beeindruckt von dem Bild, wendet sich hingegen entschieden gegen den ideologischen Kurs Guttusos und dessen moskaufreundlicher Kommunistischer Partei Italiens, KPI. Aus Sicht Immendorffs vertritt die KPI den imperialistischen Kurs der sowjetischen Kommunisten, die den Unterdrückungsapparat der DDR fernsteuern. Auch empfindet Immendorff Guttusos großbürgerlichen Habitus des römischen Senators, mit dem er auch auf der Biennale auftritt, als abgeschmackt. Immendorffs Interesse an Guttusos Malerei ist dennoch geweckt.

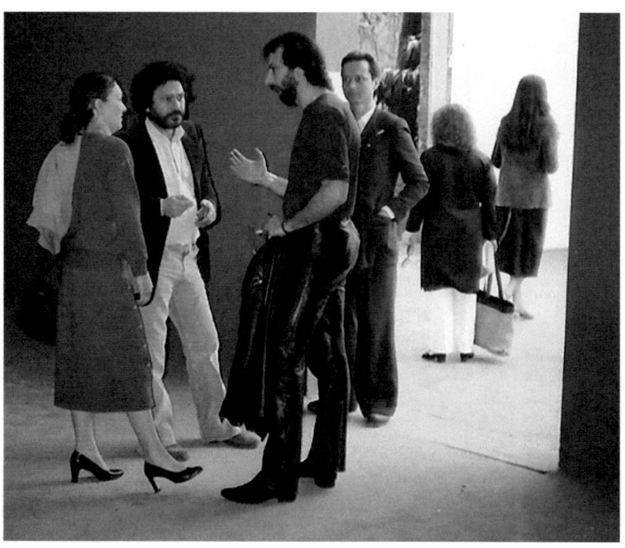

33, mit Jannis Kounellis an der Biennale, im Hintergrund Franz Dahlem

Im folgenden Sommer 1977 sieht Immendorff an einer Retrospektive Guttusos in der Kölner Kunsthalle dessen Gemälde "Caffe Greco", jenes legendäre Künstlercafé in Rom in der Nähe der Spanischen Treppe, das seit dem 18. Jahrhundert Treffpunkt für Maler und Literaten war.

Das Gemälde gibt aus einer erhöhten Zentralperspektive den Blick auf das gut besuchte "Caffe Greco" frei. Verschiedene Figuren sitzen an Tischen und stehen im Raum. Die scheinbar alltägliche Szene kann so jedoch nicht passiert sein, führt doch das Bild lebende und bereits tote, gewöhnliche und berühmte Personen zusammen. Neben den Künstlern Giorgio De Chirico und Marcel Duchamp sind der Schriftsteller André Gide sowie der Senator D'Angelosante anwesend. Mit der Negierung von Zeit und Raum sowie einer eigenartig disproportionalen Darstellung der Figuren schafft Guttuso eine rätselhafte Spannung, voller Zitate und Anspielungen, mit denen der unbefangene Betrachter indes kaum etwas anfangen kann.

Immendorff beginnt in Bezug zu Guttusos Bildidee seine eigene Interpretation zu entwickeln. Kurze Zeit später reist er mit seiner Lebensgefährtin Ulrike Harbig nach Griechenland. Sie besuchen Athen, verleben entspannte Strandferien an der Agäis. Immendorff, der wie immer auf seinen Reisen Stifte, Wasserfarben und Zeichenblock bei sich hat, zeichnet erste Skizzen und auf der Kartonseite eines Blocks die erste Idee seines „Café Deutschland".

„Er war begeistert von dem Guttuso-Gemälde. Das hat irgendwie klick gemacht bei ihm. Im Urlaub hat er dann ein Blatt nach dem anderen dazu gezeichnet und hat dann wie besessen an den Bildern gearbeitet", erinnert sich Ulrike Harbig.[189]

Es ist der Raum seiner Lieblingsdiscothek dieser Zeit, namens „Revolution", den er Guttusos "Caffe Greco" gegenüberstellt. In der Bildüberschrift ruft er dem Kollegen ein „Hallo Guttuso" zu. Selbstbewusst will er den Großmeister aus Italien mit einem „jetzt komme ich" herausfordern. Und in einer anderen Zeichnung macht er deutlich „Lieber Guttuso, manche Tische mögen wir nicht im Café!" Immendorff will sein Café anders möblieren, will andere Gäste sehen als Guttuso im bürgerlichen Ambiente seines Lokals.

Nachdem er sich mit einer wahren Flut von Zeichnungen und Aquarellen dem Thema genähert hat, malt Immendorff im

Herbst “Grenze“, “80. Geburtstag“ und “Winter“. Diese Großgemälde von etwa drei mal drei Metern können als Vorstudien zu “Café Deutschland“ angesehen werden, beinhalten sie doch bereits wichtige Elemente des späteren Bilderzyklus. Vor allem markieren sie mit ihrem Symbolismus, den frei komponierten Bildebenen sowie dem Verzicht auf Texteinschübe Immendorffs finale Loslösung von der Agitprop-Malerei.

Gegen Ende 1977 beginnt Immendorff mit der Arbeit an dem ersten Bild in der Reihe der “Café Deutschland“-Gemälde. Er nutzt dabei exakt das gleiche Maß wie Guttuso für sein Gemälde: 282 mal 330 Zentimeter. Nicht jedoch Literaten und Künstler, wie in Guttusos Café, sondern einfaches Volk, Tanzende und Trinkende bevölkern Immendorffs Lokal. Einzig Brecht und Penck erscheinen stellvertretend für Künstler und Literaten.

Der an das Interieur des „Revolution“ erinnernde Bildraum gleicht einer Theaterbühne, in dessen Mittelpunkt Immendorff an einem Tisch sitzend seine Hand durch ein Loch in einer Backsteinmauer streckt. Hinter seiner Schulter ist das Gesicht des ja noch jenseits der Mauer lebenden Penck auf einer verspiegelten Säule zu erkennen. Der Raum ist im Übrigen voller Symbole, die auf die deutsche Thematik verweisen, wobei vor allem ein großes Hakenkreuz ins Auge fällt. Erich Honecker und Helmut Schmidt malen im Hintergrund eine deutsche Fahne auf einen Tisch.

Mit diesem ersten Gemälde schon definiert Immendorff den für ihn typisch werdenden allegorischen Stil, voller Symbole, Chiffren und Verweise. Der erste Werkblock des “Café Deutschland“, es werden insgesamt 19 Bilder, ist kreativ, kraftvoll und frisch. Neben den großen Gemälden entstehen unzählige kleinere Bilder, Zeichnungen, Aquarelle, Gouachen, Grafik sowie Skulpturen. Immendorff baut sich in der Eile desjenigen, der Jahre auf den entscheidenden Impuls gewartet hat, einen reichen Fundus an Bildideen auf, aus dem er viele Jahre schöpfen sollte. Er findet mit „Café Deutschland“ zu einer eigenständigen Bildsprache, zu einer uniquen künstlerischen Position, die seine Arbeit in den folgenden Jahren zu tragen vermag.

In übertragenem Sinn hat sich Immendorff mit “Café Deutschland“ eine Guckkastenbühne geschaffen, wie sie in der Bühnenbildnerei üblich ist, um Details von Inszenierungen, und ihrer verschiedenen Akte, um Proportionen, Licht und Raumwirkung in verkleinertem Maße durchspielen zu können. Seinen Bühnenraum des "Café Deutschland" stattet Immendorff mit Versatzstücken, Archetypen und Symbolen der deutschen Gegenwart und Vergangenheit aus, setzt diese in Kontext zueinander, inszeniert sie in zahllosen Variationen.

Das Hakenkreuz steht Hammer und Zirkel gegenüber, Brecht und Hitler finden zusammen, Punks und Politiker. Immendorff, der sich selbst fast immer in den Mittelpunkt des Bildes stellt, träumt, tanzt und redet, trifft Frauen und Freunde. Mit „Café Deutschland" will Immendorff einerseits den Zustand seines Heimatlands hinterfragen, andererseits auch seine Rolle in diesem Land, die des Künstlers in der Gesellschaft.

Erstmals zeigt Immendorff „Café Deutschland" 1978 in Köln, in der Galerie von Michael Werner. Das Echo bleibt allerdings verhalten. Immendorff, der sich nun mit spannungsreichen Bildern des deutschen Themas annimmt, bleibt in Deutschland zunächst weitgehend unbeachtet. Weder Galeristen noch Museen lassen nachhaltiges Interesse erkennen, vielleicht auch aus Misstrauen gegenüber der erneuten Kehrtwende in Immendorffs künstlerischer Vita.

Die Premiere einer größeren Präsentation des "Café Deutschland" in einem Museum bleibt einem Schweizer, Dieter Koepplin, dem Kurator des Kunstmuseums Basel, überlassen, der sich an das Zustandekommen der Ausstellung folgendermaßen erinnert: „Meine erste Begegnung mit Joseph Beuys fand in Düsseldorf im Mai 1969 statt, nämlich vor dem Eingang, der wegen der Lidl-Woche polizeilich geschlossenen Akademie. Immendorff traf ich in diesem Moment zwar nicht, aber ich war damit auf ihn aufmerksam geworden. In der folgenden Zeit sah ich seine Werke, darunter frühe Zeichnungen, in der Galerie Michael Werner. Dies führte dann zu meinem Wunsch nach einer Ausstellung mit ihm."[190]

Koepplin, der bereits 1972 Penck in Dresden besuchte, diesen dann auch 1972 und 1978 im Basler Kunstmuseum präsentierte, stand über Penck nicht nur in Korrespondenz mit Michael Werner, sondern kam über den Umweg dieser deutsch-deutschen Verbindung schließlich auch mit seinem Schweizer Kollegen Johannes Gachnang in Kontakt, der 1974 Direktor der Kunsthalle Bern wurde und zum engeren Kreis um Michael Werner zählte. Michael Werners Einfluss, sein sorgfältig gewobenes Netzwerk, so zeigt sich hier wieder, wird zum entscheidenden Faktor bei der Stabilisierung von Immendorff Karriere.

Immendorffs erste Einzelausstellung in einem bedeutenden Museum außerhalb Deutschlands, die schlicht „Café Deutschland" betitelt ist, beginnt am 24. Februar 1979 im Kunstmuseum Basel. Während der Installation der Ausstellung und rund um die Vernissage wirkt Immendorff konzentriert, freundlich und zuvorkommend, scheint sich der ihm dargebotenen Chance bewusst, wie Koepplin in der Rückschau schildert.[191]

Gezeigt werden die ersten drei "Café Deutschland"-Bilder, zahlreiche Gouachen, Vorstudien sowie eine vorzügliche Holzskulptur, die Koepplin später erwirbt. Die Ausstellung wird in der Presse wohlwollend besprochen, vom Publikum jedoch mit freundlicher Gleichgültigkeit aufgenommen. Allenfalls geben die Bilder Anlass zu leichtem Naserümpfen in Bezug auf Immendorffs deutlich deutsche Rhetorik sowie ihre gewöhnungsbedürftige Ausführung.

Koepplin antwortet diesen Kritikern: „Wenn uns in Immendorffs Bildern Naivität entgegentritt, ist es eine Naivität aus Unfähigkeit oder aus Raffiniertheit, ist sie so oder so glaubwürdig? Dass eine Art von kindlicher Direktheit in unserer Zeit des Perfektionismus (weitgehend ein Mittel zur Machtausübung und Verschleierung) eingesetzt wird, wie es Immendorff mit großem Ernst tut, und dass der Maler sich nicht scheut, durch naive Inhalte und naive Maltechnik sich Blößen zu geben, scheint suspekt zu sein."[192]

Bereits hier zeigte sich eine zentrale Kampflinie, an der sich in den Folgejahren das Für und Wider zu "Café Deutschland", zu Immendorffs Malerei insgesamt, festmachen sollte. Die offenkundigen „technischen" Mängel seiner Malerei verlangen ebenso wie deren inhaltlichen Dimensionen, nach einer Rezeption abseits gültiger Kriterien, wie Jürgen Harten im Katalog zu „Café Deutschland – Adlerhälfte" feststellt: „Immendorffs wirkungsvoll illustrierende Malerei wendet sich ausdrücklicher noch als Kunst überhaupt an jeden, obwohl sie gewiss nicht jedem gleich gefällt. Seine Bilder mögen naiv betrachtet oder (mit Koepplin) in ihrem gemeisterten Dilettantismus erkannt werden: was den Betrachter dabei zu faszinieren vermag, ist ein unverfälschtes malerisches Milieu, ein 'Realismus ohne Stil' (...)."[193]

Nicht jeder Kritiker ist jedoch bereit, sich dieser Deutung anzuschließen, so entwickelt sich eine Kontroverse die prägend wird für die Wahrnehmung von Immendorffs Werk. In diesem Sinn merkte Hans-Peter Riese, Kritiker der "Zeit", an: „Auffällig ist nämlich, dass die stilistisch-technischen Aspekte der Malerei Immendorffs selten ausführlich analysiert werden. Geschieht es, wie bei Ulrich Krempel im Katalog, so werden Begriffe restituiert, die einst eine beherrschende Rolle an der Schwelle der Moderne im 19. Jahrhundert gespielt haben, Lokalfarbe etwa oder Körperlichkeit der dargestellten Menschen und Dinge. In Wahrheit sind die Kompositionsschemata der Bilder Immendorffs konventionell und weitgehend unoriginell."

Die Perspektive der alten Guckkastenbühne herrsche vor, die „einfallslose Behandlung von Vordergrund und Hintergrund" weise auf Immendorffs Ausbildungsbeginn als Bühnenmaler hin. „Indessen, das Unbehagen an der mangelnden 'stilistischen Eleganz' wird flugs umgedeutet zu einer künstlerischen Protesthaltung."[194]

Aus dem Diskurs um "Café Deutschland" entwickelte sich bald eine Deutungsmechanik, derer sich Fürsprecher wie auch Kritiker Immendorffs bedienten. In Rückkopplung mit seiner politischen Vita wurden Immendorffs Arbeiten vorab und im Grundsatz als politisch angesehen und somit als kritische Kunstäußerungen verstanden. Das Konkrete hingegen wird kaum abgefragt, wofür oder wogegen Immendorffs „politische" Kunst eintritt bleibt im Ungefähren.

Immendorff, der Hilfestellungen bei der Interpretation seiner Bilder verweigert, verursachte solchermaßen, begonnen mit "Café Deutschland", das Entstehen einer Art von Bilderklärungsmaschinerie, deren Elaborate unzählige Seiten in Immendorff-Katalogen füllen. Wunschgemäß werden die hierin vollzogenen Deutungen der Immendorff nahestehenden Verfasser von weiten Teilen der Kunstkritik übernommen, brennen sich geradezu in die Immendorff Rezeption ein, wie auch das ihm verliehene Etikett „politischer Künstler".

Immendorff konnte sich durchaus glaubhaft auf einen persönlichen Bezug zur Thematik des „Café Deutschland" berufen. Zwei Stränge führten ihn dorthin. Ein impulsgebender, hergeleitet aus der Betroffenheit über die wegen der deutschen Teilung schwierigen Umstände seiner Kooperation mit Penck. Und ein sentimentaler, der verwoben ist mit seiner familiären Herkunft und seiner Geburt in Bleckede, das beim Bau der Mauer in zwei Teile getrennt wurde. Ihn verbanden Kindheitserinnerungen wie auch verwandtschaftliche Bindungen mit diesem Ort, den er immer wieder besuchte. Bleckede war jedoch nicht nur ländliches Idyll, und Dorfkulisse für den Heimatfilm der fünfziger Jahre.[195]

In der Zeit von Hitlers Machtergreifung war dieser Winkel Deutschlands ein prototypischer Hort nationaler Gesinnung. Bei der Reichtagswahl vom 5. März 1933 erzielte die NSDAP im Gau Ost-Hannover, zu dem Bleckede zählte, mit 54,3 Prozent eines der besten Ergebnisse im gesamten Reichsgebiet, wo die NSDAP im Durchschnitt 43,9 Prozent erreichte. Nur wenige Tage nach dieser Wahl ernannte Bleckede als erste Stadt den Gauleiter von Ost-Hannover, Otto Telschow, zu ihrem bis heute einzigen Ehrenbürger. (Die Ehrenbürgerschaft wurde ihm erst 2008 offiziell entzogen.)

Im Hafengebiet von Bleckede wurde bereits 1935 zur Vorbereitung des Krieges ein großes Öl-Nachschublager der Marine gebaut. Im Bleckeder Ortsteil Alt Garge befand sich zudem eine Außenstelle des KZ Neuengamme. Schon 1939 war an der Dorfstraße von Alt-Garge , also mitten im Ort, ein Arbeitslager für bis zu 1500 Insassen errichtet worden.

Erst 1995,nach mehr als zehnjähriger Debatte, wurde ein Gedenkstein gegenüber dem ehemaligen Lagergelände eingeweiht. Hingegen bewohnte Hjalmar Schacht, „Hitlers Bankier", Reichsbankpräsident und Reichswirtschaftsminister, als Financier der Kriegsmaschinerie einer der Hauptangeklagten der Nürnberger Prozesse und noch in den sechziger Jahren Mitglied der rechtsextremen „Gesellschaft für freie Publizistik", von 1949 bis 1951 unbehelligt das Bleckeder Schloss - ein Umstand, dessen man sich noch heute auf der Homepage der "Bleckeder Zeitung" rühmt.

Geradezu naiv scheint vor diesem Hintergrund Immendorffs Verhältnis zu seinem Heimatort. Weder in seinen Arbeiten noch in irgendeiner anderen Äußerung ist Immendorff jemals auf die braune Vergangenheit Bleckedes oder die „Schwamm drüber“-Haltung, die hier wie auch anderenorts in Deutschland an der Tagesordnung war, eingegangen.

Eine geeignete Gelegenheit zur Auseinandersetzung damit hätte das Projekt “Teilbau Bleckede“ geboten, das Immendorff im Spätsommer 1978 in Angriff nahm. „Teilbau“ ist ein Nebenstrang zu „Café Deutschland“ und besteht aus einer großen Zahl von Gouachen sowie der Idee, in Bleckede eine Aktion durchzuführen, die sich, wie auch die Gouachen, mit den Befindlichkeiten der beiden deutschen Staaten befasst. Eine im Grunde logische Wahl angesichts Immendorffs Herkunft und der Lage Bleckedes an der innerdeutschen Grenze.

Im Herbst 1978 beginnt Immendorff mit der Stadtverwaltung Bleckedes zu korrespondieren, wobei er vorgibt, das 30-jährige Bestehen der beiden Teile Deutschlands sei Anlass seiner Aktion. Ein „Jubiläum“, das sich auf die Gründung der DDR am 7. Oktober 1949 bezieht[196]. Es ist nicht anzunehmen, dass dieser Jahrestag auf viel Sympathie bei dem von der CDU dominierten Stadtrat Bleckedes traf.

Hintersinnig bietet Immendorff Bleckede deswegen die Schenkung seiner Arbeit als „Mahnmal gegen die deutsche Teilung“ an. Nachdem er zunächst keine Reaktion auf sein Ansinnen erhält, schreibt er im November einen Brief an den Leiter der örtlichen Volkshochschule, Ernst Tipke, und fragt an, ob es möglich sei, eine begleitende Ausstellung und einen Diskussionsabend durchzuführen, denn die Besucher sollten zum „verstärkten Nachdenken“ angeregt werden“[197]

Immendorff will in der Diskussion erläutern, wie sich ein Künstler zu gesellschaftlichen Tatbeständen und Ereignissen äußern kann. In Tipke, der erfreut ist über die Abwechslung in seinem sonst eher geruhsamen Wirken, gewinnt Immendorff einen engagierten Mitstreiter, der nun vor Ort für Immendorff wirbt und entscheidend mit hilft, das Projekt zu realisieren.

Am Donnerstag, den 11. Oktober 1979 (der 7. Oktober, der eigentliche „Gedenktag“, wäre ein Sonntag gewesen), stellt Immendorff auf dem Betonsockel eines demontierten Hafenkrans, das doppelseitige Bild “Teilbau Bleckede“ auf. Das 3,10 mal 2,20 Meter große Gemälde zeigt auf der „West-Seite“ Verfassungsschützer, die Akten in eine überdimensionale Mühle tragen, deren äußere Form an das Warnsymbol für Atomkraft erinnert und das den Schatten eines zerzausten Bundesadlers wirft. Auf der „Ost-Seite“ sind Hammer und Zirkel zu einer Art Schraubzwinge umgestaltet, deren Schrauben bedrohlich auf das Licht einer Kerze gerichtet sind. Neben dem Symbol steht eine massige Gestalt im Ledermantel, die einen Stasi-Agenten symbolisieren soll.

Wenn auch der Stadtrat schließlich den schweren Eisenrahmen sowie die Platte für das Bild spendet und die Arbeit fachgerecht montieren lässt, wird Immendorff, ehemaliges Mitglied der KPD, in seinem Geburtsort keinesfalls mit offenen Armen empfangen. Man bleibt distanziert und hofft, „das nichts dran ist, was provozieren könnte“.[198]

Die Aufstellung des Bildes findet nicht mehr als eine Handvoll Zuschauer, und auch zur Ausstellung kommen nur sehr wenige Besucher. Die Diskussion wird mangels Interesse abgesagt. Schwerer wiegt jedoch, dass das Bild im eigentlichen Sinn gar nicht frontal gegen Osten gedreht ist. Vielmehr steht es seitwärts zum östlichen Ufer und ist allenfalls mit einem Fernglas vom mehrere hundert Meter entfernten Wachtturm am DDR-Ufer zu erkennen.

Das politische Statement gegenüber dem DDR-Regime auf der „Ost-Seite“ des Bildes lief somit ins Leere. Die „West-Seite“ des Bildes wirkt für den mit der Immendorffschen Ikonographie nicht vertrauten Betrachter kryptisch, erregt mit keinem Element des Motivs auch nur geringsten Anstoß.

Man könnte fast vermuten, Immendorff hätte mit seinem Projekt keine allzu große Aufregung erzeugen wollen, um dessen Realisierung nicht zu gefährden, so blutleer wirkt diese Arbeit. Vielleicht ist diesem Umstand auch das geringe öffentliche Interesse zuzuschreiben. Ein wohlwollender Bericht im Stern [199], seine erste größere Erwähnung in diesem Medium, bleibt die minimale Ausbeute.

Der damals anwesende Stern-Fotograf Bernd Jansen erinnert sich: „Anstatt großes Theater (wie in späteren Jahren) glich der Transport der beiden Bilder zur Elbe und die dortige Aufstellung eher einem Ein-Personen-Stück, aber ohne Publikum. Außer zwei bis drei Vertretern der Gemeinde und dem

Traktorfahrer waren nur ich, als damaliger Stern-Fotograf und Dr. Alfred Welti als Redakteur dabei. Es ist nicht auszuschließen, dass die Vopos mit ihren Ferngläsern auf der anderen Seite der Elbe in der Überzahl waren.“[200] Nachdem das Bild durch Unbekannte schwer beschädigt wird, lässt es Immendorff schon nach wenigen Wochen entfernen.

Bemerkenswert an diesem augenscheinlich missratenen Projekt ist die vertane Chance eines kraftvollen Statements hinsichtlich der 1979 in Bleckede wie auch andernorts immer noch unbewältigten braunen Vergangenheit. Schon in dieser frühen Arbeit des „Café Deutschland“–Zyklus scheint es, als setze sich Immendorff primär mit dem letztendlichen historischen Resultat des Nationalsozialismus, nämlich der deutschen Teilung, auseinander.

Er bemüht zwar immer wieder Metaphern, wie Hitler als Dämon oder das im Eis eingefrorene Hakenkreuz, wenn er eine gewisse Form warnenden Verweises meint. Seine künstlerische Auseinandersetzung mit dem Nationalsozialismus behandelt das Thema jedoch allein phänomenologisch und bleibt ebenso an der Oberfläche wie seine Metaphern. Auch seine verbalen Stellungnahmen bieten nur wenig Vertieftes zu Deutschlands dunkler Vergangenheit.

Ebenfalls erstaunlich, Immendorffs eigentümliche „Blindheit“ gegenüber der unverhohlenen Romantisierung von Kriegskameradschaft und Militarismus durch seinen Vater, die er weder öffentlich hinterfragt, noch künstlerisch thematisiert. Immendorffs immer wieder verbreitete, ironisierende Parole „Ich halte mich als Verteidigungsminister bereit“,[201] oder sein Auftritt in der Uniform des Vaters,[202] wirken vor diesem Hintergrund mehr wie Akzentuierungen eines Vater-Sohn-Konflikts und weniger wie substanzielle Reflexion.

1979 bewirbt sich Immendorff als Mitglied der “Alternativen Liste -AL“ für einen Sitz im Düsseldorfer Stadtrat. In seinem Atelier versammeln sich zu dieser Zeit regelmäßig Aktivisten der Alternativen Liste, debattieren, entwerfen im Kollektiv mit Immendorff Plakate und Parolen.

Johannes Gachnang war seinerzeit Zeuge: „Das Atelier war mit Flugblättern, Zeitschriften, Plakaten und Transparenten überfüllt. Der Künstler und Kandidat: sichtlich unruhig und eigentlich bereits wieder unterwegs zur nächsten Wahlveranstaltung. (…) Mit einer Gruppe von jungen Leuten bemalte er wöchentlich einmal die für die ’Bunten’ bestimmten Wandflächen, dem Stadtbild wenigstens einige ungewohnte Bilder zugesellend.“ [203]

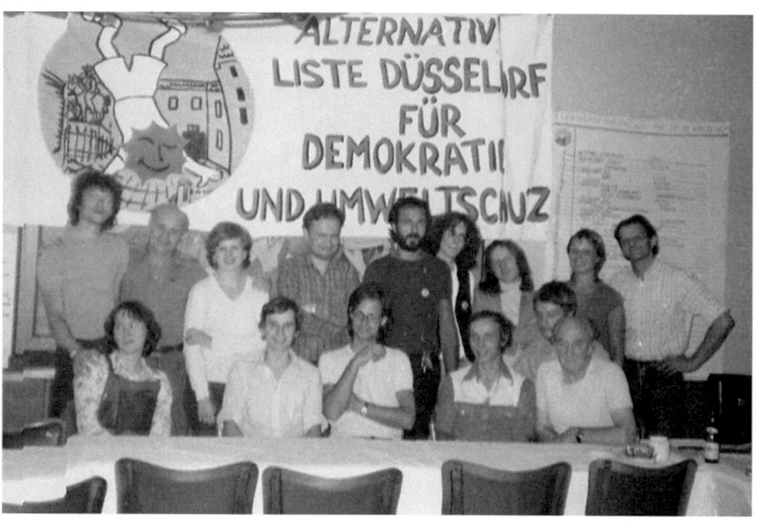


34, AL Gründung, hinten rechte Ulrike Harbig

Seit den „Büro Olympia“-Tagen hatte Immendorff immer wieder erfolglos versucht, sich wirkungsvoll in den gesellschaftlichen Diskurs einzumischen. Nach dem Zerfall der KPD hatte er sich wie auch andere Aktivisten den Grün-Alternativen angeschlossen.

Noch unbedarft im Umgang mit ökologischen Themen, engagiert er sich überwiegend gegen staatliche Willkür, in Zusammenhang mit den Antiterrorgesetzen sowie im Kampf gegen die Atomindustrie, die mit Hilfe staatlicher Gewalt ihre ökonomischen Ziele durchzusetzen versucht. Antrieb seines politischen Tuns ist eine Mischung aus echter Betroffenheit und seinem Geltungsdrang, dem die öffentlichen Auftritte als Kandidat der Alternativen Liste Nahrung geben.

Vielleicht sucht er unbewusst auch eine Form von Familie in den Kollektiven, denen er sich immer wieder, und nun mit den „Grün-Alternativen" erneut, anschließt. Ein tragendes Motiv ist darüber hinaus der Versuch, wieder Nähe zu Beuys herzustellen, wie Immendorff selbst später zugestand: „Dort geschah ja das Wiederbegegnen mit Beuys, der aus einer ganz anderen Ecke kommend Berührungspunkte mit den Grünen suchte und fand. (...) Ich fertigte für Beuys und Otto Schily, die für die Grünen kandidierten, handgemalte Plakate"[204]

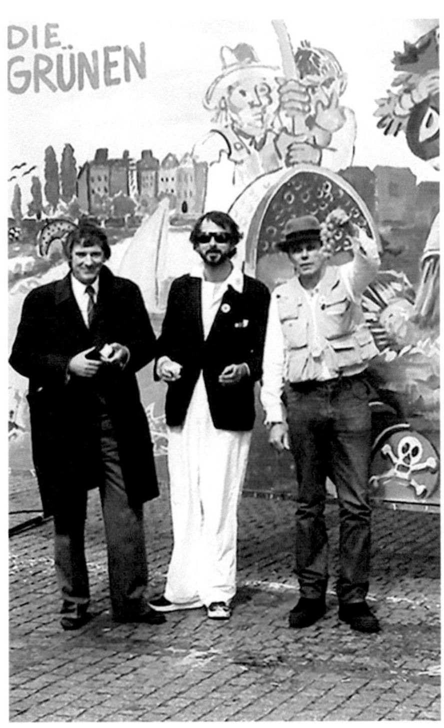

35, mit Otto Schily und Joseph Beuys 1980

Zu dieser Zeit steckt Immendorff immer wieder in Geldschwierigkeiten. Etwa nach einem selbst verschuldeten Autounfall. Mit der Begründung er benötige des Auto, einen Geländewagen, um Plakate auszufahren, lässt er sich von Beuys das Geld für die Reparatur geben, wie er auch bei anderen Gelegenheiten Zuwendungen von Beuys erhält.

Immendorffs von Anbeginn aussichtslose Kandidatur für die „Alternative Liste“ scheitert erwartungsgemäß. Er tritt jedoch den „Grünen“ bei, die im Januar 1980 gegründet werden, und bleibt bis zur Bundestagswahl 1983 ein Sympathisant der Partei. Als Beuys einen hinteren Platz auf der Landesliste erhält, bar jeglicher Chance auf ein Bundestagsmandat, und daraufhin zurücktritt, tritt auch Immendorff aus Solidarität aus der Partei aus.

„Ich hatte den Wunsch, ein Mal zu sehen und zu hören, wie Beuys mit seinem Hut im Bundestag eine Rede hält. Dann sollte er da wieder weg.(...) Die Grünen nahmen Beuys wieder von der Liste. Man konnte durchhören, dass sie Angst hatten, es könnte sie Stimmen kosten, wenn man mit Beuys Wahlkampf betriebe.“[205]

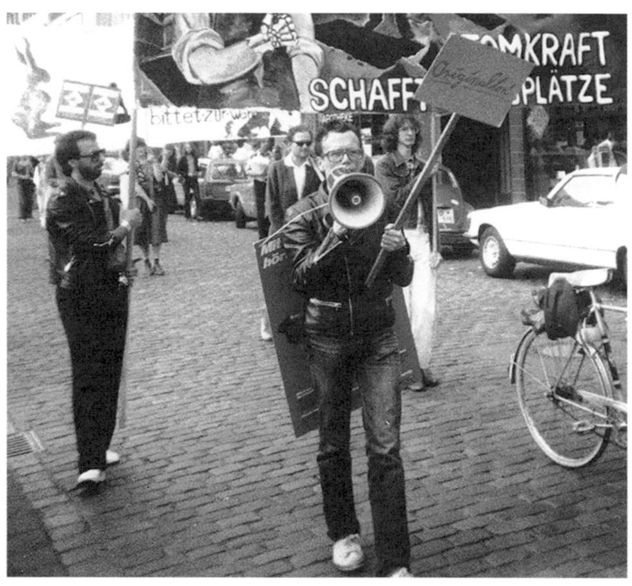

36, mit Beuys-Assistent Johannes Stüttgen 1980

Sein erneutes Scheitern mit einem politisch gesellschaftlichem Engagement lässt ein wiederkehrendes Muster erkennen. Anfangs der glühende Eifer, die Einnahme der Führungsposition, die damit verbundene Selbstdarstellung, dann, wenn die Mühen zu groß werden, der Erfolg ausbleibt, der Rückzug.

Ulrike Harbig erinnert sich an Immendorff damalige Politiserung: „Jörg hat sich wenig mit theoretischen Fragen befasst. Er wollte agitieren. Darin war er wirklich gut, reden, Leute begeistern. Ich denke, sein Engagement war ehrlich, vielleicht ein wenig naiv, weil er ja keine Chance hatte, in den Stadtrat zu kommen."[206]

Ein weiteres Resultat aus Immendorffs gescheiterter Politikkarriere ist das Ende seiner Lehrtätigkeit. Als er feststellt, dass Lehrerkollegen, die ebenfalls für den Stadtrat kandidieren, für ihre Wahlkampfauftritte Sonderurlaub erhalten, fordert er für sich das gleiche Recht. Der Antrag wird abschlägig beschieden, worauf er entrüstet seine Stelle kündigt und damit seine wesentliche Erwerbsquelle verliert.

Der deutsche Künstler Hans Haake schrieb im Juli 1980 einen Brief an Rudi Fuchs, den Direktor des Van Abbemuseums in Eindhoven und Leiter der kommenden “documenta 7“ (1982). In diesem Brief beklagt sich Haake bei Fuchs über dessen aus seiner Sicht übertriebene Affinität für deutsche Künstler wie Lüpertz, Baselitz oder Kiefer.

Haake empfand es als inakzeptabel, Kunst zu zeigen, die, wie er meinte, allzu offensichtlich und kritiklos belastete Symbole deutscher Geschichte und teutonischer Mythologie zeigte. Er berief sich hierbei auf einen Artikel, den Fuchs für den SPIEGEL geschrieben hatte[207] und in dem er den deutschen Beitrag zur Biennale 1980 von Georg Baselitz und Anselm Kiefer vehement verteidigt.

Der für einen Künstler ungewöhnliche Akt Haakes, einen prominenten Kurator frontal anzugehen, zeugt von den Stellungskämpfen, die zu dieser Zeit in der deutschen Kunstszene ausgefochten werden. Vordergründig steht hierbei der Umgang von Künstlern, vor allem jüngerer Generation, mit „deutschen Mythen“ und „deutscher Symbolik“ zur Debatte. In erstaunlicher Offenheit wird ihnen unterstellt, statt sich seriös mit der NS-Vergangenheit auseinanderzusetzen, im geschützten Raum der Kunstfreiheit willkürlich mit „belasteten“ Metaphern und verbotenen Symbolen zu hantieren, den Skandal einkalkulierend, der ihrer eigenen Popularisierung dienlich ist.

Der SPIEGEL schrieb hierzu: „Mit Georg Baselitz und Anselm Kiefer hat Kommissar Klaus Gallwitz zwei Künstler ausgewählt, die spezifisch deutsche Themen und Ausdrucks-weisen in die Diskussion bringen (’Spiegel’ 22/1980). Die dadurch provozierten Verrisse in der deutschen Kritik reichen bis zum Rufmord: Kiefer wird der ’Nähe zu faschistischer Ideologie’ (Deutsches Fernsehen) bezichtigt, Baselitz soll ’Angst, Brutalität, Verletzung’ angeblich ’feiernd perpetuieren’ (’Die Zeit’).“[208]

Die spezifische Empfindlichkeit der Deutschen gegenüber ihrer dunklen Vergangenheit darf jedoch nicht darüber hinwegtäuschen, dass die Aufgeregtheit, die sich in diesen Tagen in den Feuilletons breit machte, auch von Partikularinteressen der Protagonisten und Promotoren der Konzeptkunst befördert wurde, die von Künstlern wie Beuys, Rinke, Darboven oder

Haake vertreten wurde. Diese den deutschen Kunstbetrieb der vergangenen beiden Dekaden prägende Kunstrichtung, deren Ursprünge in den USA zu finden sind, stand im Kontext internationaler Kunsttendenzen und wich somit, gewollt oder nicht, der unmittelbaren Konfrontation mit der deutschen Vergangenheit aus oder verschob diese auf die Ebene der Mythologie.

Selbst über die unruhigen 68er Jahre hinweg wirkte der von Abstrakter Malerei und Konzeptkunst dominierte bundesdeutsche Kunstbetrieb wie ein hermetisch geschlossenes Labor, dessen kryptische Erzeugnisse kaum tauglich waren zu öffentlicher Auseinandersetzung. Allein Beuys mit seiner ikonographischen Selbstdarstellung, dem Kleinkrieg mit Johannes Rau, Aufregungen um die zur Kühlung von Bier zweckentfremdete Badewanne oder jene von Putzfrauen entfernte Fettecke, bot gelegentlich Stoff für den Boulevard. Im Feuilleton war er längst schon, kritischer Betrachtung entrückt, zum Säulenheiligen geworden.

Mit einem Mal erschienen Maler, die man später als „Junge Wilde" bezeichnete und mit ihnen ihre Vorläufer-Generation, zu der Baselitz, Kiefer, Lüpertz und auch Immendorff zählten, die nicht nur mit ihren Bildern Unruhe stifteten. Auch ihr selbstbewusstes Auftreten musste auf die etablierten Kunstzirkel provozierend wirken.

„Die Weltsprache Abstraktion, die den Anspruch auf die Autonomie des Künstlers verteidigte, kam der Bußästhetik der deutschen Nachkriegskunst entgegen: denn hier wurden keine Abrechnungen, sondern nur Stimmungen verlangt. Immendorff antwortete brutal auf das Diktat einer selbstverliebten sich selbst erlösenden Peinture."[209]

Bald schon ging es jedoch nicht mehr nur um Haltungen oder künstlerische Positionen, sondern auch um den Schutz der Interessen von Galeristen, deren Künstler zusehends an Marktwert verloren, von Sammlern und Museen, die um den Wert ihrer mit Konzeptkunst, Minimal und Informell angefüllten Depots fürchten mussten.

So gesehen waren es auch handfeste wirtschaftliche Interessen, die sich gegen diese neue Bewegung stemmten. Gegen die Künstler und deren forsche Vermarktung durch ihre Galeristen wie Michael Werner (Baselitz, Immendorff, Lüpertz, Penck) oder Max Hetzler (Büttner, Kippenberger, A.Oehlen, M.Oehlen) sowie gegen die Bannerträger der neuen deutschen Malerei, Kuratoren wie Kasper König ("Westkunst", "von hier aus"), Christos M. Joachimides ("New Spirit in Painting" und, "Zeitgeist"), Johannes Gachnang (Kunsthalle Bern, "documenta 7"-Co-Kurato") oder Rudi Fuchs (Van Abbemuseum Eindhoven und "documenta 7"-Kurator).

Angesichts solcher, über viele Jahre gewachsener und nun kraftvoll agierender Bündnisse, welche in geradezu rasendem Tempo Künstler an die Spitze des Kunstmarktes puschten, kam Nervosität auf, die selbst hochangesehene Kritiker und Kuratoren zur Polemik verleitete.

In dieser aufgeheizten Atmosphäre müsste man eigentlich erwarten, dass Immendorff mit seiner wuchtigen Malerei und seinen manche Künstlerkollegen mit Deutschem deutlich übertreffenden Kunst im Zentrum der tosenden Schlacht zu finden sei. Er blieb jedoch zunächst Randfigur, fand er doch in diesen Jahren nur außerhalb Deutschlands, nämlich in der Schweiz und den Niederlanden, Kreise, die sich substantiell mit seiner Arbeit befassten und diese präsentierten.

So hatte der hochangesehene Schweizer Kurator Harald Szeemann Immendorff bereits 1972 zu der von ihm geleiteten "documenta 5" eingeladen. Dann war es ein anderer, ebenso renommierter Schweizer Kurator, Dieter Koepplin, der Immendorff 1979 einlud, erstmals in einem international bedeutenden Museum, dem Kunstmuseums Basel, auszustellen. Diese Ausstellung war für Immendorff von immenser strategischer Bedeutung, denn eine Museumsausstellung, die Weihe eines anerkannten Hauses also, zudem im Ausland, bedeutet für ihn, wie für jeden Künstler, Prestige, das es klug zu mehren gilt. Der bedeutende Sammler Peter Ludwig erwirbt aus der Ausstellung heraus "Café Deuschland I". Ein erstes Signal an den Kunstmarkt.

Im August 1980 erhält Immendorff in der Kunsthalle Bern eine weitere, weit größere Museumsausstellung, die er „Malermut rundum" betitelt. Immendorff präsentiert in Bern vor allem großformatige Gemälde, die Raum greifen um das „Café Deutschland". Immendorff löst die Symbole aus dem Bildraum des Cafés heraus, beginnt diese auf beinahe spielerische Weise zu modellieren, um ihnen eine neue eigenständige Kraft zu verleihen.

In den neuen Bildern setzt er sich vor allem mit dem Thema Malerei auseinander, verlässt das bei den ersten „Café Deutschland"-Bildern noch relativ enge Korsett seines malerischen Realismus, entwickelt eine experimentellere Formensprache, findet zu einem deutlich expressiveren Duktus. Die von Johannes Gachnang kuratierte Ausstellung motiviert Immendorff zu einer für ihn bahnbrechenden Leistung. Mit den neuen, kraftvollen Bildern definiert er sich jenseits politischer Inhalte primär als Maler und ebnet sich so den Weg zum finalen künstlerischen Durchbruch.

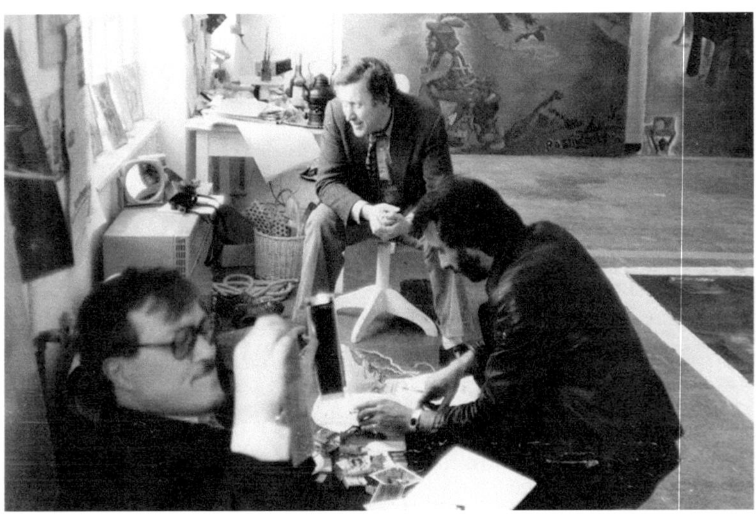

37, mit Johannes Gachnang und Michael Werner bei der Vorbereitung zu "Malermut"

„Thematisch wie malerisch bleibt der Vortrag intensiv und leidenschaftlich, voll unerwarteten Einfällen und Einschüben. Die verschiedenen malerischen Unternehmungen werden bewusst, ja methodisch vorgetragen und entsprechend geprüft - Richtungen markiert, in denen möglicherweise bereits in der näheren Zukunft weitergearbeitet werden kann", spekuliert Gachnang. [210]

Zur Vernissage kommen auch Immendorffs Künstlerfreunde Markus Lüpertz und Albert Oehlen, der wenige Tage zuvor aus der DDR ausgebürgerte Penck spielt während Gachnangs Eröffnungsrede Bass, weshalb er nur mit Mühe zu verstehen ist. Nach einer ausgelassenen, fröhlichen Feier trifft man sich anderntags zum Fußball. Schweizer Künstler und Kuratoren treten gegen “Lokomotive Lüpertz“ an. Trotz optischer Überlegenheit der Deutschen aufgrund ihrer schöneren Trikots, gewinnen die Schweizer fünf zu null.

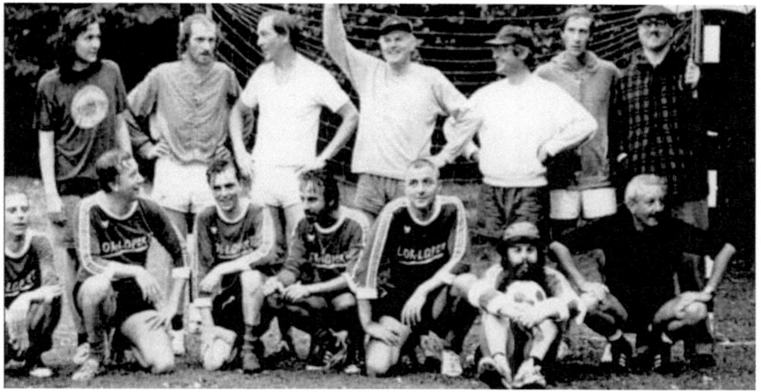

38, Lokomotive Lüpertz in Bern, mit Werner, Oehlen, Immendorff, Lüpertz, Penk (untere Reihe), hinten rechts Gachnang

Durch Vermittlung seines Galerie-Kollegen Per Kirkeby ist Immendorff im Wintersemester 1980, 1981 zu einer Gastprofessur an die “Konsthögskolan“ in Stockholm eingeladen. Es ist seine erste Lehrtätigkeit an einer Kunsthochschule.

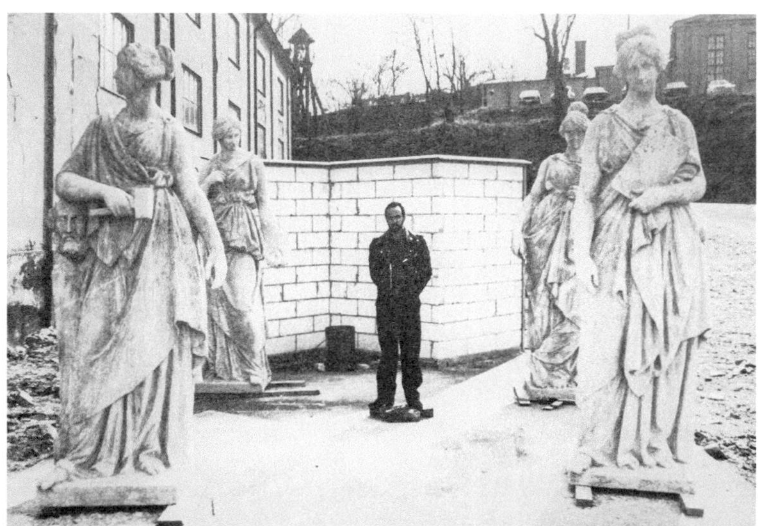

39, Immendorff in Stockholm

Wenig später, im Sommer 1981, richtet Rudi Fuchs im Van Abbemuseum in Eindhoven "Pinselwiderstand (4x)" ein, begleitet von einer "Lidl"-Retrospektive in Buchform.[211] Es ist die bislang umfangreichste Werkschau Immendorffs mit mehr als siebzig Gemälden, Zeichnungen und Gouachen.

Der wegen seiner Affinität zu deutschen Malern in den Niederlanden kritisierte Fuchs präsentiert mit Immendorff den Maler, der sich neben Anselm Kiefer am weitreichensten aus dem Fundus deutscher Symbolik bedient, wenn auch mit allzu vordergründiger Ikonografie aus Hitler und Hakenkreuz.

Mit der Immendorff-Ausstellung stellte sich Fuchs seinen Kritikern entschlossen entgegen. Und nicht zuletzt dieser Haltung des Niederländers hat Immendorff sein Entree zu internationalen, allzu „deutschem" noch nicht sonderlich zugeneigten Kunstkreisen ermöglicht.

Der Umstand, dass ein Künstler, der wie Immendorff explizit deutsche Themen behandelt, selbst in den Niederlanden mit einer umfangreichen Museumsausstellung gewürdigt wird, setzt nun auch die deutsche Kunstszene unter den Zugzwang, Immendorff zur Kenntnis zu nehmen. Als wäre er im Exil gewesen, kehrt Immendorff nach Deutschland zurück. Es ist an der Zeit, sich in die Schlacht zu werfen.

## FINGER FÜR DEUTSCHLAND

1979 hatte Immendorff ein neues Atelier an der Gustav-Poensgen-Straße in der Nähe des Düsseldorfer Hauptbahnhofs bezogen. Das Fabrikationsgebäude einer einer ehemaligen Möbelschreinerei, bot ihm auf vier Etagen endlich Raum für seine Überbordende Produktivität. Kurzeitig hatte er die Parterre an Penck untervermietet, als er aus der DDR kam. In der mittleren Etage richtete Immendorff sein eigenes Atelier von etwa 150 Quadratmetern ein. Als Penck auszog, kam die unter Etage hinzu. Das Obergeschoß nutzte Immendorff als Wohnung.

"Malermut rundum" war für Immendorff ein künstlerischer Befreiungsschlag. Die Ausstellung in Bern, blieb, wie zuvor auch „Café Deutschland" in Basel, jedoch in Deutschland weitgehend unbeachtet. Was weiterhin fehlt, ist ein Impuls, der Immendorff zurück ins Blickfeld der aktuellen deutschen Kunstszene führt.

Bereits seit den frühen siebziger Jahren war Immendorff mit dem zehn Jahre jüngeren Albert Oehlen befreundet, der ebenso wie er in maoistischen Zirkeln verkehrte. Oehlen, der in Hamburg bei Sigmar Polke Malerei studierte, gehörte zu einem Kreis von Nachwuchskünstlern, die durch ihre Anti-Kunst, ihre antiautoritären Äußerungen, für Immendorff wie Wahlverwandte erscheinen mussten: Alberts Bruder Markus Oehlen, Werner Büttner und Martin Kippenberger.

Über die Freundschaft zu Albert Oehlen findet Immendorff Zugang einer jüngeren Künstlergeneration, deren selbstbewusste, offensive Aktionen und subversive Frechheiten Immendorff gefallen. Mit ihren konturierten, expressiven Pinselstrichen, wuchtigen Sujets und kräftigen Farben inspirieren sie Immendorff, in seiner eigenen Arbeit formal freier zu agieren. Hatte er für „Malermut rundum" noch Dispersionsfarben benutzt, die schnell trocknen und einen matten Bildeindruck erzeugen, so wechselt er in dieser Phase zu den farblich kraftvolleren Ölfarben, die ihm zudem durch ihre tagelange Modellierbarkeit mehr gestalterischen Freiraum geben.

Für Immendorffs Befindlichkeit ist die Verbindung zu der Gruppe um Albert Oehlen ein aufhellendes Moment. Auch wenn er weiterhin in losem Kontakt mit Penck steht und sich mit den anderen Künstlern der Galerie Michael Werners in einer Art von Bruderschaft sieht, die von ihm oft beschworene „Künstlerdebatte“ findet intensiver mit den Jüngeren statt. Der Zufälligkeit der kunstgeschichtlichen Konstellation, dass nach der eher drögen Hochphase der Konzeptkunst ein „Hunger nach Bildern“[212] herrscht, verdankt es Immendorff schließlich, gemeinsam mit seinen jungen Kollegen ins Rampenlicht der interessierten Öffentlichkeit treten zu können.

Im November 1979 fand im „Büro“[213] von Martin Kippenberger, in Berlin die Gruppenausstellung „1. außerordentliche Veranstaltung in Bild und Klang zum Thema der Zeit: Elend“ statt. Teilnehmer waren u.a. Ina Barfuß, Werner Büttner, Walter Dahn, Georg Herold, Martin Kippenberger, Meuser, Albert und Markus Oehlen und Thomas Wachweger, allesamt Nukleus jener Künstlergeneration, die kurze Zeit später, etikettiert als „Junge Wilde“, einen kometenhaften Aufstieg im Kunstmarkt erleben sollten.

Die Ausstellung war verbunden mit einem Konzert diverser Punk-Gruppen, ebenso wie dies bei der im April 1980 folgenden Ausstellung “außerordentliche Veranstaltung in Bild und Ton: Aktion Pisskrücke - Geheimdienst am Nächsten“ der Fall war, die in ähnlicher Besetzung in Hamburg stattfand.

Letzte Veranstaltung dieser Reihe ist schließlich “Finger für Deutschland“, die am 5. Oktober 1980 in Immendorffs Atelier an der Gustav-Poensgen-Straße und für den musikalischen Teil, in Düsseldorfs legendärem Punk-Lokal “Ratinger Hof“ stattfindet.

Ausstellung und Konzert werden zu einem erinnerungswürdigen Happening und sind historisch gesehen die letzte „Underground-Aktion“ der “Jungen Wilden“ vor ihrem Durchbruch auf dem Kunstmarkt.

Immendorff, mit einer Bundeswehruniform seines Vaters bekleidet, wird vor dem “Ratinger Hof“ wegen deren unerlaubten Tragens vorübergehend festgenommen. Im „Hof“ spielen Punk-Gruppen, die sich primär aus den anwesenden Künstlern rekrutieren. Bei “Nachdenkliche Wehrpflichtige“ spielen neben Albert (Saxofon) und Markus Oehlen (Schlagzeug) auch der Literat Diedrich Diederichsen (Bontempi Kinderklavier) sowie Immendoffs Freundin Ulrike Harbig (Saxofon). Die “Vielleichtors“ von Markus Oehlen spielen Titel wie “Mein Pimmel ist ein Metronom“ oder “Japaner in Düsseldorf“.

Kippenberger trägt Gedichte vor. „Special Guest“ Penck gibt mit einem, an seinem zur Hälfte amputierten Daumen befestigten und elektrisch verstärkten Flaschenöffner das Stück “Linker Daumen verkürzt“.

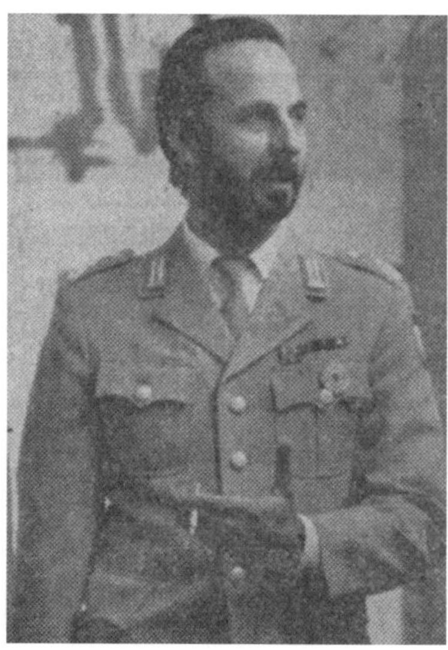

40, in der Uniform des Vaters

Obschon eine Dekade älter und mit Mitte dreißig eigentlich den so genannten “Jungen Wilden“ nicht mehr zuzurechnen, zieht Immendorff sich nicht auf die noble Rolle des Gastgebers zurück, sondern steuert auch eigene Arbeiten zu “Finger für Deutschland“ bei. Die ein wenig verbissene Ernsthaftigkeit seiner Bilder steht allerdings in eigentümlichem Kontrast zu den neodadaistischen Blödeleien der “Jungen Wilden“. Die Titel seiner beiden Beiträge zu “Finger für Deutschland“ lauten: “Wenn die ersten Bomben fallen wackeln auch die Staffeleien“ und “Herbstoffensive“. Sie standen Bildern gegenüber wie: “Onanieren im Kino“ oder “Umgekippte Hausfrau“.

Die Kunst der “Jungen Wilden“ wirkt wie eine in die nach 1968 sozialdemokratisierte Konzeptkunst geworfene Bombe. Ihre Arbeiten sind künstlerische Statements der Punk-Kultur gegen die bürgerlichen Werte und die wohlstandsbedingte Apathie der späten siebziger Jahre. Genüsslich demontieren sie vorherrschende Kunstbegriffe, entziehen sich mit juvenilen Späßchen den Deutungsversuchen der Kunstkritik. Hierin kann man eine Verwandtschaft der "Jungen Wilden" mit Immendorffs antiautoritärer Haltung aus der "Lidl"-Zeit sehen. Allerdings unterscheiden sich die Kunst und die Attitüde der „Jungen Wilden" mit ihren ironisierenden Bildern und Aktionen von den um Inhalte ringenden Arbeiten Immendorffs sichtlich.

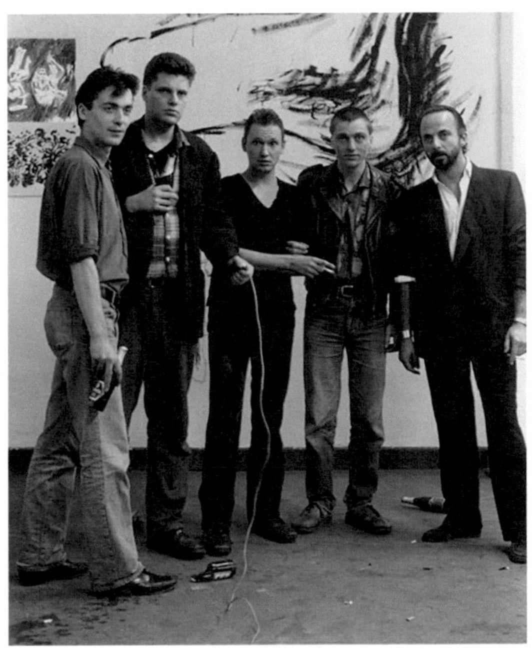

41, Werner Büttner, Markus Oehlen, Hubert Kiecol, Albert Oehlen, Immendorff (von links)

Solche Divergenzen scheinen Immendorff jedoch unwichtig, er sucht die Nähe zu den Oehlen-Brüdern, Büttner und Kippenberger. Nach Jahren der Isolation, hat Immendorff endlich wieder Kombattanten in der Kunstszene gefunden. Die gemeinsame Lust an rebellischen Posen, Männlichkeitsritualen wie Kampftrinken, durchzechten Nächten u. a. im Hamburger „Café Vienna" oder in Düsseldorfs "Ratinger Hof" schaffen eine Atmosphäre der Fraternisierung, die Immendorff so sehr schätzt. Gelegentliche Spitzen bezüglich seines politischen Sendungsbewusstseins und seiner ungelenken Ironieversuche überhört er oder nimmt diese nicht wahr. Er ist bei den "Jungen Wilden" ein gern gesehener Gast, wie ein Onkel, der immer die Spendierhosen anhat.

Allerdings sieht Immendorff, bei aller Sympathie, die zukünftige Entwicklung der "Jungen Wilden" nicht unkritisch und fragt, ob dies „am Ende nur ein heißer Sommer der Malerei war?"[214]

Nachdem "Finger für Deutschland" vorüber ist, beginnt Immendorff selbst, sich zu einer Art Edel-Punk zu wandeln. Wie eine Uniform trägt er fortan eine schwarze Motorradjacke, hautenge Lederhosen und spitze Stiefel, lässt sich die Haare kurz rasieren.

Die Ledermontur unterstreicht einerseits seinen Paradigmenwechsel vom kollektivistischen Politaktivisten, den man kurz zuvor noch noch in Latzhosen oder Overall gemeinsam mit anderen Plakaten für die Grünen malen sah, hin zum individualistischen Habitus eines Exoten in glänzendem Leder. Indem er das Role Model des Punks adaptiert, verleiht Immendorff andererseits auch seiner Verachtung für die Weggefährten der 68er-Generation Ausdruck, deren angepasster Biedersinn ihm zuwider ist.

Immendorff bewegt sich fortan im Umfeld des "Ratinger Hofs", Kultstätte des deutschen Punk. Diese Kneipe in der Düsseldorfer Altstadt, ein langgezogener, relativ niedriger Raum, mit kahlen, verschmierten Wänden, Neonlicht und ständig defekten Toiletten, ist die Inkarnation all dessen, was sich gegen die neokonservativen Weltanschauungen des bürgerlichen Establishments, aber auch die Angepasstheit der Neuen Linken wendet.

Punk, die lärmende Antwort auf die idealistisch sanfte Hippie-Kultur, stellt jegliche Autorität in Frage, zelebriert Dilettantismus und Vulgarität als Verweigerungshaltung. Der rebellische Nihilismus des Punk, seine neo-dadaistischen Ikonographien und seine ungeschliffene Musik sind die Treibsätze für den überwältigenden Erfolg der "Jungen Wilden" und verändern bald auch Immendorffs Bildinszenierungen, lassen diese mit kraftvoller Farbgebung und überquellendem Formenreichtum förmlich explodieren. Waren die ersten Arbeiten des "Café Deutschland"-Zyklus von überwiegend erdfarbener Mattigkeit, erscheinen die Bildräume noch relativ aufgeräumt, beginnen Immendorffs Bilder nach 1980 zu tanzen und zu glühen.

„1981 hatten wir mit der Ausstellung 'Schwarz' auf den Alptraum des Wettrüstens reagiert. Es wäre in diesem Zusammenhang geradezu unverzeihlich gewesen, das 'Café Deutschland' nicht zu beachten. Aber auch abgesehen von der Thematik schien es uns 1982 an der Zeit zu sein, Immendorff ein Heimspiel zu ermöglichen", so der damalige Leiter der Kunsthalle Düsseldorf Jürgen Harten.[215]

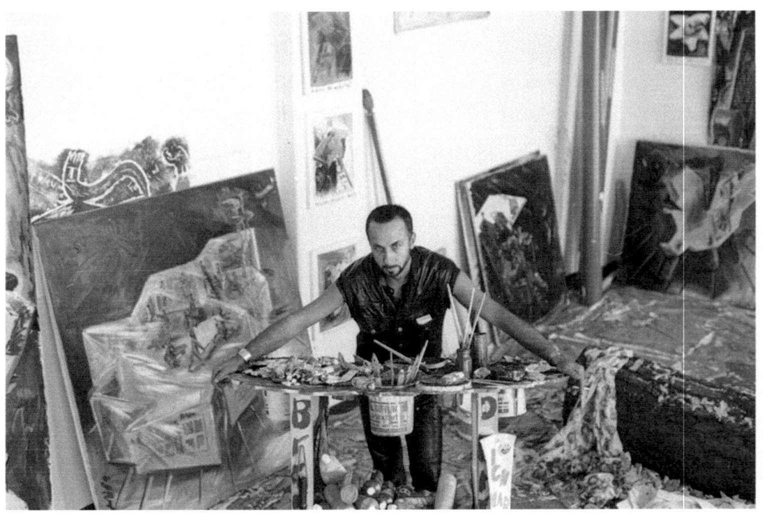

42, im Atelier 1982

"Café Deutschland-Adlerhälfte" ist im März 1982 die erste museale Ausstellung Immendorffs in einem auch international beachteten Haus des deutschen Kunstbetriebs. Immendorff hatte lange auf diese Chance warten müssen, war er doch, seit ihn der Bannstrahl Schmelas traf, also seit Ende der sechziger Jahre, außer den wenigen Ausstellungen in Michael Werners Galerie, kaum einmal in einer anderen deutschen Galerie gezeigt worden. In Museen war er, bis auf Münster 1973, nicht vertreten.

Erstaunlich, dass es ausgerechnet Kunsthallen-Leiter Jürgen Harten ist, der Immendorff ein „Heimspiel" ermöglicht und damit seinen Durchbruch in Deutschland forciert. Gerade der renommierte, in seinem Habitus distinguierte, allerdings auch ein wenig beamtenhafte städtische Angestellte Harten musste auf Immendorff wie die Verkörperung des Staatsapparates wirken, den er so lange erbittert bekämpft hatte. Immendorff begegnet Harten dann auch in der Vorbereitung der Ausstellung mit Distanziertheit. Harten überlässt dem jungen Kurator Ulrich Krempel die Einrichtung der Ausstellung.

Trotz der immensen Bedeutung der Ausstellung für ihn ist Immendorff in den Tagen der Installation erstaunlich gelassen. Er scherzt mit den Aufbauhelfern, arbeitet tatkräftig mit. Zudem verfügt Immendorff inzwischen über ein professionell gemanagtes Atelier, das neben Organisatorischem auch bei der Pressearbeit und bis hin zur Plakat- und Kataloggestaltung mitwirkt. Vor allem jedoch erweist sich die Zusammenarbeit mit Ulrich Krempel als Glücksfall. Immendorff und Krempel finden schnell eine Linie, die Basis für eine spannende Ausstellungschoreografie.

Krempel erinnert sich: „Immendorff war sehr präsent in Düsseldorf, die Ausstellung in der Kunsthalle bedeutete sicherlich eine Menge für ihn. Die Zusammenarbeit war ziemlich kollegial. Ich ging mit dem politischen Ansatz von Immendorff offen um, fand ihn wichtig, gerade in der Zeit. Die Hängung, die wir entwickelten, der Fries über die obere Etage von Kunstverein und Kunsthalle, war richtig gut, zielte auf Installation und Eindruck, auf eine große Bildergeschichte. Und Immendorff kam mit der Ausstellung erstmalig auch in ideelle Konkurrenz zu Guttusos Caffe Greco, das ja im Museum Ludwig in Köln hing.“[216]

Die Gestaltung der 19 “Café Deutschland“-Bilder als umlaufender Fries hatte einen fast sakralen Effekt, der die Besucher nötigte, zu Immendorffs Werk aufzublicken. Auch im Nebenraum, der kleineren Formaten und Skulpturen gewidmet war, gelang die Installation vortrefflich, die Auswahl der Arbeiten war klug, die Qualität überzeugend.

Am Tag der Vernissage absolviert Immendorff schon am frühen Vormittag telefonische Interviews. Es hatte sich herumgesprochen, dass „Adlerhälfte“ spektakulär zu werden versprach. Während des ganzen Tages kommen Besucher, die Immendorff, den Telefonhörer zwischen Kopf und Schulter geklemmt, flüchtig begrüßt. Telegramme werden zugestellt, Boten bringen Blumen. Im Parterre von Immendorffs Atelierhaus werden Tische und Stühle aufgestellt für das Fest nach der

Vernissage, zu dem er jeden eingeladen hat, der in Düsseldorfer Kunstkreisen und darüber hinaus als relevant gilt.

Entspannt, fast schon entrückt steht Immendorff schließlich in der Mitte des großen Saals der Kunsthalle - Standbein, Spielbein, in der Linken eine Zigarette, den Kopf leicht zur Seite geneigt. Noch wenige Minuten zuvor hatte er sich mit seiner Entourage, die lange Treppe der Eingangshalle hinauf, den Weg durch die zahlreich erschienenen Gäste gebahnt, Hände geschüttelt, Wangen geküsst, war umarmt und mit anerkennendem Schulterklopfen bedacht worden.

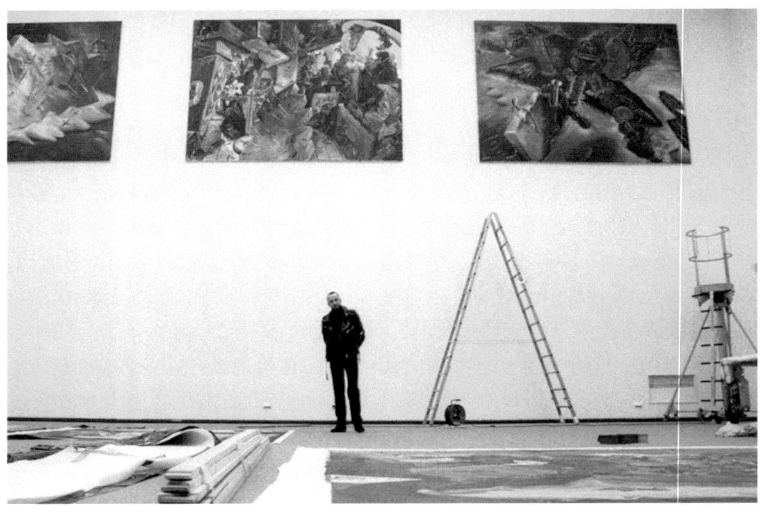

43, während der Einrichtung von " Cafe Deutschland Adlerhälfte"

Während Jürgen Harten die Eröffnungsrede hält, ist zwischen Immendorff und den Gästen jedoch eine eigentümliche Distanz entstanden. Das Publikum hatte sich entlang der Wände aufgereiht und auf der Balustrade versammelt. Als wäre ein Bannkreis um ihn herum gezogen worden, wagte niemand mehr, Immendorff näherzutreten.

Dieser Moment, als Immendorff allein inmitten des Raums stand, versinnbildlichte gleichermaßen Exponiertheit wie Einsamkeit des künstlerischen Daseins. Und anders gesehen konnte man vermuten, Immendorff würde diese Gelegenheit zur Einkehr für sich annehmen, wohl wissend um die nun folgenden rasenden Entwicklungen in seinem Leben.

Die Düsseldorfer Ausstellung präsentierte die besten Bilder des “Café Deutschland“-Zyklus. Diese setzen Immendorffs künstlerische Leitmotive, wirkten frisch, zeugten von malerischer Leichtigkeit, waren voll Energie und Ausdruckskraft. Die Ausstellung war Immendorffs Durchbruch. Viel mehr noch markierte sie aus heutiger Sicht Immendorffs künstlerischen Zenit.

In den nächsten Jahren folgten Unmengen von weiteren Nebenbildern, kleineren Formaten, Zeichnungen und Skulpturen, die im Grunde nichts weiter als Ableitungen von dem in Düsseldorf gezeigten Motiv-Repertoire waren, Variationen der immer gleichen Grundthemen und Gestaltungselemente, von denen sich auch spätere Werkphasen nährten: der zum Fragezeichen gebogene Pinsel, der Zirkel des DDR Wappens der zum Geschützturm wird, der Wachturm, das Brandenburger Tor, die Quadriga, die Pferde, der Adler, die Kerze, die Eisscholle, das Hakenkreuz, die Schlagzeugbecken, die Trommelstöcke, Rosa Luxemburg, Penck, Brecht, Beuys.

An gelungenen Ausstellungen, an Ehre und Ehrungen sollte es nicht mangeln. Kaum eine andere Zäsur in Immendorffs künstlerischer Vita jedoch drang tiefer in die Konstitution seiner Persönlichkeit ein. In dem für ihn typischen Affekt begriff sich Immendorff mit dem Tag der Vernissage als öffentliche Person oder, populär formuliert, als „Star“.

Während der „Adlerhälfte"-Vernissage befindet in Immendorffs Gefolge eine auffällige platinblonde Schönheit, Irene Straub, eine Prostituierte aus Zürich. Immendorff war durch ein Fotobuch von Roswitha Hecke "Liebes Leben. Bilder mit Irene" neugierig auf sie geworden.[217]

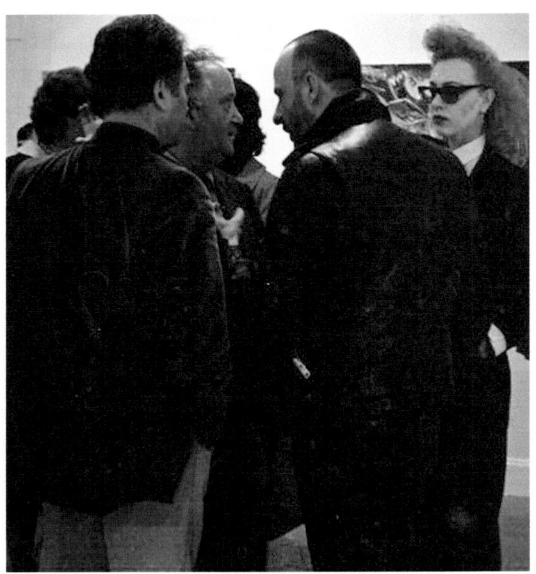

44, mit Irene Straub im Gespräch mit Norbert Kricke

Damals waren Prostituierte wie die Hamburger „Edel-Hure" Domenica en vougue. Und auch wenn Künstler und Schriftsteller zu allen Zeiten, und sei es in diskreten Andeutungen, die „Edlen Huren" priesen, in den siebziger Jahren entstand, ausgelöst durch Literaten wie Charles Bukowski oder die Freundschaft von Wolf Wondratschek mit Domenica, geradezu ein Kult um die Damen dieses Gewerbes. Es waren dann die sich bürgerlichen Begriffen von Schönheit und Moral wiedersetzenden Protagonisten der Punk-Bewegung, zu deren Tabubrüchen der demonstrativ offene Umgang mit Prostituierten zählte, welcher auch in den Kreisen der "Jungen Wilden" gepflegt wurde.

In einem gewissen Sinn nutzten schließlich auch viele junge Frauen die Freiräume der Punk-Kultur, sich von der aseptischen Korrektheit zu distanzieren, die den Emanzipationsbestrebungen ihrer Mütter und älteren Schwestern inzwischen anhaftete. Bier aus Dosen, Wodka, Pogo, Schweiß, Netzstrümpfe, verwischte Schminke, Verletzungen und Selbstverletzungen, anonymer Sex in schmutzigen Toiletten. Oft war es Inszenierung, modische Attitüde. Manche verloren jedoch den Überblick, übertraten die Grenze von Alkohol zu Kokain, schließlich zu Heroin und ließen sich bald für den schnellen Sex in der Schmuddelecke bezahlen. Die heroinabhängige Stripperin Nancy Sprungen, die von ihrem Lover Sid Vicious, dem Bassisten des Sex Pistols, im Drogenrausch erstochen wurde, verkörperte diesen Lebensstil.

Irene Straub war so etwas wie die Luxus-Variante einer Nancy Sprungen. Ebenfalls drogensüchtig, trug sie zwar teure Kleider und ließ sich von Zürcher Bankern aushalten, ihre nachlässig frisierten Haare, ihr provokanter Unterton waren jedoch Punk. Die Umstände des Auftritts von Irene Straub waren irritierend, wie sich Ulrich Krempel erinnert: „Bei der Eröffnung kam Immendorff mit einer teuren und aufgetakelten Nutte, was alle sehr konsternierte. Wie der kleine Fritz, wenn er denn zu was kommt; die Leute in der Kunst, die noch politisch dachten, fanden das eher dämlich."[218]

Gravierender jedoch wirkt sich sein Verhalten gegenüber Ulrike aus. Am auf die Vernissage folgenden Tag beendet sie ihre Beziehung mit Immendorff. Trotz gelegentliche Eskapaden stand sie ihm loyal zur Seite. Allerdings hatte Ulrike von Anbeginn auch Freiräume für sich entwickelt, wie auch ein wachsendes feministisches Selbstverständnis. Sie verlor nie ihre persönliche Entwicklung aus dem Blickfeld, ließ sich zur Tischlerin ausbilden, arbeitet abends in der Altstadt, spielt Saxofon.

Ihre Beziehung hielt sechs Jahre, bis sich für Immendorff Erfolg einstellt und er zurückfällt in frühere Verhaltensweisen: „Jörg hat wahnsinnig viel gearbeitet, darin war er ja extrem diszipliniert. Doch zum Ende hin, als er seine ersten größeren Ausstellungen hatte, veränderte er sich. Er führte ein anderes Leben, und wir waren eigentlich kein Paar mehr. Ich habe dann mein eigenes Ding durchgezogen, aber es fiel mir schwer loszulassen. Irgendwie habe ich ihn immer geliebt, bis zuletzt und vielleicht auch darüber hinaus."[219]

Hingegen fühlte er sich nun frei, seine Neigung zu professionellen Begleiterinnen öffentlich auszuleben.

## WELTFRAGE

Wenige Tage nach der Vernissage von “Adlerhälfte“, beginnt Immendorff mit der Arbeit an seiner großen Bronzeplastik “Weltfrage Brandenburger Tor“, die auf der „documenta 7“ in Kassel gezeigt werden soll. Es ist Anfang April 1982. Bis zur Eröffnung der „documenta“ am 19. Juni verbleiben nur etwas mehr als zweieinhalb Monate. Daher werden für die einfacheren Arbeiten mehrere Helfer engagiert, und man arbeitet auf zwei Ateliereetagen.

Die Rohlinge für die einzelnen Elemente der Skulptur werden aus Styroporblöcken geschnitten. Da die Blöcke nur 50 mal 50 mal 100 Zentimeter Volumen haben, ergeben sich nach einer Art Schnittmuster viele einzelne Teile, die mit Klebstoff zusammengefügt werden müssen. Der gesamte Raum ist bald voller Styroporflocken, die, elektrisch aufgeladen, an Körper und Haaren kleben. Das Kreischen der Kettensäge für die groben, das Surren elektrischer Brotmesser für die feineren Arbeiten mischt sich mit Punk-Musik aus einem Ghettoblaster. Verbunden mit den chemischen Ausdünstungen des Kunststoffklebers, ist dies ein grober psychedelischer Mix, dem sich Immendorff und seine Helfer viele Tage lang aussetzen.

Nachdem alles verklebt ist, wird das Styropor mit in flüssigen Gips getränkten Tüchern umwickelt. Eine äußerst anstrengende Arbeit, die schnell erfolgen muss, da der Gips nur verarbeitet werden kann, solange er noch geschmeidig und damit formbar ist.

Immendorff, der zuvor nur wenige Holzplastiken gemacht hat, ist mit Bronzeplastiken, schon gar von der Größe des “Brandenburger Tors“, deren Seitenlänge beinahe fünf Meter betrug, gänzlich unerfahren.

Schon bald treten erste Schwierigkeiten auf, als der Gips die für die Herstellung der Gussform nötige Härte nicht aufweist, bricht und immer wieder Nachbesserungen erforderlich sind. Es wird klar, dass der ursprünglich geplante Sockel, der einen Adler, ähnlich einem auf den Boden gelegten deutschen Staatswappen, darstellt, bis zur „documenta“ nicht realisierbar ist. Damit büßt die Skulptur nicht nur ein wichtiges gestalterisches Moment ein, sie verliert auch entscheidend an Volumen und optischer Wucht.

Immendorff reist an seinem Geburtstag, am 14. Juni, mit dem Zug nach Kassel. Die Nacht zuvor hatte er durchgefeiert und ist immer noch benommen, als er in Begleitung einer blondierten Punkerin auf den Bahnsteig stolpert, um sofort ins Hotel zu verschwinden. Für den Abend hat er einen Tisch im "Da Bruno" reserviert, dem Restaurant, in dem sich während der "documenta" die Kunstelite trifft.

Der Tisch ist für acht Personen reserviert, denn Immendorff erwartet Markus Lüpertz und dessen Entourage. Lüpertz jedoch lässt bis zum Dessert auf sich warten. Schließlich tritt er in Begleitung seines Assistenten Fritz mit der für ihn üblichen Grandezza ein, begrüßt zunächst andere Gäste, plaudert mit ihnen, bahnt sich, für den ungeduldig wartenden Immendorff fast schon quälend langsam, einen Weg durch den dicht besetzten Raum.

Lüpertz übernimmt, nachdem er Platz genommen hat, charmant plaudernd die Konversation. Erst nach einer Weile realisiert er, dass Immendorff Geburtstag hat. In Ermangelung eines Geschenks streift er sich einen Ring ab, um diesen Immendorff zu schenken. Ein hockender goldener Frosch mit einem grünen Stein, von dem er an beiden Händen, neben anderen großen Ringen, je einen trägt. Der Ring ist für Immendorff nicht nur ein berührendes Geschenk. Er ist auch Inspiration für die Ringe, die er, dem Beispiel Lüpertz folgend, später selbst für sich entwirft.

Am Mittag des folgenden Tages soll Immendorffs "Brandenburger Tor" auf den dafür bereitgestellten, neutral grauen Betonsockel aufgesetzt werden. Schon als die Skulptur, von einem Kran gehoben, zu ihrem Platz vor der Kulisse des Fridericianums herabschwebt, wird deutlich, dass sie ohne den geplanten Sockel, im Verhältnis zu dem klassizistischen Prachtbau, gänzlich verloren wirkt. Gleichzeitig sind nur wenige Meter entfernt die Steinquader der Beuys-Skulptur "7000 Eichen" aufgeschichtet, neben denen Joseph Beuys, umringt von zahlreichen Schaulustigen, Interviews gibt. Immendorffs Stimmung scheint sich zusehends zu verdunkeln, zumal sich bei ihm nur wenige Pressevertreter eingefunden haben.

Immendorff wollte mit dem „Brandenburger Tor" eine der zentralen Arbeiten der siebten „documenta" stellen. Doch auch wenn in der Vorberichterstattung des "Stern" zur "documenta" eine große Abbildung des Tors erscheint, nehmen die Medien kaum Notiz von Immendorffs Großplastik und wenn überhaupt dann kritisch: „(...) das Experiment der jungen Deutschen mit der expressionistischen Plastik scheitert kläglich (Immendorff, Höckelmann)“, so Eduard Beaucamp in der „Frankfurter Allgemeinen Zeitung“ vom 21. Juni 1982. DER SPIEGEL urteilt lapidar: „Wer das Engagement des Documenta-Leiters für Fabro und Immendorff zugleich nicht nachvollziehen kann, muss es doch ernst nehmen und muss einräumen, dass es der Schau der farbigen Dinge zugutekommt.“[220]

Andere stehen Immendorff in der Sonne. Beuys, sein ewiger Lehrmeister vor allem, wie auch die „Jungen Wilden“, die auf dieser „documenta“ ihren internationalen Durchbruch erleben.

Zweifelsohne profitiert auch Immendorff von dieser Renaissance der Malerei. An zentraler Stelle des Fridericianums werden „Café Deutschland“-Bilder platziert. Die Bilder, in Korrespondenz zur strengen Ästhetik der im gleichen Raum befindlichen Plastiken von Donald Judd, entwickeln eine ähnlich kraftvolle Präsenz wie an der Düsseldorfer Ausstellung.

Grundsätzlich mehr mediale Beachtung als das „Brandenburger Tor“ finden sie jedoch nicht, wie sich beispielsweise in der Presseschau des “Kunstforums“ zeigt, wo sie nur am Rande erwähnt werden.[221]

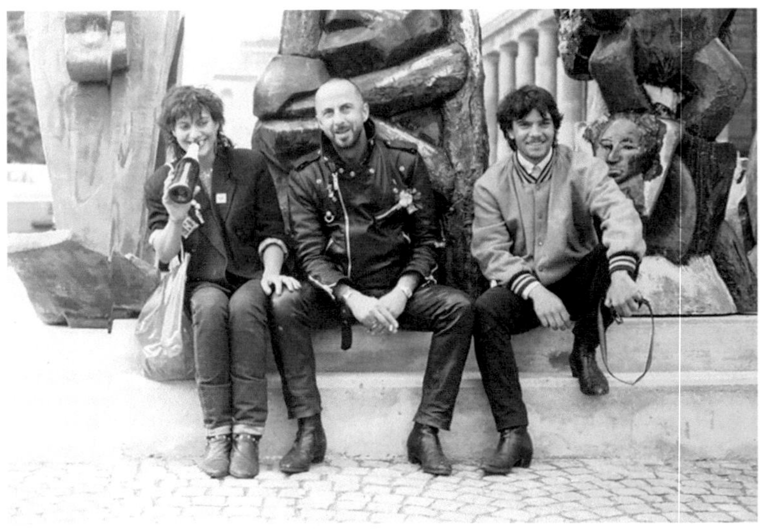

45, mit dem Autor während der “documenta“-Eröffnung

Außer ein paar Kurztrips hatte Immendorff seit drei Jahren keinen Urlaub mehr gemacht. Die intensiven Jahre seit 1979, mit ihren signifikanten künstlerischen Veränderungen, den wichtigen, großen Ausstellungen, aber auch ein Wahlkampf hatten ihn ausgezehrt. Hinzu kam der permanente Wechsel zwischen der Arbeitsdisziplin des Frühaufstehers und den Exzessen des Nachtmenschen.

Er malte täglich, wochentags von 8:00 Uhr bis 18:00 Uhr. In Anbetracht der stetig wachsenden Formate, eine körperlich anstrengende Arbeit. Stetig die Leiter auf- und absteigen - was ihm per se ein Graus war, da er Angst vor der Höhe hatte - Zigarette im Mundwinkel, die schwere Palette in der Rechten, den Pinsel zitternd in der Linken. Bilder gelangten kaum gemalt in Ausstellungen. Das Atelier leergeräumt. Und wieder wurden Leinwände aufgespannt.

In dieser Situation erweist sich das Ferienziel einer abgelegenen Bahamas-Insel als Glücksfall. Great Exuma, damals vom Tourismus weitgehend unberührt, beruhigt den immerzu nervösen Immendorff. Fast einen Monat von Ende Juli an bleibt Immendorff auf den Bahamas. Mit dem Ghettoblaster am Strand - Combat Rock- Pina Colada, Poolparties, Reggae, gewisse Drogen, nachts, im Hinterzimmer von “Eddies Edgewater Club“.

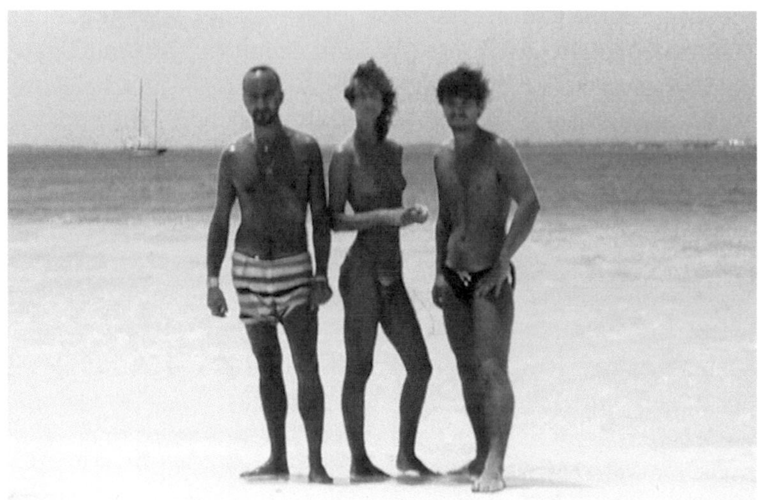

46, Immendorff mit dem Autor und dessen Freundin auf Great Exuma

Auf Exuma ist Immendorff relaxed wie später nur noch selten in seinem Leben. Es ist die Phase während der sein Aufstieg zum Kunst-Star beginnt, sein Abstieg in die dunkle Zone dieses Daseins auch.

Am 30. September reist Immendorff abermals in den Neue Welt. Jetzt nach New York, um in der Galerie von Ileana Sonnabend seine erste Ausstellung in den USA zu präsentieren.

Ileana Sonnabend ist, als sie Immendorff ausstellt, bereits eine lebende Legende, eine der einflussreichsten Persönlichkeiten der Kunstwelt. In den sechziger Jahren hatte sie zunächst von Paris aus Pop-Art-Künstler wie Claes Oldenburg, Roy Lichtenstein, Robert Rauschenberg und Andy Warhol in Europa populär gemacht. Später brachte sie Europäer wie Gilbert & George, Jannis Kounellis Mario Merz in ihrer New Yorker Galerie heraus. Deutsche Kunst hingegen war bis zum Beginn der achtziger Jahre in den USA praktisch unverkäuflich. Erst 1981 zeigten Ileana Sonnabend und Xavier Fourcarde Georg Baselitz sowie Holly Solomon Bilder von Sigmar Polke.

Ausgerechnet die rumänische Jüdin Ileana Sonnabend zeigt Interesse an deutschen Malern, stellt Immendorff aus, der sich nicht scheut, in der New Yorker Vernissage ein voluminöses Bild, das unverkennbar ein Hakenkreuz darstellt, aufzuhängen. Immendorff, vermutlich im Bewusstsein um die Pikanterie seiner Bilder, bewegt sich unter den Augen der intellektuellen jüdischen Elite New Yorks mit ungewohnter Zurückhaltung und begegnet Ileana Sonnabend mit außerordentlicher Ehrerbietung.

Während die Ausstellung noch installiert wird, steht unvermittelt Charles Saatchi im Raum, schon zu dieser Zeit einer der international wichtigsten Sammler zeitgenössischer Kunst. Ileana Sonnabend macht Immendorff und Saatchi miteinander bekannt, ihre Konversation ist jedoch, , möglicherweise wegen Immendorffs nicht allzu elegantem Englisch, nur kurz und bleibt ohne Folgen.[222]

Immendorff, der vor nicht allzu langer Zeit noch die USA als hegemonistische Supermacht, Hort des vom Großkapital gesteuerten Imperialismus verteufelt hat, scheint seinen ehemals radikalen Anti-Amerikanismus nun verdrängt zu haben. Dezent wirkt sein gesamtes Auftreten in diesen Tagen. Sein Lederoutfit, mit der unvermeidlichen Motorradjacke ist gut geschnittenen dunklen Zweireihern gewichen. Der notorische Rebellendarsteller, gibt für dieses Mal den saturierten Erfolgskünstler.

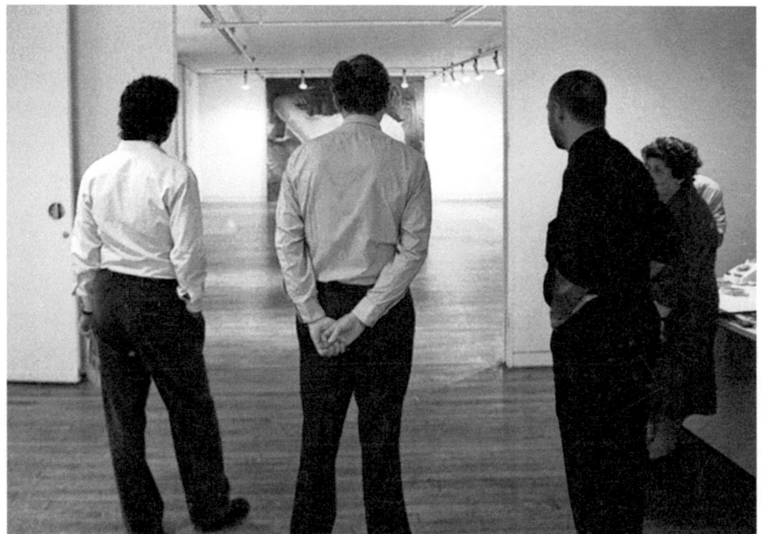

47, Saatchi, Werner, Immendorff, Sonnabend

Es entbehrt nicht einer gewissen Ironie, dass Immendorff in New York auf Julian Schnabel, einen Großmeister des Fachs apolitischer Erfolgskünstler, trifft. Michael Werners neue Freundin und spätere Ehefrau, die Galeristin Mary Boone, die gerade im Begriff ist, mit Werner eine gemeinsame Galerie zu gründen, hatte Schnabel in atemberaubend kurzer Zeit zum erfolgreichsten US-Künstler seiner Generation aufgebaut.

Zeitgleich mit der Immendorff-Ausstellung bei Sonnabend zeigt Mary Boone, in ihrer auf der gegenüberliegenden Straßenseite des West Broadway gelegenen Galerie, eine Ausstellung von Julian Schnabel. Dort begegnen sich Immendorff und Julian Schnabel erstmals, und Schnabel lädt ihn für den folgenden Tag zu sich nach Hause zum Frühstück ein.

Schnabel, der ein weitläufiges Loft in Midtown Manhatten bewohnt, begrüßt Immendorff in Morgenmantel und Pyjama, führt ihn mit jovialer Geste in die Küche, zum Frühstückstisch, an dem sich bereits seine Frau und sein kleiner Sohn niedergelassen haben. Obschon Immendorff mit den Bildern Schnabels wenig anzufangen weiß, entspannt sich ein angeregt freundliches Gespräch über die Kunstszene wie auch über Schnabels längeren Aufenthalt in Deutschland im Jahr 1978.

Die Küche Schnabels ist dominiert von einem großformatigen Penck, einem seinerzeit etwa 200 000 Dollar teuren Bild. Und nachdem sie anschließend Schnabels geradezu gigantisches Altelier an der Westside besucht haben, scheint Immendorff wie erschlagen, verzichtet auf den Rücktransport in Schnabels schönem alten Mercedes Cabriolet, will ein paar Schritte gehen.

Für den „Kunstpartisanen" Immendorff müssen Schnabels Arbeiten prototypisch für eine von cleveren Galeristen und nicht von Inhalten bestimmte Kunstwelt gestanden haben, was auch durch den Generalverdacht linker Kreise gegenüber amerikanischer Kultur genährt wird. Er traf außerdem David Salle, ebenfalls ein Künstler der Mary Boone Gallery.

Später sprach er gerne von einem nachmittäglichen Besuch auf dem Gut der Familie Pulitzer, während dem er eines von Monets "Seerosenbildern" bei deren Indoor-Swimmingpool gehängt sah, was er eine Blasphemie der „Superkapitalisten" nannte. Spannender jedoch waren in seiner Erinnerung die Nächte im "Xenons" oder im "Club 54".

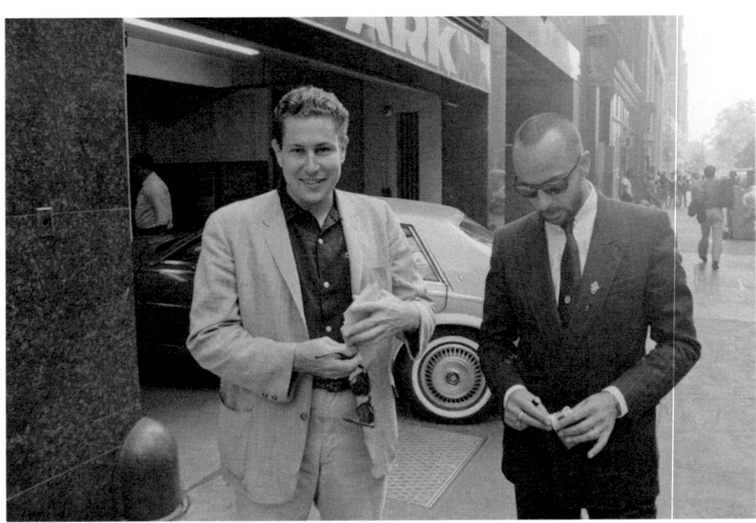

48, mit Julian Schnabel

# ZEITGEIST

„Jörg Immendorff traf ich zum ersten Mal im 'Dschungel'. Einer der jüngeren Berliner Maler, denen damals gerade der Stempel 'Junge Wilde' oder 'Heftige' aufgedrückt worden war, versuchte in der zerreißenden Lautstärke der New-Wave-Musik uns vorzustellen. Es blieb bei unverbindlichem Nicken, an ein Gespräch war nicht zu denken; die Menge wogte in der Disco an der Nürnburgerstrasse, und Immendorff begutachtete die Szenerie in seiner schwarzen mit 'alternativen' Buttons und Zeichen der Gesellschaft für Deutsch-Chinesische Freundschaft übersäten Ledermontur", erinnert sich Toni Stoss.[223]

Das Berlin der frühen achtziger Jahre war eine stampfende schreiende Party-Maschine. An keinem anderen Ort konnte man die "Neue Deutsche Welle", mit ihren unterkühlten, von Synthesizern getriebenen Sounds und ihrer an dunkle Zeiten erinnernden, gutturalen Artikulation der deutschen Sprache, stimmiger erleben. Man hatte sich mit der deutschen Teilung arrangiert und Berlin sich selbst überlassen. Die Stadt wirkte wie eine moribunde Schönheit.

Immendorff, in dessen Bildwelt das Brandenburger Tor eine der wesentlichsten Ikonen war, verband wenig mit Berlin. Außer zu Markus Lüpertz hatte er kaum privaten Kontakt dorthin. Im Oktober 1982 ist Immendorff zu "Zeitgeist" eingeladen. Parallel hierzu hat er eine Galerie-Ausstellung bei Rudolf Springer, dem Doyen der deutschen Galeristen. Nach "A New Spirit in Painting", 1981 in London, wo Immendorff noch nicht teilnahm, ist "Zeitgeist" die zweite große „Leistungsschau" der Weltkunst, die von Norman Rosenthal und Christos M. Joachimides, dieses Mal im Berliner Martin-Gropius-Bau, eingerichtet wurde. Diese beiden Ausstellungen bildeten zusammen mit "Westkunst" 1981 und der "documenta 7" 1982 eine historisch nie wieder erreichte Kadenz von Großereignissen, die der Kunst zu Aufmerksamkeit weit über das Terrain der Kunstszene hinaus verhalf. Kunst wurde plötzlich in populären Medien zur Kenntnis genommen, Künstler, die mit exzentrischem Habitus vor allem der Yellow Press willkommene Motive lieferten, wurden wie Popstars hofiert.

Die Tage, und vor allem die Nächte, vor der "Zeitgeist" Vernissage am 16. Oktober 1982 waren ein Marathon von Ausstellungseröffnungen, Empfängen und Partys. Die „Paris Bar“ wurde Treffpunkt der „Zeitgeist“-Künstler und, wenn man so wollte, für ein paar Tage zum Nabel der Kunstwelt. Michel Würthle, Inhaber der Paris Bar, Kunstsammler und enger Freund von Martin Kippenberger, gab ein Essen, zu dem sich eine beeindruckende Zahl internationaler Künstler einfand, unter ihnen Schnabel, Clemente, Kounellis, Penck und Lüpertz. Der ebenfalls eingeladene Immendorff entwickelte sich nach und nach zum Starkünstler, wurde interviewt und fotografiert, eine öffentliche Person. Es taten sich buchstäblich Türen auf, man erkannte ihn in Clubs und Restaurants, er wurde an der Schlange vorbei hereingebeten, bekam den besten Tisch.

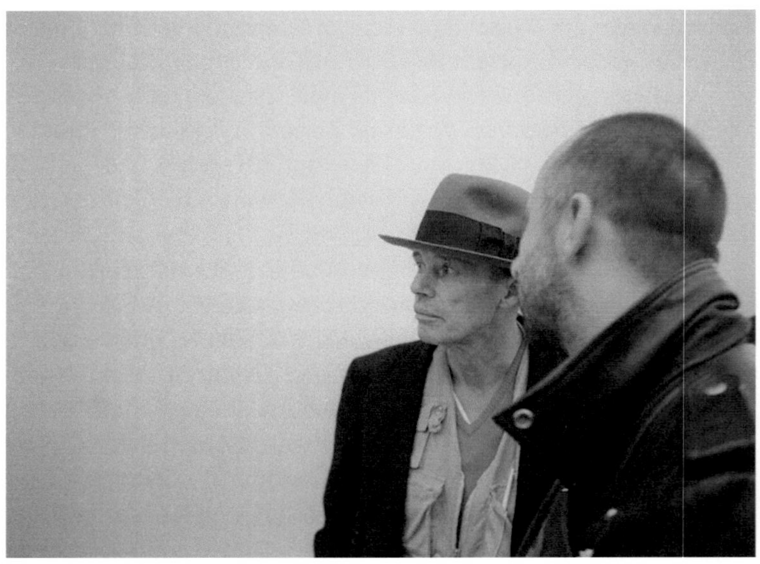

49, mit Beuys an der Zeitgeist-Vernissage

Immendorff genoss seinen neuen Status sichtlich, insbesondere auch deshalb, da ihn viele Protagonisten der „Neuen Wilden“, wie einen Elder Statesman hofierten und gern mit ihm um die Häuser zogen. Die Berliner Nächte mit den jüngeren Kollegen waren lang und schweißtreibend.

“Abwärts“, “Deutsch Amerikanische Freundschaft“, “Einstürzende Neubauten“,“Wirtschaftswunder, “Malaria“, die “Neue Deutsche Welle“ deren Namensgeber der ehemalige Beuys-Schüler Jürgen Kramer war, befand sich auf ihrem Zenit.

Immendorff liebte diese Musik, die auf eine interessante Weise sehr deutsch war und, ähnlich wie Immendorff in seinen Bildern, ironisierend mit Versatzstücken der deutschen Geschichte jonglierte. Diese Musik war der Soundtrack zu Immendorffs "Café Deutschland".

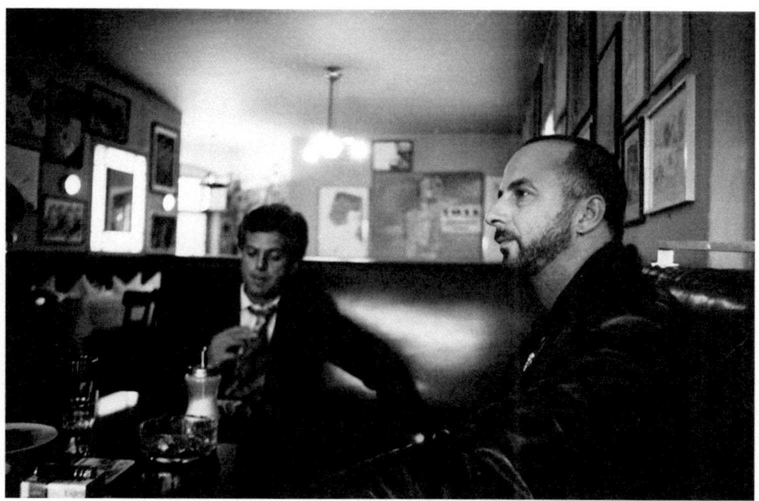

50, mit dem Besitzer der Paris Bar Michael Würthle

## GRÜSSE VON DER NORDFRONT

Im Spätherbst 1982, nach einem beispiellos hektischen Jahr, findet sich Immendorff plötzlich in der Stille des Nordens wieder, in kalten Nebelschwaden, die den ersten Schnee vorausahnen lassen. Er reiste nach Trondheim, einer Hafenstadt in Mittelnorwegen, am Trondheimsfjord gelegen, etwa 70 Kilometer vom offenen Meer entfernt.

Stärker hätte der Kontrast nicht sein können als dieser Wechsel von den Berliner Partynächten in die kleine norwegische Stadt, die schon vormittags in abendlichem Dämmerlicht zu liegen schien.

Er war der Einladung der "Kunstakademiet i Trondheim" zu einer vierwöchigen Gastprofessur nachgekommen. Die Ateliers der Akademie waren in ehemaligen, heruntergekommenen Kasernenbauten der deutschen Wehrmacht untergebracht, die im zweiten Weltkrieg, von 1940 bis 1945, Trondheim besetzt hatte. Hier befand sich einer der wichtigsten Stützpunkte der deutschen U-Boot-Flotte die im Nordatlantik die Schiffskonvois der Alliierten angriffen.

Vor seiner Abreise hatte es Immendorff nicht vermocht, sich mit dem Ort und dessen Geschichte zu befassen, umso erstaunter war er, überall in Trondheim und vor allem im Hafengebiet in der Nähe der Akademie, Zeugnisse der deutschen Okkupation vorzufinden. Insbesondere war er fasziniert von den gewaltigen U-Boot-Bunkern Dora I und Dora II, von denen Dora I den Krieg nahezu unversehrt überstand während Dora II nicht fertig gebaut werden konnte und einer Ruine glich. Die Bunker hatten nach dem Krieg ihrem Abriss widerstanden, weil bei der Sprengung des mehrere Meter dicken Betons andere Gebäude in Trondheim Schaden genommen hätten.

Schon im Mai 1981 hatte man Immendorff für ein paar Vorlesungen an die "Konsthogskolan" nach Stockholm eingeladen. „Gastprofessuren" dieser Art besaßen nicht allein den Charme einer bezahlten Reise. Vielmehr waren diese Lehraufträge hilfreich, um sich für eine reguläre Kunstprofessur zu qualifizieren. Erschöpft von den vorausgegangenen Wochen kam Immendorff der Verpflichtung daher zunächst eher unwillig nach. Die unkomplizierte Gastfreundschaft der Norweger machte es ihm jedoch leicht, die Reise bald als angenehm zu empfinden.

Der Journalist Andreas Wrede über Immendorffs erste Begegnungen mit seinen Studenten: „Man hatte ihm ein Atelier zugewiesen, in dem sich einst das Offizierskasino befunden hatte. Auf der Tür gab es noch die Abbildung eines Bierhumpens, was Immendorff wohl sehr sympathisch war.

Er setzte sich dann hin, begann zu malen und ließ dabei die Tür offenstehen. Nach und nach kamen Studenten hinein, die begannen sich für ihn und seine Arbeit zu interessierten. Damit entspannte sich mehr ein offener Dialog, als eine herkömmliche Unterrichtssituation.“[224]

Immendorff lässt sich von Studenten auch die Anlagen der deutschen Wehrmacht zeigen, von deren morbider Ausstrahlung er beeindruckt ist. Später berichtet Immendorff von vier phantastischen Wochen mit spannenden Gesprächen, tagsüber und nachts in den Kneipen.[225] Nach Immendorffs Rückkehr findet jedoch nur „Kafe Dora“, der Name des Offizier-Kasinos, Niederschlag in Motiven des „Café Deutschland“-Zyklus. So in „Zeig was Du hast (C.D. Kafe Dora)“ von 1983. Weitere Verweise auf Trondheim oder die Umstände der deutschen Okkupation sucht man vergeblich.

## AUF DEM KIEZ

Will man die Stimmung dieser Phase in Immendorffs Leben nachvollziehen, wäre die Single-Platte "Die Vielleichtors - Café Deutschland" eine gute Empfehlung.[226] Irgendwann 1981 hatte sie Immendorff mit Markus Oehlen in einem Hamburger Tonstudio aufgenommen. Sie ist nicht nur durch den verschleppten, metallischen Computer-Beat ein wunderbares Tondokument dieser Zeit. Vor allem Immendorffs derangierte Stimme macht die damalige Stimmung lebendig:

„Ich konnte den Text gar nicht. Wir waren ja mit einem Haufen Nutten im Tonstudio. Bauchhoch in Bierbüchsen. Diese Stimmung kann man heute leider nicht mehr transportieren, bleibt aber eine schöne Erinnerung."[227]

Beginnend mit dem Herbstsemester 1982 hatte Immendorff eine einjährige Dozentur an der Hochschule für Bildende Künste in Hamburg angenommen. Über seine Arbeit an der Hochschule ist wenig bekannt, die Nächte hingegen, die er mit Künstlerfreunden auf dem Kiez verbringt, haben einen nachhaltigen Effekt auf Immendorffs weiteren Lebensweg, insbesondere mit seiner Zuneigung für das "La Paloma", einer abgehalfterten Eckkneipe am Hans- Albers-Platz.

„Ich war Gastdozent in Hamburg und zog mit Werner Büttner, der auch dort unterrichtete, und Bernd Koberling, oft auf den Kiez. (...) So verschlug es uns immer an den Hans-Albers-Platz. Und dann war ich eines Abends in einem, sagen wir, mehr als gut gelaunten Zustand. Und am nächsten Morgen wachte ich mit einem Pachtvertrag auf, den ich unterschrieben hatte. Einem, den man da auf dem Kiez auch besser einlösen sollte."[228]

Buchstäblich über Nacht war Immendorff Wirt seiner neuen Stammkneipe geworden. Am nächsten Tag schon wird ihm bewusst, dass er damit knietief in der Schlangengrube der Hamburger Halbwelt steht und mit der auf dem Kiez üblichen Schutzgelderpressung rechnen muss.

Das "La Paloma", an der Ecke von Hans-Albers-Platz, Friedrich- und Gertrudenstraße gelegen, bietet mit seinen großen, zum Platz und den Seitenstraßen gelegenen Fenstern einen perfekten Rundblick auf das Treiben in diesem Hot-Spot der käuflichen Liebe. Deshalb zählten zu den Kunden des "La Paloma“ immer auch Zuhälter und Wirtschafter der umliegenden Bordelle, die hier gleichzeitig trinken und ihre vor den Fenstern stehenden „Pferdchen“ im Auge behalten können. Der Ton im “La Paloma“ ist umso rauer, je länger die Nacht dauert. In den Morgenstunden kommt es immer wieder zu blutigen Auseinandersetzungen alkoholisierter Zuhälter.

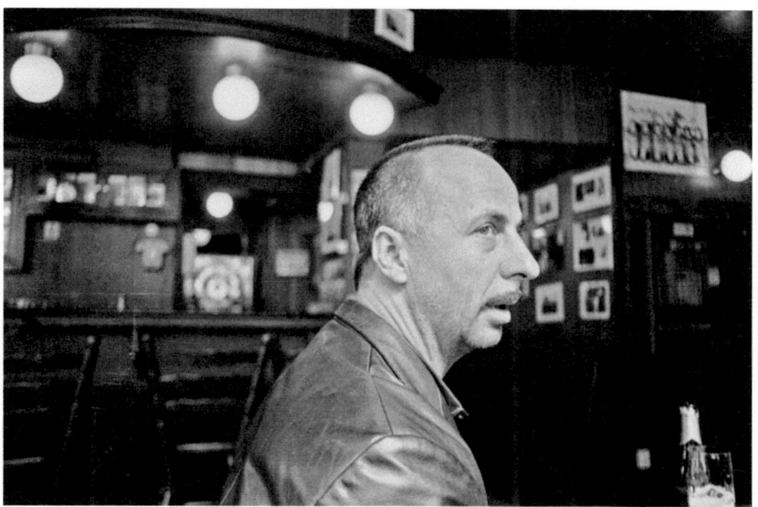

51, im La Paloma

Nach und nach lernt Immendorff die Größen St. Paulis kennen, die sich wiederum, sobald sie begriffen, wer Immendorff war, gern im zunehmendem Glanz seines Ruhmes sonnten: „Ich vermute, die fanden das toll, dass ich Maler war. Ich habe mich auch nie geniert oder distanziert oder gesagt: Ich bin jetzt besser, und ihr seid die Bösen. Dünkel ist mir fremd. Ich hatte nie Angst, aber wahrscheinlich weil ich immer betrunken war. Ich bin da so schlafwandlerisch durch, ich hatte Begegnungen, da wären andere längst weg.“[229]

Immendorff war fasziniert, von den starken Jungs auf dem Kiez, vermutlich nicht nur von ihrem kumpelhaften Machogehabe, sondern ihrer Outlaw-Pose, der Aggression, aber auch ihrer Macht, der Angst, die sie schon durch ihre bloße Anwesenheit verbreiteten.

Die kriminellen Verstrickungen seiner Kiez-Freunde durchschaute er nicht oder blendete diese aus. Rückblickend sieht er seine damalige Naivität selbstkritisch: „Das war dann die Fehleinschätzung, die später erst zu Tage getreten ist. Ich dachte wirklich, die Leute vom Kiez seien Kumpane."[230]

Letztlich wurde Immendorff in dieser Gesellschaft Kokainsüchtig. In einem Umfeld in dem mit Drogen gehandelt wird und in der der offene Umgang mit dem Stoff ritualisiert ist.

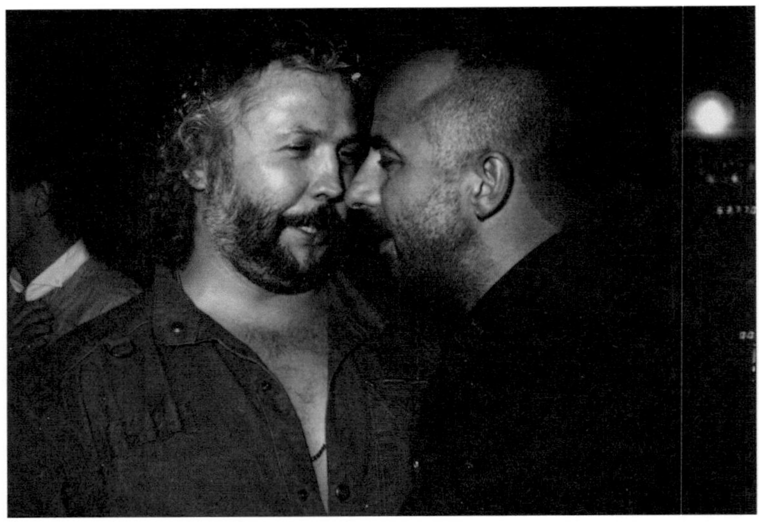

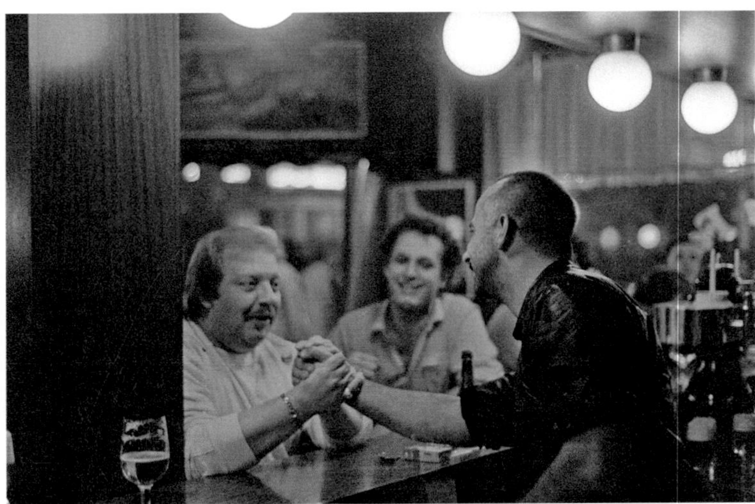

52, 53, im La Paloma

## PARTEITAG

Wie nur wenige andere Künstler stellte sich Immendorff explizit in den Mittelpunkt seines künstlerischen Werks. Schon mit seinem Aktionismus der "Lidl"-Phase, spätestens jedoch seit den „Café Deutschland"-Bildern, besetzte er sich oft auf der bildnerischen Bühne in Haupt- und Nebenrollen.

In den siebziger Jahren wie in seinem Schlüsselbild „Ich wollte Künstler werden", war diese Selbstdarstellung noch von selbstreflexivem Charakter geprägt, jedoch kaum eine Dekade später tritt in Bildern wie "Ich an die Macht" (1981) oder "Mein Weg ist richtig" (1983) ein gewisser Omnipotenzanspruch zu Tage. Immendorff will "Deutschland in Ordnung bringen" so ein Bildtitel aus dem selben Jahr.

Seiner Form der Realitätsentfaltung entsprechend, sieht er sich folgerichtig im Zentrum einer imaginären Sammlungsbewegung und erklärt seinen achtunddreißigsten Geburtstag, am 14. Juni 1983, zum „Parteitag". Immendorff postuliert: „Seit der neuen Mehrheit wird jeder meiner Geburtstage zum Parteitag."[231]

Dem Thema entsprechend erscheint ein Plakat, auf dem Immendorff in Rednerpose an einer, einem Stehpult ähnlichen, rollenden Palette steht. Machtvoll, unterstrichen durch das aus Untersicht aufgenommene Foto, steht er vor einem meterhohen Styroporblock, auf dem die Umrisse eines Adlers zu erkennen sind, umringt von unbemalten, schwarz grundierten Bildern, als wolle er den Bildern mit seiner Rede Inhalte verleihen.

Das Plakat lässt er in großer Zahl auf angemieteten Werbeflächen in ganz Düsseldorf kleben, um für seinen „38. Parteitag" in Düsseldorfs Punk-Tempel "Ratinger Hof" zu werben. Folglich ist der „Hof" am 14. Juni völlig überfüllt. Penck spielt mit zwei Freunden infernalisch lauten Free Jazz während sich lokale Größen zwischen Zufallsgästen drängeln, um dem „Jörsch" ihre Aufwartung zu machen.

Überraschend war auch Joseph Beuys mit Frau und Tochter sowie seinem treuen Schildknappen Johannes Stüttgen erschienen. Immendorff umarmt Beuys, ein wenig wohl auch von Freude und Stolz übermannt, ungewöhnlich jedenfalls, begegneten sich Immendorff und Beuys doch üblicherweise mit respektvoller Lehrer-Schüler-Distanz. Dessen ungeachtet ist Beuys' Erscheinen ein Akt der Anerkennung für den ehemaligen Schüler.

Die Bilder für den "Parteitag" sind übliche Stereotypen aus dem Fundus des "Café Deutschland"-Zyklus, deren motivischer Bezug zu dem Anlass nur vage ist und denen politische Aktualität vollends fehlt. Nicht einmal über gedankliche Umwege ist zu erfassen, in welcher Verbindung Trotzki, Lenin und Stalin, wie in dem Bild "Auf zum 38. Parteitag" dargestellt, zum Beispiel mit der Stationierung von Atom-Raketen der USA in Deutschland stehen könnten, einem in diesen Tagen aktuellen politischen Thema.

Die frühen achtziger Jahre markierten den Höhepunkt des atomaren Wettrüstens. 1983 sollten in Folge des "Nato Doppelbeschlusses" in Deutschland Arsenale von atomaren Mittelstreckenraketen stationiert werden, wogegen Hunderttausende auf die Straße gingen. Aber auch andere Ereignisse hätten den politischen Künstler Immendorff zu Stellungnahmen veranlassen können: 1982 marschiert Israel im Libanon ein, England führt Krieg um die Falkland Inseln, Helmut Kohl wird Kanzler.

Das Plakat, welches Immendorff in Rednerpose zeigt, weckt die Erwartung einer Auseinandersetzung mit der politischen Gegenwart, die mit seinem Konvent jedoch nicht eingelöst wird. Vielmehr widmet Immendorff sein Fest dem "Ratinger Hof", gegen dessen aus wirtschaftlichen Gründen drohenden Abriss er protestieren will. Bei diesem eher lokalpolitischen Statement bleibt es auf Immendorffs "Parteitag".

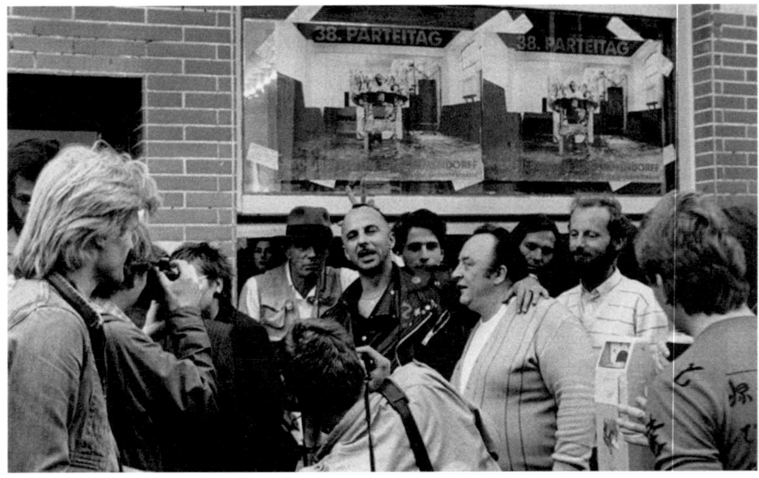

54, mit Beuys und La Paloma-Geschäftsführer „Kalle" vor dem Ratinger Hof

Sein Wahlaufruf für die Grünen „Raketenwahl 83: Grüne rein“ auf dem Titelbild des lokalen Magazins “Überblick“, wenige Tage zuvor, wird zur letzten konkret politischen Aktion in Immendorffs Karriere, der auch nur selten noch Statements zu aktuellen politischen Fragen folgen sollten.

Inzwischen steht Immendorff eine eigene „Propagandaabteilung“ zur Verfügung, Mitarbeiter und Berater die für ihn rund um Ausstellungsaktivitäten und andere Projekte eine professionelle, strategisch fundierte Medienarbeit realisieren, die er mit „Frühjahrs-“ oder „Herbstoffensive“ betitelt. Er gibt Pressemitteilungen heraus, lädt interessierte Medienvertreter aus dem In- und Ausland ein. Es entstehen Plakate und Publikationen sowie das Label “FF bringts“,[232] unter dem eine eigene Zeitschrift lanciert wird. Und auch ein Video-Experiment, der Dokumentarfilm “Weltfrage“, wird in Eigenregie produziert.[233]

Diese Aktivitäten können durchaus in Fortschreibung propagandistischer Strategien, die Immendorff bereits mit seinen frühesten Aktionen erprobt hatte, verstanden werden. Nun allerdings geht es nicht um politische Inhalte, sondern um die Popularisierung der eigenen Person. Immendorff verlässt bildlich gesehen, die Bühne seine Bilder, um sich in seiner Realität als öffentliche Person zu inszenieren. Zentraler Aspekt hierbei ist die Kontrolle über das eigene Image. Zu diesem Zweck etabliert er eine kontinuierliche Zusammenarbeit mit „Hausfotografen“, zu denen neben dem Autor dieses Buches auch Benjamin Katz gehörte. Hinzu kommt eine spezifische Form von „konzeptioneller Fotografie“, die Immendorff in Szene setzt, wie bei dem Plakat zum “38.Parteitag“ oder zu “Café Deutschland Adlerhälfte“.

Die “Parteitage“, 1984 und 1985 folgen weitere, sind ebenfalls Teil dieser kommunikativen Strategien. Sie sind öffentliche Ereignisse, Partys, die ebenso wie das “La Paloma“ primär von publizistischen, kaum noch künstlerischen und schon gar nicht politischen Inhalten bestimmt werden.

„Wenn ich 20 Jahre maloche und ein Star bin, dann gibt es auch Bares, sonst kannst du es vergessen.“[234] Erst seit 1980, nachdem er seine Anstellung als Lehrer aufgegeben hatte, lebte Immendorff allein von den zunächst eher bescheidenen Erträgen seiner künstlerischen Arbeit.

Trotz der monatlichen Apanage von Michael Werner und trotz Museumsausstellungen in der Schweiz und den Niederlanden und seiner gewachsenen Popularität, verkauften sich seine Werke zunächst noch schleppend, weil Immendorff im Galeriesektor weiterhin kaum Beachtung fand. Doch 1982, mit dem Erfolg der Düsseldorfer Ausstellung sowie „documenta“ und „Zeitgeist“, setzte der ökonomische Erfolg ein.

Praktisch über Nacht waren Immendorffs Bilder gefragt. Der „Café Deutschland“-Komplex entwickelte sich zu einer Marke, ähnlich wie man dies von Konsumgütern kennt. Und Michael Werner, an den Immendorff zu diesem Zeitpunkt exklusiv gebunden war, kontrollierte den Markt.

Aloys Inseiter: „Weil Werner ein Monopol auf ’seine’ Künstler hat, können sich andere Galerien (wie Fred Jahn oder der Maximilian Verlag in München) an deren Vertrieb nur beteiligen, wenn sie sich dem Diktat von Werner unter-werfen. Eigenes Profil zeigen sie durch ihre Auswahl aus der Auswahl, die Werner für sie getroffen hat.

Der Vermarktungsprozess könnte - am Beispiel Immendorff - etwa so laufen: Der Künstler malt neue ’Café Deutschland’-Bilder. Sofort werden sie in Europa und Übersee durch die beiden Werner-Galerien (in Köln und New York, Anm. d. A.) angeboten. In München wird der Zeichnungs- und Grafikmarkt von den Galerien Fred Jahn und Maximilian Verlag beliefert. Kurz darauf folgt eine Ausstellung im Eindhovener Van-Abbemuseum. In den trendbestimmenden Kunstzeitschriften ’Art in America’ und ’Flash Art’ erscheinen Artikel über die ’Café Deutschland’-Bilder. Durch die Besetzung von Lehrstühlen an der Kunstakademie Karlsruhe mit Mitgliedern der ’Werner-Mannschaft’ ist die wissenschaftliche Absegnung garantiert. Innerhalb weniger Monate zieht die Kampagne Kreise: Presse, Kunstkritik und Museumsfachleute gehen mit, eine ausführliche Berichterstattung setzt ein.

Die Käufer kommen. Kunstsammler und Museen. Sind die ersten Bilder von großen Museen und Sammlungen gekauft worden, ist der Trend nicht mehr rückgängig zu machen, da die Bilder sonst an Wert verlieren würden. Man kann sich nun getrost auf den Selbstlauf im Kunsthandel verlassen und sich einer weiteren Serie zuwenden, denn die laufende ist schon zum Erfolg verdammt.“[235]

Im übertragenen Sinn wirke Michael Werner nicht nur für Immendorff wie ein Coach. Er verstand sein Team mittels akribischer Methodik an die Tabellenspitze zu führen. Er brachte die Künstler seiner Galerie in vordere Positionen des internationalen Kunstmarktes.

Werners Geduld, seiner unbestechlichen Kritik und fordernden Wertschätzung hatte es vor allem der wankelmütige Immendorff zu verdanken, überhaupt wieder im Rennen zu sein und relativ schnell weltweite Aufmerksamkeit für sein „Café Deutschland“ zu erlangen. Unter Nutzung seines Netzwerkes war es Werner gelungen, Immendorff in namhaften Museen und Sammlungen zu platzieren, wodurch die Preise für kurz zuvor noch beinahe unverkäufliche Arbeiten in kürzester Zeit deutlich stiegen, und schon mittlere Formate für 50 000 D-Mark und mehr gehandelt wurden.

Tragpfeiler von Werners Verbindungen waren die Kuratoren Fuchs, Gachnang, Gohr, König und Szeemann, Kunstvermittler allesamt von unzweifelhafter Reputation. Diese Verbindungen gaben, weil allzu offensichtlich, schon früh Anlass zu Kritik. Diese verfing jedoch nicht wirklich, haftete ihr doch immer auch ein Gout von Futterneid an. Vereinfacht dargestellt und ohne falsche Romantik, denn letztlich ging und geht es ja bei allen Beteiligten auch um den Erfolg, hatten sich hier über die Zeit Gleichgesinnte gefunden, die es schätzten, sich zu begegnen und zusammenzuarbeiten.

Leicht nachvollziehbar, warum erstklassige Galeristen auf der ganzen Welt in langjähriger, enger Verbindung mit Werner stehen und arbeitsteilig die Märkte abdecken. Hinzu kamen allerdings auch Trittbrettfahrer, die vielleicht einmal, mangels Alternativen, eine Immendorff-Ausstellung bekamen, oder solche, die sich unmittelbar an Immendorff wandten.

Immendorff lernte schnell sich in diesem Umfeld zu bewegen, stand bald selbst in Korrespondenz mit Galerien und

Sammlern diverser Länder. Da sein zunehmend aufwendiger Lebensstil einen stetigen Fluss liquider Mittel erforderte, erlag Immendorff bald der Verlockung, das eine oder andere Bild, vorbei seinem Galeristen und unter Umgehung von dessen fünfzigprozentiger Provision, direkt an Sammler oder über andere Galerien zu verkaufen. Michael Werner nahm dies offenbar gelassen. "Ich wusste, dass er nebenher auch selbst verkaufte. Manchmal fehlten Bilder, von denen wir Fotos im Galeriearchiv hatten. Wenn ich Jörg danach fragte, sagte er, sie seien ihm wohl gestohlen worden." [236]

Auch der Kunstvermittler Helge Achenbach wusste von diesen Vorgängen: „Von rund 100 Leuten weiß ich, die in gutem Glauben Bilder aus dem Atelier heraus gekauft haben. Ab Werk sozusagen, oder 'vom Jörsch direkt', wie sie sich dann später in ihren Villen in Meerbusch zuraunten, 'und 'nen Schnäppchen war es auch, ich sach dir'. War es auch, denn wer bei Immendorff direkt kaufte, sparte die Galerieprovision.“[237]

Immendorff entwickelte beizeiten eine große Finesse darin, den „Mehrwert“ seiner Arbeit abzuschöpfen. Er verkaufte aus dem Atelier gegen Bares, Gemälde, Zeichnungen, Grafik. Ob er Buch geführt hat, ob er diese Verkäufe deklariert hat, kann man bezweifeln. Und auch mit Galeristen, die dazu bereit waren machte Immendorff fragwürdige Cash-Deals.[238] Der Weg, vermutlich unversteuerte, Einkünfte über Treuhänder in der Schweiz zu schleusen, war dann auch nicht mehr weit. [239]

## WELTTOURNEE

Ein gutes Beispiel der Kapitalisierung von Immendorffs Erfolg ist das Projekt "Café Deutschland gut", welches sich in der Obhut der Münchner Galeristen Sabine Knust und ihrem Maximilian Verlag befand. "Café Deutschland gut", war ein weniger künstlerisch als logistisch ambitioniertes Projekt, in dessen Mittelpunkt überdimensionale Linoldrucke im Format 180 mal 230 Zentimeter standen. Und zwar mit nur einem einzigen "Café Deutschland"-Motiv, dieses jedoch in zehn verschiedenen Farbvariationen, mit einer Auflage von jeweils zehn Exemplaren produziert wurde. Insgesamt handelte es sich also um einhundert Drucke, die zu 10 000 D-Mark pro Exemplar verkauft werden sollten, womit sich ein Gesamtvolumen von einer Million D-Mark ergab.

Hinzu kamen unzählige Drucke, bei denen einzelne Teile des Bildes auf zumeist 60 mal 80 Zentimeter große Bogen gedruckt und dann, um die Blätter aufzuwerten, von Immendorff übermalt wurden, sowie Drucke auf Stoff, die als Unikat zu erwerben waren. Somit wuchs die wirtschaftliche Dimension des Projekts nochmals erheblich. Mit diesem Projekt stießen Knust und Immendorff in für den Grafiksektor bislang kaum erreichte Dimensionen vor."Café Deutschland gut" wurde 1983 und 1984 in Berlin, Düsseldorf, Hamburg, Köln, München, Bilbao, Edinburgh, Eindhoven, Oxford, London, Madrid, Mailand, New York, Paris und Zürich gezeigt.

Das Projekt der einhundert Drucke, so ambitioniert es auch begonnen wurde, endete jedoch in einem Desaster. Immendorff hatte die Produktion, aus ökonomischen Erwägungen, selbst übernommen. Da er zuvor keine Erfahrung mit Drucken dieser Größe und den damit verbundenen technischen Erfordernissen sammeln konnte, wurden Fehler gemacht, die sich in Kunstkreisen bald herumsprachen. Vereinfacht gesagt, blätterte die Farbe ab, wie Krokant von Nussgebäck, da die Druckfarbe des Motives auf der ungeeigneten Grundierung nicht hielt.[240]

Für die weltweit beteiligten Galeristen dürfte das Projekt eine unerfreuliche Erfahrung gewesen sein. Immendorff produzierte ungeachtet dessen weiter, in zahllosen Abwandlungen des einen "Café Deutschland"-Grundmotivs. Immer mehr Grafiken von nicht immer überzeugender Qualität, wurden in großen Auflagen produziert. Als er später in sein neues Atelierhaus umzog, schaffte sich Immendorff eigene Druckmaschinen an und richtete eine Druckwerkstatt ein.

Neben den „offiziellen“, mit den Galeristen vereinbarten, Auflagen gelangten große Mengen nicht nummerierter Grafiken in Umlauf. Der Weg hierzu ist denkbar einfach. Zeichnet man eine Grafik mit „e.a.“ (épreuve d'artiste = Abzug für den Künstler) oder „Probedruck“, oder signiert sie auch nur, können Motive aus einer Serie, neben den bei Galerien registrierten Auflagen, in nicht zu kontrollierender Menge verkauft werden.

Grafikauflagen von mehr als zehn, höchstens fünfzehn Exemplaren sind bis auf ihren ideellen Wert praktisch wertlos und, wenn überhaupt, gegenüber dem Kaufpreis in der Regel nur mit hohen Verlusten zu veräußern. Immendorff brachte dessen ungeachtet Auflagen von 100 oder 200 Exemplaren auf den Markt.[241]

Nicht wenige Käufer werden mit diesen Grafiken, ähnlich wie dies auch bei anderen Künstlern mit Druckgrafik in hohen Auflagen der Fall ist, in dem Glauben gehandelt haben, eine Wertanlage erworben zu haben. Heute sind manche der Arbeiten kaum mehr als das Papier wert, auf dem sie gedruckt sind.

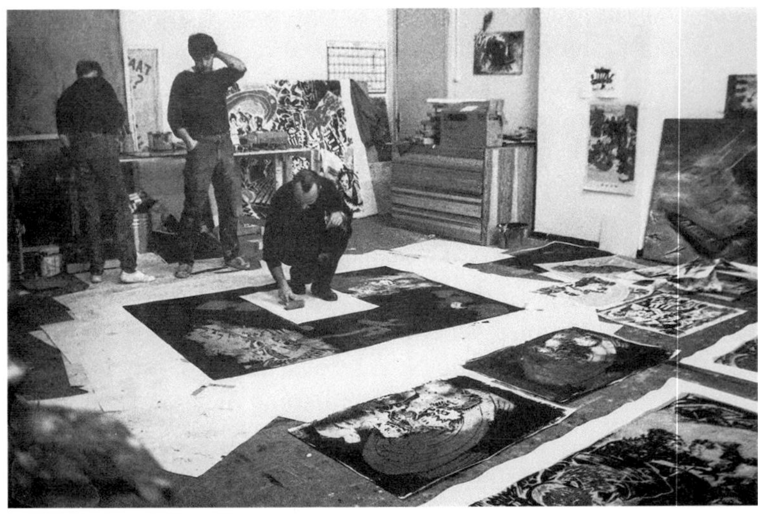

55, Produktion von "Café Deutschland gut“ im Atelier an der Gustav Poensgen-Straße, der Autor hinter Immendorff stehend

## ZÜRICH

Im November 1983 widmet das Kunsthaus Zürich Immendorff eine Retrospektive, eine außerordentliche Ehre, ist er doch der erste Künstler in der Geschichte der Schweizer Institution, dem dieses Privileg bereits zu Lebzeiten gewährt wird.

Harald Szeemann, der große Ausstellungsmacher, ist gemeinsam mit Toni Stoss, einem jungen Kurator des Kunsthauses, für die Einrichtung von Immendorffs bis dahin umfangreichster Werkschau verantwortlich.

Auf eine gewisse Weise schloss sich nun auch ein Kreis, der 1972 begonnen hatte, als Szeemann den jungen Immendorff zur "documenta 5" einlud. Später waren es die Schweizer Kuratoren Dieter Koepplin und Johannes Gachnang, die in ihren Museen in Basel und Bern den Grundstein für Immendorffs Durchbruch legten, als sie seine Werke zeigten, während er in Deutschland noch vom Kunstbetrieb ausgegrenzt war.

Wie üblich bei derart wichtigen Anlässen, war Immendorff bereits mehr als eine Woche vor der Vernissage angereist, um seine Nervosität zu bändigen und für alle Eventualitäten bei der Vorbereitung einer großen Ausstellung gewappnet zu sein. Hinzu kam, dass Pressetermine und Treffen mit Sammlern seine Anwesenheit erforderten. Seit einer Gastprofessur an der F+F Kunstschule und seiner kurzen Episode mit Irene Straub kannte und schätzte er den speziellen Charme Zürichs.

Zürich ist zu Beginn der achtziger Jahre von extremen gesellschaftlichen Verwerfungen geprägt. Auf der einen Seite die protestantische Engstirnigkeit eines saturierten Bürgertums, das nach Sauberkeit, Ruhe und Ordnung verlangt. So hätte man zwar von den blitzblanken Gehwegen essen können, hatte jedoch Mühe, nach Mitternacht ein Bier zu bekommen, da fast alle Lokale zu dieser Stunde schlossen.

Auf der anderen Seite die illegalen Bars, in Kellern, Hinterhofwerkstätten oder leer stehenden Villen, eine stark politisierte Jugend, die sich auf der Straße, mit Hausbesetzungen und Demos, Gehör zu verschafften suchte. "Züri brännt!", das Motto der Revoluzzer, galt buchstäblich, denn oft genug endeten die Demonstrationen in regelrechten Straßenschlachten. Beginnend mit den Zürcher "Opernhauskrawallen 1980", entstand aus dem Protest eine Alternativkultur, die mit der "Roten Fabrik" oder dem “Theaterspektakel“ heute zum international beachteten Inventar der Schweizer Metropole zählt.

Daneben gab es in Zürich eine spezielle Spielart diskreter Privatpartys mit angesehenen Herren der Gesellschaft und bezahlten Damen in den Villen am See, aber auch in schwülstigen Nachtklubs mit angeschlossenen Séparés. Eine Art Vorhölle hinter der protestantisch biederen Fassade dieser Stadt. Wie schon in Hamburg schien Immendorff auch in Zürich diese eigenartige Spannung zwischen Straßenkampf, bürgerlicher Aura und den Abgründen der Hinterhöfe anzuziehen.

Neben illegalen Bars fand man damals in Zürich kaum einen für jüngeres Publikum attraktiven Club. Etwa zu der Zeit, als Immendorff nach Zürich kam, öffnete das “Roxy“, eine Diskothek, die Clubs glich, die er in Düsseldorf schätzte, wie zum Beispiel seine Lieblingsdisco das “Revolution“.

Schnell findet er auch hier zu einem festen Tagesablauf. Frühstück mittags, dann ins Kunsthaus, um die Installation anzuschauen, Pressegespräche im Kunsthaus-Restaurant, Ausruhen. Um 20 Uhr ist ein Tisch in der Kronenhalle reserviert. Immendorff zeigt sich von dem mit wertvollen Gemälden dekorierten Restaurant ebenso beeindruckt wie von der Mischung des Publikums aus Kultur und Bourgeoisie. Nach der Kronenhalle zieht es ihn wieder in die Zürcher Nacht.

Die Ausstellung ist durch die inspirierte Arbeit ihrer Kuratoren Szeemann und Stoss klug arrangiert und vom ästhetischen Standpunkt aus betrachtet höchst eindrucksvoll. Wie in einer Kathedrale hatten sie links und rechts vom Hauptgang Seitenschiffe, Kabinette mit den einzelnen Werkphasen eingerichtet, während am Kopfende des Gangs, einem Altar gleichend, Immendorffs „Brandenburger Tor“ platziert war. Jetzt endlich kommt die um den Sockel ergänzte Großplastik, die vor dem Fridericianum noch so verloren wirkte, optimal zur Geltung.

Mit der Zürcher Ausstellung werden die Begriffe „Historienmaler“[242] sowie „Historienbild“ geformt, die kenn-zeichnend, aber auch fälschlich einengend für Immendorff und seine Arbeit dieser und auch späterer Jahre werden sollten: „Ein neuer Typ des Historenbildes, das nicht mehr möglich schien, war geboren: Zeitgeschichte und ihre Zwänge werden nicht lediglich als Gegebenes notiert, sondern als raumzeitliches Kontinuum, das einzig für Utopien Freiraum schafft. Immendorff entdeckte sein Thema im Land, in dem er selbst lebt, in einem durch eine Mauer geteilten Vaterland, das in beiden Hälften die heute maßgeblichen Ideologien mustergültig vertritt, Kapitalismus und Kommunismus und das er sich über seine Kunst ungeteilt wünscht."[243]

Zwar gibt es während dem Aufbau einen Zwischenfall mit linksautonomen Demonstranten, die Immendorff an seine linke Vergangenheit erinnern, ihm nun vorwerfen, ein dekadentes Arschloch und Teil der Bourgeoisie geworden zu sein.

Unberührt hiervon wird die Retrospektive zu einem nachhaltigen Erfolg. Sie hat maßgeblichen Anteil daran, ihn international zu etablieren. Das Kunsthaus erwirbt ein Gemälde aus dem Zyklus "Café Deutschland" für seine Sammlung. Ebenfalls ein Markstein, da die Präsenz in bedeutenden Sammlungen wesentlichen Einfluss auf das kunstgeschichtliche Gewicht eines Oeuvres hat.

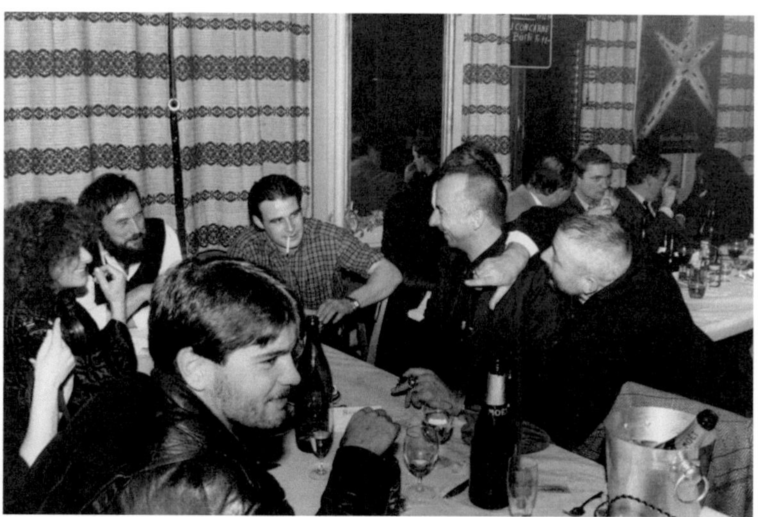

56, nach der Zürcher Vernissage Ingeborg Lüscher, Harald Szeemann, der Autor (im Vordergrund), der Sohn von Harald Szeemann, Immendorff, Markus Lüpertz (von links), Per Kirkeby, Michael Werner, Mary Boone (im Hintergund)

Immendorff kommt dieser Forderung gleich selbst nach und streckt dem Betrachter seines gleichnamigen Bildes von 1983 die beiden mit wuchtigen Goldringen geschmückten Fäuste entgegen. Umrandet von goldgelber Aura trägt er, einem Rapper gleich, eine schwere Goldkette über dem Muskelshirt sowie einen großen goldenen Ring im Ohr.

In den Bildhintergrund hat er sich nochmals vis-à-vis einer nackten Frau mit üppigen Brüsten gemalt. Der Schmuck beseht aus Miniaturen seiner Plastiken, womit er anscheinend auf seine künstlerischen Leistungen verweisen und sich in Vergleich zu anderen Künstlern setzen will.

Man könnte demnach den Eindruck gewinnen, er wolle mit seiner sehr eigenen Form von Ironie, ähnlich wie bei "Lidl"-Sport, andere Künstler zum Ringen um die erfolgreichere Kunststrategie herausfordern. Doch er selbst widersprach dieser Deutung: „(...) das Bild ist ernst gemeint (…). Ich bin ja nicht vom Samariterverband, es ist nicht so uneigennützig."[244]

Von Markus Lüpertz hatte Immendorff ein gewaltiges "Cadillac Eldorado"-Cabriolet gekauft, dessen Grünmetallic er in Schwarz umspritzen ließ. Die Motorradjacke wurde abgelöst von geschmeidigen Lederjackets, einer Rolex und bald am anderen Arm einer zweiten. Immendorff scheut sich nicht, seinen neu erworbenen Reichtum zur Schau zu stellen beginnt sich seinen Kiez-Kumpanen anzupassen.

Die Autorin Ariane Barth zeichnet in ihrem Buch "Die Reeperbahn" ein Bild dieser Gesellschaft: „So mancher Erfolgslude trug glatt 100 000 Mark am Leib, teure Ringe am Finger, goldene Rolex am Arm, dicke Goldkette auf dichtbehaarter Männerbrust, dazu als ‚Spielzeug' ein Ferrari, Rolls Royce oder Porsche - die Zuhälterkönige protzten mit ihren Einnahmen."[245]

Nahm man das Schicksal der Prostituierten als gegeben, ignorierte das Elend in den Straßen zum Hafen hin, wo die abgetakelten, alkohol- und drogensüchtigen Fünfmarknutten standen, und schaute man weg bei den gewalttätigen Ausbrüchen der Luden, konnten die Nächte auf dem Kiez sehr vergnüglich sein.

Selbst wenn man sich der Prostitution gegenüber reserviert zeigte, die Abende in den besseren Etablissements rund um die

Reeperbahn und den Hans-Albers-Platz waren legendäre Spaßveranstaltungen. Es gab Piranha-Aquarien hinter den Betten und unterirdische Swimmingpools, Bordelle mit „Behandlungszimmern“ und mit „Folterkammern“, andere Zimmer hatten Schränke mit Requisiten für Rollenspiele oder waren vollgestellt mit Bildschirmen auf denen, selbstredend, Pornofilme liefen. Im Angebot war jede Spielart sexueller Phantasien, bis hin zu Abseitigkeiten wie Fäkalsex.

Doch man konnte sich auch rückhaltlos infantilem Blödsinn hingeben. Wenn man Vergnügen daran fand, vollkommen bekleidet über das Wasser eines Pools laufen zu wollen, um sich dann, klatschnass, von den anwesenden Schönheiten „retten“ oder sich von Damen in Schwesternuniform oder anderen Verkleidungen bedienen zu lassen, gern auch nur mit Getränken, alles ging.

Markus Lüpertz erinnerte sich gern an diese Zeit: „Jörgs Affinität zur Reeperbahn nach Hamburg, da gab es dann wunderbare Veranstaltungen mit den einschlägigen Damen und Herren.“[246]

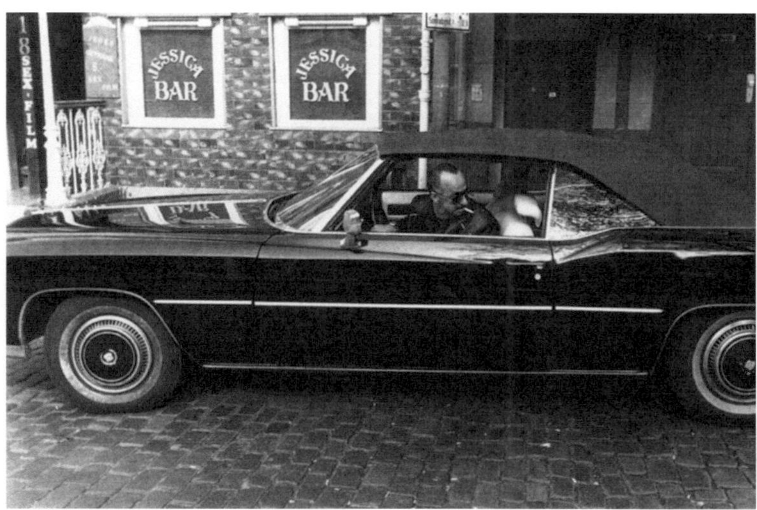


57, auf dem Kiez

Immendorff liebte den Kiez, die Kumpanei mit seinen Männerfreunden, die leichten Mädchen, die Nächte im “La Paloma“. Ungehemmt gab er sich allem hin, was der Kiez zu bieten hatte, gelegentliche Abstürze eingeschlossen.

„Der Laden gefiel mir einfach. Das war so schön outlaw. Irgendwann habe ich das aber alles nicht mehr mitbekommen. Captagon mit drei Flaschen Wodka runterspülen und solche Sachen. Da bist du irgendwann nicht mehr in der Lage zu differenzieren.“[247]

Trotz oder vielleicht auch wegen der vielen Partys entwickelt sich das „La Paloma“ im Laufe des Jahres 1983 zu einem Fass ohne Boden, das Immendorff zwingt, jeden Monat hohe Beträge zuzuschießen. Zudem stellt sich heraus, dass „Kalle“, sein Geschäftsführer, gar nicht lizenziert war, den Betrieb zu führen. Also muss sich Immendorff selbst um den Gewerbeschein, „Frikadellenschein“, wie er in Hamburg genannt wird, bemühen und besucht hierzu sogar Gastronomiekurse.

Schließlich wird Immendorff, wie viele Novizen in der Gastronomie, erst spät bemerkt haben, dass sein Personal allzu oft der Versuchung erlag, in die Kasse zu greifen. Er tauschte zwar die Mannschaft aus, doch das „La Paloma“ blieb weiterhin, wenn er selbst nicht anwesend war und Party machte, eine mäßig besuchte, schlichte Eckkneipe.

Im Frühjahr 1984, nachdem die Zürcher Ausstellung vorbei ist und keine größeren Projekte für das Jahr anstehen, beschließt Immendorff, sich mehr um das „La Paloma“ zu kümmern, es zum Erfolg zu bringen oder aufzugeben. Ein Konzept musste her, eines, das vor allem neues Publikum anzieht. Er bespricht sich mit seinem, aus familiären Hintergrund in der Gastronomie kenntnisreichen Assistenten (Anm. der Autor). Sie entwickeln ein Konzept, mit dem das “La Paloma“ endlich aus den roten Zahlen kommen soll.

Die Idee war - die gemeinsamen Abende in der Zürcher “Kronenhalle“ noch vor Augen - schnell gefunden. Die heruntergekommene Eckkneipe sollte wie in dem legendären Restaurant mit Kunst dekoriert werden. Nicht mit Drucken, Zeichnungen oder zweitklassigen Bildern, wie sie viele, auch nicht ganz unbekannte Lokale schmückten. Es sollten wie in der „Kronenhalle“ Originale sein, Gemälde und Skulpturen. Die Besten sollten ihre Werke beisteuern. Weltklasse-Kunst in einer heruntergekommenen Spelunke. Titel des Projekts wurde „Kapelle am Wegesrand“, denn das “La Paloma“ war, wie eine Kapelle, während vierundzwanzig Stunden geöffnet, nur morgens von sieben bis acht Uhr wurde gereinigt.

Der Coup gelang. Es kamen die Besten und brachten vorzügliche Arbeiten mit. Georg Baselitz, Gerhard Richter, Markus Lüpertz, A.R. Penck, Per Kirkeby, Hubert Kicol, Bernd Koberling, Imi Knoebel, Albert Oehlen, Markus Oehlen, A.R. Penck, Arnulf Rainer, Franz Erhard Walther, die amerikanischen Kunststars David Salle und Eric Fischl sowie nicht zuletzt Joseph Beuys und Immendorff selbst waren vertreten. Nur wenige Sammlungen der Welt hätten sich solcher Namen rühmen können, die nun in einer simplen Kiez-Kneipe hingen.

Am 14. Juni 1984, seinem Geburtstag, lud Immendorff zum "39. Parteitag" und damit zur Eröffnung des "La Paloma" ein. Das Fest dauerte drei Tage, und nie zuvor und auch niemals später, sah diese Gegend derartiges. Die Kunstwelt war zahlreich vertreten, Prominente kamen, und Frau von Dohnanyi wurde plaudernd mit Domenica gesehen. Im "Chikago" spielte eine Live-Band, und irgendwann in der Nacht setzte sich auch Udo Lindenberg ans Schlagzeug.

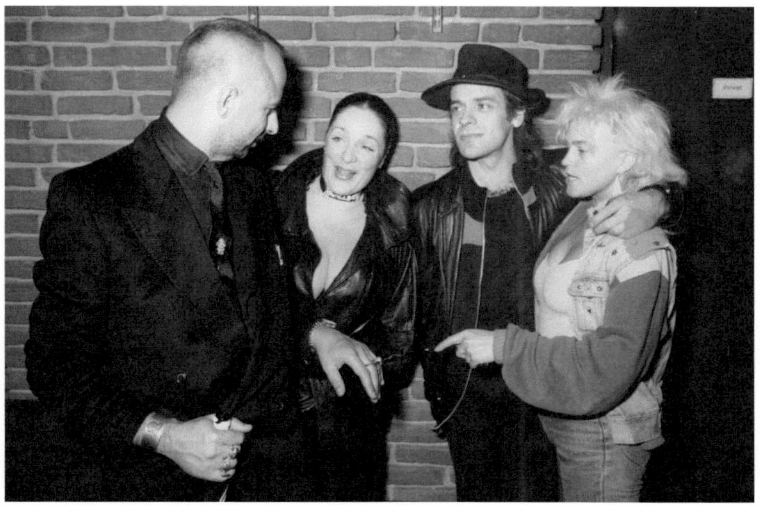

58, Immendorff, Domenica, Lindenberg, Groupie

Kurz vor Mitternacht baten ihn die Besitzer der umliegenden Bordelle und Bars in ein Hinterzimmer. Auf dem Tisch ein Haufen Koks, in dessen Mitte eine Kerze brennt. Nach einem schlecht aber mit Inbrunst gesungenen „Happy Birthday" wird die Kerze entfernt und Immendorff eingeladen den ersten Schnupf zu nehmen.

Der schon stark alkoholisierte Immendorff steckt gleich die ganze Nase hinein und nimmt einen tiefen Zug. Kurz darauf, kollabiert er. Nur mit grösster Mühe seiner Begleitung wird Immendorff wieder so in Form zu bringen, dass er in der Lage ist, an seinem Fest teilzunehmen.

In dieser Nacht feierte der Kiez um den Hans-Albers-Platz, und jeder, der in Hamburg irgendwie wichtig sein wollte, behauptete später, dabei gewesen zu sein. Es war ein Abgesang, denn wenig später schon zerfielen die hergebrachten Strukturen. Die deutschen Luden gingen unter, Albaner, Türken und Russen übernahmen die Geschäfte. Während Immendorffs Fest lebte noch einmal die Illusion der „Kiezromantik" auf, eines Trugbildes, das zu allen Zeiten die Realität der Prostitution, von Alkohol und Drogen übertüncht hatte.

Dank zahlreicher Medienberichte wurde das „La Paloma" weit über die Grenzen Hamburgs hinaus bekannt. An Wochenenden war es permanent überfüllt. Die geschickte Plattenauswahl der Jukebox sorgte für ausgelassene Stimmung, und die Einnahmen explodierten.

„Jörg war wirklich kein skulpturales Genie. Schon bei der Figur Hans Albers war Jörg so verzweifelt, dass ich seinen Künstler-Freund Penck bat, die Skulptur zu vollenden. Penck kann das aus dem Effeff, er hat ja große Skulpturen gemacht. Also, die Figur selbst des Hans Albers ist von Immendorff, aber alle Details sind von Penck“, räumt Immendorffs Galerist Michael Werner unumwunden ein. [248]

Die Entstehung der Hans-Albers-Skulptur ist auf ein Toilettenhäuschen zurückzuführen, beziehungsweise den Wunsch, das Pissoir vom Hans-Albers-Platz zu entfernen. Der heruntergekommene, mit Plakaten beklebte Zweckbau, an dessen Wänden nächtliche Passanten ihre Notdurft verrichteten, weil er oft geschlossen war, stank auch Immendorffs Nachbarn Reinhard “Ringo“ Klemm, dem Wirt des “Chikago“, da sich das Pissoir direkt gegenüber befand, zudem die freie Sicht auf sein Lokal von der Reeperbahn aus behinderte.

Da der zuständige Bezirk keine Anstalten machte, den Bau abzureißen, schlug schließlich Immendorff vor, das Toilettenhäuschen gegen eine von ihm gestaltete Hans-Albers-Skulptur zu ersetzen. Möglicherweise mit dem Hintergedanken, einen gewissen Druck auf die Entscheidung der Stadt über den Abriss des des Pissoirs ausüben zu können, verkündete er, die Skulptur der Stadt als Schenkung vermachen zu wollen.

Ascan Crone, Immendorffs Hamburger Galerist, ist derjenige, der über die nötigen Verbindungen zur Nomenklatura der Hansestadt verfügt, um das Projekt auf eine erfolgversprechende Schiene zu setzen. Es gelingt ihm, Hamburgs ersten Bürgermeister Klaus von Dohnanyi für die Sache zu gewinnen. So kommt es, dass sich der hochangesehene von Dohnanyi für die Aufstellung von Immendorffs Skulptur auf dem schmuddeligen Platz einsetzt und am 25. Juni 1985 im Hamburger Rathaus zu einer Pressekonferenz mit Immendorff einlädt, mit der das Hans-Albers-Projekt der Öffentlichkeit vorgestellt wird. Neben Bürgermeister von Dohnanyi, Kultursenatorin Helga Schuchard sowie dem Leiter der staatlichen Pressestelle und späteren Wirtschaftssenator Thomas Mirow,.

Immendorffs Entourage bei der Pressekonferenz besteht aus seiner Mutter, Ascan Crone sowie “Chikago“-Wirt “Ringo“-

Klemm, der in Hamburg als „Pate“ des Kiez bekannt wurde.[249] In seiner Begleitung der Besitzer des “Sportler Treff“, einem ehemaligen Boxer, der sich mit seinem Kampfnamen “Killer“ ansprechen ließ.

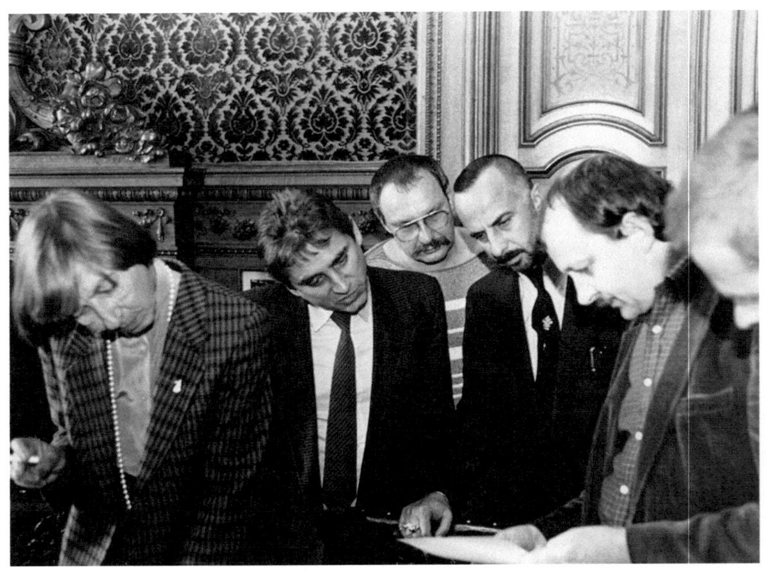

59, Immendorffs Mutter, „Ringo“ Klemm, „Killer“, Immendorff, Journalisten

Immendorff präsentiert eine Bronzeminiatur der späteren Plastik, die allerdings nicht im entferntesten an Hans Albers erinnert, was mokante Bemerkungen der anwesenden Journalisten provoziert.[250]

Ursprünglich hatte er das Hans-Albers-Denkmal als bemalte Holzskulptur anlegen wollen. Er ließ sich einen gewaltigen, 3,50 Meter hohen Holzstamm ins Atelier liefern und begann diesen, wie er bei Penck abgeschaut hatte, mit einer Motorsäge zu bearbeiten.

Immendorff hatte in der Vergangenheit schon einige Plastiken aus Holz gefertigt, allerdings von wesentlich geringerer Größe und mit dem Holzmeißel, was eine vorsichtigere Arbeitsweise erlaubte. Die Arbeit mit der Motorsäge aber verlangt Erfahrung sowie das Talent, ein skulpturales Konzept im rohen Material bereits zu antizipieren, denn schnell ist zu viel Holz weggenommen, die Form verunstaltet.

Schon die ersten Schnitte mit der Motorsäge missraten, worauf der Holzstamm unbrauchbar wird und mühevoll zerhackt wieder abtransportiert werden muss.

Den nächsten Versuch unternimmt Immendorff mit einer aus geleimtem Papier geformten Maquette, mit der er zunächst die figurative Idee festlegen will. Als auch dieser Versuch unbefriedigend bleibt, wendet er sich dem beim "Brandenburger Tor" eingeübten Verfahren der Anfertigung einer Styropor-Rohlings zu. Doch bald wird im deutlich, dass der Versuch einer figurativen Skulptur in einem peinlichen Desaster enden könnte.

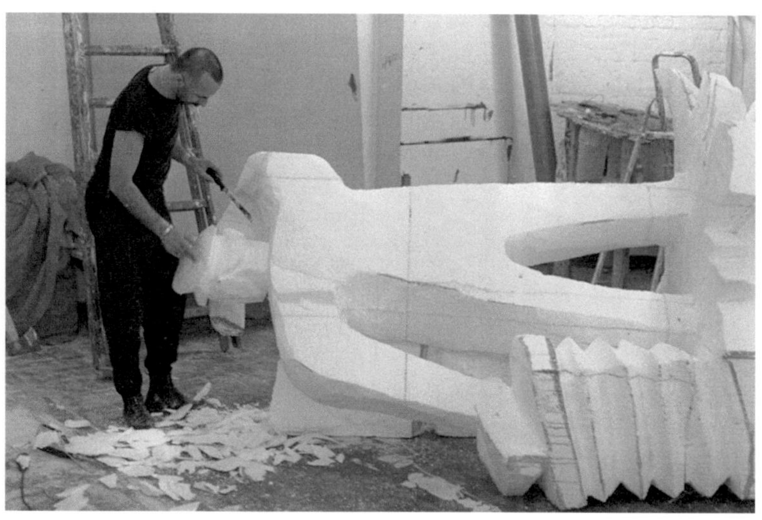

60, Arbeit am Hans Albers-Denkmal

In dieser Situation verfällt Immendorff auf den Gedanken, den Bildhauer Ulrich Rückriem einzubinden.[251] Dessen minmailistische Konzepte sind zwar weit entfernt vom eigenen Kunstverständnis und es verband ihn mit Rückriem wenig mehr als eine Thekenfreundschaft, gleichwohl dürfte Immendorff die Hoffnung getragen haben, das eigene dilettieren mit den Qualitäten des renommieren Bildhauers zu neutralisieren, des Ganze auf ein besseres Niveau zu heben.

Der Gedanke, die ungeschlachte Immendorff-Skulptur mit der Strenge von Rückriems Bildhauerei zu konterkarieren, barg einen gewissen Reiz. Zudem würde das Gewicht zweier bekannter Künstler geeignet sein, den öffentlichen Druck auf die Entscheidung von Politik und Verwaltung zu erhöhen, das WC-

Hais abzureißen und sich an den Kosten der Skulptur zu beteiligen, so Immendorffs Kalkül.

Denn er fasst den Begriff Schenkung relativ weit, sollte doch die 51 Zentimeter hohe Albers-Miniatur als Auflagenobjekt zur Finanzierung der eigentlichen Skulptur dienen. Was allerdings nicht einmal die Kosten für den großen Bronzeguß herein gespielt hätte. [252]

Da Rückriem Stammgast im „La Paloma" ist, läßt er sich zu dieser Kooperation überreden. Er schlägt vor, die in die Ferne blickende Figur auf eine schräge Steinrampe zu stellen, um diesen Aspekt zu betonen. In dieser Form wird das Projekt dann auch auf der Pressekonferenz vorgestellt. Wenig jedoch ist die Kooperation der beiden stillschweigend begraben, nachdem sich der Rückriem-Sockel als nicht finanzierbar erweist.

Nachdem der Versuch mit Rückriem gescheitert ist, will Immendorff die Skulptur lediglich mit einem Betonquader als Sockel versehen. Als die aus Styropor geschnittene Figur in ihren späteren Dimensionen im Atelier steht, wird ihm jedoch deutlich, wie disproportional die spätere Bronze zu werden droht und wie ärmlich sie sich dann auf dem Betonsockel ausmachen würde.

Michael Werner, der das Projekt nicht mochte und nun um ein publizistisches Desaster fürchten muss, engagiert in letzter Not Penck damit gerettet werden kann, was noch zu retten ist.

Zunächst stellt Penck die Plastik statt auf eine Rampe wie in dem Rückriem-Entwurf. Nun auf den Rücken einer Möwe mit ausgebreiteten Schwingen, die von einem proportional passenden Sockel getragen wird. Daneben platziert er, wie eine Standarte, eine spiralförmige Stange die einen mit Lorbeer umrankten Kelch als Korona. Beides verleiht dem Ganzen etwas mehr Leichtigkeit und Spannungsreichtum. Zuletzt macht sich Penck daran, die Skulptur mit geschickten Schnitten der Motorsäge in ihren Proportionen zu verfeinern.

Im Juni 1986 schließlich wird das Hans-Albers-Denkmal auf dem gleichnamigen Platz durch Bürgermeister von Dohnanyi enthüllt. Immendorff hatte das gegenüber seinen Kiez-Kumpanen gegebene Versprechen gehalten, und es war ihm sogar gelungen, Bürgermeister von Dohnanyi in Hamburgs Sündenbabel zu locken. Um Ordnung und Sicherheit der Veranstaltung bemüht sich Immendorffs Freund "Ringo".[253]

Wenige Tage später fallen die Schüsse aus “Mucki“ Pinzners Pistole, die den Staatsanwalt Bistry, seine Frau und den Schützen selbst töteten, Höhepunkt eines der größten Justizskandale in der Geschichte Hamburgs.

Pinzner werden schließlich 14 Auftragsmorde zugeschrieben. Er war als Auftragskiller in den Auseinandersetzungen zwischen Zuhältergruppen um Reviere für Prostitution und den Drogenhandel, zur Ausschaltung unerwünschter Wettbewerber engagiert. “Ringo“, der in Verbindung mit dem Mord an Bistry gebracht wurde, entging im Dezember desselben Jahres seiner Verhaftung und floh nach Costa Rica.

Die ekstatischen Nächte, die Kiez-Romantik, wegen der Immendorff sich auf das Abenteuer “La Paloma“ eingelassen hat, sind mit “Ringos“ Abgang Vergangenheit. Dennoch wirft das “La Paloma“ noch einige Jahre vorzügliche Gewinne ab. Immendorff hingegen schaut nur noch selten vorbei. 1994 werden die Bilder entfernt, und nachdem er sich mit dem Besitzer des Hauses nicht mehr über die Miete einigen kann, verkauft Immendorff das “La Paloma“. Am 20. Januar 1997 ist Schluss.

Das Toilettenhäuschen stand immer noch. Im Juni des folgenden Jahres lässt er deshalb das Hans-Albers-Denkmal mit der Begründung demontieren, der Platz sei immer noch nicht in seinem Sinn umgestaltet. Die Skulptur wurde nach Düsseldorf transportiert und dort völlig beziehungslos im Medienhafen vor einem von Immendorff genutzten Gebäude aufgestellt.

Da das Denkmal eine Schenkung war, entzündete sich ein Streit mit der Stadt Hamburg, der erst 1999 beigelegt wurde, indem Immendorff eine von Mäzenen finanzierte Kopie der ursprünglichen, nun in Düsseldorf befindlichen, Skulptur wieder auf dem Hans-Albers-Platz aufstellte.

Nach der Flucht von “Ringo“ waren die Macht-Strukturen der deutschen Zuhälter auf dem Kiez zerfallen. Die Häuser rund um den Hans-Albers-Platz wurden nach und nach von Spekulanten aufgekauft. Um seiner Rohheit und seiner sehr eigenen „Romantik“ beraubt, wird der Kiez einer banalen Ausgehmeile für jedermann. Begonnen hatte es mit dem “La Paloma“ und Immendorff hat sich damit um die Gentrifizierung des Hamburger Kiez verdient gemacht.

Um die Mitte der achtziger Jahre hatte sich Immendorff längst schon von konkreter politischer Arbeit und Agitation verabschiedet. Und wenn man auch zahlreiche Metaphern der ersten "Café Deutschland"-Bilder noch in Bezug zu Immendorffs politischer Vita interpretieren konnte und hier vereinzelt noch Verweise auf aktuelle gesellschaftliche Diskurse aufblitzten, spätestens als er aller Welt seine goldberingten Fäuste entgegenstreckte, gab er seinen Kritikern die Elle gleich selbst mit, an der er nun gemessen wurde.

Der Kunstkritiker Walter Grasskamp betrachtete dies so: „Freilich zog es Kritik auf sich, wie Immendorff mit seinem wachsenden Erfolg umging. Im Abgleich zu der politischen Rigidität, die er mit seinen Beichtspiegel ('Hier und jetzt', Anm. d. A.) festgeschrieben hatte, ließ sich ihm bequem vorhalten, dass er dem Markterfolg angenehme Seiten und Konsumsymbole abzugewinnen verstand. Gerade weil er Kommunist war, konnte man ihm seine Rolex unter die Nase reiben (...)“[254]

Es gab nicht wenige, die in Immendorffs Zurschaustellung ökonomischer Potenz seinen individuellen „Gang durch die Institutionen“, seine Spielart von Subtilität und Ironie einer bourgoisen Gesellschaft gegenüber sahen. Die Kunsthistorikerin Sabine Kampmann analysiert treffend: „Auf Basis dieser frühen Arbeiten (Anm. aus Immendorffs Politphase) wurde Immendorff jedenfalls in den nächsten 30 Jahren stets ein Ironiebonus zugute gehalten (...) Der 'Schauprozess', den Immendorff, wie Grasskamp schreibt, in 'Hier und jetzt' gegen sich selbst führte, hat ihm den Ruf des reflektiert-ironischen Rollenspielers eingebracht. Doch kann man ein ganzes Künstlerleben lang davon zehren?“[255]

Die Mäkeleien an Immendorffs Lebenswandel und seiner Geltungssucht, hätten dennoch als kleinmütige Weltsicht linker Puristen keine Beachtung verdient, hätte Immendorff nicht versäumt, das ihm anhaftende Etikett „politischer Künstler“ beizeiten zu entfernen.

Schon "Café Deutschland“ ist weder in direktem Sinn politisch noch konturiert genug, um als Beitrag zum gesellschaftlichen Diskurs wirken zu können. Breite Anerkennung erlangte Immendorffs Opus Magnum deshalb auch erst mit der Rückschau in späteren Jahren, durch den Umstand, dass ein Künstler laut „Deutschland“ sagte, zu einer Zeit, als dies noch nicht opportun war und seine damalige, persönliche Betroffenheit dem Zufall einer historischen Entwicklung als visionär zugeordnet werden konnte.

Gegen Ende der siebziger Jahre, als Immendorff die ersten “Café Deutschland“-Bilder malte, befand sich der überwiegende Teil der deutschen Gesellschaft noch tief in einer aus Schamgefühl resultierenden Schockstarre gegenüber jeglicher Form von Patriotismus, zumindest des öffentlich zelebrierten. Gerade erst war es den 68ern gelungen, die nationalsozialistischen Verstrickungen ihrer Väter durch deren Demaskierung zu überwinden. In Willy Brandts Kniefall von Warschau, im Dezember 1970 verbanden sich Demut und Schamgefühl des neuen, geläuterten Deutschland mit dem Aufbruch zu einer neuen Ära der Friedens- und Ostpolitik.[256] Unbeabsichtigt erlangte dieser symbolische Akt Brandts den Charakter einer abschließenden Geste.

Man hatte sich an der Vergangenheitsbewältigung abgearbeitet, mit der Teilung Deutschlands abgefunden und eingerichtet. Damit musste es genug sein. Nun, bald eine Dekade nach Brandts Kniefall, gab es andere Themen wie Menschenrechte, Abrüstung und Ökologie, die es im gesellschaftlichen Diskurs zu beackern galt. Weltweit wurden grüne Parteien gegründet, neue soziale Bewegungen wie Greenpeace erlangten Bedeutung.

Für die Öko- und Friedensaktivisten war die deutsche Teilung kein Thema mehr. Das Schlagwort lautete „Internationale Solidarität“, und ihr Blick war mehr auf ein vereintes Europa, denn auf die Situation ihrer Landsleute jenseits der Mauer gerichtet.

Insofern lag Immendorff mit “Café Deutschland“, quer zu aktuellen gesellschaftlichen Themen in der Bundesrepublik zu Beginn der achtziger Jahre. Selbst die Vermischung der deutsch-deutschen Thematik mit der Anti-Atomkraft Bewegung und den Anti-Terrorismus-Gesetzen verfing nicht. Zu unscharf waren Immendorffs Thesen, zu verquast seine Symbolik. “Café Deutschland“ war „nicht relevant“.[257]

Dass “Café Deutschland“ in seiner späteren Rezeption zu einer Ikone deutscher Nachkriegskunst erhoben wurde, ist vor allem mit den Ereignissen von 1990, mit der Wiedervereinigung sowie dem Gewinn der Fußballweltmeisterschaft durch Deutschland im gleichen Jahr verbunden. Der nun wiedererwachte deutsche Patriotismus bedurfte neuer, politisch korrekter Symbolik. Als schließlich Bundespräsident Richard von Weizsäcker seine Fernsehansprache zur Wiedervereinigung vor einem "Café Deutschland"-Bild hielt, gelangte Immendorffs Deutschlandepos ins Bewusstsein einer breiteren Öffentlichkeit und wurde endgültig zum Schlüsselwerk im dessen Œuvre.

Immendorff hatte sich zwar schon Mitte der achtziger Jahre anderen Themen zugewandt. Dies hinderte jedoch niemanden daran, ihn später zum visionären Patrioten, zum „Historienmaler", zum „Chronisten der Bundesrepublik" und „Staatskünstler" zu erheben.[258]

Er selbst, wohl in ehrlichem Bewusstsein der Zufälligkeit seiner Themenstellung, relativierte die Sicht auf sein Werk: „Na ja, von deutscher und in gewissem Sinne von Weltgeschichte handeln die "Café Deutschland"-Bilder schon. Also, wenn einer Lust hat, darin moderne Historienbilder zu sehen, habe ich nichts dagegen. (...) Aber irgendwann ist man als Betrachter doch gut beraten, wenn man die ganze Historie und die ganze Ikonografie vergisst und das Bild als Bild wahrnimmt."[259]

Ulrike Harbig, Immendorffs frühere Lebensgefährtin über den Beginn der "Café Deutschland"-Phase: „Ich kann mich nicht erinnern, dass sich Jörg über die deutsche Teilung aufgeregt hätte. Das war nie Thema. Michael hat ihn auf die Idee mit Ralf gebracht. Erst als Ralf nicht zur Biennale kommen durfte und Ralfs Bilder für die Ausstellung bei Michael beschlagnahmt wurden, erst als ihn das ganze persönlich betraf, begann er sich damit zu beschäftigen."[260]

Vergleichbar äußert sich Immendorff selbst: „Nehmen wir einmal dieses als visionär gefeierte Pilotbild, wo ich mit der Hand durch die Mauer gehe (...) Ich stellte die zwei Weltblöcke sowie die beiden deutschen Teile als Stoßstangen zweier Weltautos dar, nämlich als West- und Ostauto, um dann von der globalen zu einer privaten Sicht überzugehen. Es handelte sich um individuelle, keinem programmatischen Anspruch verpflichtete Äußerungen.[261]

Auch wenn Immendorff in verbalen Statements die Gegebenheiten der deutschen Gesellschaft sowie historische oder politische Zusammenhänge gelegentlich kritisch hinterfragte, seit er die konkrete politische Arbeit hinter sich gelassen hatte, blieben diese Meinungsäußerungen weitgehend im Allgemeinen, ließen Stoßrichtung und Schärfe früherer Jahre vermissen. Dennoch reichten diese Stellungnahmen aus, ihn, gewollt oder nicht, dass man ihn weiterhin als politischen Künstler wahrnahm.

Dem entgegen sah Immendorff "Café Deutschland" von Anbeginn weit weniger politisch als in Zusammenhang mit seinen persönlichen Befindlichkeiten: „Als ich die deutsche Teilung zu meinem Thema machte, meinte ich nicht nur die Teilung Deutschlands und der Welt in zwei Blöcke, sondern auch die Teilung in mir selbst: dass ich mit meinen Ichs beseelt bin, zwischen denen ein Kampf tobt, ‚Gut gegen Böse'."[262]

Mit "Café Deutschland" ist Immendorff nicht mehr, aber auch nicht weniger als Intendant und Regisseur seines privaten, introspektiv angelegten Welttheaters, bei dem er sich gleich selbst in den Haupt- und Nebenrollen besetzt. Seit den frühen achtziger Jahren sind Immendorffs Bilder genau besehen selbsttherapeutische Behandlungen seiner Innenwelt, Formulierung seine Tagträume, Phantasien und Obsessionen.

Spätestens mit Ausklang des "Café Deutschland"-Zyklus, verzichtet Immendorff auf irgendeine in politischer Hinsicht aufzufassende Haltung. Und im Grunde war schon in den "Café Deutschland"-Bildern nirgends eine „eindeutige politische Aussage, die auf die Formel eines Urteils oder einer Forderung gebracht werden könnte" auszumachen. Es ging von Anbeginn immer nur um das „extrem Private der Wirklichkeit", wie es 1982 bereits Wolfgang Max Faust und Gerd de Vries sahen.[263]

Immendorff verspürte in der Mitte der achtziger Jahre wohl auch nicht mehr den „Druck der Themen". Die fast schon pathologische Aggression der früheren Jahre, sein Bedürfnis, in seiner Kunst „Weltfragen" abzuhandeln, war, einhergehend mit dem ökonomischen Erfolg, erloschen.

Ulrich Krempel, Kurator der Düsseldorfer Ausstellung, die Immendorffs Durchbruch bewirkte, beurteilt dies folgendermaßen: „Ich habe schon damals, im Text zum Katalog, die Frage nach dem Ende des "Café Deutschland"-Themas gestellt. Das hat er allerdings in Malerei und Siebdruck etc. noch lange weitergequält. Nach Pencks Ankunft im Westen war allerdings die Luft raus; Penck machte in echter Künstlerboheme, während

Jörg Immendorff ins merkwürdig Halbseidene abglitt (Zuhälterlook, Drogen, Nutten, St. Pauli-Romantik).“[264]

Wie die Kunsthistorikerin Birgit Strempel an einem Beispiel skizziert, offenbaren einzelne Bilder des “Café Deutschland“-Zyklus dann auch einen überraschend unverstellten Blick auf Immendorffs sehr persönliche Weltsicht in diesen Jahren.

Die Kunsthistorikerin Birgit Strempel hierzu: „Der Bildraum ’Café Deutschland - beben/heben’ wirkt wie eine Phantasiewelt: Bildelemente wirbeln wie im Traum durcheinander. Mit dem Rücken zum Betrachter sitzt Immendorff am Boden, bekleidet mit dem charakteristischen ärmellosen, weißen Hemd, drapiert mit Armreifen, Ringen und Kette und frisiert mit hochstehendem Haarbüschel. Ihm offenbaren sich geradezu paradiesische Zustände. Im Bildraum vor ihm scheint eine nackte Frau geradewegs vom Himmel zu fallen, während sich eine weitere halbbekleidete Frau schminkt und sich dabei aufreizend mit gespreizten Beinen wie in einer Peepshow zur Schau stellt und anbietet. Die Bildfigur Immendorff sitzt als passiver Zuschauer am Rand und betrachtet die Szenerie. Er lässt ’die Puppen tanzen’ und demonstriert damit unverhohlen, dass er es sich leisten kann, Frauen seinen Wünschen gemäß einzusetzen.“[265]

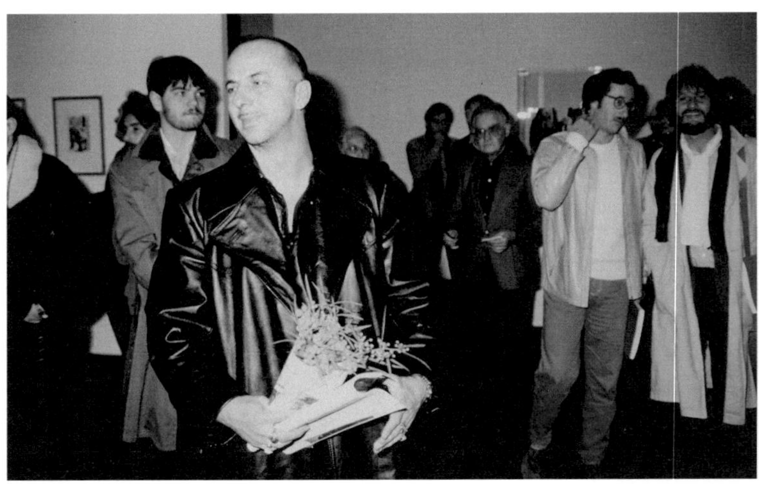

61, 28. März 1985, Vernissage im Kunstverein Braunschweig.
Die letzte grosse “Café Deutschland“-Ausstellung.

## DER AFFE

Seit der Antike ist der Affe eine geläufige Metapher der Kunst- und Literaturgeschichte. Aristoteles beschreibt, wie der ältere Schauspieler Mynniskos den jungen Kallippides wegen seines unnatürlich affektierten Spiels einen Affen nennt, dessen unkritische Schauspielkunst, die mit Effekthascherei den Beifall des Publikums sucht, kritisierend. Zahlreiche weitere Beispiele der antiken Literatur nutzen die Affen-Metapher, um den oberflächlichen, nicht reflektierenden Plagiator zu bezeichnen.

In den Künsten des Mittelalters ist der Affe Spiegelbild des Menschen, seiner Leidenschaften und Triebe. Der Affe war der in der Hierarchie nach Adam und Eva stehende, gefallene Mensch, der sündige, genusssüchtige Narr. In religiösen Darstellungen schließlich wird der Affe zur Verkörperung des Bösen, zu einer Maske des Teufels. Die Katholiken setzten Luther einen Affen, den Verführer und Dämon, auf den Rücken, um ihn als geisteskranken Antichrist zu brandmarken.

Die deutsche Sprache kennt das Verb „nachäffen“ als Synonym für nachahmen, nachmachen, und als „Affen“ bezeichnet man einen blasierten Angeber. „A monkey on one´s back“ ist eine weitere Metapher, für die der Affe im englischen Sprachraum herhalten muss, um einen Drogenabhängigen zu kennzeichnen. Im Deutschen bedeutet "einen Affen schieben" auf Drogenentzug zu sein.

1985 erscheint der Affe in Immendorffs Oeuvre. “Der Malerfeind im Maler ist sein bester Freund“ zeigt einen Affen auf Immendorffs Rücken sitzend, während dieser ein Bild malt. Der Affe scheint an der Entstehung des Bildes beteiligt, indem er selbst einen Pinsel in die Farbe tunkt. „Malerfreund“ stellt einen einzelnen Affen dar, der in einem dunklen höhlenartigen Raum neben einer Kerze auf einem Tisch sitzt, einen Pinsel umklammernd den Betrachter fast angstvoll anblickt, so als wolle ihm dieser das Werkzeug wegnehmen.

Ein weiteres Bild aus demselben Jahr hat den Titel “Die Versuchung des heiligen Antonius“. Dieses Bild, welches in seinen Dimensionen von 285 mal 330 Zentimeter nochmals Bezug auf das ebenso große “Café Deutschland I“ zu nehmen scheint, ist fast durchgängig monochrom in einem goldgelben Farbton gehalten. Man blickt in eine Kammer, in der Immendorff die goldenen Schätze seines künstlerischen Schaffens aufbewahrt. Das “Brandenburger Tor“ im Mittelpunkt, die Hans-Albers-Statue, einen Adler sowie weitere Skulpturen. In einem Regal sind Kleinplastiken aufgereiht, die wie Auszeichnungen, wie Preise wirken.

Immendorff selbst befindet sich am rechten Bildrand. In einen Smoking gekleidet, die Fliege zurechtrückend, blickt er über die Schulter in einen bläulichen Spiegel, in dem ein Affe einen rundgebogenen, wie einen Heiligenschein im Licht erstrahlenden Pinsel nach oben streckt, so als hätte er diesen Immendorff geraubt. Der Spiegel gibt gleichzeitig den Blick auf einen dunklen Raum frei, auf dessen Boden wieder Immendorff, diesmal nackt, sowie zwei ebenfalls nackte Frauen kauern.

„Die Versuchung des heiligen Antonius“ ist eines der in der Kunst am häufigsten behandelten Sujets. Vor allem in Renaissance und Barock finden sich hunderte Darstellungen dieses Themas. Paul Cézanne malte es, ebenso Max Ernst oder Otto Dix. Salvador Dalís vielleicht berühmtestes Werk, bei dem man sich vor allem an die auf stelzenartigen Beinen laufenden Elefanten erinnert, trägt diesen Titel. Max Beckmann steuerte zum gleichen Thema ein wundervolles Triptichon bei.

Leicht könnte man daher versucht sein, in Immendorffs Smoking eine Anspielung auf Beckmann zu sehen, welcher sich auf einem seiner berühmtesten Selbstportraits im Smoking malte.[266] Mit Beckmann, den er gleichwohl schätzte, hat sich Immendorff jedoch künstlerisch nie substanziell auseinandergesetzt.

Näherliegend ist die Deutung, dass Immendorff, der sich auf dem Bild gerade für einen festlichen Anlass ankleidet, auf sein Dasein als Partylöwe anspielt, den man in den Gazetten dieser Tage regelmäßig im Smoking abgelichtet findet. Unter einer Zeichnung mit gleichem Motiv schreibt er dann auch „Auf zur Premiere“. So wäre dann auch der weitere Sinngehalt des Bildes zu entschlüsseln. Immendorff erscheint in der Rolle des den Versuchungen des Geldes und der Laster erlegenen Heiligen, dem der Affe sein Spiegelbild vorhält und den Schein des ehemals aufrechten, gesellschaftskritischen Künstlers raubt.

„Die Versuchung des heiligen Antonius“ und ebenso „Der Malerfeind im Maler ist sein bester Freund“ will Immendorff selbstironisch, selbstkritisch verstanden wissen [267] und so findet sich in diesem Bild auch das für Immendorff typische Spiel mit dem eigenen Image, eine seiner Reflexionen über das eigene künstlerische und gesellschaftliche Dasein. Immendorff, verschlossen, unnahbar und einsam, der seine psychischen Dispositionen allenfalls in den Chiffren der Bilder andeutet, verweist mit dem "Heiligen Antonius" ungewohnt offen auf sein Empfinden in dieser Lebensphase.

Immendorff wird in diesem Jahr 1985 vierzig. Das Gemälde kann deshalb auch als eine Zwischenbilanz verstanden werden. Er hat seine künstlerischen Errungenschaften buchstäblich vergoldet und nährt sich, wie er ständig selbst verkündet, gut von den Schätzen der Vergangenheit. Mit dem erlangten gesellschaftlichen Status hat er allerdings auch den „Heiligenschein" des kritischen, des politischen Künstlers verloren. Tiefergehend noch scheint in diesem Gemälde Immendorffs Auseinandersetzung mit den eigenen Dämonen.

Sie haben sich in dem Affen versammelt, der ihm sein gutes Gewissen raubt, der sich in seinen Rücken gekrallt hat, um sein Handeln zu beeinflussen. Fast könnte man an die Selbstkritik seines „Hier und Jetzt" denken, so offenkundig wirkt der Affe als Metapher, mit der Immendorff auf persönliche und damit auch künstlerischen Probleme zu verweisen scheint.

Obschon er sich seit den späten siebziger Jahren mehr und mehr von den Restriktionen seiner technischen Unvollkommenheit befreien konnte, er seine malerischen Ausdrucksmittel selbstbewusster von Inhalten zu lösen beginnt, wagt er sich dennoch ohne thematische Korsettstangen nach wie vor nicht auf das Feld seines Malgrunds. „All die wichtigen Fragen, die Relation zwischen Kopf- und Baucharbeit, die Beziehung zwischen intellektuellem und emotionalem Aufwand der Kunst, das musste ich mir beinhart erkämpfen", so Immendorff.[268]

Er sucht ein neues großes Thema und entwickelt aus der Not fehlender Inspiration, eine neue Strategie der Aneignung: Er beginnt sich aus dem Fundus der Kunstgeschichte zu bedienen.

"Die Versuchung des heiligen Antonius" weist insofern auch den Weg, den er zu beschreiten beginnt. Die Metapher des Affen begründet er damit, dass der Affe ihm seit seiner frühesten Kindheit nah sei, als ihm der Großvater aus Wilhelm Buschs "Fips der Affe" vorlas. Auch nennt er Goya und Picasso als Inspiration. [269] Diese Referenzen allerdings sind vage. Von

Goya existiert, wie von vielen anderen Malern auch, eine Aquatinta, die einen malenden Affen zeigt. Picasso malte eine Artistenfamilie mit einem Affen ("Famille d´acrobtates avec singe") und es gibt von ihm die geniale Plastik "La guenon et son petit" , für die er den Affenkopf aus einem Spielzeugauto geformt hat.

Den Affen im Rücken des Heiligen Antonius könnte Immendorff in Bildnissen der Renaissance entdeckt haben, etwa in dem Gemälde "Die Versuchung des heiligen Antonius" des flämischen Barockmalers David Teniers des Jüngeren. Der Heilige Antonius sitzt auf diesem Bild in einer finsteren Höhle und schaut zurück auf den Affen, den Dämon, der ihm von seinem Rücken aus über den Kopf ragt. Der Affe, die Position des über dem heiligen Antonius schwebenden Heiligenscheins sowie drei kauernde Gestalten auf dem Boden in der dunklen Höhle, ähneln sich in den Bildern von Teniers und Immendorff.

Ein weiteres Indiz, dass Immendorff von Teniers inspiriert wurde, sind die zahlreichen Gemälde, auf denen Teniers Affen vermenschlicht dargestellt hat. Daneben malte Teniers Waffenkammern und Laboratorien, die in ähnlicher Weise vollgestopft waren mit einem Arsenal von Gegenständen, wie sie in Immendorffs Bild zu finden sind. Letztlich war auch der goldgelbe Grundton, so wie ihn jetzt Immendorff verwendete, ein „Markenzeichen" des flämischen Künstlers.

Teniers war Schwiegersohn von Jan Brueghel, des Älteren. Von dessen Vater Pieter Brueghel, dem Älteren, sind allegorische Darstellungen von Affen erhalten, die eine hohe formale Ähnlichkeit mit den Immendorffschen Affen aufweisen. Malende Affen finden sich auch bei Jean-Baptiste Simeon. Zahlreiche weitere Beispiele von Affendarstellungen finden sich bis in den Jugendstil.

Gut möglich, dass Immendorff auf der Suche nach einem neuen Thema auf das Motiv des Heiligen Antonius stieß und sich hieraus ein Strang zu den Künstlern der Renaissance entwickelte. Ab etwa 1985 erscheinen bei Immendorff zahlreiche Motive, die mit ihrer Nähe zu Werken der alten Meister verblüffen. „Affenregen" von 1987 weist eine enge Verwandtschaft zu einem Kupferstich von Pieter van Heyden auf. „Je vous salue Maria", das einen mit Pinseln ans Kreuz genagelten Hitler darstellt, könnte einem Holzstisch Michael Wohlgemuts mit dem Titel “Der Infant Richard gekreuzigt von den Juden“, entlehnt sein. Auch die Umkehrung der Idee des gekreuzigten Juden zu Hitler deutet darauf hin. Darstellungen von kochenden Kesseln als Metapher für die Qualen der Hölle oder die Darstellung von Folter und Kannibalismus lassen sich in dieser kunstgeschichtlichen Periode unzählige finden. So auch bei Albrecht Dürer, von dem ebenfalls ein hockender Affe stammt, der an Immendorffs „Malerfreund“ erinnert.

Versatzstücke der Kunstgeschichte in eigene Positionen umzuwandeln ist ein Verfahren, dessen sich viele Künstler bedient haben. In Immendorffs Arbeiten dieser Phase vermisst man jedoch eine vertiefte Auseinandersetzung mit den künstlerischen Positionen der Ideengeber, oder des historischen Kontext, in denen sich diese befanden. Immendorff nimmt die in den Kunstbildbänden vorgefundenen Sujets lediglich als visuelle Inspiration, als „Malmaterial“ wie er es bereits in Zusammenhang mit dem Bildfindungsprozess von “Café Deutschland“ nennt.[270]

1985 wird Immendorff mit dem Manager der Düsseldorfer Nobeldisco "Sams", Charlie Büchter, einer Düsseldorfer Nightlife-Ikone, bekannt gemacht. Diese Bekanntschaft öffnet Immendorff nicht nur die Tür zu diesem Allerheiligsten der Düsseldorfer Schickimicki-Szene. Hier wird im Hinterzimmer Kokain gereicht, hier kommt er in Berührung mit Kreisen, die in Düsseldorf tonangebend sind.

Zwischen der Altstadt und der Königsallee, an der sich das "Sams" befindet, liegt die breite Heinrich-Heine-Allee, mit der sich die glitzernde, blank gefegte Königsallee den Unrat, die verpissten, vollgekotzten Ecken und die grölenden Proleten der Altstadt von ihrem in edles Tuch gewandeten Leib hält.

Immendorff, der vor nicht allzu langer Zeit noch als linksradikaler Störenfried durch die Lokalpresse geisterte, der den Schulterschluss mit den arbeitenden Massen durch seine Vorliebe für „Proletenkneipen" zu demonstrieren suchte, wechselt nun die Seite.

Das Lederoutfit durch schwarze Zweireiher ersetzt, die sorgfältig gebundene Krawatte, mit goldener Krawattennadel verziert, an den Händen, die Insignien des Exzentrikers, seine obligaten goldenen Ringe. Von nun an trifft man Immendorff dort, wo die Teppiche tief und die Musik gedämpft ist. Hier, in den Clubs der Königsallee, wird Immendorff, der noch in den siebziger Jahren geradezu panische Angst vor Drogen hatte, zum exzessiven Kokainkonsumenten.

Von der Lokalen Yellow Press wird er zum „Malerfürsten" geadelt. Und Immendorff machte sich diese Rolle umstandslos zu eigen. Als dann Markus Lüpertz 1986 eine Professur an der Düsseldorfer Kunstakademie und 1988 deren Leitung übernimmt, lassen sich Lüpertz und Immendorff von einer antiintellektuellen, kunstfernen Gesellschaft vereinnahmen.

Seit den Zeiten der aktionistischen "Lidl"-Projekte suchte Immendorff die Nähe zu den Medien, und bis in die Mitte der achtziger Jahre war die Kooperation mit den Medien, vor allem den örtlichen Zeitungen, dezidierter Teil seiner Selbstvermarktungs-Strategie. Projekte wie die "Parteitage" oder die „Kapelle am Wegesrand", Slogans wie "Ich an die Macht" und "Zeig was du hast" waren ein ironisierendes Spiel mit den Mitteln des

„Systems“, als das die Medien in linken Kreisen angesehen wurden.

Immendorff perfektionierte dieses Spiel, er war wohl einziger Künstler in Deutschland, der eine professionell gesteuerte Medienarbeit betrieb. Zudem kontrollierte er sehr aufmerksam seine Außenwirkung. Von der Ledermontur, bis hin zu seinem spitz zulaufenden Haarschnitt, er ließ sich zeitweise sogar die Fingernägel spitz feilen, war sein Auftritt bis ins Detail kalkuliert.

Er wollte das Bild des unangepassten, antibürgerlichen Rebellen vermitteln, was ihm in diesen Jahren, am Beginn der achtziger Jahre in glaubwürdiger Kongruenz mit seiner Kunst gelang. Lange schwang in Immendorffs populistischem Tun, wie auch immer man dazu stehen mochte, ein selbstironischer Grundton mit.

Spätestens in dem Moment jedoch, in dem Immendorff die Ledermontur gegen den Smoking tauschte, hatte er seinen Ironiebonus verbraucht. Je mehr er sich im Sumpf der Düsseldorfer Spaßgesellschaft verlor, je tiefer er sich mit den Boulevardmedien einließ, desto ernster wurde die Sache.

Immendorff, so hatte es den Anschein, suchte sich mit Nachdruck im Gespräch zu halten, drängte sich vor jede Kamera, ließ sich vor viele Karren spannen. Was schließlich so weit führte, dass man ihn zum Düsseldorfer Karnevalsprinzen machen wollte und er dies tatsächlich in Erwägung zog.[271]

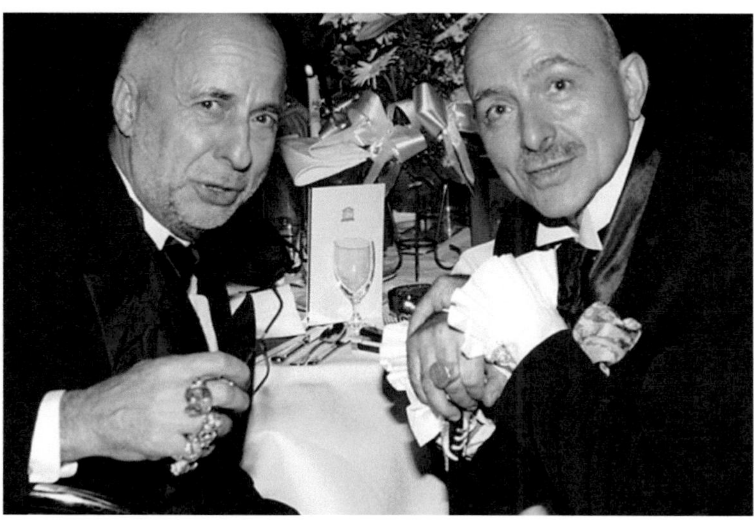

62, Immendorff und Lüpertz während einer Gala-Veranstaltung

In der Rückschau sieht Immendorff diese Jahre kritisch: „Es gibt etwas zu bereuen weil mich das Zeit gekostet hat, die ich anders für anderes gerne genutzt hätte (...) wo ich glaubte (...) ich müsste den Erwartungen der Claqueure genügen und nicht primär meinen eigenen Ansprüchen. Und das hat mich auf Umwege gebracht (...) ich wurde mir selber unfair gegenüber, ich habe also mich selber nicht mehr genügend respektiert.“[272]

Auch Michael Werner wird nicht entgangen sein, dass Immendorff mit seiner medialen Anbiederung Gefahr lief, seinen künstlerischen Ruf zu ruinieren. In einer Einladung nach Neuseeland, die Immendorff im Frühjahr 1987 erhielt, mag er wohl die Chance gesehen haben, sein Künstler möge sich, weit weg von falschen Freunden, den Claqueuren und dem Boulevard, einer Art von Selbstreinigungsprozess unterziehen und Inspiration finden. Werner engagierte sich, wie der Kurator der Ausstellung Andrew Bogle später im Vorwort des Katalogs anmerkte, von Anbeginn für das Zustandekommen des Projekts.[273]

„Größter Künstler seit Gauguin". Mit dieser Schlagzeile einer neuseeländischen Zeitung[274] wird Immendorff empfangen, als er Ende November 1987 in Auckland eintrifft. Ein Kreis wohlhabender Gönner hatte es ermöglicht, ihn für zwei Monate als ersten „Artist in Residence" des neu geschaffenen, gleichnamigen Programms der "Auckland Art Gallery", Neuseelands wichtigstem Museum für zeitgenössische Kunst, einzuladen. Man wollte man der, bezogen auf den internationalen Maßstab, praktisch inexistenten neuseeländischen Kunstszene Impulse verleihen und sich vermutlich auch ein wenig im Glanz internationaler Kunststars sonnen.

Im Vorfeld von Immendorffs Aufenthalt hatte der Kurator der Ausstellung, Andrew Bogle, mit Immendorff und Michael Werner vereinbart, dass Immendorff in Auckland ein Gemälde mittleren Formates malen solle, welches das Museum neben weiteren Arbeiten erwerben würde. Zum Abschluss seines Aufenthalts war eine Ausstellung mit ebendiesen Arbeiten geplant.

Etwa einen Monat vor Immendorffs Ankunft ereignete sich, was als "Black Monday" in die Wirtschaftsgeschichte eingehen sollte. Weltweit brachen an diesem Tag die Börsenkurse ein, und Neuseeland war das am stärksten von dieser Krise betroffene Land. Am 19. Oktober stürzten die Kurse an der „New Zealand Stock Exchange" um mehr als 60 Prozent ab. Neuseeland und insbesondere dessen einzige Metropole Auckland hatten in den Jahren zuvor einen rasanten Aufschwung erlebt, nachdem der bislang regulierte Markt mit wichtigen Unternehmen in öffentlicher Hand durch Liberalisierung des Marktes und Veräußerung staatlicher Betriebe beflügelt wurde. Viele Neuseeländer profitierten von diesem Boom, indem sie in Aktien vor allem ehemaliger Staatsbetriebe, in scheinbar sichere Anlagen also, investierten.

Bei Immendorffs Ankunft befand sich das Land demnach in einer schweren Depression, von der es sich erst Jahre später erholen konnte. Ungeachtet dessen inszeniert sich Immendorff auch hier in gewohnter Großspurigkeit. Auf Pressebildern sieht man ihn im Tank-Top mit „Chanel"– Aufdruck, er wird mit Sätzen zitiert wie „I hate cheap champagne", „I hate weak artists", „I hate anonymity".[275] Der neuseeländische TV-Reporter

Roger Price, der ein TV- Porträt Immendorffs produzierte, berichtet in einem mit "Bizarre world of a superstar"[276] betitelten Zeitungsbeitrag von seinen Erfahrungen mit Immendorff während der Dreharbeiten. Demnach lehnte es Immendorff ab, einen Mikrofon-Clip zu tragen, mit der Begründung: „I do not ware base metales. I only waer gold or silver. This is junk."[277]

Immendorff schlägt schließlich auch die Angebote seiner Gastgeber aus, die unvergleichliche Natur des Landes kennenzulernen. Dass er solchermaßen kaum Sympathien erntet, verwundert nicht.

Zu der durch seinen Besuch in der Medienberichterstattung ausgelösten Folklore gehört auch, dass er Anfang Januar eine Morddrohung erhält und dies zum landesweit kolportierten Skandal wird. Immendorff soll auf der Türschwelle seines Appartments ein Geschenkpaket mit einem toten Hasen, einem toten Vogel sowie einer Postkarte mit dem Worten „Verfallsdatum 23. 1. 88" gefunden haben. Er wurde unter Polizeischutz gestellt und anonym in einem Hotel untergebracht. Weshalb er diese Morddrohung erhielt, konnte offenbar nicht ermittelt werden, man vermutete jedoch ein Eifersuchtsdrama.

Der neuseeländische Künstler Michael Stevenson gewann 2002 den "Call Me Immendorff" Walters Prize", den wichtigsten Neuseeländischen Kunstpreis, mit der Installation "Call Me Immendorff", bei der er die Storys und Headlines über Immendorffs Aufenthalt den zeitgleichen Berichten über die ökonomische Krise seines Landes gegenüberstellte.

Immerhin, neben seinen Ausschweifungen gelingt es Immendorff, sich mit seinem neuen Thema zu befassen. Eine Reihe von Zeichnungen, Vorstudien zu "Café de Flore" deren wohl zentralste, welche das neue Kernmotiv seines Künstler-Cafés zeigt, er mit „NZ Immendorff" signierte. Letztlich hinterließ Immendorff das mit der Auckland Art Gallery vereinbarte Gemälde mit dem Titel "Ready-Made de l'histoire dans Café de Flore", das den Auftakt zu seinem neuen Bilderzyklus bildet.

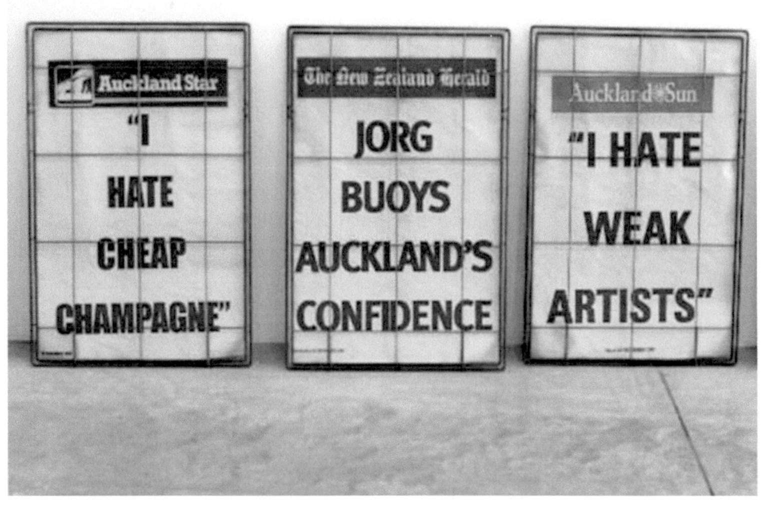


63, "Call Me Immendorff"-Arbeit des Neuseeländischen Künstlers Michael Stevenson

# TEIL 5 / 1990 - 1997

## IM CAFÉ

Mit Mühe hatte sich Immendorff vom Stigma des Kunst-Desperados, das ihm bis in die achtziger Jahre anhaftete, befreit. Kunstwelt und Öffentlichkeit schenkten ihm endlich Aufmerksamkeit, und auch wenn Immendorff mit der aus seiner Sicht ungenügenden Rezeption seines Schaffens in Deutschland nicht glücklich war, strebte er danach, sich einen Platz in der der „Hall of Fame“ der Weltkunst zu sichern.

Aus Paris, schon in Jugendzeiten Projektionsfläche seiner Bohème-Phantasien, bezog Immendorff die Vorlage für seinen auf “Café Deutschland“ folgenden Gemäldezyklus “Café de Flore“. Immendorff, der die Stadt nicht sonderlich gut kannte und kein Französisch sprach, verband eine romantisch idealisierte Zuneigung mit Paris.

Zu dieser Vorstellungswelt zählte die Fiktion des Cafés, in dem sich Bürger, Intellektuelle und Künstler begegneten. Vor allem jedoch faszinierten. Immendorff die Legenden um die Pariser Künstlergemeinschaft der Surrealisten: „Auf die Energie dieser Vertreter des Surrealismus in den ’Café de Flore’-Bildern möchte ich nicht verzichten. Das war eine Gruppe von Künstlern, die unter merkwürdigen Bedingungen existierten, (…) die sich bis aufs Messer bekämpften.“[278]

Der Humus zum “Café de Flore“ war sicherlich bereits mit der Idee eines Treffens verschiedener Künstlergenerationen in Guttusos „Caffe Greco“ gelegt. Der eigentliche Impuls zu „Café de Flore“ hingegen deutet sich in dessen Verwandtschaft mit dem Gemälde von Max Ernst “Au rendezvous des amis“ (Das Treffen der Freunde) an, einem Gruppenbild, auf dem sich Max Ernst im Kreise seiner Künstlerfreunde zeigt, irritierenderweise auf dem Schoß von Dostojewski sitzend.

Bereits in „Nachtmantel“ von 1987 versammelt Immendorff seine Künstlerfreunde in vergleichbarer Weise. Hier agiert er auf einer Bühne als ein in rosa Ballettschuhen tänzelnder Hauptdarsteller, während der alte Fritz mit seiner Flöte und Penck am Schlagzeug die Begleitmusik liefern.

Im Zuschauerraum haben sich alte und neue Freunde sowie die Promotoren seiner Kunst eingefunden: Beuys, Werner, Lüpertz, Rudi Fuchs, Johannes Gachnang, Harald Szeemann, Rudolf Springer, Christo Joachimides, Illiana Sonnabend, Mary

Boone, Don van Fliet und einige andere. Und auch eine Paraphrase zu dem Berg, bei Max Ernst im Hintergrund, findet sich im Vordergrund von Immendorffs Bild wieder.

Für "Café de Flore", das wird sich in späteren Variationen noch deutlicher zeigen, adaptiert Immendorff nicht nur die Bildidee von Max Ernst, auch die Malweise, die realistische Darstellung der Gesichter, die perspektivisch und proportional relativ willkürliche Anordnung der Figuren, deckt sich mit Details in Max Ernsts Bild. Letztlich erscheint auch in weiteren "Café de Flore"-Bildern ein der naturalistischen Berglandschaft von Max Ernst ähnlicher Landschaftshintergrund, bei Immendorff in Grisaille-Technik schraffiert.

In "Dans Café de Flore (avec Max, Otto, Ernst)", dem vermutlich ersten Bild des neuen Themenzyklus, nimmt Immendorff noch die Rolle eines Kellners ein, der Max Beckmann und Otto Dix Wein serviert. Wenige Bilder später schon postiert er sich auf der gepolsterten Sitzbank neben den Heroen der Kunstgeschichte. Er gesellt sich zu Max Ernst, Max Beckmann oder Marcel Duchamp, stellt sich neben Kurt Schwitters, Otto Dix und natürlich Joseph Beuys. Bald jedoch scheint es ihm zu eng auf der Couch, und Immendorff erweitert den Bildraum, legt diesen wie schon bei „Café Deutschland“ ähnlich einer Guckkastenbühne an.

Sein Motiv für dieses Sujet reflektiert Immendorff selbst: „Ich spiele ja in der gegenwärtigen Kunstlandschaft eine merkwürdige Rolle. Ich vertrete keine Richtung. Ich stehe nur für mich, allein und einsam auf weiter Flur. Ich sage das keineswegs wehleidig. Da sucht man sich eben Verbündete, die einem zusagen. Und ich finde die am ehesten in der Geschichte der Kunst und Dichtung.“[279]

Wie in den Tagträumen seiner Kindheit, den Expeditionen in Großvaters Garten, den Indianerspielen, seinen imaginären Schlachten, begibt sich Immendorff mit „Café de Flore“ in einen selbst geschaffenen Kosmos, entwirft die Kulissen, in denen er seinen Akteuren, Zinnsoldaten gleich, ihren Platz zuweist. Malend erschafft er sich einen Kreis von Freunden und Verehrern, macht sie zum auserlesenen Publikum seiner Wunschvorstellungen.

Dennoch wirkt es, als blieben die Figuren, mit denen er sich umgibt, Fremde. Starr und stumm, sprach— und beziehungslos sitzt Immendorff neben diesen selbst erschaffenen Freunden, die ebenso desinteressiert an ihm vorbeischauen.

„Ich wollte Figuren malen, die ich halbwegs spannend fand, das ist schon alles. Das sind Menschen mit einer bewegenden Biographie. Aber eigentlich sind sie für mich nur Hüllen, um malen zu können. Es geht mir nicht um Sympathiekundgebungen für künstlerische Stilrichtungen. Diese Menschen sind Malanlässe, nicht mehr und nicht weniger.“[280]

Wenn auch die Bilder kraftvoll und vielschichtig sind, wirken die Protagonisten eigenartig starr. Er malt die Gesichter seiner Protagonisten von fotografischen Vorlagen ab und belässt die Gesichter in unveränderter Perspektive. Würde er sie drehen oder perspektivisch verändern, würden sie ihre Wiedererkennbarkeit verlieren. In der Konsequenz erscheinen seine Darsteller, weil immerzu kopiert, auch mit der immer gleichen Geste, Duchamp mit der Zigarre, Beckmann mit Zigarette, Picabia mit nacktem Oberkörper.

Immendorff, der in früheren Zeiten unzählige Skizzen anfertigte, bevor ein Gemälde entstand, verlässt diese Praxis bei "Café de Flore“. Dies ist mit gewachsener Routine begründbar, möglicherweise aber auch mit mangelnder Durchdringung des Themas. Vieles in Immendorffs "Café de Flore“ scheint zufällig und beliebig: „Die Vorratskammer; also eine Anhäufung von Bild- und Phantasiegerümpel, mit dem du hantierst, nicht geplant, nicht immer vorbereitet, nicht sortiert. Es steigt auf aus alten Whiskeyfässern, die im Moor versteckt wurden von den Seeräubern, und dann einfach durch Gase und durch Chemie plötzlich wieder an die Oberfläche flutschen.“[281]

Die Inhaltsleere des "Café de Flore“-Zyklus ist nicht zuletzt darauf zurückzuführen, dass Immendorff sich in Zitaten seiner früheren Werke erschöpft. Bis hin zu den Papierhäusern von „Tier-Lidl“ greift Immendorff in seinen Fundus. Auch der Affe ist bald Gast im "Café de Flore“.

Der Kunsthistoriker Veit Görner beurteilt dieses Vorgehen: „Sein über 25 Jahre hindurch angefülltes Vorratslager aus Zeichen, Symbolen, Personen und zitierten Versatzstücken früherer Arbeiten wird von Immendorff hemmungslos geplündert. Jedoch ist der Verweischarakter dieser Metaphern, ihre inhaltliche Zeigefingerfunktion auf reale politische, soziale, biographische, literarische oder kunstimmanente Sachverhalte soweit zurückgedrängt, dass sie nur noch interpretationssüchtige Connaisseure in Atem hält, die Kunstgenuss in erster Linie als kognitive Rätsellöse-Übung betrachten."[282]

Letztlich ist "Café de Flore" ein Genrebild des Immendorffschen Lebens dieser Jahre. Die Zeit der Kämpfe ist vorüber, die Veteranen sitzen im Kaffeehaus, im Rauch von Zigaretten und Zigarren erscheinen die Fragmente ihrer Erinnerungen. Es ist eine Männergesellschaft. Frauen, die Immendorff in aufreizenden Posen um sich und seine Freunde herum platziert, wirken wie Projektionsflächen von Altherrenphantasien. Immendorff reproduziert diese Genres in unzähligen Varianten, und mit der Zeit wirken die Motive austauschbar, wird sein "Café de Flore" zur Endlosschleife eines „Künstler-Stadls".

Nachdem er als zeitgeschichtlicher Kommentator entbehrlich geworden ist, scheint er sich zumindest um Freundschaft und Anerkennung zu bemühen. Er tut dies, indem er auch den Clown oder den Kellner gibt, der am Ende des Abends beflissen den Laden leerfegt. Mit Andres Lepik, Kritiker der „Neuen Zürcher Zeitung", muss man sich jedoch fragen: „Gibt es in dieser bunten, grellen, aufdringlichen Ausstellung, in diesem endlos krampfigen Ringen um Anerkennung nicht wenigstens ein persönlich aufrichtiges Bild? Nein, auch die gezeigten Selbstporträts von 1980, 1988 (‚Solo'), 'Bild mit Geduld' (1992) und 'Ohne Titel' (1994) kommen nicht los von dem ewigen Versteckspiel vor sich selbst, dem Maskenzwang, der auch die reale Verzweiflung nur im Gewand des Bajazzo zulässt."[283]

Bei näherer Betrachtung der „Café"-Szenarien wächst die Vermutung, dass sich hinter den Rollen des zum Wohlgefallen anderer Dienstbaren, die Immendorff dort annimmt, auch der Wunsch nach Zuwendung verbirgt. Aus seinem Streben nach Freundschaft und Anerkennung hat sich inzwischen eine Trägersubstanz gebildet, die seine weit darüber hinaus reichenden Befindlichkeiten mit transportiert.

## KÜNSTLERSCHEISSE

1991 erscheinen drei eigenartige Gemälde in Immendorffs Oeuvre, "Manzonivase 1", "Manzonivase II" und "Manzonihügel", die eindeutig auf den italienischen Konzeptkünstler Piero Manzoni und dessen berühmte Arbeit "Merda d'Artista" (Künstlerscheiße) verweisen. Bei seiner Aktion von 1961 ließ Manzoni 30 Gramm seiner eigenen Exkremente in Konservendosen verschließen, um sie dann zum Goldpreis des gleichen Gewichts zu verkaufen.

"Manzonivase 1" zeigt das Porträt eines Mannes, der, folgt man dem Bezug zu Manzoni, Exkremente zu weinen scheint, die sich auf einem großen Haufen im Bildvordergrund sammeln. Der Mann stellt Kurt Schwitters dar, den Immendorff mit einer winzigen Zeile „Kurt (Urlaut 1) fertig zum langen Marsch auf Adler" bezeichnet.

Möglich, dass sich Immendorff mit dem Titel auf Schwitters „Ursonate" bezieht, einer dadaistischen Sprechoper, die aus einer abstrakten Aneinanderreihung von Worten, Buchstaben Zahlen und Lauten besteht. Weiterhin könnte sich Immendorff auf Schwitters „Entformung", der Umwandlung alter Materialien in neue Kunst, beziehen. Vielleicht ist auch die Anspielung auf Schwitters berühmt gewordenes Gedicht „An Anna Blume" gemeint, das 1919 wegen seiner Doppeldeutigkeiten Anstoß erregte: „Dein Name tropft wie weiches Rindertalg./Weißt du es, Anna, weißt du es schon?/ Man kann dich auch von hinten lesen und du, du herrlichste von allen, du bist von hinten, wie von vorne: A--N--N--A."[284]

Zentral in der Komposition von "Manzonivase 1" ist ein leuchtend grüner Tisch, der etwa zur Hälfte mit der offensichtlich von den Tränen genährten, braunen Masse bedeckt ist. Daneben fällt eine Vase mit Tulpen auf, deren Dekor kleine Scheißhaufen sind, ein weiterer Hinweis auf „An Anna Blume"? Tulpen wiederum sind entsprechend der im viktorianischen England entwickelten Blumensprache ein Symbol, mit dem man sagt: „Du bist zu keiner echten Empfindung fähig."

Neben der Vase, mutmaßlich ein verknittertes Foto oder den Ausriss aus einem Männermagazin darstellend, findet sich die Abbildung zweier Frauen, die sich, noch in BH und Höschen, in lesbischer Pose berühren. Im Bildhintergrund befindet sich ein Koffer, den ein Mann (Immendorff?) aufklappt und in dem sich einer von Immendorffs Affen befindet. In der anderen Hand hält der Mann eine Skulptur, die er scheinbar aus dem Koffer geholt hat und die offenbar eine nackte Frau mit erigierten Brustwarzen und heruntergelassenem Kleid darstellt, in einer hockenden Position, so als würde sie ihre Notdurft verrichten.

Vorn links ist eine Schachtel mit der Aufschrift „Evina aktiviert die Zellfunktionen“ zu sehen, aus der ein paar Kapseln auf den Tisch gerollt sind. Evina ist ein Präparat, das gegen „oxidativen Stress“ eingesetzt wird, der mit der Entstehung von Parkinson und ALS in Verbindung gebracht wird. Immendorffs linke Hand zitterte seit Beginn der achtziger Jahre. Es ist anzunehmen, dass er sich bereits zu diesem Zeitpunkt deswegen behandeln ließ.

„Langer Marsch auf Adler“ ein weiteres Gemälde von 1991, auf das Immendorff in “Manzonivase 1“ verweist, ist ein Bild, das aus zwei Gründen auffällt, wegen seines gigantischen Formats von 3,50 mal 7 Meter und weil es, analog zu “Manzonivase 1“, von einem ebenso gigantischen an Exkremente erinnernden Haufen dominiert ist. Bei genauerer Betrachtung erkennt man in diesem Gemälde ebenfalls eine Evina-Schachtel, Tulpen, diesmal kombiniert mit Löwenzahn sowie Möhrrüben und Tomaten, Speisepflanzen, denen potenzfördernde Wirkung zugeschrieben wird.

Im gleichen Jahr schuf Immendorff das Gemälde “painter as canvas“, auf dem ihm Max Ernst das Gesicht weiß anmalt. Auf der Stirn steht ein Zitat des Dada-Künstlers Raoul-Hausmann „section de merde allemande“ (Abteilung Scheiße deutsch) geschrieben. Dann, in „Bild mit Geduld“ von 1992, sitzt Immendorff in einem dunklen Raum, in dem sich etwas weiter hinten ein Bienenkorb befindet, der von Bienen umschwirrt wird. Die Kerze auf dem Tisch beleuchtet sein weiß geschminktes Gesicht, auf dem erneut „section de merde allemande“ und auf der Wange das spanische „caca!“ („Kacke!“) geschrieben steht. Er betrachtet im Schein der Kerze mit skeptischem Gesichtsausdruck eine Biene die sich auf seinem linken Zeigefinger niedergelassen hat.

Die Biene, die „Imme“,[285] ist wie der Affe ein von Immendorff häufig genutztes Altes Ego. Somit verweist sie auf den

Charakter der Selbstbetrachtung, der diesem Bild innewohnen könnte. Die Signaturen in seinem Gesicht wären damit auch als Ausdruck von Immendorffs kritischer Haltung gegenüber der Realität seines Heimatlandes, in die er sich selbst einschließt, interpretierbar. 1991, im Entstehungsjahr von "painter as canvas", jedoch, ist Immendorffs künstlerisches Werk weit entfernt davon als zeitkritisch wahrgenommen zu werden. Und er selbst zeigt sich mehr als saturierter Erfolgskünstler, denn als Mahner oder gar als politischer Dissident.

Wenn überhaupt „section de merde allemande" kritisch zu verstehen wäre, bliebe immer noch zu fragen, was er gegebenenfalls anprangern will, denn dies ist weder diesem Bild noch anderen Arbeiten aus dieser Zeit zu entnehmen. Oder wie es Jürgen Hohmeyer im SPIEGEL formulierte: „Der Maler, der seine Produkte früh zur 'Roten Zelle Kunst' erklärt hatte und der es anregend fand, wenn ein Bauarbeiter in der Akademie mit einem seiner Bilder nutzbringend einen Kabelschacht abdeckte, hat seine Aktionen längst in eine gemalte, mit allerlei Anspielungen austapezierte Kulissenwelt verlegt."[286]

Schlussendlich könnte man sogar die Frage stellen, ob sich Immendorff selbst oder sein Werk ironisierend als kommerzialisierte „Kunstscheiße" brandmarken will, womit immerhin eine Verbindung zu Manzoni oder die Reminiszenz an seine früheren Selbstbezichtigungen andeutbar wäre.

Gegen diese Annahme spricht jedoch sein aktiver Umgang mit der an Exkremente erinnernden braunen Materie, die er nach 1991 regelmäßig in seinen Motiven einsetzt. Nicht fern daher auch die Frage, ob die Darstellung von Exkrementen sexuelle Praktiken thematisiert.

## LEERJAHRE

1986 zieht Immendorff in die Stefanienstraße unweit des Düsseldorfer Hauptbahnhofs in eine ehemalige Fahnenfabrik, in der sich einstmals die Bühnenmalerei von Gustaf Gründgens' Düsseldorfer Schauspielhaus befand. Der Komplex, der sich über drei Etagen und ein Kellergeschoss erstreckt, bot ein geradezu verschwenderisches Raumangebot.

Im Parterre auf rund 800 Quadratmetern ein Bildhaueratelier sowie eine Druckwerkstatt. Das tanzsaalgroße Malatelier, mit etwa sechs Metern Deckenhöhe, befindet sich im Obergeschoss. Das mittlere Geschoss richtet sich Immendorff als Wohnung mit großen, karg möblierten Räumen ein. Der schwere Tisch sowie das Buffet aus Mooreiche von Immendorffs Großvater dominieren das Esszimmer, welches zu einem Dachgarten führt. Im Keller lässt Immendorff einen mit Terracottafliesen ausgelegten „Wellnessbereich" einrichten, der aus Sauna, Dampfbad und einem rund zehn Meter langen Swimmingpool besteht.

1989 wird er endlich Professor und übernimmt die ehemalige Klasse von Gerhard Richter an der Frankfurter Städelschule. Im selben Jahr fällt die Mauer. Man erinnert sich an Immendorffs Opus Magnum "Café Deutschland", die "Frankfurter Allgemeine Zeitung" jubiliert mit der Abbildung eines "Café Deutschland"-Bildes, wie auch Bundespräsident Richard von Weizsäcker seine Fernsehansprache zur Wiedervereinigung vor einem „Café Deutschland"-Bild hält.

Immendorff wird Werbemodel, posiert neben Weltstars der Kunst wie David Hockney, Jasper Jones oder Keith Haring aber auch Miles Davis, Sting, Helmut Newton, Billy Wilder, Francis Ford Coppola für die Stuhlfirma Vitra. In Anbetracht seiner Lebensumstände am Beginn der der neunziger Jahre könnte Immendorff von Zufriedenheit, von Gelassenheit, auch einen gewissem Großmut mit sich selbst und seiner Umgebung beseelt sein. Stattdessen deuten sich bei ihm Züge eines mürrischen Misanthropen an.

Seine Stimmung in dieser Lebensphase beschreibt Immendorff später an einem Beispiel: „Wunderschönes Wetter. Fuerteventura (...) Das Wasser war türkisfarben, Sonne, Hotel, (...) die Bar war toll, die Kapelle gut, die Sängerin hübsch. Und ich hatte so eine Scheißlaune. (...) Und ich war topfit, ich war nicht krank, nichts. Und trotzdem hat's bei der Birne nicht gereicht. Das sind so Schatten, die man manchmal einfach nicht weg kriegt."[287]

Er geht immer häufiger nur noch in Begleitung eines Bodyguards aus dem Haus. Sein Prominentenstatus, den er nicht zuletzt mit dem Bodyguard, der gleichzeitig sein Chauffeur und Zigarettenanzünder ist, unterstreicht, schmeichelt ihm. Immendorffs Wandel, vom Kollektivisten, über die populistische Kiez-Phase zur prominenten Medien-Figur, entging vor allem jenen nicht, die ihn lange schon kannten, wie beispielsweise Anette Behler, eine Freundin aus seinen Tagen als Hauptschullehrer: „Im Laufe der Jahre wurde er immer launischer. Mein Gefühl war, dass er irgendwie nicht mit dem Erfolg umgehen konnte. Jörg hatte deshalb auch viele falsche Freunde um sich, die ihn ausnutzten. Er kam ja auch aus dem nichts. Als ich ihn kennerlernte fuhr er noch einen klapprigen R4, nachher musste es dann der Chauffeur sein."[288]

Sanftmütig oder umgänglich war Immendorff nie. Doch nun wurden seine Stimmungen zunehmend unberechenbarer. Es bekundete selbst „Quartalssäufer" zu sein, der Kokainkonsum kam hinzu. In Fachkreisen ist unbestritten, dass „dauerhafter und intensiver Kokainkonsum zu psychischen Veränderungen führen und insbesondere Ruhelosigkeit, Reizbarkeit, Gewalttätigkeit und Aggressivität sowie unbegründete Ängste und Verwirrtheit hervorrufen (kann)."[289]

Ob aber tatsächlich nur Alkohol und Drogen für Immendorffs zunehmende Stimmungsschwankungen verantwortlich waren oder es weitere, sehr private Ursachen gab ist zu fragen: Einsamkeit, Vorboten des Alterns, Aversion gegen unterdrückte Gefühle und Phantasien.

Nachdem Immendorff mit dem Affen und "Café de Flore" thematisch wieder gesicherten Boden gefunden hat, beginnt er diesen in gleichem Maße künstlerisch wie kommerziell zu beackern. Denn aufgrund seines aufwendigen Lebensstils ist er gezwungen, einen permanenten Geldfluss sicherzustellen.

Seit 1992 befand sich die Weltwirtschaft jedoch in der schärfsten Rezession der Nachkriegszeit. Hinzu kam, dass sich der Malerei-Boom bereits gegen Mitte der achtziger Jahre abgeschwächt hatte, weshalb sich die Verkaufserlöse von Bildern der "Jungen Wilden" im freien Fall befanden und auch die Preise für Immendorffs Werke mitrissen.

Ankäufe deutscher Museen blieben aufgrund der Wirtschaftskrise und der Kosten für die Wiedervereinigung weitgehend aus. Auch die Sammler hielten sich zurück. Sie hatten in der letzten Dekade große Bestände an Malerei erworben, deren künstlerische Substanz nach dem Abklingen der Euphorie nun realistischer betrachtet wurde. Plötzlich schien sich der Wert ganzer Sammlungen in Luft aufzulösen. An ihrem „Hunger nach Bildern" hatten sich viele überfressen, jetzt wollte man auch Immendorff nicht mehr sehen.

Vor diesem Hintergrund bleibt Immendorff kaum eine andere Wahl, als seine Kunstproduktion um bezahlbare Massenware, eine „Discount-Linie" gewissermaßen, zu erweitern. Zunächst steigert er die Produktion von Grafik insgesamt massiv und lässt Grafiken in ähnlichen Dimensionen wie die seiner Gemälde drucken.[290]

Somit ist dann um 1992 für etwa 20 000 D-Mark bereits ein etwa 2,40 mal 1,60 Meter großer Druck mit einem Motiv des "Café de Flore"-Zyklus zu erwerben, der als Gemälde ein Vielfaches kosten würde.

Hatte er in den achtziger Jahren nur vereinzelt größere Auflagen produziert, wurden die Blätter ab Mitte der neunziger Jahre in zunehmend höheren Auflagen von 100 bis 200 Exemplaren herausgegeben.[291] Immendorff-Grafiken konnte man inzwischen sogar in sogenannten Poster-Galerien erwerben. Darüber hinaus vergab Immendorff Lizenzen, für Seidenschals, Plastikuhren, Teller und Tassen, und natürlich verkauft er weiterhin ab Atelier, zum halben Preis oder weniger.

Es liegt auf der Hand, dass solch inflationärer Umgang mit dem eigenen Oeuvre bei Sammlern und Kuratoren auf wenig Gegenliebe stieß. Von 1990 bis 1996 hat er nur noch vier Ausstellungen in Deutschland, während es von 1984 bis 1989 noch vierzehn waren. Erst ab 1996 bekommt er wieder Einzelausstellungen in deutschen Museen.

Die Wertschätzung, die Immendorff im Ausland erfährt, scheint unbelastet von derartigen Eskapaden, sie ist um so größer, je ferner von Deutschland sein Werk betrachtet wird. So wird Immendorff gegen Mitte der neunziger Jahre zu einer Art Handelsreisender in eigener Sache. Er hat Ausstellungen in Asien, in Japan, Südkorea, China, Taiwan und Hongkong, Ausstellungen in Europa ergänzen sein Programm. Er stellt in Mexiko aus und immer wieder in den USA. In diesen Jahren kann Immendorff auf eine ansehnliche Zahl von Ausstellungen in aller Welt verweisen. Immendorffs auf den ersten Blick nennenswerte Erfolge verschleiern ein wenig, dass er in seiner weltweiten Bedeutung und nicht zuletzt in den USA, bis heute weit davon entfernt ist, den Rang von Richter, Kiefer, Baselitz oder Polke zu erlangen.[292]

Im März 1994 begibt sich Immendorff erneut in ein Abenteuer als Gastronom und eröffnet in der ehemaligen Düsseldorfer Altstadtwache an der Mühlenstraße ein Restaurant mit Bar sowie eine Galerie. Das Projekt nennt er naheliegend "Wache". Gegenüber dem "art Magazin" bezeichnet er sich nun als "Projekterfinder in Sachen Kultur" und verspricht neben der Galerie neun Ateliers, die er kostengünstig jungen Künstlern zu Verfügung stellen will.[293]

Immendorff ist allerdings nur Minderheitsgesellschafter der "WACHE Galerie + Gastronomie GmbH".[294] Sein Partner ist der so in der Presse bezeichnete „Immobilien-König" Rolf Wegener, dem auch die Nobeldisco "Sams" gehört.[295]

Rolf Wegener gelangte gegen Ende der neunziger Jahre als Intimus von Jürgen Möllemann, des FDP-Politikers und ehemaligen Vizekanzlers der Regierung Kohl in die Schlagzeilen. Möllemann, der sich im Juni 2003 aus einem Flugzeug der von ihm gemeinsam mit Wegener betriebenen "MS-Air" in den Freitod stürzte, wurde zuvor mit Wegeners dubiosen Waffengeschäften sowie dessen Parteispenden an die FDF in Zusammenhang gebracht.[296]

Die "Süddeutsche Zeitung" schrieb über Wegener: „Bei der Staatsanwaltschaft Augsburg ist Wegener wegen brisanter Waffengeschäfte (AZ502/Js127135/95) aktenkundig. Neben dem Waffenhändler Schreiber hat der Möllemann-Spezi Anfang der neunziger Jahre als diskreter Berater beim Verkauf von 36 Spürpanzern durch die Firma Thyssen an Saudi Arabien mitgewirkt. (..) Es ging um die steuerliche Anerkennung von Schmiergeldern von 220 Millionen Mark als „nützliche Aufwendungen".[297]

Auch im Fußballgeschäft tauchte Wegener auf, indem er afrikanische Profis vermittelte. Einer seiner besten Transfers war der von Victor Agali, der 2001 für einige Millionen Mark von Hansa Rostock zum FC Schalke 04 wechselte, wo Jürgen Möllemann im Aufsichtsrat saß.[298]

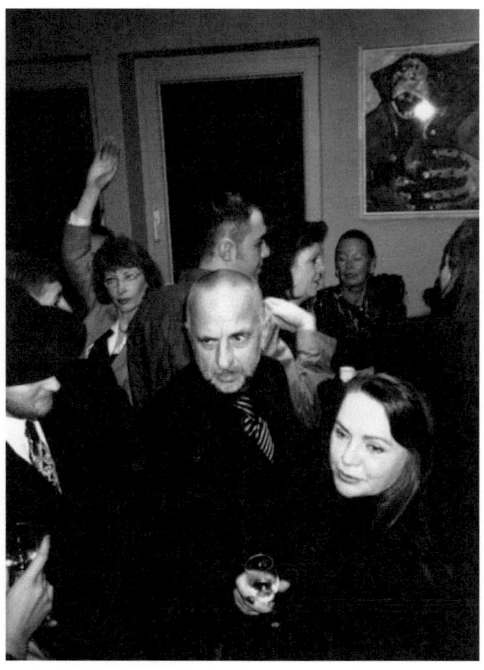

64, "Wache" Eröffnung

Es mag sein, dass Immendorff nichts oder wenig von Wegeners Geschäften wusste, gleichwohl hätte er in Wegener zumindest den mit allen Wassern gewaschenen Geschäftsmann erkennen können. Doch blauäugig begibt er sich in diese neue geschäftliche Liaison. Er lässt die Bilder aus dem "La Paloma" entfernen, um mit ihnen sein neues Etablissement zu dekorieren, das mit seinen roten Lederbänken und dem gediegenen Interieur mehr an das "Café de Flore" als an die Kiez-Bar in Hamburg erinnert.

Schon bei der Eröffnung erscheint allerdings überraschend wenig lokale Prominenz, und bereits nach nicht einmal einen halben Jahr versinkt das Projekt im Chaos. Das Konzept fand keinen Anklang, die Gäste blieben aus. In der Folge wurden Handwerker-Rechnungen nicht bezahlt ebenso wie Löhne.

Die verkehrsreiche, unfreundlich wirkende Mühlenstraße ist ein möglicher Grund dafür, dass die Gäste ausblieben. Ein anderer könnte in einem grundsätzlichen Fehler des Konzepts liegen. Die hochkarätigen Bilder, im heruntergekommenen „La Paloma" eine spannungsreiche Inszenierung, in der "Wache" sind sie Dekoration, deren Qualität offenbar nicht ausreichte, die erwartete zahlungskräftige Kundschaft zu bewegen, ihre handgenähten Schuhe auf der Mühlenstraße zu beschmutzen.

Wegener, der offenkundig kein Interesse hatte in das Projekt weiterhin zu investieren, schließt die "Wache", vermietet das Lokal als Trattoria und aus der Galerie wurde ein Billardsalon. Immendorff war aus dem Geschäft.[299]

## DER WÜSTLING

Gerard Mortier, 1993 Intendant der Salzburger Festspiele, hatte sich auf der Suche nach einem Bühnenbildner für Igor Strawinskys Oper “The Rake's Progress“, nach Motiven des englischen Künstlers William Hogarth, an Immendorff erinnert, dessen Bilder er kannte. Er bot ihm diese Aufgabe an, obschon Immendorff nur über geringe Erfahrung mit Bühnenbildern verfügte.

1986 hatte er am Bremer Stadttheater ein Bühnenbild für “Elektra“ gestaltet. Er ist sich bewusst, dass mit der Anfrage von Mortier für die Salzburger Festspiele andere, deutlich höhere Anforderungen verbunden sind, insbesondere da er neben dem Bühnenbild auch die Kostüme gestalten und an der Inszenierung mitwirken soll.

William Hogarth, der die sozialen Missstände Englands in satirischen Arbeiten beschrieb, malte eine Reihe von Gemälden und 1735 acht Radierungen zu “A Rake’s Progress“, die neben den bildlichen Darstellungen Texte beinhalten. Man könnte hierin einen frühen Vorläufer des Comic Strips sehen. “A Rake’s Progress“ („Rake“ ist eine lautmalerische Anspielung auf „rape“ = vergewaltigen), ist die Geschichte von Tom Rakewell, dem Erben eines reichen Londoner Händlers, der seinen ohne eigenes Zutun erworbenen Besitz mit falschen Entscheidungen und falschen Freunden verprasst, der sich aus Ruhmsucht und Geldgier mit dem Teufel einlässt und zuletzt alles verliert. Rakewell ist ein hemmungsloser Wüstling, ein skrupelloser, selbstverliebter Aufsteiger, der von Hogarth zum Beispiel für moralische Verrohung, für sinnentleerte Gier stilisiert wird.

Immendorff ist gefesselt von dem Stoff. Gegenüber dem Journalisten Andreas Wrede erinnert er sich an die Intensität seiner Auseinandersetzung mit dem Bühnenstück, das „wie eine Parallelbiographie“ von ihm sei.[300]

Andere Projekte räumt er beiseite, nimmt die Arbeit mit für seine Künstlerkarriere fast beispielloser Durchdringung auf, beschafft sich alles nur mögliche zu Hogarth, fliegt nach London, besucht das Sir John Soane’s Museum, in dem sich die Originalgemälde von “A Rake’s Progress“ befinden, nach denen die Radierungen entstanden.

Im Oktober 1993 weilt Immendorff wegen einer Galerieausstellung in Los Angeles. Er trifft dort mit der berühmten amerikanischen Mäzenin Betty Freeman zusammen, die neben bildender Kunst auch Musik fördert und eine sehr aktive Unterstützerin der Salzburger Festspiele ist. Auf deren Vermittlung kann Immendorff David Hockney, der 1975 ein Bühnenbild zu “A Rake’s Progress“ schuf, in seinem Appartement im berühmten Hollywood-Hotel “Chateau Marmont“ besuchen.

Da Hockney fast taub ist, entwickelt sich die Konversation ein wenig einseitig. Immendorff, vermutlich auch ein wenig befangen bei der Begegnung mit dem weltberühmten Künstlerkollegen, begibt sich in die ungewohnte Rolle des Zuhörers, schöpft weitere Informationen, die ihm helfen, eine Herangehensweise an die bühnenbildnerische Arbeit zu finden.

Schließlich entwickelt er ein Konzept, das auf der einen Seite geradezu exemplarisch ist für Immendorffs Weltsicht und sich auf der anderen Seite als kongeniale Interpretation von Hogarths Bilderzählung erweist. Immendorff, der sich von Anbeginn mit Tom Rakewell, dem Protagonisten der Geschichte, identifiziert, der in der Geschichte deutliche Bezüge zu seinem eigenen Dasein erkennt, stellt Rakwell in das Szenario eines Malerateliers, die dekorativen Elemente entnimmt er seinem eigenen Symbolrepertoir. Wie in “Café de Flore“ schart er seine Freunde um sich, interpretiert er die Charaktere des Stücks, indem er ihnen deren Gesichter verleiht.

Der Adler findet sich wieder, das Kampfflugzeug von Beuys und natürlich als stumme Diener die Affen. Elemente der Bühne sowie der Kostüme sind wie eine Assemblage aus sexistischen Motiven gestaltet, die Immendorff aus Arbeiten Hogarths adaptiert. Während diese bei Hogarth feinnervige Satire sind, ist Immendorffs Interpretation unzweideutig. Die Wände des Bühnenraums sind mit unzähligen Geschlechtsteilen bemalt, auf der linke Seite mit einen Vagina-Muster, auf der rechten Seite mit einem Penis-Muster. Auf den Kleidern des Nutten-Chores erigierte Penisse. Diese Aspekte der Inszenierung verweisen auf das umfangreiche Konvolut von Zeichnungen und Bildern, die Immendorff aus seiner Arbeit an dem Opernprojekt schöpfen sollte.

Anfang Juli 1994 kommt Immendorff nach Salzburg, um an der Einrichtung der Inszenierung und den Proben mitzuwirken.

Die Arbeit im Theater bei hochsommerlichen Temperaturen strapaziert Immendorffs Nerven, er ist es nicht mehr gewohnt, im Team zu agieren. Auch wenn sich die Zusammenarbeit mit dem Regisseur Peter Mussbach als kollegial und konstruktiv erweist, kommt es zu Spannungen.

Nach zähen Auseinandersetzungen, Mussbach will zwischendurch sogar alles hinwerfen, wird die Inszenierung schließlich für alle Beteiligten ein großer Erfolg. Für Immendorff der vielleicht emotionalste seines Lebens, sieht er sich doch selbst auf der Bühne, vital, viril, in seinen besten Jahren.

Michael Werner, Markus Lüpertz und Georg Baselitz, aber auch Claude Picasso kommen zur Premiere. Immendorff wird umjubelt wie selten zuvor, und Michael Werner richtet ihm zu Ehren ein Diner in Salzburgs berühmtesten Restaurant, im "Goldenen Hirsch" aus.

„Der Künstler sucht zunächst Selbstbefreiung (...) Er stellt zwar seine persönlichen Wunschphantasien als erfüllt dar, aber diese werden zum Kunstwerk erst durch eine Umformung, welche das Anstößige dieser Wünsche mildert, den persönlichen Ursprung derselben verhüllt.“ (Sigmund Freud).[301]

In Immendorffs Bilderwelt ist die Präsenz von Frauen, wenn sie überhaupt erscheinen, überwiegend auf Nebenrollen beschränkt. Auch die Forderung nach Gleichberechtigung der Geschlechter, immerhin eine Kernforderung der Linken, findet nicht einmal in Immendorffs Agitprop-Bildern der siebziger Jahre ihre Entsprechung. Im Mittelpunkt stehen überproportionierte Kraftkerle, die Ärmel hochgekrempelt, entschlossener Blick im kantigen Gesicht. Die wenigen Frauen sind häufig nur fahnenschwingende Staffage oder erscheinen, wie beispielsweise in “Alles geht vom Volke aus“ von 1976, als ehrfurchtsvoll zu den Heroen aufblickende Dienerinnen der Revolution.

Das numerische Verhältnis der Geschlechter ändert sich in den „Café Deutschland“ Motiven. Frauen sind nun in größerer Zahl auszumachen, hingegen wandeln sich ihre Funktionen kaum. Immendorff weist dem weiblichen Personal seiner Inszenierungen weiterhin die Aufgaben von Statistinnen zu, im Hintergrund platziert, ohne erkenntlichen Einfluss auf die Handlung. Einzig der Umstand, dass die Frauen nun oftmals nackt oder spärlich bekleidet sind, markiert eine gewisse Zäsur. Unklar bleibt ihr Bezug zu den politisch historisierenden Inhalten der Motive.

Immendorffs Weltbild beinhaltete ein überaus traditionelles Verständnis der Geschlechterrollen, was sich unschwer in seinen Bildern ablesen lässt. In den frühen neunziger Jahren veränderte sich jedoch die Art und Weise, wie Immendorff Frauen inszeniert, die er weiterhin zwar als Subjekte auffasst, gleichwohl aus einer anderen Perspektive betrachtet.

Im “Café Deutschland“ gab Immendorff den präpotenten Macker, einen tanzenden Macho, dem sich das weibliche Personal anzudienen schien. Im “Café de Flore“ sowie anderen Arbeiten dieser Phase indessen, begegnet man häufiger Frauen in lesbischen Posen, während Immendorff demgegenüber bezugslos, passiv oder gar unterwürfig wirkt. Wie in “Gyntiana“

von 1992, in dem er neben einem Frauenpaar kniend einer der beiden mit einem Schwamm den Fuß zu reinigen scheint, während diese ihm den Kopf tätschelt.

Es scheint nicht ungewöhnlich, dass sich Immendorff in seinen Bildern, wie zahllose andere Künstler vor ihm, mit der eigenen Vergänglichkeit, dem Altern, mit der dadurch veränderten Sexualität auseinandersetzt und, in dem Bewusstsein ablaufender Lebenszeit, zu einem freieren Ausdruck seiner Phantasien findet.

Mit Vergänglichkeit setzt sich Immendorff auch in Form seines Alter Egos, der Biene, der „Imme“ auseinander die in diesen Jahren neben dem Affen, zum festen Bestandteil seiner Ikonographie wird. Bienen, die Himmel und Erde bevölkern, symbolisieren Leben und Seele, sie sind als einzige Lebewesen dem Paradies entsprungen. Man findet Bienen auf Gräbern als Verweis auf ein Leben nach dem Tod. Kelten und Gallier, die Honigwein tranken, setzten die Biene gleich mit Weisheit und der unsterblichen Seele.

In den Zeichnungen und Gemälden, die er mit “Gyntiana“ bezeichnet, beschäftigt sich Immendorff gleichfalls mit der Suche nach der unsterblichen Seele. “Gyntiana“ steht in Bezug zu Henrik Ibsens Drama “Peer Gynt“, mit dem sich Immendorff erstmals 1992, anlässlich einer Arbeit für das Ibsen-Festival in Oslo, befasste. Peer Gynt ist ein Aufschneider, ein Lügner, der sich eine Phantasiewelt zusammenreimt. Am Ende der Geschichte muss Gynt alt und verarmt um seine Seele kämpfen, wobei er sich mit einer Zwiebel vergleicht, die viele Hüllen, jedoch keinen Kern aufzuweisen hat.

„Die verschiedenen Schalen der Zwiebel bedeuten für mich die verschiedenen Phasen unseres Lebens. Jede Zwiebelhaut hat eine bestimmte Signifikanz. Sie ist wie eine wirkliche Haut, die man sich tätowieren lässt oder mit einer Zeichnung versehen kann, die symbolisch für die Etappen unseres Lebens steht. Wenn die Häute aufgebraucht sind, dann beschreitet man eine vollkommen abstrakte neue Ebene unserer Existenz, die nicht figürlich ist und eher im Geistigen zu suchen sein wird.“[302]

In “Gyntiana“ wie auch zu “The Rakes Progress“ sowie in zahlreichen anderen Bildern dieser Jahre stellt sich Immendorff oftmals mit der weißen, aufgemalten Gesichtsmaske dar, die sinnbildlich für eine zweite Haut steht, aber auch für das weiß geschminkte Gesicht des traurigen Clowns, des Bajazzo, der seine Trauer überspielen muss.

Zahlreiche Arbeiten dieser Schaffensphase zeigen Immendorff auch im Frauengewand, wie beispielsweise 1994 in "The Rake" wo er sich als alte Frau darstellt mit einem durchsichtigen Kleid, rotem Lippenstift und einem an eine Erdbeere erinnernden roten Schönheitsfleck.

Wenn Männer Frauenkleider tragen, dann kann man hierin einen Akt der Provokation sehen, aber auch das unterbewusste Bedürfnis, sich durch das Tragen von Frauenkleidern mit dem anderen Geschlecht zu verbinden, einer anderen Geschlechtsidentität näher zu kommen. Weitere Motive liegen in der zwanghaften Vorstellung, diese Kleider anzuziehen, um sich auf diese Weise demütigen zu lassen, sich bewusst dem Risiko auszusetzen der Lächerlichkeit preisgegeben zu sein.[303]

Wie das Bedürfnis nach Demütigung wirkt ebenso ein von Immendorff mehrfach variiertes Motiv aus dem "Rakes Progess"-Zyklus, welches unmittelbar einem Bild des Renaissancekünstlers Hans Baldung Grien entspricht: "Phyllis und Aristoteles" zeigt den alten Aristoteles, mit einem Zügel im Mund, auf dessen Rücken Phyllis reitet. Nicht nur dieses, auch andere Bilder dieser Jahre erscheinen wie Darstellungen von Erniedrigung und Abscheu.

In einem Selbstportrait ohne Titel aus dem Jahr 1994, zeigt sich Immendorff nackt auf dem Boden kniend, das Gesicht ist weiß geschminkt. Mit meiner Hand hält er sich wie aus Schamgefühl die Augen zu. Dann in "Frontis Piss II", einem Gemälde von 1995, portraitiert sich Immendorff mit dem Kopftuch einer Bäuerin, in einem durchsichtigen Negligé, auf den Boden urinierend, während er in einer Hand eine Sense hält, die eine Vulva durchbohrt.

1995 begeht Immendorff seinen fünfzigsten Geburtstag mit einem Fest im "Op de Eck", dem Restaurant im Haus der Kunstsammlung Nordrhein-Westfalen. Seiner Einladung folgen Künstlerkollegen wie Gotthard Graubner, Herrman Nitsch, Imi Knoebel, Albert Oehlen, Markus Lüpertz, aber auch, und das kam in Düsseldorf einem Adelsschlag gleich, die Industrielle Gabriele Henkel.

Es regnet in Strömen, weshalb eine Aktion schnell beendet ist, bei der Immendorff vor dem Restaurant aus seiner Kanone, der "einzig respektablen Waffe" aus der Aachener Aktion von 1966, artifizielle Kartoffeln verschiesst welche die Gäste als Erinnerungsstücke behalten dürfen. Im Inneren der Kunststoffkartoffeln befinden sich zusammengerollte Zettel, auf denen zu lesen ist „Der Garten macht uns fertig" oder „Alles was ihr von mir bekommt".

Friedrich II. von Preußen hatte einst Kartoffeln pflanzen lassen, um sein Volk zu ernähren. Für Immendorff war die Kartoffel Metapher für intellektuelle Grundnahrung, als die er die Kunst betrachtete, der Künstler war also in der Lage, darüber zu befinden, wie die Gesellschaft mit kultureller Substanz zu nähren sei.

Etwa ein Jahr später, im April 1996, begrüßt Immendorff als ordentlicher Professor der Kunstakademie Düsseldorf seine erste Klasse. Mit Hausverbot war er 1969 aus seinem Olymp verjagt worden, nun hat er über viele steinige Umwege endlich wieder zurückgefunden.

Immendorff unterstreicht seinen Willen zu lehren in seinen verschiedenen Ämtern an Schulen und Hochschulen durch glaubwürdiges Engagement. Und als wäre er ein Wiedergänger von Beuys, lebt Immendorff seinen Schülern die Exposition der Künstlerexistenz vor und fordert sie gleichzeitig mit hohem Anspruch in Bezug auf ihre künstlerischen Leistungen wie auch hinsichtlich der Glaubwürdigkeit ihrer Haltung des „Künstler-Sein-Wollens".

Obgleich sein pädagogisches Bemühen durchaus offen ist gegenüber der Diversität künstlerischen Ausdrucks und nicht darauf ausgerichtet, Nachahmer des eigenen Stils heran-zuziehen, wie man es gelegentlich bei den Klassen anderer Künstler empfindet, ist es dennoch bestimmt von seinem Sendungsbewusstsein, das wenig Raum für diskursive Erörterungen lässt.

Niels Sievers, ein ehemaliger Schüler Immendorffs erinnert sich: „Er hielt immer ewige Monologe. Monologe über die Kunst und darüber, wie er als junger Künstler war. Das fand man dann entweder interessant oder nicht. Und wenn man etwas damit anfangen konnte, kam man ins Gespräch. Überhaupt handelte seine gesamte Lehre vom Künstlerwerden und Künstlersein. (…) Über das Persönliche wurde so gut wie nie gesprochen: Es ging immer nur um die Arbeit. Er war ja der Sohn eines Offiziers, und das merkte man. Das war hier kein Kuschelverein. Und Immendorff war auch kein Kumpeltyp. Seine Arbeitsangaben waren kurz und präzise.“[304]

Ende Mai 1996 wird im Kunstmuseum Wolfsburg Immendorffs erste umfassende Werkschau in Deutschland eröffnet, die gleichzeitig überhaupt seine erste große Museumsausstellung in Deutschland, vierzehn Jahre nach "Café Deutschland-Adlerhälfte“ ist.[305]

Ein wenig beachteter Triumph in der Provinz, in einem guten, wenn auch keinem der ersten Häuser der Republik, und spät, wie auch seine Berufung an die Düsseldorfer Akademie. Dreißig Jahre künstlerisches Schaffen, ein opulentes Oeuvre, für das ihm längst schon internationaler Beifall zukam, und dennoch vermisst Immendorff in Deutschland die ihm aus seiner Sicht gebührende Anerkennung, wie es auch die "Frankfurter Allgemeine“ in einem Artikel zur Ausstellung notierte: „Seine Klage, dass ihm in den letzten Jahrzehnten nur eine Ausstellung in Deutschland gewidmet worden sei, bedeutete nicht, dass er der Meinung wäre, dass es von Malern überhaupt zu wenig Ausstellungen gibt. (…) Den Malerfürsten kränkt die Nivellierung. Er fordert kein Geld, sondern die Ehrenbezeigungen, die seinem Rang gebühren. Als Immendorff seine Ausstellung in Peking eröffnete, beleidigte ihn der deutsche Botschafter, indem er angeln ging.“[306]

Immendorff sind viele Mittel und eigenartige Kombattanten recht, um sich Aufmerksamkeit, mediale Präsenz und letztlich die ersehnte Anerkennung zu verschaffen. Anlässlich einer Diskussionsrunde zu seiner Ausstellung „wollte Immendorff ausgerechnet den Hasardeur Jürgen Möllemann auf dem Podium sehen“[307], so der Kunstkritiker Walter Grasskamp.

Möllemann, einst Wirtschaftsminister und Vizekanzler, hatte drei Jahre zuvor wegen der sogenannten Briefbogen-Affäre[308] zurücktreten müssen und arbeitete gerade an seinem politischen Comeback. Immendorff hatte Möllemann möglicherweise durch dessen und seinen eigenen ehemaligen Geschäftspartner Rolf Wegener kennengelernt.[309]

Einen Monat nach der Wolfsburger Vernissage am 24. Juni hält Immendorff in Münster vor einem Kreis von Möllemann-Parteifreunden einen Vortrag zum Thema: „Was bedeutet Gegenwartskunst für unsere Gesellschaft heute?“ Im Oktober 1996 machte sich Möllemann auf den Weg nach Dresden, um der Finissage von Immendorffs Ausstellung im dortigen Kunstverein beizuwohnen.

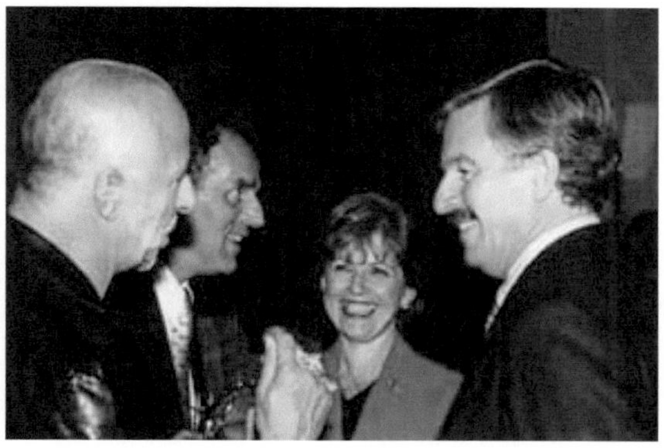

65, Immendorff, Jürgen Möllemann (rechts) in Dresden

Wenn Immendorff auf seine Erfolge im Ausland verweist und die aus seiner Sicht unzureichende Anerkennung seines Werkes in Deutschland beklagt, scheint dies angesichts der zahlreichen Ausstellungen in aller Welt verständlich. Von 1990 bis 2000 hat er 48 Ausstellungen in vierzig Ländern.[310]

Eine zweifelsohne beachtliche Zahl. Schließlich scheint er mit dem “Premio Marco“, der ihm 1997 in Mexiko verliehen wird, dem mit 250 000 Dollar vorgeblich höchstdotierten Kunstpreis der Welt endlich auch eine würdige Auszeichnung für sein Schaffen erlangt zu haben.[311]

Doch dieser Kunstpreis wurde nur dreimal verliehen, vor Immendorff an zwei international wenig bekannte lateinamerikanische Maler.[312] Da sich dieser Preis mit drei Ausgaben nicht etablieren konnte, blieb er ohne Relevanz im Verhältnis zu Kunstpreisen wie dem Turner Prize, der Praemium Imperiale, der Prix Meret Oppenheim oder der Goslarer Kaiserring. Letztere verfügen zudem über eine Jury oder ein Kuratorium, das die Preisträger im Vorfeld bestimmt, womit der Charakter einer Würdigung tatsächlich erfüllt ist.

Der “Premio Marco“ hingegen war einer jener Kunstpreise, bei dem Künstler ihre Arbeiten einsenden, um sich für die Vergabe zu qualifizieren. Nachwuchsförderpreise funktionieren auf diese Weise. Immendorff gewann mit seiner Einsendung gegen 94 andere Bewerber aus verschiedenen Ländern.[313]

Sowohl im Kunstkompass von Capital als auch dem Artist-Ranking von “Artfacts“ ist Immendorff in diesen Jahren in den hinteren Regionen zu finden. In Sammlungen und Museen bleibt seine Präsenz, national wie international, gemessen an Weggefährten wie Baselitz, Penck oder Richter deutlich zurück. Und auch weltweit führende Kunstmagazine wie “Flash-Art“, “Artforum“ oder “Frieze“ nehmen nur spärlich Notiz von ihm, wenn überhaupt.

Immerhin. Im selben Jahr noch wird Immendorff in die “Europäische Akademie der Wissenschaften und Künste“ in Salzburg aufgenommen. In diesem Fall durch Vorschlag eines Mitglieds und nach Erwägungen des Senats. Seine bemerkenswerte Arbeit für die Salzburger Festspiele wird hier wohl nachgewirkt haben.

# TEIL 6 / 1998 - 2007

„Manchmal klimperten die Eiswürfel in seinem Drink, dann sah man wie seine Hand zitterte“, erinnert sich Rainer Wengenroth, langjähriger Freund Immendorffs und Inhaber des Düsseldorfer Malkastens.[314]

Seit Jahren schon zitterte Immendorffs linke Hand, die Malhand des Linkshänders. Früher, als eine Ausstellung auf die andere folgte, nahm er das Zittern, das anfänglich nur in Stresssituationen auftrat, noch als Zeichen innerer Anspannung.

Irgendwann fragt er einen Arzt um Rat, dann den nächsten. Er unterzieht sich Kuren, nimmt Medikamente. Ratlose Ärzte konfrontieren ihn mit sich widersprechenden Mutmaßungen. Eingeklemmte Nerven, toxische Funktionsstörungen, mechanische Schädigung des Rückenmarks vegetative Störungen, Hirntumor, Parkinson, Multiple Sklerose.

Immendorff denkt weiterhin an Überanstrengung, an eine Sehnenentzündung, glaubt, so etwas wie einen „Tennisarm“ zu haben, sucht einen Orthopäden auf, der in dieser Hinsicht nichts derartiges feststellen kann und ihn an einen Neurologen überweist. Der Neurologe führt Tests durch, Bluntuntersuchungen, Analyse des Nervenwassers, misst mit Elektroden die vom Hirn an den maladen Arm ausgesandten elektrischen Impulse. Das ist im Frühjahr 1998.

„Professor, Sie haben ALS. Scheiße. Da kann man nichts machen.“[315] Immendorff sitzt im Taxi. Fassungslos. Erregt fast mehr über die für ihn unverschämt drastische Artikulation des Arztes, als dessen eigentliche, ultimative Prognose: „Sie haben noch zwei Jahre.“[316]

Innerer Widerstand, umgehend. Es muss sich um eine Fehldiagnose handeln. Immendorff sucht Rat, nicht Hilfe. Er wendet sich an einen anderen Neurologen, der eine andere Diagnose stellt. Motiviert durch die widersprüchlichen Diagnosen der Neurologen, getragen von dem Vertrauen in die eigene Skepsis, reist er nach München, sucht einen überaus prominenten Sportmediziner auf.

Elke Pflips, eine gute Freundin, die ihn auf dem Weg zu diesem Termin begleitete, erinnert sich: „Ich traf Jörg auf einer Vernissage. Er wirkte verändert, müde und körperlich angeschlagen. Am nächsten Tag bat er mich, ihn zu einer Untersuchung bei bei einem bekannten Sportmediziner zu bringen, er wolle nicht allein sein. Wir sind dann zusammen über den Odeonsplatz gegangen. Er ging seltsam steif. Im nachhinein denke ich, er wollte mit der Bestimmtheit seines Gangs seine Unsicherheit überspielen. Dann blieb er stehen, mitten auf dem Platz, nahm meine Hand. Jörg sprach von seiner Angst, an der Krankheit, die er scheinbar noch gar nicht genau kannte, zu sterben. Ich habe ihn nie so erlebt."[317]

Im Frühstadium von ALS ist im Grunde noch keine verbindliche Diagnose möglich. Hinzu kommt, dass nur sehr wenige Menschen von dieser Krankheit betroffen sind (etwa 3 bis 8 je 100.000 Menschen, in Deutschland sind es etwa 6000) und deshalb ALS-Spezialisten rar sind. Umstände, die dazu führen, dass die Patienten zunächst mit einem beständigen Schwanken zwischen Hoffnung und Todesangst allein gelassen sind. Die Hoffnung kann schon darin bestehen, dass ein Arzt Multiple Sklerose diagnostiziert, womit im besten Fall ein relativ normales Leben zumindest möglich wäre.

ALS ist die Abkürzung für "Amyotrophe Lateralsklerose". Die Diagnose bedeutet, dass dem Patienten statistisch gesehen, noch drei bis fünf Jahre Lebenszeit bleiben. In dieser Zeit sterben unaufhaltsam jene Zellen ab, die im Gehirn die Muskulatur steuern. In der Regel setzen die Beschwerden in einer isolierten Muskelregion, etwa den Handmuskeln ein. Nach und nach breiten sich die Symptome auf benachbarte Muskelregionen aus, von der Hand zum Arm, vom Arm auf die Schulter, dann auf die gegenüberliegende Schulter oder den anderen Arm und so fort. Die Geschwindigkeit, mit der sich die Krankheit ausbreitet und unweigerlich zum Tod führt, kann Jahre oder nur Monate betragen.

Das Denkvermögen ist während des gesamten Krankheitsverlaufs nicht beeinträchtigt, während der Körper nach und nach seine Funktionen verliert. Zunächst verkümmert die Arm- und Beinmuskulatur, später Zunge und Kehlkopf, das Sprachvermögen erstirbt. Der Kranke ist schon früh, wenn die einfachsten Verrichtungen mit den Händen, wie Schreiben, Schneiden, Essen, Körperpflege und Hygiene, nicht mehr möglich sind, auf fremde Hilfe angewiesen. Zuletzt sind die Atmungsorgane betroffen. Ohne künstliche Beatmung ist dann ein Weiterleben nicht möglich.

Die Lebensmitte ist für viele Männer eine Phase überraschender Entscheidungen und abrupter Wendungen. Mit dem körperlichen Verfall bekommt der abstrakte Gedanke an die verrinnende Lebenszeit Gestalt. Immendorff war, als er fünfzig wurde, sichtlich gealtert. Tiefe Furchen in seinem Gesicht, ergrautes, schütteres, deshalb kurz geschorenes Haar, schließlich die nicht mehr zu übersehene Schwäche der linken Hand.

Ende 1996 lernt er die Mode-Designerin Josephine Lynen kennen. Sie ist mittelgroß, hat ein schönes, schmales Gesicht mit großen lebendigen Augen, lange blonde Haare, eine schlanke, dennoch feminine Figur, eine lebhafte junge Frau, mit selbstbewusstem Behauptungswillen, den man braucht, will man sich wie sie, im harten Modebusiness durchsetzen.

Josephine Lynen, damals zweiundzwanzigjährig, gibt sich, obschon beeindruckt vom bestimmten Auftreten Immendorffs, zunächst zurückhaltend: „Ich war irgendwie eingeschüchtert, ich wusste ja, wer er war. Er benahm sich jedoch sehr höflich und aufmerksam. Und dann war da etwas, ich kann es gar nicht richtig beschreiben. Wir haben uns sofort verstanden, ohne viele Worte.“[318]

Beide verbindet, was beiden sehr schnell bewusst wird, etwas, das man gut mit Complicité, mit einer Art von Komplizenschaft, einer stillen Verbrüderung beschreiben könnte, die nicht zuletzt auf gemeinsamen Leidenschaften und Vorstellungen eines Lebens „on the edge“ basiert.

Sie werden ein Paar, treffen sich fast täglich, zumeist in Immendorffs Haus, für das sie bald schon einen Schlüssel hat. Sie stellt ihn ihren Eltern vor und Immendorff sie seiner Mutter. Allerdings ist ihre Beziehung von Anbeginn von Konflikten begleitet, da Josephine nicht bereit ist, sich vollends seinem Diktum zu unterwerfen.

„Er wollte, dass ich weniger arbeite, am liebsten gar nicht, damit ich mich nur noch um ihn kümmern konnte. Das kam für mich überhaupt nicht in Frage, ich war gerade erst am Anfang meiner Karriere. Ich wollte unabhängig bleiben. Habe deshalb auch meine Wohnung behalten.“[319] Sie ist schon in jungen Jahren für eine Reihe von Franchise-Boutiquen verantwortlich und reist für ihr Geschäft um die Welt.

Trotz latenter Konflikte, offen und lautstark ausgetragenem Streit, auch zeitweisen Trennungen, finden beide wieder zusammen. Immendorff spricht offen mit Josephine über den Wunsch nach einem Nachkommen, der Gründung einer Familie. Er spürt vielleicht, dass ihm möglicherweise nicht mehr viel Zeit bleibt. Und auch Josephine war nicht entgangen, dass seine Hand, sein linker Arm kraftloser wurde. 1997 bereits fuhr sie ihn regelmäßig in die Universitätsklinik, wo sich Immendorff einer hochdosierten Vitaminkur unterzog.

Nach einem erneuten Streit Anfang 1998 beschließt Josephine, sich von Immendorff zu trennen. In diesem Moment ist sie, ohne es zu wissen, bereits schwanger. Sie erwägt eine Abtreibung. Als sie jedoch Immendorff in Kenntnis setzt, dass sie ein Kind erwartet, reagiert er regelrecht euphorisch, spricht wieder von Familie, beteuert, das Kind annehmen und ihm ein guter Vater sein zu wollen. Schließlich macht er ihr einen Heiratsantrag.

Es beginnt eine Phase, in der beide versuchen, einander wieder näher zu kommen. Immendorff spricht mit Josephine über seine Ängste, über Todesangst. Dessen ungeachtet ist er überzeugt, geheilt zu werden. Den Namen seiner Krankheit nennt er nicht, die tödliche Diagnose verschweigt er.

Mehr denn je drängt er auf ein reguläres Familienleben, will mit Josephine und dem Kind unter einem Dach leben. Doch am Ende scheitern alle Versuche, eine für beide glückliche Form des Zusammenlebens zu finden. Josephine beschließt, sich zurückzuziehen, sich allein um das gemeinsame Kind zu kümmern. Dennoch besucht Immendorff sie weiterhin, überrascht sie wenige Tage von der Geburt mit einem Bademantel, den er für sie aus von ihm gestaltetem Seidentuch hat anfertigen lassen. Am 11. August 1998 wird Immendorffs Sohn Jean Louis geboren.

„Jörg kam am nächsten Tag mit einem gigantischen Strauß Rosen und war mir und dem Kleinen gegenüber zartfühlend und liebevoll. Er hat mir eine Kette und Jean Louis seinen ersten Ring geschenkt. Das war das erste, was ich überhaupt jemals von ihm angenommen habe. Ich glaube, er war wirklich stolz und glücklich, einen Sohn zu haben. Als wir dann zu Hause waren, kam er noch das eine oder andere Mal, wirkte aber eigenartig zurückhaltend. Kurze Zeit später kam dann von ihm gar nichts mehr.“[320]

Immendorff beginnt die Vaterschaft laut anzuzweifeln, behauptet, zeugungsunfähig zu sein, bricht schließlich den Kontakt zu Josephine vollends ab, weigert sich kategorisch, Jean Louis als seinen Sohn anzuerkennen.

Im Frühjahr 1999 wird ein Vaterschaftstest durchgeführt, welcher ihn eindeutig als Vater identifiziert. Dennoch akzeptiert Immendorff die Vaterschaft weiterhin nicht, bis ihm diese im Rahmen einer Vaterschafts-Feststellungsklage, durch Gerichtsbeschluss am 22. Juli 1999 amtlich bestätigt wird.

## DIE KINDFRAU

Zum Wintersemester 1998, das am ersten Oktober beginnt, nimmt die neuzehnjährige Michaela Danowska ihr Studium im Orientierungsbereich der Kunstakademie Düsseldorf auf. Sie wurde am 13. November 1979, in Sofia, der Hauptstadt Bulgariens geboren. Auch wenn sie sich Danowska nennt, wie ihre ältere Schwester, die bis 1998 ebenfalls an der Düsseldorfer Kunstakademie bei A.R. Penck studierte, lautet ihr eigentlicher Name, mit dem sie sich amtlich legitimiert, anders. In der Familie wurde sie „Suse“ genannt.[321]

Sie kam kurz nach dem Fall des Eisernen Vorhangs mit ihren Eltern nach Deutschland, nach Heidelberg, wo sie eine Waldorfschule besuchte. Ihr Vater ist Künstler, der Beruf ihrer Mutter ist nicht bekannt.

„Als ich nach Deutschland gekommen bin, kannte ich hier niemanden“, erinnert sie sich. „Ich hatte also gar nicht das Problem, dass ich mich anders vorstellen musste. Es war eine Geburt, ein Neuanfang. Meine Eltern haben mich auch nie Michaela genannt. Sie hatten einen Kosenamen, den sie heute noch benutzen. Und mein neuer Name, der ja nur für die Kunst gedacht war, hat sich so stark etabliert, dass er geblieben ist.[322]

In der Dokumentation „“Ich. Immendorff“ von Nicola Graef schildert sie die erste Begegnung mit Immendorff: „Ich hab mich vorgestellt, ich hab meine Arbeiten dann gezeigt und wollte auch seine Meinung wissen, wie er das findet. Er fand das interessant. Er wollte, dass ich noch ein Jahr weiter arbeite und ihm dann noch mal zeige, was ich gemacht habe. Dann hat er ja gesagt, dass ich in die Klasse kommen kann.“[323]

Es hieß, ihre ältere Schwester die sich in Immendorffs Entourage bewegte, habe Michaela in dessen Blickfeld geführt. In jedem Fall war Immendorff regelrecht „entflammt“ als er die junge Frau von berückender Schönheit kennenlernt, die mit kindhaft zarter Stimme mehr haucht als spricht. Eine emotionale Extremsituation zwischen kaum mehr erwarteten Gefühlen und der Voraussicht seines baldigen Todes.

So sind Immendorffs Bilder dieser Zeit der kalte Hauch seiner Vorahnung des unausweichlichen Leidens, des nahe kommenden Endes. In fahlen Grautönen gehalten, nahezu monochrom, materialisieren sie seine Angst. Der ungewohnt transparente Farbauftrag, die zarte Konturierung sind Indizien schwindender Kraft. Überwiegend sinistre Darstellungen eigener Vergänglichkeit. Nochmals bemüht er in den Bildern die aus "Rakes Progress" bekannten Penis- und Vagina-Muster, die nun, wissend um seine Situation, wie ein bemühtes, letztes Auflehnen gegen den eigenen Zerfall, den Verlust der Libido auch wirken.

Aus dem an Morbidem reichen Fundus der Renaissance entnimmt er das Motiv der an Kugeln gefesselten, an Krücken balancierenden Frau, welches der Zeichnung "Nackte Kugelläuferin mit Putto" von Hans Baldung Grien nachempfunden ist. Dieses Sujet, auch als gefesselte Fortuna interpretiert, wurde in der Folge von Immendorff vielfach, bis hin zu Skulpturen, variiert.

Bazon Brock interpretiert diese Motivwahl: „Dahinter verbargen sich immer Rechtfertigungsstrategien, indem er sagte, das, was ich für mich sagen will, ist ja längst von allen anderen im Hinblick auf sie auch gesagt worden. Ich befinde mich also in relativ gutem Gelände. Das Fortuna-Motiv, die Glücksgöttin, die dann selber an Krücken gehen muss, weil sie nicht in der Lage ist, das Glück zu managen und zu balancieren, das ist eine intelligente gedankliche Erweiterung. Die ist natürlich entstanden, weil er sich vorstellen konnte, dass er selber auf die Krücken angewiesen ist. Aber die Krücken sind auch von den klassischen Huren genutzte lustsimulierende Prothesen, womit sie ihre Klientel entsprechend bedienen."[324]

Immendorff, der sich in zahllosen Varianten immer wieder selbst portraitierte, verkündet mit "das Bild ruft (letztes Selbstportrait II)" seinen Abschied von der Bühne seiner Bildinszenierungen. Noch einmal sitzt er am Bistrotisch, neben ihm die Kerze, von der aber nur ein schwaches, kaltes Licht auf sein Gesicht fällt, während er eine Raupe auf seinem Finger betrachtet.

Der aus dem Kokon der Raupe schlüpfende Schmetterling war in der Antike Sinnbild der Unsterblichkeit. Die sterbliche Seele, durch Gott vom Tod befreit, erschien in mythologischen Darstellungen mit Schmetterlingsflügeln. In Asien werden Falter häufig als Todesboten angesehen, symbolisieren jedoch auch die Wiedergeburt. In der christlichen Kultur steht der Schmetterling für die Auferstehung.

Auf dem Tisch befindet sich auch das einzige farbige Element des Bildes, eine eigenartige umgestülpte Schale mit zwei kleinen, Brustwarzen ähnlichen Wülsten. Die Schale findet sich in einigen Motiven dieser Zeit, ihre Funktion bleibt jedoch rätselhaft.

In „Malerwald“, ebenfalls aus dem Jahr 1998, eines der letzten Bilder, bei dem Immendorff physisch in der Lage war, in seiner üblichen, kraftvoll konturierten Malweise zu arbeiten, schreitet ein jungenhafter Immendorff, eine Kerze vor sich haltend, in das Ungewisse eines dunklen Waldes. Sein Kopf ist zu einer kugelförmigen, die Erdkugel symbolisierenden Wulst mutiert, aus der allegorische Figuren erwachsen. Das Motiv entspricht einem Kupferstich des flämischen Malers Jacques de Gheyn II, mit dem Titel “Omnium rerum vicissitudo est“ - „Allen Dingen ist der Wechsel eigen“, so die populäre Übesetzung des lateinischen Sinnspruchs. Oder in einer anderen Übersetzung: „Unter der Sonne ist nichts beständig“.

Der “Malerwald“ ist ein Verweis auf eine künstlerische Schlüsselerfahrung Immendorffs, auf jene Schulinszenierung während seiner Internatszeit, zu der er die Kulisse in Form eines gemalten Waldes beitrug. Diese Projektion einer Kindheitserinnerung wirkt darüber hinaus wie eine Illustration der Gefühle des damals allein gelassenen, angstvollen Jungen und nun des vermutlich ebenso angstvollen, ins Ungewisse schreitenden Mannes.

Immendorff zeigt die neuen Bilder erstmals anlässlich von “Malerdebatte“, einer Ausstellung im Kunstmuseum Bonn, die am 1. Oktober 1998 eröffnet wird. Wenige Tage zuvor, am 27. September, gewann Gerhard Schröder die Bundestagswahl und wurde Kanzler der Rot-Grünen Koalition.

Er nutzt die Gunst der Stunde und nimmt öffentlich für sich in Anspruch, unabhängig von der neuen politische Konstellation, bestens geeignet zu sein, zur gesellschaftlichen Diskussion über Kultur anzuregen.

Arno Orzessek protokolliert die Vorgänge in der “Süddeutschen Zeitung“: „Am Freitag vor der Wahl beschwört Jörg Immendorff im FAZ-Magazin eine große künstlerische Debatte, denn er möchte wissen, ’was los ist mit unserer Gesellschaft’. Am Sonntag findet die Wahl statt. Am Montag ist die Republik verwandelt, wie man überall hört. Am Mittwoch tritt der Maler in Bonn vors Volk und fordert, ’das Augenmerk mal wieder auf Spinner zu lenken’. (...) Immendorff traut sich Einmischung zu, bei Gefahr der Peinlichkeit. Er singt das Lob der künstlerischen Unanständigkeit, beklagt sich darin (...) darüber, dass sein Ruhm im Ausland größer ist als in Deutschland, will nicht zulassen, dass die Reputation seines Landes von 'ein paar Sportlern, komischen Sängern und Schauspielern' bestimmt wird.“[325]

Immendorff fabuliert von Managern, die kulturell trainiert werden sollen. Hierin will er einen „Wertzuwachs“ für diese Manager sehen und führt beispielhaft die USA an, wo solche Trainings schon länger üblich seien. Woher er seine Erkenntnisse hat, bleibt offen. Ebenso aus der Luft gegriffen scheint seine im gleichen Artikel vorgebrachte Behauptung, er würde das Thema Kultur in den Parteiprogrammen vermissen.

Im 53 Seiten umfassenden Grundsatzprogramm der SPD vom 17.4.1998, um ein Beispiel anzuführen, wird der Begriff Kultur rund einhundertmal verwendet, sind einige Passagen vorzufinden, die sich dezidiert mit kulturellen Anliegen befassen. Ob dies ausreichend ist, sei dahingestellt, doch Immendorffs Anwürfe müssen solchermaßen von den Adressaten seiner Kritik abprallen.

## DER SAMARITER

1989 hatte die Stadt Düsseldorf mit der Umwandlung des ehemaligen Hafengeländes in den „Medienhafen" begonnen. Ein ambitioniertes städtebauliches Projekt, das auf Anregung des Werbers Thomas Rempen mit einer Ansammlung architektonisch hochwertiger Solitärbauten primär Unternehmen der aufstrebenden Medien- und anverwandten Branchen nach Düsseldorf bringen sollte.

Bei der Vergabe der Grundstücke wurde bevorzugt, wer mit einem möglichst herausragenden architektonischen Beitrag aufwarten konnte. Rempen selbst engagierte für sein eigenes Projekt zunächst die Stararchitektin Zaha Hadid. Nachdem sich deren Entwurf als nicht realisierbar erwies, Frank O. Gehry, dessen dekonstruktivistisches Gebäude-Ensemble heute eines der Wahrzeichen Düsseldorfs ist.

Auch Immendorff bekam die Option, sich um eines der begehrten Grundstücke zu bewerben. Weder ein Investitionsvolumen im zweistelligen Millionenbereich noch sein mangelndes ökonomisches Wissen schreckten ihn offenbar ab, seinen Hut in den Ring zu werfen. Immendorff beauftragte den amerikanische Star Architekten Peter Eisenman, welcher später das Holocaust-Mahnmal in Berlin baute, mit dem Entwurf für das "Haus Immendorff".[326]

Die Zusammenarbeit des egomanischen Populisten Immendorff mit dem nicht minder selbstbewussten Intellektuellen Eisenman war von Anbeginn ein Wagnis. Immendorff beabsichtigte eine Art Kulturzentrum mit stark gastronomischer Akzentuierung zu realisieren. Seine Vorstellungen sind Ausdruck eines eigentümlich biederen Geschmacks, wie man aus seinen Äußerungen zu dem Projekt schließen kann: „Es soll einen Club geben, den ich ableite von dem traditionellen englischen Club. Die Zugänglichkeit wird in dem Sinne eingeschränkt sein, als ich an Mitgliedschaften denke. (...) Der Club wird sich darstellen als eine Mischung aus Wiener Kaffeehaus und Nachtklub."[327]

Eisenman, der sich zunächst als Architekturtheoretiker und Hochschullehrer profilierte und erst 1980 ein Archtitekturbüro gründete, stellte seine Arbeit auch weiterhin unter strenge konzeptionelle Anforderungen. Immendorffs Auftrag war, ein rund

1235 Quadratmeter großes Gebäude auf einem Grundstück von 257 Quadratmetern zu entwickeln, in dem neben Café und dem Club Mietbüros auf zwei Stockwerken, ein Mietstudio sowie ein privates Atelier Platz finden sollten. Signum des Gebäudes sollte eine über alle Etagen durchgängige Wand sein, die über gläserne Einschnitte den Blick „auf eine sechs Stockwerke hohe Ausstellungswand und Vitrine für die Werke des Auftraggebers“[328] gewähren sollte.

Eisenmans Entwurf mit seiner kühlen, transparenten Konzeption und seiner komplexen Raumstruktur wirkte dann jedoch wie eine Gegenwelt zu Immendorffs Ideen von englischem Club und Wiener Kaffeehaus. Kaum vorstellbar, dass sich der kühle Kontruktivist Eisenman, der seine Entwürfe aus Diagrammen generierte, der Architektur als Gesamtkonzept von Innen und Außen verstand, mit den Ideen Immendorffs tatsächlich anfreunden konnte oder zumindest nicht versucht haben sollte, ihm diese auszureden.

Schon hier läge eine Ursache von Immendorffs Scheitern mit diesem Projekt. Ohne die Mittel von Partnern oder Gönnern jedoch stand die Realisierung eines so gewaltigen Vorhabens von Anbeginn auf tönernen Füßen. Die Mittel blieben offenbar aus, und Immendorff musste seine Hoffnungen auf eine Denkmalsetzung ante mortem begraben.

Nachdem das “Haus Immendorff“ wie auch die “Wache“ scheiterten, war Immendorffs Versuch als Unternehmer definitiv beendet. Sicherlich nicht ohne unmittelbare wirtschaftliche Auswirkungen.

In dieser Situation erlangte für Immendorff ein Mann zentrale Bedeutung, der bislang eher an der Peripherie seines Wirkungskreises erschienen war; Helge Achenbach, eine der schillernsten Persönlichkeiten der deutschen Kunstszene. Der 1952 im Siegerland geborene ehemalige Sozialpädagoge prägte und reklamierte für sich den Begriff “Art Consultant“ und entwickelte sich im Laufe der Zeit zu einer, nicht nur auf seine Erscheinung bezogen, gewichtigen Figur auf dem Kunstmarkt.

Nach ersten Versuchen im Kunstgeschäft gründete er 1977 mit dem Architekten Horst Kimmerich ein Büro für Art Consulting. Ihre Idee war es, Architektur durch den Einsatz von Kunst zu veredeln. Das hieraus entstandene Unternehmen, “Achenbach Art Consulting“, versteht sich heute als „Kunstberatungsagentur".[329] Vereinfacht gesagt, handelt Achenbach mit Kunst, indem er die Immobilien von Investoren, Unternehmen oder auch Privatpersonen, mit Kunst ausstattet. Im Unterschied zu Galerien tut er dies proaktiv, wie in seinen Anfangsjahren, als er über die Lande reiste, um nach Bauprojekten Ausschau zu halten, bei denen er sich mit seinem Unternehmen für das künstlerische Upgrade bewerben konnte.[330]

Immendorff und Achenbach kannten sich zunächst nur von flüchtigen Begegnungen. Als Achenbach 1985 von der Landeszentralbank gebeten wurde, für die Neugestaltung des „Platzes der Deutschen Einheit" in Düsseldorf Künstler zu nominieren, schlug er neben anderen Immendorff mit seinem „Brandenburger Tor" vor. Die Stadtoberen entschieden sich jedoch gegen den damals immer noch als politisch heikel geltenden Immendorff. Eine Dekade später finden beide wieder bei Immendorffs Hafenprojekt zusammen.

„Ich glaube es war 1995", erinnert sich Achenbach, "da kam der Hafendirektor auf mich zu, nachdem Jörg mit dem Eisenman-Bau in Realisationsproblemen steckte. Ich habe ihm angeboten, ein Gebäude für ihn zu bauen, das Chipperfield entworfen hat, und dort wurde dann das 'Atelier Immendorff' eingerichtet, das er aber nicht besuchte. Er hat später die Atelierpartys darin organisiert.

1998 rief mich dann ein Bankvorstand an, es gäbe Schwierigkeiten mit einer Finanzierung. Ich hab dann ein großes Konvolut von sehr guten Bildern in eine Sammlung einbringen können. Auch für die Affen-Skulpturen habe ich einen Financier gefunden, der eine dauerhafte finanzielle Sicherung darstellte."[331]

Achenbachs Darstellung der Umstände nach Immendorffs Scheitern des „Haus Immendorff"-Projekts, wirkt insofern ein wenig zu altruistisch, als er schließlich Eigentümer des Gebäudes wurde, welches auf dem für Immendorff vorgesehenen Grundstück errichtet wurde. Von einer Eigentümerschaft Immendorffs, die ja eigentlich anzunehmen wäre, wenn Achenbach ein Gebäude „für ihn" gebaut hätte, wurde hingegen nichts bekannt. Die Atelierpartys waren lediglich namentlich mit Immendorff verbundene kommerzielle Veranstaltungen, die von Achenbachs Gastronomiepartner Rainer Wengenroth durchgeführt wurden.

Unstrittig ist, dass Achenbach für die wirtschaftliche Gesundung Immendorffs Sorge trug. Sicherlich aus ehrlich empfundener Sympathie, aber auch nicht ohne sich hierfür Rückvergütungen zu sichern. Zum einen mit der Nutzung von Immendorffs Affenmotiv als Signet für seine gastronomischen Aktivitäten, aber auch mit dort plazierten Arbeiten Immendorffs. Zum anderen schuf sich Achenbach einen sehr unmittelbaren Zugang zu Immendorffs Oeuvre, auf das bis zu diesem Zeitpunkt Michael Werner einen weitgehend monopolistischen Anspruch zu haben schien.

„Jörg hatte massive Geldproblem und ich glaube Michael Werner hat in den neunziger Jahren, ich weiß nicht warum, weniger für Jörg tun können. Ich glaube, das hat Jörg sehr enttäuscht“, so Achenbach.[332]

Darüber hinaus wird es auch inhaltliche Differenzen zwischen Werner und Immendorff gegeben haben, die sich wohl aus der fortschreitenden Kommerzialisierung seiner Kunst nährten. Helge Achenbach sah die Dinge naturgemäß anders worüber sich bald Differenzen mit Werner entwickelten: „Irgendwann rief mich Michael Werner wieder an und sagte, das würde jetzt zuviel, ich solle das mal bremsen. Ich war gegenteiliger Auffassung.“[333]

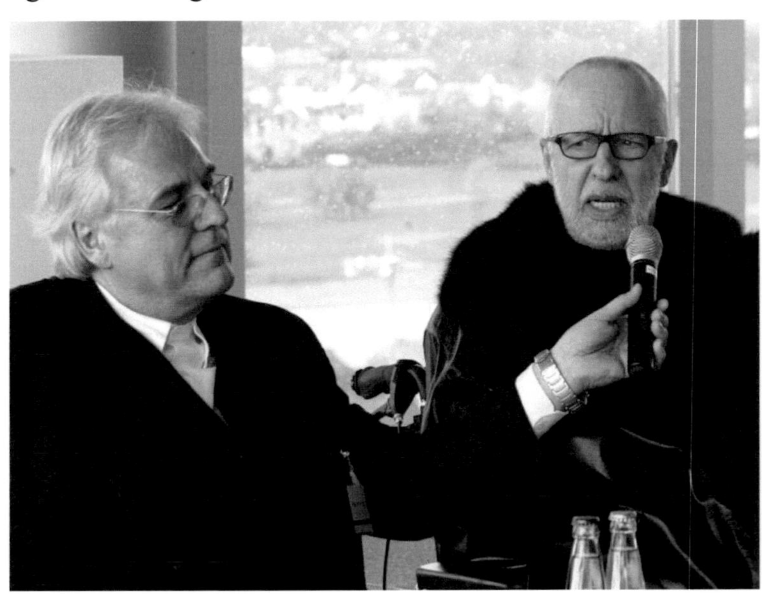

66, mit Achenbach 2005

## PARTNERSCHAFTEN

Die Verbreitung des Internets, verbunden mit stetig verbesserten Nutzungsmöglichkeiten des Mobil-Telefons, Handheld-Computern, Laptops und Kabelfernsehen, löste zum Ende des Milleniums einen irrealen Wachstumsglauben aus, der wiederum eine nie dagewesene Euphorie an den Börsen verursachte. 1999 vervielfachte sich die Börsenbewertung zahlreicher Unternehmen, und der Boom schien kein Ende zu nehmen.

In diesen Jahren, etwa ab 1995, wurden clevere Jungunternehmer zu Multimillionären, Banker und Börsenhändler zockten mit Milliarden. Geld gab es im Überfluss, und Kunst wurde zum neuen Statussymbol. Einhergehend mit der Entwicklung der Börsen stiegen die Preise am Kunstmarkt in astronomische Höhen. Gleichzeitig setzte die „Eventisierung“ der Kunst ein. Vernissagen wurden zu gesellschaftlichen Ereignissen, zu denen man gern auch einmal mit dem Privatjet einflog. Die neuen Reichen dekorierten ihre Villen, Unternehmen, ganze Bürotürme mit Kunst. Im Dunstkreis dieser Entwicklungen entstanden Branchen und Berufe an den Scharnierstellen zwischen Kunst, Geld und Medien. Art-Consultants, Art-Foundations und Art-Fonds, Kunstmessen, Kultur- und Event-Manager

Sammler wurden zu Fürsten des 21. Jahrhunderts, scharten Galeristen und Kuratoren wie Höflinge um sich, pokerten mit Kommunen um die besten Plätze für die nach ihnen benannten Museen. Manche Künstler fanden sich, ökonomisch abhängig von der Gunst ihrer Sammler, umschmeichelt von Publikum und Medien, bald in der Rolle moderner Hofnarren. Immendorff, durchaus zu hellsichtiger Ironie fähig, malte schon seit den frühen neunziger Jahren seinen Freund Markus Lüpertz gern im Kostüm eines Harlekins.

Im April 1999 feiert Immendorff mit der Ausstellung “Malerwald“ im Duisburger Museum Küppersmühle Premiere. Veranstalter von “Malerwald“ ist das private Museum Küppersmühle - Sammlung Grothe, in Zusammenarbeit mit der Stiftung Kunst und Kultur e.V. Bonn, deren Vorsitzender Walter Smerling für die Konzeption der Ausstellung verantwortlich zeichnet.

Der Katalogtext stammt von Dieter Ronte, dem Direktor des Kunstmuseums Bonn, der als Kurator Immendorffs Ausstellung von 1998 “Malerdebatte“ einrichtete. Im Katalog zu “Malerdebatte“ wiederum dankt Ronte dem Sammler Hans Grothe, dessen Sammlung das Kunstmuseum Bonn seit 1974 betreut und aus dessen Beständen sowohl “Malerdebatte“ wie auch “Malerwald“ bestückt wurden.

Die Stiftung für Kunst und Kultur e.V. Bonn, ein Kunstverein mit namhaften Persönlichkeiten aus Wirtschaft, Politik und Medien, wurde 1986 unter Vorsitz des ehemaligen TV-Journalisten Walter Smerling gegründet. Smerling, Prototyp des in diesen Jahren in Erscheinung tretenden, smarten Kulturmanagers, will mit dem Verein „Dinge in Bewegung und Menschen zusammen bringen“,[334] versteht sich als Initiator von Kulturprojekten, ohne jedoch, wie man es eigentlich von einer Stiftung erwarten könnte, deren Finanzierung zu tragen.

„Die Stiftung für Kunst und Kultur e.V. ist im wahrsten Sinne des Wortes ’Anstifter’: Wir wollen Beiträge zur kulturellen Vielfalt leisten, künstlerische Aktivitäten anregen und in die Tat umsetzen. Der Stiftungsverein stiftet nicht in erster Linie Geldmittel, sondern vor allem Ideen und kreative Lösungsmöglichkeiten für Ausstellungen, Künstler-Projekte und Veranstaltungen im kulturpolitischen Bereich.

(...) Kunst und Kultur können wir fördern, weil uns im Wesentlichen private Hände unterstützen. Öffentliche Mittel werden für die Projekte nur begrenzt in Anspruch genommen. Die notwendigen Mittel werden größtenteils durch Sponsoren aus der Wirtschaft oder dem Privatbereich aufgebracht und von den Mitgliedern der Stiftung und dem Vorstand akquiriert. Eine intelligente und effiziente Verbindung von Kultur und Wirtschaft ist uns wichtig.“[335]

Demzufolge ist die Stiftung für Kunst und Kultur eine der ersten Organisationen in Deutschland, welche die aus der „New Economy“ des Internetzeitalters entwachsene Idee des „Public-Private-Partnership“ für Kulturprojekte zu etablieren versuchte. Fast zeitgleich mit Immendorffs Duisburger Ausstellung scheiterte das von der Stiftung groß angekündigte “Zeitwenden“-Projekt und konnte nur mit Mühe und öffentlichen Mitteln vor dem Konkurs bewahrt werden.[336]

Und auch andere Aktivitäten der Stiftung standen in der Kritik, wie der SPIEGEL anmerkte: „Gerade dieses Spekulieren auf pure Sensationen und oberflächliche Eventkultur sind dem Veranstalter, der Bonner ’Stiftung für Kunst und Kultur e. V.’, in letzter Zeit vehement vorgehalten worden. Der Bonner Kunsthistoriker Jan Thorn-Prikker bezeichnet den Verein mit dem irreführenden Namen ‚Stiftung' als eine Mischung aus Sponsorenagentur und kommerziellem Ausstellungsunternehmen."[337]

Smerlings Könnerschaft bestand von Anfang an in cleverem Networking, wie es sich mit der Verbindung von Walter Smerling, Dieter Ronte und Hans Grothe bereits andeutete. Die drei Genannten traten erstmals bei Grothes Plan, für seine Sammlung, welche im von Ronte geleiteten Kunstmuseum deponiert war, in Bonn ein Museum errichten zu lassen, merklich in Erscheinung.[338]

Als Leiter war der mit Grothe freundschaftlich verbundene Smerling vorgesehen. Nach dem Scheitern von Grothes Bonner Plänen wie auch Gesprächen mit Düsseldorf um den Verbleib seiner Sammlung, bekam schließlich Duisburg den Zuschlag. Hier wurde in einer ehemaligen Kornmühle im Hafengebiet das "Museum Küppersmühle" eingerichtet, dessen Eröffnungsausstellung Immendorff nun mit "Malerwald" bestreitet.

So gelangt der mit Museumsaustellungen in Deutschland bislang nur spärlich bedachte Immendorff, zu gleich zu zwei größeren Präsentationen innerhalb weniger Monate. Aus einer Hand, wenn man so will.

Der Immobilienunternehmer Hans Grothe gilt zu dieser Zeit als größter privater Kunstsammler Deutschlands. Zu seiner Sammlung gehören auch eine namhafte Zahl von Immendorff-Werken. Museumsausstellungen haben einen positiven Effekt auf den Marktwert eines Künstlers und damit auf den Wert einer Sammlung. Wird also die Kunst in den musealen Hallen des Sammlers präsentiert, entsteht automatisch eine Win-Win-Situation für Sammler und Künstler.

Wie wirtschaftlich klug Grothe mit den Werten seiner Sammlung agierte, zeigte sich 2001, als Grothe Fotokunst aus seiner Sammlung auktionieren ließ, darunter Arbeiten von Andreas Gursky und Thomas Ruff, die er einst für einen Bruchteil ihrer späteren Werte erwarb.[339]

Immendorff erscheint auch in den folgenden Jahren unmittelbar und mittelbar in Verbindung mit der Stiftung für Kunst und Kultur. Zum Beispiel am 8. April 2000, als in der Samstagsausgabe der "Bild"-Zeitung ein ganzseitiger Abdruck eines Immendorff-Motivs mit dem Titel "Mensch 2000" erschien.

Ein künstlerisch völlig belangloses Werk, aber immerhin „Malerei für Millionen" und die „bislang größte Kunstaktion in Deutschland", wie es BILD und die Axel Springer AG sahen: „Immendorff 4,5 Millionen Mal. Ziel der Aktion ist es, jedem Leser ein Werk des Malers zugänglich zu machen. Am Sonnabend besteht darüber hinaus die Chance, den Druck in einen echten Immendorff zu verwandeln. Denn zwischen 11 und 14 Uhr kommt der Meister für drei Signierstunden in die Axel Springer Passage."[340]

Die Stiftung für Kunst und Kultur, die inzwischen auch das "Museum Küppersmühle" betrieb, gründete zur Amtszeit von Markus Lüpertz, in Kooperation mit der Kunstakademie Düsseldorf, eine Ausstellungsreihe mit dem Titel "Akademos". Die Reihe präsentierte jedoch nicht, wie man erwarten könnte, Akademienachwuchs, sondern nur etablierte Künstler, allesamt Professoren der Düsseldorfer Kunstakademie, so auch Immendorff.

Lüpertz kam 2008 schließlich, ebenso wie Immendorff zu der Ehre, ein „Bild für BILD" zu malen. Die Laudatio zu dessen Präsentation hielt Gerhard Schröder, ein „gern übernommener Freundschaftsdienst". Kai Diekmann, Chefredakteur der BILD-Zeitung, wiederum ist Vorstandsmitglied der Stiftung Kunst und Kultur.[341]

## HOCHZEIT

Am 1. Juli 2000 heiraten Immendorff und Michaela Danowska in Düsseldorf, im Rahmen einer serbisch-orthodoxen Zeremonie. Sie nennt sich inzwischen Oda Jaune, ein Name, den Immendorff für sie geschaffen hatte, zusammengefügt aus dem altdeutschen Oda (Schatz) und dem französischen Jaune (Gelb, der Lieblingsfarbe Immendorffs). Immendorff gestaltete eigens einen kleinen Ausweis für sie mit der Aufschrift "Gyntiana", dem imaginären Land Ibsens, in dem es keine Grenzen gibt und alles möglich scheint. Seltsamerweise hatte er sich bei ihrem Geburtsdatum um neun Jahre geirrt und machte sie älter.[342]

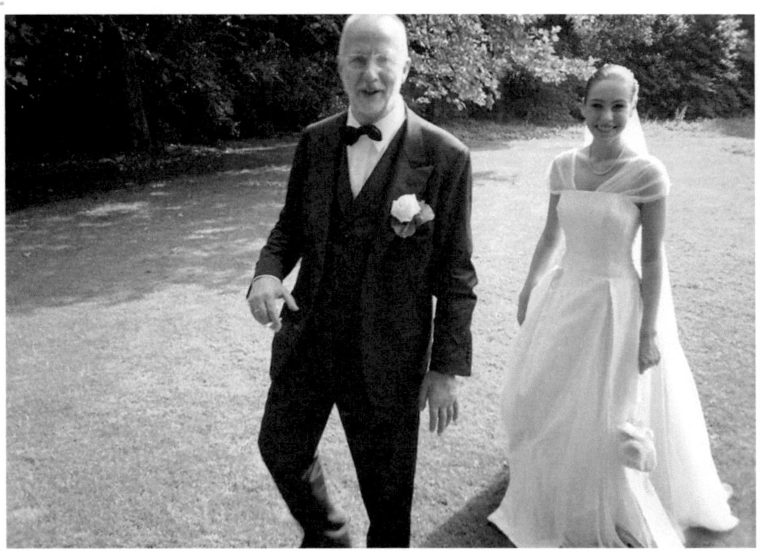

67, im Malkasten-Park, die gelähmte Hand ist nicht mehr zu verbergen

Die Trauzeugen Markus Lüpertz und Helge Achenbach, begleiten das Paar während der serbisch-orthodoxen Trauung, deren Kernritus die 'Krönung' der Brautleute ist, weshalb Immendorff und Oda kleine goldene Kronen tragen. Nach der Trauung fährt Achenbach das Paar in einem Rolls Royce, zu ihrem Hochzeitsfest, das im Künstlerverein Malkasten stattfindet.

Dort findet sich die Gesellschaft an von Gabriele Henkel dekorierten Tischen zum Hochzeitsessen ein, das aus einem zehngängigen Menue besteht. Zum Hochzeitstanz spielt „The King", ein seinerzeit populärer Rockstar aus England, auf.

Ein Hochglanzmagazin berichtet exklusiv. Ein anderes Magazin hatte nach zähen Verhandlungen abgesagt hatte, da man die Gästeliste als nicht exklusiv genug befand. Dies auch, weil Bundeskanzler Schröder nicht anreiste, dessen Kommen Immendorff bereits seit Wochen in der Boulevardpresse verbreitet hatte.

Dennoch ist die Gesellschaft von gewisser Prominenz. Unter den etwa 120 Hochzeitsgästen: Hans Grothe, Gabriele Henkel, Karl-Otto Pöhl sowie zahlreiche Weggefährten und Künstlerfreunde Immendorffs, Konrad Klapheck, Markus Lüpertz, Katharina Sieverding sowie Michael Werner. Kaum beachtet bleiben Odas Eltern.

Obschon seine Erkrankung nicht mehr zu verbergen ist wirkt Immendorff glücklich und gelöst an diesem sonnigen Tag.[343] Rund ein Jahr später, am 13. August 2001 wird Immendorffs Tochter Ida geboren.

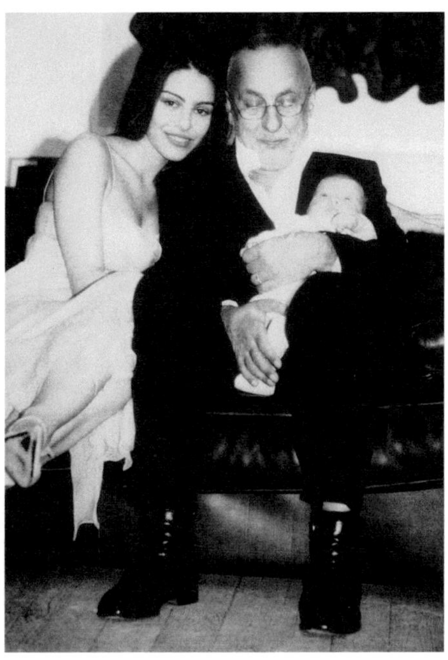

68, Idas Geburtsanzeige

## STAATSMALER

Am 30. und 31. März 2000 unternimmt Bundeskanzler Schröder einen neuzehnstündigen Staatsbesuch in Georgiens Hauptstadt Tiflis. Ein offensichtlicher Akt der Wahlhilfe für den mit Skandalen belasteten, beim Volk unbeliebten, jedoch dem Westen genehmen Präsidenten Eduard Schewardnadse, der sich am 9. April zur Wiederwahl stellen muss. Zu Schröders Delegation zählt auch Immendorff, geladen als „Sondergast Kultur". [344]

In Zusammenhang mit der Immendorff-Ausstellung in Tiflis, die seltsamerweise weder bei seiner Galerie noch in anderen wichtigen Verzeichnissen, wie etwa Artfacts zu finden ist, erscheint der Name des Düsseldorfer Jungunternehmers Dirk Greuer erstmals in Verbindung mit Immendorff.

Greuer, der die Ausstellung mit seiner Firma "Art Syndication", einer „Kunsteventagentur" organisierte, gibt auf seiner Homepage an, die Ausstellung habe 1999 im Nationalmuseum Tiflis stattgefunden.[345]

Nicht nur die Jahreszahl kann nicht stimmen, jedenfalls nicht in Hinsicht auf Schröders Staatsbesuch. In Tiflis jedenfalls, so wird in der Presse kolportiert, soll Schröder Immendorff angetragen haben, sein Kanzlerportrait zu malen. [346]

Im Herbst, am 1. September 2001, erhält Immendorff einen Kunstpreis, der ihm von der "Kulturstiftung Dortmund für bildende Kunst" verliehen wird. Es ist seine erste Ehrung in Deutschland überhaupt. Nach der Preisübergabe hält Immendorff eine kurze Dankesrede, die er "Angst vor Anerkennung - der Weg zum Preis" betitelt.

„Er bemerkt: „(…) der 1. Preis in Deutschland ein Lob, ein Zeichen für Respekt meiner Arbeit gegenüber - er begleitet den Ansporn, den das letzte Bild für das nächste Bild in sich trägt. (...) In dem Preis sehe ich auch eine Würdigung meiner Aktivitäten im Ausland. Sie bewirken ein anderes Bild von Deutschland als der ständig neu aufkeimende Ungeist hierzulande.(…)"[347]

Verbunden mit der Preisverleihung ist eine umfangreiche Ausstellung, in der Immendorff zahlreiche neue Bilder von 1999 und 2000 zeigt. Schon im Frühjahr wurde in Hannover mit einer vielfach gelobten Ausstellung der Kestner Gesellschaft eine bemerkenswerte Zäsur in Immendorffs bildnerischem Werk offenbar. Die Motive in der ersten Phase nach der

Diagnose seiner Krankheit deuteten bereits einen Wandel in Immendorffs Oeuvre an. Nahezu monochrom, weitgehend von tristem Grau getragen, konzentrierten sich die Bilder auf wenige Gegenstände, das kraftvolle Chaos der alten Bilder ist minimalistisch meditativen Kompositionen gewichen.

Wie in Hannover, so auch in Dortmund manifestierten Immendorffs neue Bilder endgültig einen Schritt zur Reduktion mit einer andersartigen Formsprache sowie einer für Immendorff ungewohnt zarten Farbgebung.

Nachdem der Linkshänder Immendorff nicht mehr fähig ist, mit links zu malen, hat er sich mit eisernem Willen die Befähigung abgerungen, mit der rechten Hand zu malen. Auf die dazu erforderlichen Anstrengung, Kontrolle und Konzentration ist es vermutlich zurückzuführen, dass er einen neuen Ausdruck entwickelt, eine andere Maltechnik anwendet und sich in den Bildern auf wenige Objekte beschränkt. In dieser Phase nutzt er erstmals auch Schablonen und Stempel für die Realisierung seiner Sujets.

Neben den erwähnten Versatzstücken aus der Renaissancemalerei werden die häufig chamois, altrosa oder hellblau grundierten Bilder von eigenartigen, amorphen Formen beherrscht, die an aufgedunsene Gliedmaßen erinnern, an Arme und Hände, Abbild formlos werdender, nutzloser Extremitäten. Ebenfalls finden sich in ihrer äußeren Form zerfließende Raupen, die Krücken, das von der "Elbquelle Skulptur" bekannte Motiv des abgestorbenen Baums, die Kugelläuferin, schließlich amorphe Massen aus Menschen und Pferden. Noch lebt Hoffnung zwischen all dem Morbiden in Immendorffs Bildern, die Raupe, Todesbotin einerseits, aber auch Wandlung verkündend, der Baum, der neue Triebe hervorzubringen vermag, die lichten Farben.

Obgleich Immendorff in Dortmund mit signifikanten, neuen Arbeiten aufwartet, wird im gleichen Moment erneut ein Schwachpunkt seines Schaffens offenbar. Deutlich in der Plastik „Elbquelle", die entfernt an einen abgestorbenen Baum erinnert und die als größte „Gusseisenskulptur Europas" angepriesen, 1999 in Riesa aufgestellt wurde. [348]

Ein Paradebeispiel für die Aneignungsmethode Immendorffs und zugleich sein bildhauerisches Unvermögen. Das von Immendorff vielfach genutzte Grundmotiv entspricht teilweise bis in Details einem Baum aus Caspar David Friedrichs Gemälde “Hünengrab im Schnee“ von 1807. Er sollte dieses Motiv häufig und in vielerlei Varianten bis hin zu Stempeln nutzen.

Unweigerlich die Frage, ob nur praktische Erwägungen in Zusammenhang mit seiner Erkrankung zu dieser Nutzung führten oder ob es Immendorff an eigener bildnerischer Imagination mangelte.

Wenige Tage nach der Dortmunder Vernissage wird Immendorffs Erkrankung erstmals in der Boulevard-Presse thematisiert. Die BZ titelt am 20. September 2000: „Jörg Immendorffs Mal-Hand steif. Er wechselt jetzt von links nach rechts.“

Auf Nachfrage der Zeitung gibt Immendorff an, im Rückenwirbelbereich sei ein Nerv eingeklemmt, hierdurch seien die Muskeln nicht mehr richtig versorgt, woraus die Schwächung resultiere. Nachdem er gefragt wird, ob die Gefahr bestünde, dass er nie wieder mit der linken Hand malen könne, antwortet Immendorff: „Nein. Es kann nur ein Weilchen dauern. Ein Jährchen vielleicht. Ich muss Geduld haben. (...) Im Übrigen verstehe ich die ganze Aufregung nicht. Ich bitte Sie.“ [349]

## SUCHEN

Anfang des Jahres 2001 finden zeitgleich zwei Ausstellungen von Immendorff in New York statt, bei Michael Werner sowie bei Anton Kern, Georg Baselitz' Sohn, einem erfolgreichen jungen Galeristen.

Versucht man sich vorzustellen, welche Gedanken Immendorff während dieser Tage, Wochen und Monate umgetrieben haben müssen, wird deutlich, dass er andere Prioritäten setzen und die Routine seiner Arbeit für eine Weile verlassen musste. Noch hat er sich nicht der Krankheit ergeben. Sein Körper vermittelt ihm weiterhin Vitalität, die ihn kämpfen, die eine Heilung als reale Option erscheinen lässt. Zwei Jahre, hieß es. Nun sind es schon drei.

Er sucht Ärzte in New York auf, er reist, recherchiert im Internet, beschäftigt sich mit esoterischen Heilmethoden. Nichts lässt er unversucht, nichts außer Acht im Kampf gegen die sich durch seinen Körper fressende Krankheit. Er will überleben, er hat eine junge Frau, eine kleine Tochter und einen Sohn.

In diesem Jahr, in dem es nur vier Ausstellungen von Immendorff gibt, sieht man ihn selten in der Öffentlichkeit. Wenn er sich nicht um seine Krankheit kümmert, arbeitet er hochproduktiv, seine körperlichen Möglichkeiten bis zum Äußersten auslotend.

Er zeichnet wieder, so weit ihm das die Hand erlaubt, arbeitet mit farbigen Stempeln, zahllose kleine Blätter entstehen, auf denen er neue Techniken erprobt, die ihm wohl, wie Matisse die Scherenschnitte, das Weiterarbeiten ermöglichen sollen. Im schlimmsten Fall.

Sein langjähriger Assistent Markus Meyer erinnert sich: „Natürlich war da immer die Krankheit, Jörg hat alles unternommen, hat alles wissen wollen, beinahe jede Chance ergriffen. Gleichzeitig hat er unglaublich intensiv gearbeitet. Er hat sich nicht geschont.“ [350]

Nur sehr wenigen Vertrauten gegenüber räumt Immendorff ein, schwer erkrankt zu sein, versucht äußerlich den Anschein der Normalität zu wahren. Verbissen ist er bemüht seine Reputation, wohl auch seinen Nachruhm zu sichern. Seit einem Essen im Jahr 2000 anlässlich des Besuchs von Präsident Chirac, ist Immendorff Duzfreund des Kanzlers, von dem er erneut, im

Oktober 2001, eingeladen wird, ihn bei dessen Staatsbesuchen in Indien und China zu begleiten.

Immendorff, der sich auf diesen Reisen als kultureller Botschafter Deutschlands begreift:„Schröder hat wohl verstanden, dass Kultur und Kunst ein 'Türöffner' für Politik und Wirtschaft sein können. Und er meint, dass Deutschland auch seine Kulturgüter im Ausland stolz präsentieren solle. Dazu zählen nicht nur Maler, sondern auch die Top-Orchester der Republik. Ich war neben dem Schriftsteller Tilmann Spengler der einzige Vertreter der Kultur unter Bundesministern und den Spitzen aus Wirtschaft und Industrie."[351]

Spengler, Autor und Sinologe, der mitreiste, um Schröder mit der chinesischen Kultur vertraut zu machen, erinnert sich: „Näher kennengelernt habe ich Immendorff 2001, als wir Kanzler Schröder auf einer Asienreise begleiteten. Bei den vorherigen Begegnungen hatten wir uns kaum mehr als die Hände geschüttelt. Nun fanden wir uns in Indien, in einer Limousine der deutschen Botschaft wieder, und Jörg erzählte sehr laut, wie er auf die Idee gekommen war, das Format für eines seiner letzten Bilder festzulegen. Dazwischen telefonierte er mit Oda, seiner Frau, über Preisverfall bei Baselitz."[352]

Kurz nach seiner Rückkehr aus Asien reist Immendorff nach St. Petersburg, um dort Ende November im Russischen Museum eine Retrospektive mit rund 60 Gemälden zu eröffnen. Schirmherren der Ausstellung sind der russische Präsident Wladimir Putin und der deutsche Bundeskanzler Gerhard Schröder.

Die Vernissage in den prunkvollen Räumen des Marmorpalastes, zu der die Vizekulturministerin Natalia Dementjewa eigens aus Moskau anreist, um eine Grußadresse von Präsident Putin zu verlesen, ist ein kulturpolitisch durchaus beachtenswertes Ereignis, zu dem geschätzte 1200 Besucher strömen.

Die Ausstellung allerdings auch exemplarisch für eine Form des westlichen Kulturimperialismus stellt doch Russland dem, der opportun und zahlungskräftig genug erscheint, seine großartigen, jedoch weitgehend mittellosen Museen zur Verfügung. Den politisch Verantwortlichen auf beiden Seiten fällt es letztlich nicht allzu schwer, für die von Sponsoren finanzierten Kulturevents die Honneurs zu machen, da für die allseits klammen Staatshaushalte damit keine Ausgaben verbunden sind.

In dieser Gemengelage des deutsch-russischen „Public-Private-Partnership" entstehen einerseits vielversprechende Projekte, andererseits greift auch hier die „Eventisierung" der Kultur Raum, gefördert von den geschäftlichen Interessen der Sponsoren, denen wohl weniger die Völkerverständigung als ein günstiges Klima für ihre Geschäfte am Herzen liegt. Künstler schlussendlich, allemal begierig auf Möglichkeiten zur präsentation ihrer Werke, machen sich in diesen Zusammenhängen willig zu Strohmännern von Wirtschaftsinteressen.

Nicht anders verhält es sich mit Immendorffs Ausstellung in St. Petersburg. Organisator der Ausstellung ist ein weiteres Mal die Düsseldorfer Kunsteventagentur "Art Syndication". Im Katalog zur Ausstellung finden sich folgerichtig seitenweise Sponsoren, mit deren Beiträgen die Ausstellung realisiert wird.

Greuer wurde für Immendorff in dieser Phase zu einem interessanten Geschäftspartner. Dessen „Kunstevents" sind nützliches Vehikel für Immendorffs Einführung auf dem politischen Parkett. Zwar ist Greuers Behauptung, „seit langem Immendorffs gesamtes grafisches Werk zu betreuen",[353] kaum zutreffend, da Immendorff bis zu diesem Zeitpunkt mit unterschiedlichen Galerien und Editionen, vor allem mit Sabine Knust in München, zusammenarbeitete.[354]

Anzunehmen ist hingegen, dass Greuer wie Achenbach an und mit Immendorff gut verdiente. Zumindest hat er auch nicht verhindert, dass während ihrer Zusammenarbeit Immendorffs Grafikauflagen massiv gesteigert wurden, die daraus für die Käufer resultierenden Wertverluste als Kollateralschäden in Kauf nehmend.

„1994 hatte ich eine dreitägige Ausstellung in einem Hotel, ich glaube dem Holiday Inn, in Beijing - mit 60 Bildern. Es wurden aber auch Bilder von staatlicher Seite ausjuriert, davon erwähnenswert ist ein Bild mit dem Titel 'Anbetung des Inhalts' auf dem ich vor einem Mao-Tsetung-Porträt niederknie."

Dieser Bericht Immendorffs gegenüber dem Kurator Hans-Ulrich Obrist,[355] wirft ein erstes Licht auf sein zwiespältiges Verhältnis zu dem Land, dessen Ideologie in seinen frühen für seine Denkungsart Jahren bestimmend war.

Statt Protestbekundungen, die Ausstellung abzusagen oder zumindest in den Medien kritisch Stellung zu beziehen, ergab er sich der Situation, die Verhältnisse in China umstandslos akzeptierend und damit gleichzeitig ausblendend.

Wenig überraschend ist es demnach, wie Immendorff später eher anekdotisch über diese Reise berichtet: „Zur Eröffnung kamen einige - das war schon bemerkenswert - Studenten drei-, viertausend Kilometer angereist. Die Nachricht von der Ausstellung hatte schon vorher die Runde gemacht, obwohl sie nur für drei Tage genehmigt war."

Man saß beim Essen zusammen, als eine Frau Immendorff zutoastete und sagte: „'Sie wissen, Sie haben bei uns noch Schulden.' Ich sagte: 'Das verstehe ich gar nicht' und sie darauf 'Na ja, Ihre Organisation (gemeint ist die KPD-AO, Anm. d.A.) war ja die einzige mit der Lizenz, chinesische Literatur zu vertreiben. Sie hatte große deutschsprachige Kontingente von Mao-Schriften, ‚China im Bild' und ‚Peking Rundschau', von uns bekommen und die Abrechnung stand noch aus.' (...) Da dachte ich mir: ‚Mensch, jetzt kommst du hier gar nicht mehr raus.' Das war ein Scherz. Die Chinesen können auch Scherze machen - auf unsere Kosten. Es war interessant, dass sie gut, blendend informiert waren."[356]

Immendorffs zweite China-Reise folgt im Herbst 1997, verbunden mit der Einladung zu Vorlesungen an die Kunstakademie von Tianjin, einer Hafenstadt mit etwa vier Millionen Einwohnern, Kilometer südöstlich von Peking.

Nach seinem kurzen „Staatsbesuch", 2001 in Begleitung von Schröder, wird Immendorff im Mai 2002 erneut zu Vorlesungen nach Tianjin eingeladen. Nun offiziell zum Gastprofessor ernannt, wird er mit einem großen, über dem Eingang der Akademie aufgespannten Transparent, begrüßt: „Professor Immendorff Welcome to our Academy".

Während seines mehrtägigen Aufenthalts sammelt Immendorff erstmals intensivere Eindrücke von der chinesischen Kultur. Reisen, die für ihn häufig nichts anderes sind als die endlose Aneinanderreihung verpflichtender Termine, hatte er bislang oftmals mit Ungeduld absolviert, desinteressiert an Kulturellem, Begegnungen mit nervöser Oberflächlichkeit abhandelnd. Bei diesem Besuch, der nicht minder von Verpflichtungen bestimmt ist, verhält er sich anders, er zeigt aufrichtiges Interesse, nimmt Einladungen an, besucht Ateliers, nutzt die sich ihm bietenden Gelegenheiten zum Austausch mit Künstlern und Studenten.

In seiner Begleitung reist wieder Dirk Greuer, der nicht zuletzt durch die Akquise der nötigen Sponsorengelder maßgeblich am Zustandekommen von Immendorffs Retrospektive beteiligt ist, die am 12. September 2002 in Peking eröffnet wird. Ebenfalls mit von der Partie ist Helge Achenbach, mit den von ihm vertriebenen Affenskulpturen.

"Wenn das Bild zum Berg kommt", so der Titel der Ausstellung in Peking, die einen Monat später nach Shanghai wandert, ist mit mehr als 140 Bildern eine der größten Einzelausstellungen, die einem westlichen Künstler bislang in China gewährt wurde, wenn auch nicht in einem Museum, wie Kai Strittmatter in der "Süddeutschen Zeitung" süffisant bemerkt: „Fünf Jahre Vorarbeit stecken in dem Projekt. Ins Millennium Monument haben sie seine Ausstellung gelegt, einer Kreuzung aus Stadion und Autobahnkapelle, welche die Partei dem Chinesischen Volk gewidmet hat und in der zuletzt der Genosse Generalsekretär unter einem Lichtdom das neue Jahrtausend begrüßte. Der Maler hofft auf einen 'optischen und ästhetischen Crash', was nicht schwer zu erfüllen sein dürfte."[357]

Drei Bilder werden von der Ausstellung ausgeschlossen, zwei, die Mao und Stalin in einem Bild zeigen, sowie eine Hakenkreuz-Darstellung. Wie bereits bei seiner ersten Ausstellung, nimmt Immendorff diese Zensur gelassen. Immendorff fügt sich, in bemerkenswertem politischen Pragmatismus der Realität dieses Landes, das immer noch Regimekritiker verfolgt, in denen Zensur, Straflager, Folter und Todesstrafen gibt, aber immerhin ermöglichte eine Reihe von großen Ausstellungen seiner Werke in Peking, Tientsin und Shanghai.

Während sich Immendorff den Chinesen gegenüber in höflicher Zurückhaltung übt, beklagt er sich, trotz der freundlichen Grußworte des Bundeskanzlers, im Ausstellungskatalog über die ungenügende Aufmerksamkeit, die ihm die deutsche Diplomatie entgegenbrachte, sowie die Ignoranz des Goethe-Instituts, das von seinem Besuch keine Kenntnis genommen hatte.

## DER KÄFIG

Als wolle er nochmals die Bilder seines turbulenten Lebens beschwören, so lebendig muten die Skizzen an, die Immendorff für die Ausstattung der Oper "Die Nase" anfertigt.

Das 1927 erstmals aufgeführte Singspiel des russischen Komponisten Dmitri Schostakowitsch, nach einer Erzählung seines Landsmanns Nikolai Gogol von 1836, ist die surrealistische Geschichte des Kollegienassessors Kowalew, der seine Nase verliert. Während der Suche nach seiner Nase, bei der es zu absurden Verwicklungen kommt und die Nase zwischenzeitlich die Gestalt eines Staatsrates annimmt, wird die Nase verhaftet, weil sie keinen Pass hat, und Kowalew zurückgebracht. Alle Versuche, sie wieder in seinem Gesicht zu platzieren, scheitern allerdings, weil sie nicht haften will. Schließlich erwacht Kowalew eines Tages, und als ob nichts geschehen wäre, befindet sich die Nase wieder dort, wo sie immer war. Kowalew ist ein gesellschaftlicher Looser. Der Verlust seiner Nase, eine unschwer auf Penisverlust zu deutende Metaphorik, treibt ihn, sich für deren Wiedererlangung auf jegliches Arrangement mit den Reichen und Mächtigen einzulassen. Kowalew, der Anpasser, will zum Establishment gehören, Macht erlangen, vor allem über Frauen.

Die Aufführung in Berlin, die am 16. November 2002 in der Staatsoper Unter den Linden Premiere feiert, ist eine erneute Kooperation Immendorffs mit Peter Mussbach, mit dem er in Salzburg bereits bei „The Rakes Progress" zusammenarbeitete. Sie deuten die skurrile Handlung, ursprünglich eine Satire Gogols auf die Beamtenbürokratie unter Zar Nikolaus I., um in ein knallbuntes Panorama der Mediengesellschaft, das von Thomas Gottschalk über Verona Feldbusch, das Feuilleton der "FAZ" bis zu einem als Osama bin Laden verkleideten Polizisten reicht. Und auch Joseph Beuys darf nicht fehlen, als in Gold gekleideter Heroe des Kunstbetriebs.

Während seines Berlinaufenthaltes begibt sich Immendorff in die Berliner Charité, eine der größten Universitätskliniken Europas. Zunächst zu erneuten neurologischen Abklärungen. Da er sich intensiv mit seiner Erkrankung beschäftigt, wird er gewusst haben, dass sich an der Charité seit Januar 2002 eine ALS-Ambulanz befand, die von von Professor Dr. Thomas

Meyer geleitet wird. Meyer ist zu dieser Zeit einer von nur sieben Ärzten in Deutschland, die sich intensiv mit ALS beschäftigen. Für die Diagnose gilt er als die verbindliche Instanz.

Vielleicht haben die Einfühlsamkeit und das jugendlich freundliche Wesen Meyers Immendorff geholfen, die Endgültigkeit der Diagnose zu ertragen. Er würde sterben an dieser Krankheit, nicht schnell vermutlich, sondern eher in einem quälend langsamen Prozess. Er lebt jetzt schon länger als prognostiziert. Sein Krankheitsverlauf ist atypisch.

Das bislang Verdrängte, das Wissen um den nahen Tod wird nun zum Pflock, den der Mediziner Immendorff mit hartem sicheren Schlag in das Bewusstsein treibt. Dennoch: Immendorff hofft weiter. Versucht alles. Er reist zu einem Schamanen in den brasilianischen Dschungel. Der lässt ihn meditieren, predigt Enthaltsamkeit, den Verzicht auf Schweinefleisch und nimmt eine spirituelle Operation an ihm vor. Das ist im Frühsommer 2003. [358]

Im Mai hatte Immendorff erstmals öffentlich erklärt, höchstwahrscheinlich unheilbar an ALS erkrankt zu sein.[359]

## DIE AFFENSCHWEMME

Anfang des Jahres 2003 unterschreibt Immendorff Verträge mit einer seltsamen „Galerie“ in Zürich namens “St. Gilles“. Immendorff braucht Geld, für seine Behandlungen, für seine Drogensucht, für seine Obsessionen auch. Da die Verkäufe aus dem von Michael Werner vertretenen Repertoire spärlich fliessen, verlegt er sich neben massenhaften Grafikauflagen, auf die Produktion von in Bronze gegossenen Affenskuplturen.

“St. Gilles“ wird seine Vertragspartnerin bei der Finanzierung und dem Vertrieb der Affen. Es deutet sich an, dass “St. Gilles“ eine Briefkastenfirma ist. Ein regulärer Galerietrieb wird nie bekannt. Bei der im Handelsregister angegebenen Adresse der Aktiengesellschaft findet sich keinerlei Hinweis auf das Unternehmen.[360]

Wer Eigentümer von “St. Gilles“ ist, kann wegen dem Anonymität sichernden Schweizer Unternehmensrecht, nicht ermittelt werden. Einziger unterschriftsberechtigter Verwaltungsrat des Unternehmens ist ein renommierter Zürcher Wirtschaftsanwalt, der zahlreiche solcher Mandate hat. Er könnte als Treuhänder für die tatsächlichen Besitzer agieren. Kaum anzunehmen, dass er die Affen höchstselbst verkauft.

Unklar ist die Rolle von Achenbach. Später gibt er an, für “St. Gilles“ lediglich als Berater fungiert zu haben. Es sei dahingestellt, wie glaubwürdig diese Einlassung ist. Möglich wäre auch, dass Achenbach an “St. Gilles“ beteiligt war oder immer noch ist, dass er die Schweizer Adresse als Vehikel zur „Steuerersparnis“ nutzte.

Jedenfalls sichert Immendorff “St. Gilles“ zu, 1008 Exemplare der Bronzeaffen in verschiedenen Größen herstellen und vertreiben zu können. Später kommen weitere 1021 Bronze-Affen von 26 cm Höhe hinzu. Damit lässt er von ihm kaum noch kontrollierbare Geschäfte zu. Immendorff hat den baldigen Tod vor Augen, es wird ihn wenig interessiert haben.[361]

Dennoch beklagte Michael Werner diesen inflationären Umgang Immendorffs mit seinem Werk: „Seine ’Café Deutschland’-Linolschnitte hat er x-mal wiederholt, kolorieren lassen und zum Teil sogar auf Leinwand abgezogen. Dann kam die Schwemme der Affenskulpturen. (…) Vergrößerungen, Verkleinerungen, Varianten - ich habe Immendorff mehrfach geraten, seinen Ruf nicht zu beschädigen. Aber darum hat er sich nicht gekümmert, vielleicht auch, weil ihm das alles zu viel war. Das Ganze ist eine Viperngrube."[362]

Was Michael Werner über die dubiosen Geschäfte mit den Affen wusste, bleibt allerdings offen. Zweifelsohne muss Werner die künstlerischen Mängel der Skulpturen gesehen haben, weshalb er ablehnte, sie in sein Programm aufzunehmen.

Werner wird zudem gewusst haben, dass die Skulpturen nicht von Immendorff selbst stammen konnten. Als er die Gipsentwürfe der Affen erstmals zu Gesicht bekommt, ist Immendorff bereits an unheilbar an ALS erkrankt und die Paralyse seiner linken Hand vollständig. Die rechte Hand allein - schon geschwächt - ist nicht fähig die Skulpturen zu formen.

Wer anders als sein langjähriger Galerist sollte wissen, dass auch ein gesunder Immendorff keineswegs fähig war, die Affen-Skulpturen zu gestalten. „Immendorff war kein skulpturales Genie", wie er selbst einräumte. Sein bildhauerisches Können hätte für die Affen-Skulpturen mit ihren humanoiden Proportionen und Gesten kaum ausgereicht.

Nicht Immendorff, sondern der Vater von Oda, der selbst Künstler ist, war deshalb Bildhauer der Affen. Er machte sich seinerzeit in Immendorffs Atelier nützlich.[363]

Ob er die ersten Gips-Modelle der Affen aus eigenem Antrieb herstellte oder Immendorff ihn darum bat, ist nicht mehr festzustellen. Als er noch fähig war mit der rechten Hand zu zeichnen fertigte Immendorff Skizzen zu den Affen an, die später in dem Bändchen "15 Affen für Ida" zu finden sind. Hierin wird auch Immendorffs „enger Freund, der findige Bildhauer Constantin" als Helfer beschrieben. Der konnte „so ziemlich alles formen, was er sich vorstellte".[364]

## DER PROZESS

Am 16. August 2003 gegen 17 Uhr verschaffen sich laut Presseberichten sechs Polizisten mit Spürhund sowie drei Staatsanwälte Zugang zu einer Suite im Steigenberger Parkhotel an der Königsallee in Düsseldorf, wo sie Immendorff im Beisein von sieben Prostituierten auffinden.

Später, während der polizeilichen Vernehmungen, treffen zwei weitere der bestellten Frauen ein. In der Suite werden 11,6 Gramm Kokain gefunden, weitere 10 Gramm bei der Durchsuchung von Immendorffs Wohnung. Er legt sofort ein umfassendes Geständnis ab, gesteht den Kokainkonsum, räumt ein, seit 2001 derartige Partys im Hotel Steigenberger inszeniert zu haben. Auftakt zu einem medialen Schauspiel epischer Dimension. Einer Treibjagd durch den Parcours der Boulevard-Medien.

*ERSTER AKT*

Am darauffolgenden Montag erscheint der “Düsseldorfer Express“ mit dem Titel: „Koks-Razzia beim Malerfürsten (...) Polizei sprengte Sex Party.“ “Bild“ legt am 19. August auf der Titelseite mit der Schlagzeile nach: „Schlimmste Sex-Orgie des Jahres! Star-Maler mit 9 Huren und Kokain“. Fast könnte man geneigt sein, den Tipp, der zur Razzia führte, aus Kreisen der Presse zu vermuten, so unbezahlbar ist der Stoff, der nun das mediale Sommerloch füllt. Einem Trommelfeuer gleich erscheinen tagelang Titelstories und Berichte in der deutschen Tagespresse.

Selbst die biedere “Rheinische Post“ wie auch der SPIEGEL sind sich wenig später nicht zu schade, mit der Überschrift „Kellner hatten Einblick in bizarre Szene“ über Immendorffs sexuelle Phantasien zu thematisieren und umfangreich auch über einen „erhöhten Reinigungsbearf“ nach dessen Orgien zu berichten.[365]

Der FOCUS geht in seinen Recherchen weiter: „Tatsächlich ist Immendorff nach Aussage der Essener Prostituierten Jana M. eher visuell interessiert: Der Augenmensch, der auch in seinem künstlerischen Opus drastische Szenen bevorzugt, sah gern zu. (...) Inklusive der „Zwölf-Stunden-Pauschalen für die Damen“ sowie im Einzelfall „Erschwerniszulagen“ für „einige der Mädels“ von 200 Euro pro Stunde habe sich Immendorff, so taxieren die Ermittler, seine Einladungen allein im „Parkhotel“ gut 300 000 Euro kosten lassen.“[366]

Der Kokainkonsum bleibt nebensächlich. Sehr schnell richten die Medien ihren Blick auf Immendorffs schöne junge Ehefrau. “Bild“ fragt am 20. August: „Verzeiht sie ihm die Orgie?“, während der “Express“ am folgenden Tag bereits zu wissen glaubt: „Immendorffs Ehefrau bei Sex-Partys dabei“.

Immendorff lässt dies umgehend durch seine Anwalt dementieren, die Marke ist jedoch gesetzt, und es steht zu erwarten, dass sich die Medien auf Oda Jaune einschießen werden. Was wusste sie? Wird sie ihm verzeihen? Geht sie? Kehrt sie zurück? Zu günstig ist die Konstellation für die perfekte Story: todkranker, sexbesessener, drogensüchtiger Großkünstler, auf der einen, seine unschuldige, madonnenhaft schöne junge Frau, Mutter seines kleinen Kindes, auf der anderen Seite. Es ist anzunehmen, alles andere wäre wohl widernatürlich, dass es zu einer schwerwiegenden Konfliktsituation hinter den Kulissen von Immendorffs Ehe kam.

Am Ende dieser Woche, samstags, fliegt Immendorff nach Sylt, angeblich zu einem privaten Aufenthalt. Zufällig ist sogleich die Starjournalistin Inga Griese zugegen die Immendorff simultan für “Welt am Sonntag“ und “Bild am Sonntag“ interviewt, wo er die Möglichkeit erhält, seine Sicht der Dinge umfassend darzustellen.

Es entsteht das Gerücht, Immendorff habe auf Sylt Friede Springer getroffen, darauf hoffend, mit ihrem Einfluss den um ihn tobenden medialen Sturm eindämmen zu können. Ob dies tatsächlich so ist, bleibt unklar, in jedem Fall enden die massiven Angriffe der Springer-Presse.

Am folgenden Tag erscheinen “Welt“ und “Bild am Sonntag“ mit groß aufgemachten Gesprächen, die Immendorff Gelegenheit geben, sich zu erklären. “Bild am Sonntag“ überschreibt den Artikel: „Sex, Drogen - die Tragödie eines todkranken Malers“.

Mit Geschick und angesichts der Ereignisse mit erstaunlicher Souveränität gelingt es Immendorff, ein unsentimentales Bild der Offenheit und Reue von sich zu zeichnen. Etwas unterschiedlich prononciert, dem jeweiligen Charakter der beiden Zeitungen entsprechend, vermag er seine Haltung, seine Sicht auf den Skandal nachvollziehbar darzulegen und erreicht in gewisser Weise eine Schuldumkehr. Er ist nun nicht mehr Täter, sondern Opfer von Justiz und Medien: „In welchem Staat leben wir? Wo nach einer anonymen Denunziation in einem Hotel, in dem es, wenn Sie ein Zimmer gemietet haben, eigentlich einen Privatbereich gibt, so verfahren werden kann. (...) Man versucht meine Familie zu beschädigen. Das ist unsäglich.“[367]

*ZWEITER AKT*

Sein Coup bewirkt zwar nicht die Einstellung des Feuers durch die Boulevardmedien, dafür zeichnet sich in weiten Teilen der Presse eine Änderung der Tonlage ab. Der “Stern“ räumt vier Seiten für ein Interview frei, an dem sich auch Oda beteiligt, und berichtet am 28. August: „Jörg Immendorff, 58, wirkt wie ein gebrochener Mann. In seinen Augen zuckt die Angst, er schaut oft nach unten. (...) Durch das Glasdach leuchtet blauer Himmel, die Luft hat jetzt 30 Grad, und Jörg Immendorff sagt nichts. Er schaut seine Frau an, Oda, 23 Jahre alt, vor drei Jahren haben sie geheiratet, ihre Tochter Ida ist zwei Jahre alt. Oda Immendorff, ehemals Jaune, Bulgarin, Malerin, trägt hochgestecktes Haar und golddurchwirkte Ohrringe, sie sitzt vier Meter von ihrem Mann entfernt und blickt nicht zurück - eine eisige Szene in dieser heißen Luft“ [368]

Immendorff erklärt sich, bekennt sich schuldig, während Oda ihre Verletzung bekundet und ihm dennoch beistehen will, wie sie es vor Gott versprochen habe.

Am gleichen Tag in “Bild“: „Er hat mich zutiefst verletzt und betrogen“ und weiter: „Kein Wort von Verzeihen oder Verständnis. Hat diese Ehe überhaupt noch eine Chance?“ Die Antwort gibt “Bild“ am nächsten Tag gleich selbst: „Schöne Ehefrau flieht vor Sex-Professor“.

Anfang September zeigt sich Immendorff nochmals in der Öffentlichkeit bei der Vernissage zu einer Galerie-Ausstellung in Berlin, mit dem in diesem Moment höchst sinnfälligen Titel AUALAND.[369]

Er ist ohne seine Ehefrau Oda gekommen. Immendorff zieht sich anschließend, wie auch Oda, weitgehend aus der Öffentlichkeit zurück. Beide tauchen regelrecht ab, nehmen eine mediale Auszeit.

Das Comeback folgt acht Monate später. Am 25. März 2004 erscheint die "Bunte" mit dem Titel „Drogen und Sex: Ich verzeihe ihm".[370] Zwar kündigt die Illustrierte auf dem Titel ein Exklusivinterview mit Oda „über ihr Leben mit dem todkranken Genie" an, tatsächlich jedoch sprechen beide mit dem bei "Bunte" für die Großen dieser Welt zuständigen Paul Sahner. Der Tenor ist weitgehend identisch mit dem "Stern"-Interview, hingegen wird das Augenmerk nun deutlicher auf Immendorffs todbringende Krankheit gelenkt. Der Prozess steht vor der Tür.

*DRITTER AKT*

Die Ouvertüre zu Immendorffs Prozess, der am 20. Juli 2004 beginnt, bestreitet am 3. Juni erneut die "Bild"-Zeitung, mit der Schlagzeile: „Ist Immendorff zu krank für den Prozess?" - unterlegt mit einem verwackelten Paparazzi-Foto, auf dem zu sehen ist, wie sich Immendorff aus einem Auto helfen lässt. Am 19. Juli gibt "Bild" die Besetzung der Aufführung bekannt: „Der Verteidiger, Der Richter, Der Staatsanwalt, Das Liebesmädchen, Der Angeklagte."

Mit dem Bericht über den ersten Prozesstag, der am 21. Juli erscheint, gestaltet "Bild" die Grundstimmung: „Immendorff muss sich mit dem Sterben befassen". Der Plot für die folgende Prozessberichterstattung war somit gesetzt: todkranker Immendorff stellt sich heroisch den Herausforderungen des Prozesses. Am nächsten Tag wird schließlich klar, wem die Rolle des Schurken zukommt.

"Bild" fragt: „Hat der todkranke Immendorff diesen Richter verdient?" Der "Express" vom selben Tag weiß jedoch bereits: „Immendorff will das durchstehen".

In den nächsten Prozesstagen folgt ein zähes Gestocher in längst bekannten Tatsachen, welches den Boulevardmedien, die an jedem Tag in großer Aufmachung berichten, dennoch Schlagzeilen liefert.

Schließlich erscheint der "Express" am 28. Juli mit der Titelseite: „Immendorff - Ich kann nicht mehr – Malerfürst ein Bild des Jammers". Dann, am 5. August, hat es endlich ein Ende. "Bild" schreibt: „Um 13.05 Uhr hörte er sein Urteil".

Er wird zu elf Monaten Haft auf Bewährung und 150 000 Euro Geldstrafe verurteilt. Immendorffs Suspendierung als Professor der Düsseldorfer Kunstakademie wird anschließend aufgehoben. Er kann weiterhin lehren, seine Pensionsansprüche bleiben erhalten. Man mag sich fragen, ob ihm dies tatäschlich wichtig war, ob er tatsächlich auf irgendein medizinisches Wunder hoffen mochte.

Wenig wird über seine privaten Obsessionen, über womöglich befremdliche Details seiner „Orgien" bekannt. In ihm nahestehenden Kreisen wusste man, dass er an diesem Punkt geradezu panisch in Sorge war.

„Die Demaskierung als ‚perverser Sexbesessener' bedeutet für Immendorff ‚den eigentlichen GAU'. (...) Er schämt sich unendlich dafür", ist seine ehemalige Lebensgefährtin Marie-Josephine Lynen sicher. Immendorff habe ihr „die Scham über extreme sexuelle Vorlieben" gestanden. Er habe davon „freikommen" wollen, so Lynen.[371]

Ob seine Ehe nach der Affäre in ihrem eigentlichen Sinn fortbestand, ist fraglich.

Immendorff, der allzu oft die Medien für seine Interessen genutzt hatte, war mit einem Mal, am 18. August 2003, zu deren Objekt geworden. Im Grunde jedoch befand er sich nie in einer anderen Rolle. Bazon Brock beschreibt dies so: „Er wollte sich seine Souveränität gegenüber diesen Leuten bewahren, indem er gesagt hat, ich passe mich euch längst nicht an. Er hat sich so geschützt vor der Selbsteinschätzung, dass er eigentlich längst der Popanz der Zeitungen, der Redakteure geworden war."[372]

„Ich lebe. Vielleicht wäre ich ohne die Kunst so weit nicht gekommen. Manchmal bin ich verzweifelt. Manchmal fühle ich mich merkwürdig stark. Dann erteile ich den absterbenden Nervenzellen Befehl, dass sie langsamer sterben. Dann wieder sage ich mir: Das ist doch lächerlich, ich mache mir was vor. Aber Larmoyanz ist kein Weg. Es gibt immer noch einen, dem es dreckiger geht."

Der Journalist Wolfgang Büscher der Immendorff im September 2004 besuchte, notierte diese Sätze und zeichnet wie auch andere Berichte dieser Tage das Bild eines tapferen Kämpfers, bezeichnet Immendorff als „Barfußsoldaten" im Dschungel. Weiter schreibt er: „Obwohl tödlich erkrankt, ist auf eine merkwürdige Art nichts Krankes an ihm. Eher wirkt er schwer verwundet als von einer ihn heimtückisch aufzehrenden Krankheit befallen."[373]

Der linke Arm, die linke Hand, nutzlose von Haut umhüllte Substanz. Nur noch mühsam vermag Immendorff wenige Schritte zu gehen, wobei die linke Hüfte einknickt, die baldige Lähmung der unteren Extremitäten ankündigend.

Obschon er ihm immer noch Zeichnungen und andere kleine Arbeiten abringt, kann auch der rechte Arm nur noch wenig für Immendorff leisten. So klemmt die Zigarette, wie ein letztes Relikt persönlicher Autonomie zwischen bewegungslosen, nikotingelben Fingern, während er den erschlafften Arm mit ausholendem Schwung und überraschender Zielgenauigkeit, dazu zwingt, die Zigarette zum Mund zu führen. Die Zigarette anzünden hingegen muss ein dienstbarer Geist.

Im Herbst 2004 hatte sich Immendorff bereits vielem unterzogen, das auch nur entfernt Heilung versprach, unzählige Untersuchungen, Austausch von Blutplasma, Voodoo, Gebete von Shaolin Mönchen.

Es existiert allerdings kein Medikament, welches ihm Hoffnung verleihen könnte, nur "Rilutek", das ALS-Patienten ein paar Monate mehr Lebenszeit verspricht. Immendorff fordert: „Ich will eine Pille - oder zwei oder drei. So wie bei Aids, das galt schließlich auch mal als unheilbar."[374]

Wie ein Echo des ehemaligen politischen Agitators, wirken Immendorffs Statements und Aktionen dieser Tage. Er will eine

„Rebellion gegen die Krankheit“[375] initiieren. „Alle Bataillone müssen in die Schlacht geworfen werden.“[376]

Im November feiert das durch Immendorff inspirierte Bühnenstück “Kunst & Gemüse A. Hilpert“ von Christoph Schlingensief Premiere, bei dem die vollständig gelähmte ALS-Patientin Angela Jansen mittels der von einem Laserstrahl eingefangenen Bewegungen ihrer Pupillen Sätze schreibt, die über eine Projektion Einfluss auf die Handlung nehmen. Immendorff entwirft das Plakat zu dem Stück.

Mit seinem Arzt Prof. Thomas Meyer schließt er ein „Aktionsbündnis“ und gründet an der Berliner Charité die „Immendorff Initiative“, die zur Finanzierung eines Forschungsstipendiums für einen Arzt der dortigen ALS-Ambulanz ermöglichen soll. Immendorff verkündet im September 2005 „in Verbindung mit weiteren namhaften Künstlern und Vertretern der Kultur und Politik“ eine große Spenden-Gala zu veranstalten mit der er drei Millionen Euro einsammeln will. Das Projekt wird jedoch nicht realisiert.[377]

Kunst-Versteigerungen generieren erste Geldbeträge für seine Initiative. Im Mai 2006 schließlich lädt Immendorff unter dem Motto „Culture for Science“ mehr als 150 zahlungskräftige Gäste in sein Atelier, darunter Franziska van Almsick, Ben Becker, Veronica Ferres, John Malkovich und Guido Westerwelle.

Die Bild Zeitung berichtete: „Franziska van Almsick (28) brachte das Besondere des Events auf den Punkt: „Das hier ist keine SHOW, sondern wahres Leben. (...) Die Idee zu dem ungewöhnlichen Projekt hatte Top-Werbeunternehmer Martin Krug (48), Ehemann von Schauspielstar Veronica Ferres (40) und enger Immendorff-Freund. Warum? (...) „Weil ich Jörg liebe!“ Als Erlös der Veranstaltung werden 570 000 Euro genannt.[378]

Für die Entwicklung eines gegen ALS wirksamen Medikaments müssten nach Schätzung von Professor Meyer mindestens 800 Millionen Euro aufgewendet werden. Immendorffs Initiative ist dagegen bestenfalls in der Lage, Mittel für eine Studie zu erbringen, die, vereinfacht gesagt, nach dem Try-and-Error-Prinzip existente Medikamente auf ihre Wirksamkeit gegen ALS untersucht. Da auch von staatlicher Seite keine Unterstützung für die ALS-Forschung kommt, bleibt der wohl beste Beitrag, den Immendorff leisten kann, durch sein öffentliches Wirken auf die Krankheit aufmerksam zu machen.

Immendorff ist Anfang 2005 nicht mehr fähig zu einfachsten Verrichtungen, etwa essen.[379] Für einen auf persönliche Integrität und Privatheit bedachten Menschen wie Immendorff eine nahezu unerträgliche Situation. Auch kann er ohne fremde Hilfe nicht mehr aufstehen oder laufen. Er ist auf Betreuung angewiesen, hat sich organisiert, eingerichtet wäre ihm wohl zu endgültig, jedenfalls solange er sich selbst noch Hoffnung zubilligt.

Am 5. März berichtet die "Süddeutsche Zeitung": „Dem nervenkranken Maler sind in einer medizinisch und ethisch umstrittenen Operation in China zwei Millionen Zellen von abgetriebenen Föten ins Gehirn gespritzt worden. Nach dem Eingriff glaubte Immendorff, eine Besserung zu verspüren.

Er betrachte sich als Teilnehmer eines Experiments, sagte er."[380] Immendorff war im Februar 2005 nach Peking gereist, um sich einer fragwürdigen Operation zu unterziehen, über die er seinen Arzt, Professor Meyer, erst nach dem Eingriff informiert. Diesem berichtet er von Besserung, dass er ein paar Finger bewegen könne, von einem stärkeren Gefühl in den Beinen. Meyer hingegen, um den Placebo-Effekt derartiger Eingriffe wissend, qualifiziert die Methode der chinesischen Ärzte als „unseriös und unethisch".[381]

Drei Wochen verbringt Immendorff in einem kleinen kargen Zimmer, im Ausländertrakt des "West Hill Hospital" in einem Vorort Pekings, um sich der absonderlichen Behandlungsmethode von Dr. Huang Hongyun zu überlassen. Wie andere Gelähmte aus aller Welt hat er sich der strapaziösen Reise unterzogen und ist bereit, 20 000 Dollar für einen weiteren Hoffnungsschimmer zu bezahlen.

In einem Beitrag für die "Welt" beschreibt Immendorff seine Situaton: „Die Enge des Raumes, sich fast nur aufs Bett konzentrierend, auf den Fensterausblick, presst den Kopfdruck in einen hinein. (...) Die Tage trieben jetzt auf diesen Eingriff zu, und die Gedanken um andere Dinge verloren sich, wurden auch hektischer, wurden nervöser, meine Anrufe nach Deutschland cholerischer."[382]

Die in Europa und den USA verbotene Methode von Dr. Huang Hongyun basiert auf den besonderen Merkmalen der menschlichen Riechzellen, den so genannten olfaktorischen Hüllzellen, von denen der Riechnerv des Menschen umhüllt ist. Diese können möglicherweise stimulierend auf verletzte oder absterbende Nervenzellen wirken. Dr. Huang Hongyun spritzt derartige Zellen, embryonale Nasenzellen, ein Abfallprodukt hunderttausender Abtreibungen chinesischer Frauen, direkt in das Gehirn oder das Rückenmark.[383]

Immendorff werden hierzu zwei Löcher in die Schädeldecke gebohrt, um die embryonalen Nasenzellen in sein Gehirn spritzen zu können. Er beschreibt in seinem Bericht wie er dies erlebte: „ (...) ich spürte ganz genau, als der Bohrer in mich hineinkam, absetzte und dann in rotierender Bewegung wieder rausgenommen wurde. (...) Und jetzt kann ich damit arbeiten, jetzt weiß ich, ich habe Material im Körper, das kann etwas bewirken, es gibt mir zusätzliche Schubkraft.“[384]

## FÜR DIE EWIGKEIT

Am 14. Juni 2005 begeht Immendorff seinen sechzigsten Geburtstag. Er hatte die Prognose, nur noch zwei Jahre leben zu können, bereits um fünf Jahre übertroffen. Dennoch ignoriert er nicht die Wahrscheinlichkeit seines baldigen Todes. Kaum anders ist seine Äußerung gegenüber den Verantwortlichen der Berliner Nationalgalerie zu interpretieren, die ihm eine Ausstellung für 2010 avisieren, denen er indessen erklärt, „wenn er die Schau noch erleben solle, werde man sich beeilen müssen".[385]

Nachdem die Nationalgalerie sowie der Verein der Freunde der Nationalgalerie, befördert durch Immendorffs unsentimentale Haltung, in für eine derartige Ausstellung ungewöhnlich kurzer Frist die nötigen Entscheidungen treffen, wird die Retrospektive noch im Jahr 2005 möglich. Freunde und Förderer Immendorffs wie Helge Achenbach und die Sammlung Rheingold, der Heinrich Bauer Verlag, Immendorffs Groß-Sammler Karlheinz Essl, Gabriele Quandt-Langenscheidt, Florian Langenscheidt oder Martin Krug, stellen vor allem für die Bauten unabdingbare zusätzliche Mittel bereit.

Die Vernissage von "Male Lago", der Ausstellung, die Immendorffs Lebenswerk repräsentiert, findet am Donnerstag, den 22. September 2005 statt. "Male Lago" ist Immendorffs letzte große Schau, seine bedeutendste. „Alles, was ich jetzt mache, ist ja meine Biografie, wenn Du so willst", sagt er zu Pamela Kort, einer Wegbegleiterin und Verfasserin vieler Texte über seine Arbeit.[386]

Erstmals nach der Bundestagswahl am 18. September erscheint zu diesem Anlass der noch amtierende Bundeskanzler Gerhard Schröder in der Öffentlichkeit. Immendorff bedankt sich mit launigen Worten über Angela Merkel bei Schröder, dem durch die faktische Patt-Situation zwischen SPD und CDU/CSU um die Macht ringenden Bundeskanzler.

Die von Immendorff vorgeschlagene Ausstellungsarchitektur, mitgestaltet von Frank Castorfs Bühnenbildner Bert Neumann erschließt auf beeindruckende Weise den hohen, schwierig zu bespielenden Hauptsaal der Nationalgalerie. Das Konzept lehnt sich an Immendorffs "Lidl"-Stadt und deren Papp- und Papierhäuschen an („Tier-Lidl", Lidl-Stadt, 1968). Die Häuser wie auch die Wege der neuen Stadt sind jedoch leuchtend rot, verweisen hiermit auf den Titel der Ausstellung “Male Lago“.

„Lago“ war die Stadt in dem ersten von Clint Eastwood selbst inszenierten Western von 1973, “High Plains Drifter“. Die verängstigten Einwohner Lagos wollen einen Fremden ohne Namen (Eastwood) anheuern, um gefährliche Banditen aus dem Weg zu räumen. Der Fremde willigt unter der Bedingung ein, dass die Bewohner die Häuser ihrer Stadt rot streichen. Schließlich übermalt er das Ortsschild „Lago“ mit dem Wort „Hell“. Der Fremde weiß von der heimtückischen Ermordung eines Marshalls durch die Bürger und beginnt diese nun schrittweise gegeneinander auszuspielen.

Immendorffs „Lago“ beherbergt in sechs roten Häusern mit rund einhundert thematisch gruppierten Werken die Chronologie seiner künstlerischen Entwicklung, verbunden durch rote Wege, die Arterien eines Blutkreislaufs darstellend. Begünstigt von der Ausstellungsarchitektur werden mit den Biegungen der Wege, mit jedem Durchgang und Einblick die Wendungen und Paradoxien in Immendorffs Oeuvre sichtbar, erzählen von seinem unablässigen Suchen: nach dem Sinn künstlerischen Schaffens in frühen Jahren, dann nach seiner Rolle als Künstler in der Gesellschaft, schließlich nach Optionen für sein geteiltes Vaterland. Schließlich die Suche nach sich selbst. Am Ende ist es ein metaphysisches Kreisen um die letzte Frage, die Frage nach dem Göttlichen.

Die Ausstellung wie der gewaltige, 880 Seiten starke Ausstellungskatalog, mehr Künstlerbuch als Ausstellungs-Katalog, illustrieren die vielen Richtungswechsel des Künstlers. Das Gewusel der Abbildungen demonstriert vortrefflich seine sprunghafte Ungeduld und die damit verbunden seine mitunter fatale Oberflächlichkeit in der Arbeit an eigentlich lohnenden Themenfeldern.

Und doch ist das Buch eindrucksvolles Kompendium eines künstlerischen Lebenswerks. Seine starken Momente, “Lidl“, die frühe “Café Deutschland“-Phase sowie “The Rakes Progress“, lassen erahnen was einem intellektuell reicheren aber auch handwerklich beweglicheren Immendorff möglich gewesen wäre. In diesen Phasen lassen seine Arbeiten auf tiefgründiges Ringen mit dem Stoff schließen. Vieles andere wirkt hingegen angerissen, zufällig, vorläufig. In dieser Unvollkommenheit, seinem „gemeisterten Dilletantismus“ jedoch liegt vielleicht Immendorffs eigentliche und sehr eigene Qualität.

Wie bereits der Galerist Michael Werner in Immendorffs Motiven immer nur Gemüse sah, so definierte Immendorff im ähnlicher Weise schon früh den Anspruch an seine Kunst mit dem “Lidl“-Spruch: „Das Bild muss die Funktion der Kartoffel übernehmen.“ Hierin klingen einerseits Immendorffs eher bodenständige persönliche Ansprüche, andererseits aber auch die populistischen Aspekte seiner Kunst an: Kunst als Nahrung fürs Volk, nicht schön, aber sättigend.

Damit erteilte er gleichzeitig jenen Connaisseuren eine Absage, die glaubten, aus Immendorffs Kunst komplexe Botschaften lesen zu können. Vergebens wohl hat er immer wieder versucht, dieser von den eigenen Motiven der Betrachter getragenen Sichtweise entgegenzutreten: „Ach, man vermutet immer Geschichten dahinter. Aber wenn Sie die Augen zukneifen, werden diese Deutschlandbilder zu Seerosenbildern.“[387]

Immendorff, der gern die Metapher der Suppe verwendete, bot frugale Gerichte. Seine Stärke lag im Vereinfachen, im Verdichten. So wie er sich als juveniler Parolenschmied bewies, war er dann am authentischsten, wenn er die einfache Form wählte, vortrefflich mit seinen unzähligen Zeichnungen und Gouachen.

Die Wahl des Ausstellungstitels ist, auch wenn dies Immendorff in seiner Beschreibung des Rote-Stadt-Konzepts im Ausstellungskatalog so nicht unmittelbar einräumt, ebenso schlüssig verbunden mit Immendorffs Populismus wie mit seiner ewigen Rolle als gesellschaftlicher Outlaw.[388]

„Als Fremder ohne Namen kommt er in die belagerte Stadt Lago, zwingt die Bewohner, ihre Stadt rot anzustreichen. Und dann, als alles Farbe und Ästhetik ist, setzt er an zum ‚sozialen Handeln’ und ballert die Befreiung herbei.“[389]

Weitgehend unkommentiert bleibt in den Rezensionen sowie im Katalogtext selbst der Untertitel der Ausstellung: „unsichtbarer Beitrag". In diesem Untertitel transportiert Immendorff, wie so oft und wie so oft auch unbeachtet, seinen Hinweis an den Betrachter, dass ein Bild hinter dem Bild existiert. Nur ist die Auswahl der Gemälde in der Nationalgalerie allzu gefällig, womit dieser nicht selten verstörende Aspekt der Doppelbödigkeit außen vor bleibt.

Kaum zufällig scheint deshalb “The Rakes Progress“ von der Ausstellung ausgeklammert. Immendorff, der sich gern verkleidete, hinter Masken verbarg, Rollen annahm, war mit seinem kongenialen Alter Ego Tom Rakewell, dem „Wüstling“, für dieses eine Mal vollkommen bei sich.

Selten in seinem Leben hat Immendorff einen freimütigeren Blick hinter seine Kulissen erlaubt, als in den Zeichnungen und Gemälden jener Phase. Für den Ausschluss des Werkblocks gibt er konzeptionelle Gründe an, aber es sind auch andere Deutungsmöglichkeiten denkbar. Immendorff, der kranke, alternde konnte er vielleicht auch die Vitaliät und Virilität dieser Arbeiten nicht mehr ertragen?[390]

Nach seiner Rückkehr aus China hatte sich Immendorff der Arbeit für die Retrospektive in der Nationalgalerie gewidmet. Und auch wenn vermutlich sein letzter großer Auftritt in diesem vielleicht bedeutendsten Kunsttempel der Republik, nun im Vordergrund seines Denkens stand, wird ihn der Zerfall seines Körpers, das geradezu physisch ablesbare Verrinnen der Zeit, ebenso befangen haben wie das Bewusstsein einer weiteren verlorenen Hoffnung. Denn der Eingriff in Peking erwies sich als ebenso nutzlos, wie die „spirituelle Operation" des brasilianischen Schamanen.

So zeichnet sich nach der erfolglosen Pekingreise eine Zäsur in Immendorffs Haltung ab. Der zuvor noch kämpferische Ton seiner Aussagen weicht einer fatalistischen Sichtweise. Seine Perspektive verengt sich nun vollständig auf die künstlerische Arbeit. Viel mehr ist ihm nicht geblieben: „Ich habe in letzter Zeit versucht, meine Krankheit in den Griff zu bekommen, indem ich mir vorstelle, mit jedem neuen Bild, das ich male, nicht etwa Zeit zu verlieren oder kostbare Energien abzugeben, sondern im Gegenteil: Zeit zu gewinnen. Jedes neue Bild schenkt mir einen Tag."[391]

Immendorff hat starke Schmerzen. Filmaufnahmen aus der Zeit zeigen, dass er Wasser in den Gliedmaßen hat, das Atmen fällt ihm schwer. Obwohl immerzu Menschen um ihn herum sind, bleibt er im Grunde allein mit sich und seinem Martyrium. Dennoch will er keine Schwäche zeigen, verschärft mit seiner Fokussierung auf die Arbeit nochmals das Tempo für sich wie auch seine Mitarbeiter. Und als wolle er jegliche Energieverschwendung vermeiden, befehligt er seine Helfer mit auf das notwendigste reduziertem Vokabular. Wenig Raum für Nebensächlichkeiten wie Konversation, für Danke oder Bitte. Er strapaziert seine Umgebung auf das Äußerste, wirkt oftmals bitter und ungnädig, resigniert auch.[392]

Der Journalist Andreas Wrede erinnert sich an Besuche in dieser Zeit: „Egal, ob ich nun allein mit ihm im Atelier war oder einer oder mehrere seiner Assistenten anwesend waren, es wurde keine Zeit verschwendet mit dem Austausch persönlicher Befindlichkeiten. Mit seinen Assistenten ging er oft sehr ruppig um, sie hatten viele Launen des Meisters zu ertragen.

Einer von Ihnen, Salvatore, war zu mir immer besonders zuvorkommend, er hat es einige Jahre bei Jörg ausgehalten, dann konnte er nicht mehr und ist gegangen, ebenso wie seine immer wahnsinnig nette und zuverlässige Assistentin."[393]

Ein gutes Dutzend junger Helfer, Akademiestudenten zumeist, arbeitet inzwischen permanent in Immendorffs Atelier. Die gestalterischen Grundideen der Bilder, die von Immendorffs Helfern nach seinen Anweisungen, häufig mit Versatzstücken aus Bildbänden, Motiven der Renaissance, aber auch Immendorffs eigenem Fundus komponiert werden, entstehen jetzt überwiegend im Computer, im „Copy-Paste"-Verfahren und damit in einer durchaus zeitgemäßen Form der Kunstausübung. Peter-Klaus Schuster beschreibt dies im Katalog zu „Male Lago": „Der Künstler arbeitet wie ein DJ mit virtuell unendlichen Bilderbanken, der nun in den Pathosformeln der Alten Meister über die Elementarteilchen unserer Bildsprache gebietet."[394]

Die ungeheure Produktivität Immendorffs in seiner letzten Lebensphase wird zum einen von seinem Wunsch nach einer Hinterlassenschaft, zum anderen vor allem von seiner geradezu manischen Suche nach dem letzten, seinem perfekten Bild geprägt. Er erlebt sich hierbei in der Rolle des „Raphael ohne Hände" und empfindet seine persönliche Erfahrung dieses philosophischen Gedankens als Geschenk.[395]

In Lessings Drama "Emilia Galotti" sagt der Maler Conti zum Prinzen von Guatalla: „Auf dem langen Wege, aus dem Auge durch den Arm in den Pinsel, wie viel geht da verloren!" Und anschließend: „Oder meinen Sie, Prinz, dass Raphael nicht das größte malerische Genie gewesen wäre, wenn er unglücklicherweise ohne Hände geboren wäre?"[396]

Mit dieser Bemerkung stellt Conti die Idee, die Konzeption des Bildes über dessen handwerkliche Ausführung. In dem er dies tut, räumt er gleichzeitig sein Unvermögen ein, die Vollkommenheit seiner Imagination auf die Leinwand zu übertragen.

Immendorff, der seiner Hände beraubte Maler, erkennt mit der grausamen Realität seiner Krankheit, und je mehr er sich dieser Realität stellt, die Möglichkeit, Grenzen zu überwinden, die ihm früher durch sein technisches Unvermögen gesetzt waren. Die Differenz zwischen Wollen und Können scheint sich für ihn mit wachsender Einsicht in die Optionen computergestützter Bildgestaltung wie auch durch die handwerklichen Fähigkeiten seiner Helfer aufzulösen.[397]

Exemplarisch hierfür das Porträt von Bundeskanzler Schröder. 2004 hatte Immendorff für das Titelblatt der Zeitschrift "Cicero"[398] ein Aquarell gemalt, ein Motiv das nur entfernt an Schröders Physiognomie erinnert. Das spätere Porträt für das Kanzleramt hingegen ist eine fast fotografisch genaue Wiedergabe von Schröders Antlitz. Immendorff, der einst an dem Porträt von Stalin scheiterte, war kein Portraitist und wäre wohl ohne die Kunstfertigkeit seiner Assistenten und digitale Technik nicht in der Lage gewesen, das Kanzlerportrait in seiner heutigen Form herzustellen. Malen wäre ein falscher Ausdruck.[399]

Dennoch kann man die Bilder, die seit ab etwa 2005 entstehen, als originäre Schöpfungen Immendorffs ansehen. Andernfalls müsste man auch Andy Warhols Oeuvre, das ebenso wie Immendorffs Bilder in einer „Factory" mit Hilfe zahlreicher Mitarbeiter entstanden ist, in Zweifel ziehen.

Endlich befreit von eigenem technischen Limitierungen, mit Unterstützung einer tatkräftigen Mannschaft, bot sich Immendorff die Gelegenheit sein Werk um interessante Facetten zu erweitern. In diesem Moment jedoch, in dem er sich allein mittels seiner Imagination neue Bildwelten hätte erschließen können, scheitert er ein letztes Mal an seiner mangelnden Fähigkeit der Durchdringung. Jetzt, jedoch von Krankheit belastet, ist er offenbar weniger denn je zu einem neuen, konzeptionell tief greifenden Entwurf fähig.

Er begnügt sich damit, seine alten Werke zu rezyklieren, mit einem „Best of" seiner verschiedenen Schaffensperioden, deren Versatzstücke er wie ein DJ mixt.

Im Vorgang der computergenerierten Bildcollage lag seinerzeit zwar eine gewisse Aktualität. Allerdings den Bilder weder gestalterischer Esprit, noch künstlerische oder gar gesellschaftliche Relevanz zu eigen. Wenn sich in einem Bild (Ohne Titel, 2006) etwa ein Verweis auf die Situation der Palästinenser findet, ist dies ohne weitergehenden Bezug zu Immendorffs übrigem Oeuvre. Es hat einen etwas anbiedernden Gout, weil Immendorff sich im Grunde seit je für wenig mehr interessierte, als seine persönlichen Befindlichkeiten.

Die letzen Bilder sind dunkle, apokalyptische Szenarien, in überwiegend kaltem Grau gehalten. Die Sujets schließen sich weitgehend an die schon seit Jahren bekannte Renaissance-Motivik Immendorffs an. Ein wenig modifiziert vielleicht durch die häufigere Darstellung von Skeletten, einer allerdings wenig überraschenden Metapher. Kombiniert sind die Renaissance-Versatzstücke mit bekannten Motiven aus seine den verschiedenen Schaffensperioden. Die Affen treten auf, wie auch der "Lidl"-Hund von 1969, Immendorff als "Lidl"-Sportler, Charlotte Moorman, und natürlich Beuys. Häufig erscheinen die Selbstzitate wie einem Fotoalbum entnommen, als verkleinerte Wiedergaben der älteren Gemälde. Schließlich wird auch „Café Deutschland" nochmals aufgeführt.

Wohl auch aus wirtschaftlichem Interesse muss er produzieren und verkaufen, da seine Behandlung astronomische Summen verschlägt. Jetzt agiert Immendorff wie ein Dirigent, der sein Orchester aus stummen Helfern, befördert von seinen neuen, technischen Möglichkeiten, zu einer bald überbordenden Bildproduktion antreibt.[400]

Immendorffs Assistent Markus Meyer erinnert sich: „Das war alles unglaublich intensiv, wir haben an Wochenenden gearbeitet, an Feiertagen. Jörg war unerbittlich. Statt sich zurückzuziehen und seine letzte Zeit zu genießen, war er irgendwie immer noch auf der Suche nach dem ultimativen Bild. Er war nie wirklich zufrieden."[401]

Und dann ist es zu viel. Das Jahr hatte abgefordert, was Immendorffs malader Körper noch zu leisten im Stande war. In der Nacht vom 22. auf den 23. November 2005 versagt seine Atmung, er kommt durch die mangelnde Versorgung mit Sauerstoff beinahe zu Tode. Er wird erst im letzten Moment gefunden.

Seine Lungen sind nicht mehr in der Lage, selbständig zu atmen, darum wird bei Immendorff nach einigen Tagen auf der Intensivstation der Universitätsklinik Düsseldorf ein Luftröhrenschnitt vorgenommen, womit für die Zukunft seine künstliche Beatmung möglich wird. Die Stimme, die nicht selten nach einem derartigen Eingriff irreversibel geschädigt ist oder sogar verloren geht, bleibt ihm erhalten. Allerdings ist Immendorff von nun an, in der Nacht vor allem, auf die künstliche Beatmung mit Hilfe eines Atemgerätes sowie permanente Betreuung angewiesen.[402]

Wenige Wochen später präsentiert er, zusammen mit der BILD-Zeitung die "Immendorff Bibel". Eine bemerkenswerte

Wendung, wenn man bedenkt, wie wenig rücksichtsvoll ihn BILD während seiner „Kokain-Affäre“ behandelt hatte. Die als „Meisterwerk“ angekündigte Bibel beschränkt sich indessen auf eine Auswahl von 25 älteren Arbeiten, die als Illustration des mehr als eintausend Seiten starken Textes dienen sollen.[403]

In dem von ihm verfassten Vorwort formuliert Immendorff: „Die Frage nach dem Jenseits beschäftigt uns zwangsläufig (...) Der Mensch braucht das Jenseits. Aber schon in diesem Leben braucht er: Hilfe. Ich mache Fehler. Ich habe viele Fehler gemacht. Oft in meinem Leben erging es mir so, dass ich kaum noch einen Ausweg sah. Die Zuversicht, die man aus einem Dialog mit einer – nennen wir es dritten Kraft – ziehen kann, sie ist fast wie ein Kelch. Den man gereicht bekommt, wenn man will.“[404]

Eigentümlich, sich Immendorff als Agnostiker vorzustellen. Auch ist nicht bekannt, dass sich Immendorff in seinem Leben in größerem Umfang oder überhaupt mit der Bibel beschäftigt hätte. Dennoch erläutert er gegenüber der „Bild“-Zeitung: „Die Bibel hat mich ja mein Leben lang begleitet. Nicht, dass ich sie immer zu Rate gezogen hätte. Aber durch die Sinnsuche, die sich wie ein roter Faden durch meine Werke zieht, war es für mich ganz spannend zu entdecken, dass so viele Parallelen entstehen können, ohne dass die Bilder zu Illustrationen werden.“[405]

Immendorffs Bibel, ein Werk von mediokrer Qualität, sollte man angesichts seiner Situation mit Milde betrachten. Als Geste eines reuigen Sünders vielleicht. Vielleicht auch als die letzte Karte, auf die er noch setzt, einen Deal mit dem Weltenlenker.

## ENDE

„Ich möchte nicht in der Straßenbahn sterben, nicht im Taxi / (...) wenn ich wüsste, dass es morgen ist / dann mit der Familie und Freunden / aber ich weiß nicht, ob das gut ist für sie / für mich wäre es leicht / wenn ich dann einschlafe / ich weiß nicht, ob ich der Familie das zumuten kann, und / vielleicht sollten die gar nicht dabei sein, dann hat man mich in Erinnerung, als sei man unterwegs." So beschreibt Immendorff im Gespräch mit Erwin Koch, wie er sich seinen Sterbemoment wünschen würde.[406]

Im Herbst 2006 ist Immendorff sichtlich hinfällig. Er ist schmal geworden, zart geradezu, alt und grau, sitzt in seinem Rollstuhl, vor oder auch manchmal, so als wolle er niemandem den Weg versperren, seitlich neben seinem Arbeitstisch, der angefüllt ist mit einem Sammelsurium aus Briefen, Zeitungen, Zetteln, Fotografien und Erinnerungsstücken.

Von dort aus kann er sein Atelier in der Längsachse überblicken. Vor sich auf einem anderen Tisch Bücher, Drucke aus dem Computer, Collagen, wie Partituren für noch zu bespielende Leinwände.

Man hat ihm Becher mit Tee oder Vitamingetränken gefüllt, in denen Strohhalme stecken, die ihm eine helfende Hand auf einen stillen Wink hin zum Mund führt wie auch die Zigarette. Von der Zigarette kann er nicht lassen. Oft klebt sie ihm an der Unterlippe, und er hat eine eigenartige Technik entwickelt, auf diese Weise noch seine minimalistischen Anweisungen geben zu können. Manchmal quillt Rauch aus der Kanüle, die aus seinem Hals hervorragt, an die, wenn nötig, und dies ist immer häufiger der Fall, das Beatmungsgerät angeschlossen wird.

Vor sich an der Stirnwand des Raums hat er irgendwann einmal, als er noch selbst auf eine Leiter klettern konnte, eine große, runde Uhr aufgehängt. Typisches Accessoire einer Fabrik, einer Bilderfabrik, zu der Immendorffs Atelier inzwischen geworden ist. Seine Helfer arbeiten, gelegentlich begleitet von gedämpfter Musik, still und konzentriert an den Gemälden, die ihnen Immendorff aufgetragen hat.

Er versucht sich von der Normalität eines geregelten Arbeitspensums über seinen Zustand hinweg tragen zu lassen. Nachdem er angekleidet und medizinisch versorgt ist, kommt er zwischen zehn und elf Uhr ins Atelier. Manchmal für zwei Stunden, sofern dies seine Kräfte zulassen.

Hin und wieder wird seine kleine Tochter Ida zu ihm geführt, darf sie zu seinen Füßen spielen. Er hat hierzu eine Ecke im Atelier freigeräumt, die nur ihr gehört, die zu betreten allen anderen streng verboten ist. Immendorff ist sehr liebevoll und zärtlich mit seiner Tochter, lässt für Momente ein hinter seiner schroffen Fassade, tief in ihm verborgenes weiches Wesen aufscheinen.

Wenn seine Kräfte nachlassen, wird er ein Stockwerk tiefer in seine Wohnung gebracht. Immendorff wird dazu mit seinem Rollstuhl in einen gläsernen Lift geschoben, den er hat bauen lassen, nachdem ihn seine Beine nicht mehr trugen. Nachmittags ist er nochmals für zwei, vielleicht drei Stunden in der Lage zu arbeiten. Weil er zu wenig Sauerstoff bekommt, wird er schnell müde, immer wieder muss er an das Beatmungsgerät angeschlossen werden. Immendorff spricht nur noch wenig, nur noch in kurzen Sätzen, nach denen er seinen Lungen mühevoll Luft abringen muss.[407]

Er empfängt nur noch wenige Besucher. Helge Achenbach kommt regelmäßig, Tilman Spengler hin und wieder. Häufig kommt Michael Werner. In den vergangen Jahren schien es Differenzen zwischen ihm und Immendorff gegeben zu haben.

In seinem ersten Testament, welches Immendorff im August 2003, wenige Tage nach seiner Festnahme, in der Hochphase des „Kokain-Skandals“ verfügte, war Werner deshalb mit keinem Wort berücksichtigt.[408] Nun ging es Immendorff offenbar darum, seinen künstlerischen Nachlass zu sichern, worin sich seines und Werners Interesse verbanden.

Das Haus verlässt Immendorff kaum noch, die damit verbundenen Vorbereitungen und Prozeduren sind ihm zu viel. Freitags allerdings lässt er sich immer noch in die Akademie bringen. Seminar um zehn Uhr. Jedes Mal begleitet von Krankenpfleger und Notfallkoffer.

Hanns-Bruno Kammertöns, der einen eindringlichen Dokumentarfilm über Immendorffs letzte Tage gedreht hat, beschreibt in einem Beitrag für das Magazin der „Zeit“, wie er Immendorff mit seinen Studenten erlebt hat: „Dichter Zigarettenqualm und schweres Nachdenken über die Frage nach dem Sinn der Kunst. ‚Kapieren Sie es endlich, Kunst bedeutet Menschwerdung, weiter nix!' Schwer atmend haute er die Sätze heraus. Kam einer der Schüler tatsächlich zu spät, dann richtete sich der Professor in seinem Rollstuhl auf und schnarrte: ‚Guten Morgen, du Träne.' Irgendwann dann sein ‚Tschö zusammen', das war's, das ‚medizinische Team' reihte sich hinter ihm ein, Beginn der Transporterfahrt zurück nach Hause."[409]

Am 7. Oktober soll ihm der Kaiserring der Stadt Goslar verliehen werden, einer der wichtigsten Kunstpreise in Deutschland. Immendorff ist jedoch schon zu geschwächt für die Reise und nicht mehr in der Lage, den Preis persönlich in Empfang zu nehmen. Wenig später, am 30. November, soll er den Medien- und Fernsehpreis "Bambi" erhalten. Auch zu dieser Preisverleihung reist er nicht mehr.

Der vom Burda Verlag gestiftete Preis wurde ihm zugedacht, „weil er mit seinem einzigartigen Werk die jüngere Geschichte Deutschlands begleitet und künstlerisch interpretiert" hat. Die Statuette wird ihm von der Schauspielerin Veronica Ferres in seinem Atelier übergeben.[410]

Immendorff spürte, dass ihm nicht mehr viel Zeit blieb. Eine letzte, dringliche Aufgabe war zu erledigen. Er musste die Wunde schließen, die ihn so viele Jahre geschmerzt hatte, seit man darauf verzichtet hatte, seinen "Café Deutschland"-Zyklus in die Sammlung des Reichstags aufzunehmen.

Bis zuletzt beklagte er sich hierüber. Es ging ihm um seinen Nachruhm, um seine Vision von Unsterblichkeit. Die vielen Interviews, TV- und Film-Aktivitäten der letzten Monate zeigen, wie sehr Immendorff um seine Position in der Kunstgeschichte, in der Geschichte seines Landes rang. Tilman Spengler bemerkte hierzu lakonisch: „Also, ich glaube, der hat vielleicht den kleinen Fimmel, dass er meint, er ist noch nicht unsterblich genug."[411]

2005 ließ sich Immendorff von der Filmemacherin Nicola Graef und ihrem Team für die gut gemachte Dokumentation "Ich. Immendorff" begleiten und interviewen. Darin äußern sich eine Reihe von Zeitzeugen wie auch seine Mutter, seine erste und seine zweite Ehefrau.

Immendorffs Disziplin im Erdulden seiner Krankheit wird eindrucksvoll geschildert. Dennoch trägt der Film den Charakter eines ganz und gar unkritischen Heldenepos, man könnte beinahe glauben, es handle sich um eine Auftragsarbeit. Kunsthistorische Fragen, die Aufschlüsselung und Hinterfragung seiner künstlerischen Positionen unterbleiben. Kritische Stimmen fehlen gänzlich. Familiäres nimmt zwar breiten Raum ein, sein rührendes Verhalten mit seiner Tochter wird gezeigt. Kein Wort indessen zu Immendorffs inzwischen achtjährigem Sohn.

Am 16. Januar 2007 übergibt Immendorff sein Schröder-Porträt an die Galerie im Berliner Kanzleramt. Schröder war eigens mit dem Zug aus Hannover angereist. Bei der kleinen Übergabezeremonie in Immendorffs Atelier waren unter anderen BILD-Chefredakteur Kai Diekmann, Tilman Spengler, Markus Lüpertz und Veronica Ferres zugegen.

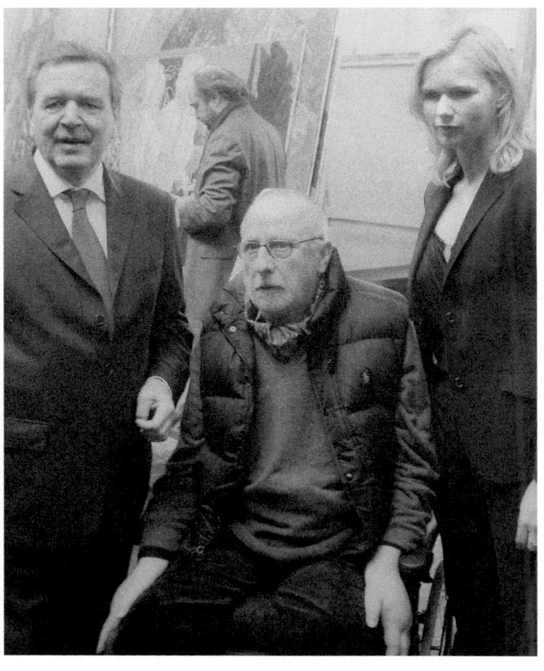

69, bei der Übergabe der Kanzler-Porträts an Schröder mit der Schauspielerin Veronica Ferres

Die BILD-Zeitung berichtet: „Die Überraschung im Atelier: Das Kanzlerporträt ist so gut wie vollendet. Öl auf Leinwand, überlebensgroß, 1,30 mal 1 Meter. Ein ernst blickender Gerhard Schröder, markante Gesichtszüge, scharf geschnitten - GANZ IN GOLD. So, wie in der Tradition alter Kupferstiche. Links unten der symbolische Bundesadler, in rot zerfließend."[412]

Die “Frankfurter Allgemeine Zeitung“ sieht das Kanzler-Porträt ein wenig kritischer: „Nirgendwo sah ein Kanzler aber bisher so imperatorenhaft, bismarckig und maßlos mächtig aus wie Immendorffs Goldschröder. Mit ihm, verrät das Porträt, beginnen eine neue Politik und eine neue Bildsprache: Hier steht, nicht Mensch, sondern Ikone, der eiserne Medienkanzler, der ganz zum Bild gewordene Herrscher.“[413]

Schröders Kopf ist umgeben von den für Immendorff typischen Affen, die er als Hommage an den Kanzler verstanden wissen will, der die Künstler schätzte. Möglicherweise hat sie Immendorff auch hintersinnig als Verweis auf die Scharaden des Politikers angelegt.

Die Kamera der Dokumentarfilmerin, dies ist die stärkste Szene des Films, beobachtet das Szenario der Zeremonie aus der Augenhöhe des im Rollstuhl sitzenden Immendorffs. Seine inzwischen grotesk aufgeschwollenen Hände liegen auf den Lehnen des Rollstuhls. Immendorffs unruhig wandernde Augen irren zwischen den Beinen und Hinterteilen seiner Gäste hin und her, die sich inzwischen, von ihm abgewandt, im Gespräch befinden. Obwohl er eine Daunenjacke trägt, zittert er. Immendorff ist allein.

## TOD

Immendorff stirbt am 28. Mai 2007, einem Pfingstmontag. An seinem Sterbebett nur eine Intensivschwester.

Folgender Text wird am nächsten Tag auf der Website der „Immendorff-Initiative“ an der Berliner Charité veröffentlicht: „Als Todesursache ist ein plötzlicher Herzstillstand anzusehen, der um 02.00 Uhr des 28. Mai 2007 eintrat und zu einem Sterbeprozess ohne zusätzliches Leiden führte. In einer Patientenverfügung hatte der Künstler bereits im Jahr 2006 festgelegt, dass er auf intensiv-medizinische Maßnahmen verzichtet.“

Seine Asche soll auf einem Meer verstreut worden sein.

## NACHWORT

Ich begegnete Immendorff zum ersten Mal im Herbst 1974 während einem politischen Seminar der Schülermitverwaltung, irgendwo im Westerwald, er auf Seiten der Lehrer, ich als Vertreter der Schüler. Wir wurden Freunde.

1979 begann unsere Zusammenarbeit, als Immendorff für die Grünen agierte und gleichzeitig seine künstlerische Karriere Fahrt aufnahm. Ich wurde sein Assistent und Privatsekretär, dann Partner bei verschiedenen Projekten, so der Gestaltung und im Management des legendären "La Paloma".

Wir blieben verbunden, nachdem ich 1985 die Zusammenarbeit beendete. Er war Gast meiner Hochzeit und ich bei seinem Fest mit Oda Jaune. In diesen Jahren konnte ich ihm vor allem bei finanziellen Fragen helfen.

Vom 2002 bis 2005 war mein jüngerer Bruder Immendorffs persönlicher Assistent. Wenige Wochen vor seinem Tod sah ich Immendorff ein letztes Mal im Atelier.

Neben vielen privaten Erlebnissen, habe ich ihm eine sorgfältige künstlerische Ausbildung zu verdanken.

In den frühen Jahren unserer Freundschaft erlebte ich Immendorff als einen offenen, humorvollen, selbstironischen aber auch selbstkritischen Menschen.

Als sein Ego aus den Fugen geriet, als die Drogen seine Persönlichkeit angriffen, zwang mich dies nicht selten zur Distanz. Das ursprüngliche Wesen dieses Menschen wurde mit der Zeit zerrieben, verschwand in luziden Erinnerungen, löste sich auf.

Mein Buch, das offen und kritisch mit Immendorff ist, kann auch als Trauer über eine künstlerische Vita gelesen werden, deren Optionen in den Banalitäten des Medien-Boulevards versanken, über ein Leben, das auf tragische Weise scheiterte und endete.

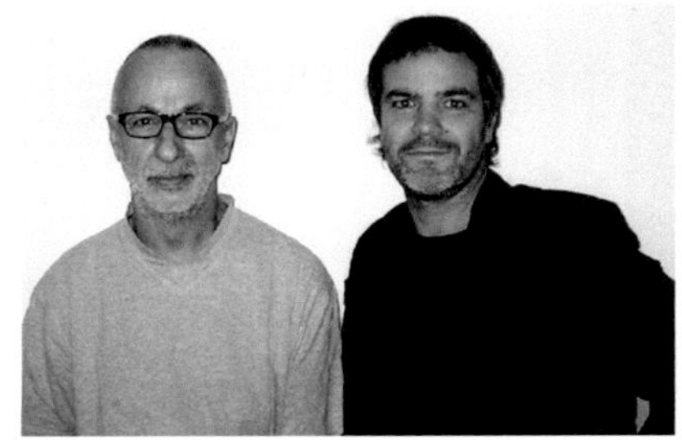

# ANHANG

## EINZELAUSSTELLUNGEN
(bis ins Todesjahr)

**1961**
New Orleans Club, Bonn

**1965**
Galerie Schmela, Düsseldorf

**1966**
“deutsch deutsch deutsch“, Galerie Fulda, Fulda, Deutschland

**1967**
“Für alle Lieben in der Welt“, Galerie Art Intermedia, Köln

**1968**
Galerie Patio, Frankfurt
Staatliche Ingenieurschule, Düsseldorf

**1969**
Galerie Lichter, Frankfurt
“LIDL-WEEK“, A 379089, Antwerpen
“Planungsübersicht einer Arbeitswoche, August 1968“, Galerie Michael Werner, Köln

**1971**
“Die Arbeit an einer Hauptschule“, Galerie Michael Werner, Köln
Galerie Heiner Friedrich, München

**1972**
“Rechenschaftsbericht“, Galerie Michael Werner, Köln

**1973**
“Hier und jetzt: Das tun was zu tun ist“, Westfälischer Kunstverein, Münster, Deutschland
Galerie Michael Werner, Köln
Galerie Loehr, Frankfurt
Galerie Cornels, Baden-Baden, Deutschland

**1974**
Daner Galleriet, Kopenhagen
Galerie Michael Werner, Köln
Galerie am Savignyplatz, Berlin

**1975**
Galerie Michael Werner, Köln
Galerie Nächst St. Stephan, Wien

**1976**
Galerie Seriaal/Helen van der Meij, Amsterdam

**1977**
Museum for Hedendaagse Kunst, Utrecht, The Netherlands
“Penck mal Immendorff, Immendorff mal Penck“, Galerie Michael Werner, Köln

**1978**
Galerie Maier-Hahn, Düsseldorf
“Café Deutschland”, Galerie Michael Werner, Köln

**1979**
“Café Deutschland”, Kunstmuseum, Basel
Galerie Helen van der Meij, Amsterdam
“Positionen-Situation, Plastiken”, Galerie Michael Werner, Köln
“Teilbau”, Bleckede an der Elbe

**1980**
“Malermut rundum”, Kunsthalle Bern, Bern, Germany

**1981**
“Pinselwiderstand (4x)”, Stedelijk van Abbemuseum, Eindhoven, Niederlande
“Eisende”, Stedelijk van Abbemuseum, Eindhoven, Niederlande
“Teilbau”, Galerie Hans Neuendorf, Hamburg, Deutschland
Galerie Heinrich Erhardt, Madrid

**1982**
“Café Deutschland/Adlerhälfte”, Kunsthalle Düsseldorf, Düsseldorf
“Kein Licht für wen?”, Galerie Michael Werner, Köln
“Grüsse von der Nordfront”, Galerie Fred Jahn, München
Galerie Hans Strelow, Düsseldorf
Galerie Daniel Templon, Paris
Ileana Sonnabend Gallery, New York
Galerie Springer, Berlin
Verenigung Aktuele Kunst, Ghent, Belgien

**1983**
Kastrupgardsamlingen, Kastrup, Dänemark
“Café Deutschland gut”, Galerie Springer, Berlin
Stedelijk van Abbemuseum, Eindhoven, Niederlande
Kunsthalle Düsseldorf, Düsseldorf
New 57 Gallery, Edinburgh, Scotland
Studio d’Arte Cannaviello, Mailand
Nigel Greenwood Gallery, London
“38. Parteitag”, Ratinger Hof, Düsseldorf
Ileana Sonnabend Gallery, New York
Galerie Gillespie-Laage-Salomon, Paris
“IMMENDORFF”, Kunsthaus, Zürich
“Café Deutschland gut”, Galerie Michael Werner, Köln
“Sammler - übermalte Linoldrucke”, Galerie Sabine Knust, München

**1984**
“Café Deutschland gut”, Kunsthalle, Hamburg, Deutschland

Galerie Ascan Crone, Hamburg, Deutschland
Galerie Sabine Knust, München
Galerie Ursula Schurr, Stuttgart, Deutschland
Mary Boone Gallery, New York
"beben/heben", Galerie Michael Werner, Köln
Galerie Heinrich Erhardt, Madrid
Museo de Bilbao, Bilbao, Spanien
Galerie Heinrich Erhardt, Frankfurt
Museum of Modern Art, Oxford
Galerie Rudolf Zwirner, Köln

**1985**
Maison de la Culture de la Communication, St. Etienne, Frankreich
Kunstverein Braunschweig, Braunschweig, Deutschland
"Jörg Immendorff - Bilder und die gesamte Grafik", W. Wittrock Kunsthandel,
Düsseldorf

**1986**
Mary Boone Gallery, New York
Nigel Greenwood Gallery, London
"Jörg Immendorff: 10 Bilder von 1978 aus Privatsammlungen", Galerie Michael Werner, Köln

**1987**
"Jörg Immendorff, Neue Editionen", Maximilianverlag/Sabine Knust, München
"Jörg Immendorff - Neue Arbeiten", Galerie Michael Werner, Köln

**1988**
"Jörg Immendorff in Auckland", Auckland City Gallery, Auckland, Neuseeland

"Jörg Immendorff - Die Zauberflöte", Galerie Thaddaeus Ropac, Salzburg, Österreich

**1989**
"Jörg Immendorff - Zeichne! - Zeichnung 1959-1989", Roemer-und Pelizaeus Museum Hildesheim, Hildesheim, Deutschland
"Jörg Immendorff. Zeichnungen", Galerie Michael Werner, Köln
"Jörg Immendorff - oeuvres récentes", Galerie Daniel Templon, Paris

**1990**
"Das grossartige, ewige 1. Semester", Portikus, Frankfurt am Main
"Jörg Immendorff", Galeria Juana de Aizpuru, Madrid
"Jörg Immendorff 1981-1989", Galerie de l'Ecole d'Art, Marseilles, Frankreich
"Jörg Immendorff. Bilder und Arbeiten auf Papier", Galerie Raymond Bollag, Zürich
"Jörg Immendorff. Pinturas", Galeria Juana de Aizpuru, Seville, Spanien
Galerie Frank Hänel, Frankfurt am Main

**1991**
Villa Merkel, Esslingen, Deutschland
Museum für Moderne Kunst, Wien
Galerie Krinzinger, Wien
Michael Werner, New York

**1992**
Immendorff - Artsonje Museum, Gyeongju Bomun
Galerie Michael Werner, Köln
Michael Werner Gallery, New York
Museum Boymans-van Beuningen, Rotterdam, Niederlande
Haags Gemeentemuseum, The Hague

Goethe Institute, Osaka, Japan
Sonje Museum of Contemporary Art, Kyongju, South Korea
Galerie Beaumont, Luxembourg
Obalne Galerije, Piran, Slovenia

**1993**
"Immendorff", Horsens Kunstmuseum, Horsens, Denmark
Seoul Arts Center, Seoul, South Korea
Hong Kong Arts Center, Hong Kong
Pao Galleries, Hong Kong
Art Gallery of Beijing, Beijing, China
International Art Palace, Beijing, China
Taipei Fine Arts Museum, Taipei, Taiwan
Galerie Lucio Amelio, Paris
Galerie Daniel Templon, Paris
Galerie Piece Unique, Paris
Musée National d'Art Moderne, Centre Georges Pompidou, Paris
Ace Contemporary Exhibitions, Los Angeles

**1994**
Jörg Immendorff. Café de Flores - Museo Tamayo, Mexico City
Kastrupgaard Collection, Kopenhagen
Abbaye Saint-André, Centre d'Art Contemporain, Meymac, Frankreich
Orpheusfoyer, Salzburg Festival, Salzburg, Österreich
"The Rake's Progress" Galerie Thaeddeus Ropac, Salzburg, Österreich

**1995**
Barbican Art Gallery, London

**1996**
Jörg Immendorff - Bild Mit Geduld - Kunstmuseum Wolfsburg, Wolfsburg
Galerie Michael Werner, Köln
"Immendorff Gyntiana", Neuer Berliner Kunstverein, Berlin
"Immendorff Respect I", Dresdner Kunstverein, Dresden
Galerie Radicke, Saint Augustine
"The Rake's Progress", Michael Werner Gallery, New York

**1997**
"Jörg Immendorf - Neue Ölbilder und Werke auf Papier", Galerie Thaddaeus Ropac - Salzburg, Salzburg
"Premio Marco: Grand Prize Winner", Museo de Arte Contemporaneo de Monterrey, Mexico
"The Rake's Progress: From Hogarth to Hockney", Sir John Sloane's Museum, London
Galerie Beaumont, Luxembourg
Schleswig-Holsteinisches Landesmuseum Schloss Gottorf, Schleswig
Achenbach Art Consulting, Düsseldorf
appointed as a member of Europäische Akademie der Wissenschaften und Künste, Salzburg

**1998**
Jörg Immendorff – Malerdebatte - Kunstmuseum Bonn, Bonn
"Jörg Immendorff. Znaki, symbole i wizje/Zeichen, Symbole und Visionen/Signs,Symbols and
Gammelholtegaard Museum, Holte
Politischer Club Colonia für Studien und Aktionen zum Frieden, Köln

**1999**
Galerie Holtegaard, Holte
Städtische Kunstsammlungen, Neue Galerie im Höhmann-Haus, Augsburg
Kunstmuseum Düsseldorf
"Jörg Immendorff. Neue Bilder", Galerie Michael Werner, Köln
Städtische Kunstsammlungen, Augsburg
"Jörg Immendorff. Malerwald", Museum Kueppersmuehle Sammlung Grothe, Duisburg
"Jörg Immendorff. Bilder 1997-98, Zeichnungen", Städtische Kunstsammlungen, Neue Galerie im Hoehmann-Haus, Augsburg

**2000**
Faroe Islands Art Gallery, Torshavn, Färöer Insel
Städtische Galerie Karlsruhe
"Jörg Immendorff. Bilder und Zeichnungen", Kestner-Gesellschaft, Hannover
"Arbeiten auf Papier von Jörg Immendorff", Galerie Jutta Radicke, Sankt Augustin, Deutschland
"Jörg Immendorff. Bilder", Museum am Ostwall, Dortmund, Deutschland

**2001**
Jörg Immendorf - Galerie Daniel Blau, München
"Jörg Immendorff: Lidl (Fluxus) Paintings and Recent Paintings" Anton Kern Gallery, New York
"Jörg Immendorff: New Paintings", Michael Werner Gallery, New York
"Jörg Immendorff: New Paintings", Galerie Bo Bjerggaard, Kopenhagen
"Jörg Immendorff. Allen Dingen ist der Wechsel eigen", Russian State Museum, St. Petersburg

**2002**
Jörg Immendorf, Galerie Sabine Knust, Maximilian Verlag, München
China Millenium Monument, Beijing, China
Shanghai Jungwen Art Center, Shanghai, China
Nanjing Museum, Nanjing, China

**2003**
"Jörg Immendorff - Aualand, Teil 1: 1965-1984", Contemporary Fine Arts, Berlin
"Jörg Immendorff - Aualand, Teil 2: 1985-2003", Contemporary Fine Arts, Berlin
Jörg Immendorf, Galerie Sabine Knust, Maximilian Verlag, München
"Immendorff Weltnase: Aquarelle und Zeichnungen", Kunstverein Lippstadt, Lippstadt, Germany

**2004**
"Jörg Immendorff", Retrospective - Art & Public, Geneva
"Jörg Immendorff", Galerie Noah, Augsburg
"Jörg Immendorff - Canvas Paper Sculpture", Burkhard Eikelmann Com, Düsseldorf
"Jörg Immendorff: I Wanted to Become an Artist", Goldie Paley Gallery, Moore College of Art, Philadelphia, Pennsylvania
"Jörg Immendorff: I Wanted to Become an Artist", The Arts Club, Chicago
"Jörg Immendorff", Patrick Painter, Inc., Santa Monica, California
"Jörg Immendorff: New Sculpture", Galerie Michael Werner, Köln
"DC: Jörg Immendorff. Site of Criticism", Museum Ludwig, Köln

**2005**
"Jörg Immendorff" - De Hallen, Haarlem
"Jörg Immendorff", Arario Cheonan, Cheonansi
"Male Lago - unsichtbarer Beitrag - Jörg Immendorff",
Neue Nationalgalerie, Berlin
"Male Lago - unsichtbarer Beitrag - Jörg Immendorff", Kulturforum Potsdamer Platz, Berlin
„IMMENDORFF!! - Paintings, paper, prints & sculptures",
White Space Bejing, Beijing
"Jörg Immendorff - New Paintings", Michael Werner Gallery, New York
"Jörg Immendorff - New Sculpture", Michael Werner Gallery, New York
"Jörg Immendorff", Galería Jule Kewenig, Palma de Mallorca
"Jörg Immendorff", Galería Jule Kewenig,, Köln
"Jörg Immendorff: Neue Bilder ", Galerie Michael Werner, Köln
"Jörg Immendorff. Wilhelm Sasnal", Anton Kern Gallery, New York
"Jörg Immendorff: High Plains Drifter", Contemporary Fine Arts, Berlin
"Jörg Immendorff. The Graphic Work 1968 - 2005", Versicherungskammer Bayern, München
"Jörg Immendorff: Paintings and Sculptures 1972-2005",
Arario Gallery, Choongchungnamdo, Korea, traveling
to Arario Beijing, Beijing, China

**2006**
"Sherwood Forest: Jörg Immendorff / Jonathan Meese",
Museum Haarlem, Niederlande

"Jörg Immendorff - Skulpturen und Arbeiten auf Papier",
Kunstverein Bamberg, Bamberg
"Jörg Immendorff - Neue Bilder", Galerie Michael Werner, Köln
"Jörg Immendorff - Painting and Drawing", Galleri Bo Bjerggaard, Kopenhagen
"Jörg Immendorff", Mönchhaus-Museum Goslar, Goslar
„Immendorff - Gemälde, Zeichnungen, Skulpturen", Ludwig Museum im Deutschherrenhaus, Koblenz
"Jörg Immendorff - Langer Marsch auf Adler", Auden Galerie, Bad Homburg
"Jörg Immendorff – Malerstamm", Galerie Jirí Svestka, Prague
"Jörg Immendorff – Facetten eines Werks", Städtische Galerie Karlsruhe, Karlsruhe
"Jörg Immendorff: Paintings & Sculptures 1972 – 2005",
Arario Beijing, Beijing
"Jörg Immendorff - Schnuppe", Patricia Low Contermporary, Gstaad
"Jörg Immendorff", Patrick Painter Inc., Santa Monica, CA
"Jörg Immendorff – Gestatten, mein Name ist Geschichte!", Städtische Galerie Erlangen, Erlangen
"Jörg Immendorff" Perry Rubenstein Gallery - 534 West 24 street, New York
"Black and White: Drawings for Summer", Michael Werner Gallery, New York
"Implosion", Anton Kern Gallery, New York

**2007**
„Jörg Immendorff", MKM Museum Küppersmühle für Moderne Kunst, Duisburg
„Immendorff – Skulpturen", Kultur Bahnhof e.V., Kassel
„Jörg Immendorff", Neues Museum Weserburg Bremen, Bremen
„Jörg Immendorff - Das druckgrafische Werk", Horst Janssen Museum, Oldenburg
„Jörg Immendorff - Skulpturen 1986-2005", Galerie Rackey, Bad Honnef
„Jörg Immendorff - Sculptures 1986-2005", Soura Art Galerie, Palma de Mallorca
"Wo stehst Du mit deiner Kunst, Kollege?" - Stedelijk Van Abbemuseum, Eindhoven
Alles, was ihr von mir bekommt - Graphische Arbeiten von Jörg Immendorff", Hällisch Fränkisches Museum, Schwäbisch Hall
„Jörg Immendorff – Das grafische Werk", Museum für Druckkunst, Leipzig
„Jörg Immendorff - New Paintings", Michael Werner Gallery, New York
"Selection", Galerie Michael Werner, Köln
"Jörg Immendorff. Nouvelles Peintures", Michael Werner / Une saison à Paris, Galerie de France, Paris
"Jörg Immendorff. The Graphic Work 1968 – 2005", Kunstmuseum Heidenheim
"Immendorff. Sculptures 1988 – 2005", KulturBahnhof Kassel, Kassel, Deutschland
"Jörg Immendorff -Retrospective of Drawings", Museum Kunst Palast, Düsseldorf

## PUBLIKATIONEN MIT DEM AUTOR

**1981**
“Was Kunst soll“, Interview OETZ, Zeitschrift des Fachbereich
Visuelle Kommunikation, Fachhochschule Düsseldorf

**1982**
“Weltfrage - Brandenburger Tor “, Redaktion und Fotografie
Hans Peter Riegel, NewYork 1982
“Grüsse von der Nordfront“, Redaktion, Fotografie und Gestaltung,
Hans Peter Riegel
“Sammler“, Redaktion, Fotografie und Gestaltung, Hans Peter Riegel

**1983**
“FF bringts I“, Hans Peter Riegel und Jörg Immendorff, München
“Cafe Deutschland gut“, 8 Ausstellungskataloge, Redaktion,
Fotografie und Gestaltung, Hans Peter Riegel, München
“Weltfrage Brandenburger Tor“, Dokumentar-Video,
Hans Peter Riegel, Düsseldorf

**1984**
“FF bringts II - La Paloma“, Hans Peter Riegel, Hamburg

**1985**
“FF bringts III - Hommage“ Hans Peter Riegel, Düsseldorf

**1986**
“FF bringts IV - Hans Albers“ , Hans Peter Riegel, Düsseldorf

**1995**
“FF bringts V“ , Hans Peter Riegel, Düsseldorf

## ANMERKUNGEN

[1] Kopie des Auszugs aus dem Familienbuch im Archiv des Autors

[2] Kopie des Wehrmachtsausweis von Immendorffs Vater, Armin-Dietrich Immendorff, im Archiv des Autors

[3] Immendorff im Gespräch mit Gero von Boehm, ZDF-Sendung, 9.12.2005

[4] Beitrag von Armin-Dietrich Immendorff, in Panzer, Nr.2/3, 1960

[5] Kopie des Entlassungsscheins von Armin-Dietrich Immendorff vom 23. 6. 1945 im Archiv des Autors

[6] Ich bin zu sehr noch hier, Immendorff im Gespräch mit Erwin Koch, Die Zeit, Hamburg, Nr. 14, 2005

[7] Immendorff im Gespräch mit Pamela Kort, Kunst Heute, Nr. 11, Köln, 1993, S. 14

[8] Ebd., S. 13

[9] Immendorff im Gespräch mit Pamela Kort, Katalog zu „Male Lago", Berlin 2005

[10] Kopie des Arbeitszeugnisses von Armin-Dietrich Immendorff der Buchhandlung Krüger, vom 30. 6. 1947 im Archiv des Autors

[11] Kopie des Arbeitszeugnisses im Archiv des Autors

[12] Dienstausweis von Armin-Dietrich Immendorff, vom 23. 7. 1947, Kopie im Archiv des Autors

[13] Versetzungsbescheid des Zollgrenzdienstes vom 16.1. 1950, Kopie im Archiv des Autors

[14] Immendorff im Gespräch mit Gero von Boehm, ZDF-Sendung, 9.12.2005

[15] Bundeswehrausweis von Armin-Dietrich Immendorff, Kopie im Archiv des Autors

[16] Irene Immendorff in Nicola Graef, Ich. Immendorff, Dokumentation, DVD, 2008

[17] Immendorff in in Nicola Graef, Ich. Immendorff, Dokumentation, DVD, 2008

[18] Immendorff im Gespräch mit Pamela Kort, Kunst Heute, Nr. 11, 1993, S. 14

[19] Michael Houellebecq, Elementarteilchen,Berlin 1998, S. 48

[20] Immendorff im Gespräch mit Andreas Wrede in Düsseldorf, 2006, Archiv des Autors

[21] Immendorff im Gespräch mit Gero von Boehm, ZDF-Sendung, 9.12.2005

[22] Der heutige Direktor des Ernst-Kalkuhl-Gymnasiums und Immendorffs fünf Jahre jüngerer Mitschüler Ernst-Martin Heel im Kölner Stadtanzeiger, 1.6.2007

[23] Andreas Wrede im Gespräch mit dem Autor, Hamburg, Juli 2009

[24] Immendorff im Gespräch mit Andreas Wrede in Düsseldorf, 2006, Archiv des Autors

[25] Der Wald, den der Maler vor lauter Bäumen nicht mehr sieht, war Immendorffs Metapher für die Suche nach erneuter Inspiration. Jörg Immendorff. Malerwald, Museum Kueppersmuehle Sammlung Grothe, Duisburg 1999

[26] Interview mit Karl Baumeister, einem ehemaligen Lehrer Immendorffs, Kölner Stadtanzeiger, 1.6.2007

[27] Immendorff im Gespräch mit Gero von Boehm, ZDF-Sendung, 9.12.2005

[28] Immendorff im Gespräch mit Pamela Kort, Kunst Heute, Nr. 11, Köln, 1993, S. 16

[29] Vgl. hierzu: Immendorff im Gespräch mit Gero von Boehm, ZDF-Sendung, 9. 12. 2005;Immendorff im Interview mit Sascha Krüger, Galore, Nr. 6, Dortmund, Februar 2005; Ich bin zu sehr noch hier, Immendorff im Gespräch mit Erwin Koch, Die Zeit, Nr. 14, Hamburg 2005

[30] Ein junges Maltalent, Bonner Rundschau, 26. 5. 1961; Bilder im Keller, Generalanzeiger, Bonn, 25.5.1961

[31] Immendorff im Gespräch mit Michael Stoeber in Immendorff, Katalog der Kestner-Gesellschaft, Hannover, 2000, S.25

[32] Andreas Wrede im Gespräch mit dem Autor, Hamburg, Juli 2009

[33] Immendorff im Gespräch mit Pamela Kort, Kunst Heute, Nr. 11, 1993, S. 18

[34] Immendorff im Gespräch mit Heinz-Norbert Jocks, Kunstforum International, Band 125, Köln 1994, S. 254

[35] Immendorff im Gespräch mit Pamela Kort, Kunst Heute, Nr. 11, Köln, 1993, S. 18

[36] Franz Erhard Walter in Nicola Graef, Ich. Immendorff, Dokumentation, DVD, 2008

[37] Immendorff im Gespräch mit Pamela Kort, Kunst Heute, Nr. 11, Köln, 1993, S. 18

[38] Ebd.

[39] Chris Reinecke in Nicola Graef, Ich. Immendorff, Dokumentation, DVD, 2008

[40] Immendorff im Gespräch mit Andreas Wrede in Düsseldorf, 2006, Archiv des Autors

[41] Irene Immendorff in Nicola Graef, Ich. Immendorff, Dokumentation, DVD, 2008

[42] Chris Reinecke im Gespräch mit Isabelle Graw, in Texte zur Kunst, Nr. 15, Köln 1994, S. 121

[43] Ebd.

[44] 5. bis 10. 8. 1968 im Lidl-Raum, Parkstraße, Ecke Blücherstraße, Düsseldorf

[45] Die „Morgenandacht für Ehepaare" soll bei „Frisches" vorgetragen worden sein, genaue Zeugnisse oder Erinnerungen liegen jedoch nicht vor. Sie war auch vorgesehen für die Aktion an der Kunstakademie Karlsruhe am 15. 11. 1968

[46] Zit.n. Immendorff, Kunsthaus Zürich, 1983, S. 10 f

[47] Klaus Honnef, Blumen und Bomben, Aachener Nachrichten, 26. 4. 1966, zit. n. Immendorff, Kunsthaus Zürich, 1983, S. 12

[48] Barbara John, Kunst muss sein, Chris Reinecke 60er Jahre Lidl-Zeit, Köln 1999, S. 11

[49] Chris Reinecke in Nicola Graef, Ich. Immendorff, Dokumentation, DVD, 2008

[50] Deutsch-dänische Tage, 15. bis 22. 4. 1967, Galerie Aachen

[51] Chris Reinecke, Gedanken zu Immendorffs Babies und Aktionen, Information No. 2, , Hg. v. Asta der Staatlichen Kunstakademie, Düsseldorf 1967, Kopie im Archiv des Autors

[52] Chris Reinecke, Information No. 3 , Hg. v. Asta der Staatlichen Kunstakademie, Düsseldorf 1967

[53] Chris Reinecke in einem Flugblatt zu „Für alle Lieben dieser Welt", Köln, 3. 11. 1967, zit.n. Immendorff, Kunsthaus Zürich, 1983, S. 14

[54] Chris Reinecke in einem Brief an Susanne Rennert vom 5. 8. 1989, Zit.n. Chris Reinecke 60er Jahre Lidl-Zeit, Köln 1999, S. 35

[55] Chris Reinecke in einem Brief an Giesela Krause vom 4. 4. 1968, Zit.n. Immendorff, Kunsthaus Zürich, 1983, S. 15

[56] Beuys nutzte in seinen Arbeiten primär alltägliche Gegenstände und Materialien: Holz, Stoffe wie Fett, Filz und Honig sowie verrottende Materialien. Honig spielte in Beuys' Werk eine zentrale Rolle. Er verwendete ihn häufig als Material bei Aktionen. Berühmt geworden ist seine „Honigpumpe" auf der „documenta 6", 1977

[57] Zit.n. „Chris Reinecke 60er Jahre Lidl-Zeit, Köln 1999, S. 45

[58] Chris Reinecke im Gespräch mit Isabelle Graw, in Texte zur Kunst, Nr. 15, Köln 1994, S. 122

[59] Tierlidl, eine Arbeitswoche mit Jörg Immendorff, Eigenverlag, September 1968

[60] Immendorff, Kunsthaus Zürich, 1983, S. 54

[61] Erinna König, Künstlerin, Weggefährtin und Freundin von Immendorff und Reinecke in einer E-Mail an den Autor, April 2010

[62] Immendorff im Gespräch mit Susanne Rennert, 6.9.1989

[63] Festum Fluxorum Fluxus – Musik und Antimusik – Das internationale Fluxus-Festival an der Kunstakademie Düsseldorf, am 2.und 3. 2. 1963 bestand in der Aufführung instrumentalen Theaters. Beuys zeigte seine ersten Aktionen: „Fluxus Sibirische Symphonie 1. Satz" am ersten Abend und „Komposition für 2 Musikanten" am zweiten Abend. Außer Beuys nahmen teil: George Brecht, Al Hansen, Dick Higgins, Bengt af Klintberg, Arthur Køpcke, La Monte Young, George Maciunas, Jackson Mac Low, Ben Patterson, Tomas Schmit, Daniel Spoerri, Wolf Vostell, Robert Watts und Emmett Williams.

[64] Anatol Herzfeld, eigentlich Polizeibeamter, war ein typisches Beispiel für künstlerische „Grenzgänger", denen Beuys eine Chance gab.

[65] Immendorff in Nicola Graef, Ich. Immendorff, Dokumentation, DVD, 2008

[66] Immendorff im Gespräch mit Andreas Wrede in Düsseldorf, 2006, Archiv des Autors

[67] Immendorff im Gespräch mit Pamela Kort, Kunst Heute, Nr. 11, Köln 1993, S. 26

[68] Michael Werner in Nicola Graef, Ich. Immendorff, Dokumentation, DVD, 2008

[69] Die Vernissage war am 6. 8. 1965, das Datum der Finissage ist nicht mehr zu ermitteln

[70] Immendorff, Hier und Jetzt: Das tun was zu tun ist, Köln 1973, S. 30

[71] Immendorff im Gespräch mit Pamela Kort, Kunst Heute, Nr. 11, Köln 1993, S. 30

[72] Immendorff, Hier und Jetzt: Das tun was zu tun ist, Köln 1973, S. 39

[73] Immendorff im Gespräch mit Helga Meister, Kunstforum International, Band 168, Köln 2004, S. 398

[74] Immendorff im Gespräch mit Heinz-Norbert Jocks, Kunstforum International, Band 125, Köln 1994, S. 254

[75] Ebd.

[76] Am 25. 1. 1966 an der Kunstakademie Düsseldorf.

[77] Immendorff im Gespräch mit Heinz-Norbert Jocks, Kunstforum International, Band 125, Köln 1994, S. 254

[78] Ebd.

[79] Beuys gründete am 22. 6. 1967, kurz nach dem Tod des Studenten Benno Ohnesorg, mit Hilfe seines Schülers und späteren Assistenten Johannes Stüttgen, der auch das Grundsatzprogramm verfasst, die Deutsche Studentenpartei DSP. Die DSP gab sich auch den Namen Fluxus Zone West. 1971 wurde die DSP in die Organisation für direkte Demokratie durch Volksabstimmung umgewandelt und wurde zu einer Vorläufergruppierung der Grün-Alternativen Bewegung. Dass Beuys' gesellschaftliche Ideen auf den Lehren Rudolf Steiners beruhten, war bis zu Beginn der Siebziger Jahre nur wenigen, Beuys nahestehenden Personen bekannt.

[80] Irene Immendorff in Nicola Graef, Ich. Immendorff, Dokumentation, DVD, 2008

[81] Bazon Brock im Gespräch mit dem Autor, Zürich, Mai 2010

82 APO - Kürzel für außerparlamentarische Opposition. Die Studentenbewegung der Bundesrepublik Deutschland ab Mitte der 1960er Jahre wird oft synonym mit der APO gesehen, da deren Aktivitäten 1967 und 1968 besonders an den Universitäten konzentriert waren. Die APO wurde so auch im wesentlichen getragen durch den SDS (Sozialistischer Deutscher Studentenbund), zu dessen prominentesten Protagonisten Rudi Dutschke und Daniel Cohn-Bendit zählten. Auch die Gründung der RAF erfolgte durch frühere APO Aktivisten. Der Mainstream ehemaliger APO-Aktivisten ging später in der Friedensbewegung und den Grün-Alternativen auf.

83 Den Eisbären mal reinhalten, Aktion am 16. 5. 1968, Düsseldorf

84 Immendorff, Hier und Jetzt: Das tun was zu tun ist, Köln 1973, S. 91

85 Chris Reinecke 60er Jahre Lidl-Zeit, Köln 1999, S. 129

86 Helga Meister, Lehrer experimentieren, Düsseldorfer Nachrichten, 6.12.1968

87 Informationsblatt der Lidlakademie, undatiert, Archiv der Kunstakademie Düsseldorf, Kopie im Archiv des Autors

88 „In der Lidlakademie ist Herr Trier nicht Direktor und folgende Personen nicht Professor: u.a. Hollein, Rot, Geiger, Beuys, Kricke, Hoehme. Das Gespräch und die Auseinandersetzung mit oben genannten sind wichtiger Punkt der Lidlklasse. Hier dürfen wir arbeiten, hier dürfen wir lieben, hier dürfen wir liegen." Flugblatt, 9. 12. 1968, Archiv der Kunstakademie Düsseldorf, Kopie im Archiv des Autors

89 Zit.n. Immendorff, Kunsthaus Zürich, 1983, S. 18

90 Wolfram Friedrich Heubach, aktuelle Dokumente, Interfunktionen 2, Köln, Februar 1969

[91] Der „Akademiestreit“ entzündete sich, weil Beuys auf Grund seiner anthroposophischen Wentanschauung der Überzeugung war, jeder, der Kunst studieren will, sollte daran nicht durch Zulassungsverfahren oder den Numerus Clausus gehindert werden. („Jeder Mensch ist ein Künstler“) Diese Auffassung vertrat er seit 1965 in Konfrontation gegen die überwiegende Zahl der Professoren. In der Folge nahm er immer wieder von anderen Lehrern abgelehnte Bewerber in seine Klasse auf. 1971 wurden 142 von 232 Studienbewerbern im Zulassungsverfahren abgelehnt. Alle 142 Abgewiesenen wurden anschließend von Beuys in dessen Klasse aufgenommen. Im folgenden Semester hätte er in seiner per se schon überfüllten Klasse mehr als 400 Studenten gehabt. Als das Wissenschaftsministerium die Zulassung der Studenten ablehnte, besetzte Beuys am 15. Oktober 1971 mit siebzehn Studenten das Sekretariat der Akademie. Am 21. Oktober teilte das Wissenschaftsministerium Beuys mit, dass solche Situationen nicht mehr geduldet würden. Nachdem Beuys 1972 mit abgewiesenen Studenten erneut das Sekretariat der Kunstakademie Düsseldorf besetzte, entließ ihn Minister Johannes Rau, der spätere Bundespräsident, fristlos. In der Folge reagierten Studenten der Akademie mit Hungerstreiks, Vorlesungsboykott und Unterschriftenaktionen, Künstler und Intellektuelle aus aller Welt solidarisierten sich mit Beuys. Erfolglos. Die Entlassung von Beuys blieb bestehen, und erst 1980 kam es vor dem Bundesarbeitsgericht zu einem Vergleich: Beuys durfte sein Atelier in der Akademie bis zur Erreichung des 65. Lebensjahres behalten sowie den Professorentitel weiter führen. Im Gegenzug akzeptierte er die Auflösung des Arbeitsverhältnisses.

[92] SDS -- Sozialistischer Deutscher Studentenbund. Politischer Studentenverband, der von 1946 bis 1970 bestand und anfangs der SPD nahe stand. Nach der Trennung von der SPD wurde der SDS zum Sammelbecken der Neuen Linken und hatte eine zentrale Rolle in der Studentenbewegung 60er inne.

[93] Dokumentation von Immendorff aus dem Jahr 1969, undatiert, Kopie im Archiv des Autors

[94] Informationsblatt der Lidl-Akademie, undatiert, Archiv der Kunstakademie Düsseldorf, Kopie im Archiv des Autors

[95] Immendorff, Hier und Jetzt: Das tun was zu tun ist, Köln 1973, S. 94

[96] Archiv der Kunstakademie Düsseldorf, Kopie im Archiv des Autors

[97] Helga Meister Eine Woche Lidl-Krieg, Düsseldorfer Hefte, 15.6.1969

[98] Antikunst und Kunstgeschrei, Die Welt, Berlin, 9. 5. 1969

[99] Archiv der Kunstakademie Düsseldorf

[100] Zit. n. Immendorff, Kunsthaus Zürich, 1983, S.22

[101] Immendorff, Hier und Jetzt: Das tun was zu tun ist, Köln 1973, S.114 f.

[102] Ebd., S.119.

[103] Ebd., S. 140.

[104] Ebd., S. 108.

[105] Ebd., S. 116.

[106] Ebd., S. 116.

[107] Ebd., S. 138.

[108] Ebd., S. 110f.

[109] Ebd., S. 110.

[110] Am 19. 12. 1969 sollte Immendorff auf Einladung der Kritischen Volksbühne am Schauspielhaus Eindhoven ursprünglich ein Referat zu Lidl halten.

[111] Chris Reinecke 60er Jahre Lidl-Zeit, Köln 1999, S. 155 f.

[112] Erinna König im Gespräch mit den Autor, April 2010

[113] Im Februar 1970 wurde die Kommunistische Partei Deutschlands-Aufbauorganisation (KPD-AO) in West-Berlin gegründet, im Juli 1971 legte sie das AO ab und nannte sich nur noch KPD.

[114] Immendorff, Hier und Jetzt: Das tun was zu tun ist, Köln 1973, S. 154

[115] Erinna König in einem Brief an den Autor, April 2010

[116] Chris Reinecke im Gespräch mit Isabelle Graw, in Texte zur Kunst, Nr. 15, Köln 1994, S. 116

[117] Ebd., 117

[118] Erinna König in einer E-Mail an den Autor, April 2010

[119] Bazon Brock im Gespräch mit dem Autor, Zürich, Mai 2010

[120] Die KPD ML, Kommunistische Partei Deutschlands/Marxisten-Leninisten, orientierte sich an der marxistisch-leninistischen Ausprägung des Kommunismus. Zunächst dem Maoismus nahestehend, wendet sich die Partei nach dem Bruch zwischen Albanien und der Volksrepublik China dem albanischen Sozialismusmodell zu.

[121] Immendorff, Hier und Jetzt: Das tun was zu tun ist, Köln 1973

[122] Susanne Rennert in Chris Reinecke 60er Jahre Lidl-Zeit, Köln 1999, S. 37

[123] Immendorff im Gespräch mit Pamela Kort, Kunst Heute, Nr. 11, 1993, S. 28

[124] Chris Reinecke im Gespräch mit Isabelle Graw, in Texte zur Kunst, Nr. 15, Köln 1994, S. 122

[125] Van Abbemuseum, Eindhoven, 1981

[126] Galerie Michael Werner, Köln 1992

[127] Chris Reinecke im Gespräch mit Isabelle Graw, in „Texte zur Kunst" Nr. 15., Köln 1994, S. 123

[128] Ebd., S. 117

[129] Die Gründung der am 25. 9. 1968 vom Bundesausschuss zur Neukonstituierung einer Kommunistischen Partei in Frankfurt am Main formierten Deutschen Kommunistischen Partei DKP wurde wesentlich vom Arbeitsbüro, der Führungseinrichtung der Sozialistische Einheitspartei Deutschlands SED, also von der DDR aus betrieben und von dort aus auch, teilweise über Tarnfirmen, finanziert.

[130] Die KPD/AO wollte wie auch andere K-Gruppen an die Tradition der alten KPD, die 1956 vom Bundesverfassungsgericht verboten wurde, anknüpfen und bezeichnete sich daher ab 1971 nur noch als KPD. Sie grenzte sich von der 1968 als KPD-Nachfolgerin neu gegründeten DKP ab. Während sich die DKP ideologisch an der SED bzw. der Kommunistischen Partei der Sowjetunion KPdSU orientierte, lehnte die KPD den sowjetischen Führungsanspruch als revisionistisch ab. Die KPD sah sich in direkter Tradition von Marx, Engels, Lenin, Stalin und Mao Tse-tung und berief sich auf die Tradition der KPD vor 1933. Die KPD/AO war straff organisiert: „Die gesamte Partei fügt sich der einheitlichen Disziplin. Unterordnung des Einzelnen unter die Partei, Unterordnung der Minderheit unter die Mehrheit, Unterordnung der unteren Ebenen unter die höheren, Unterordnung der gesamten Partei unter das Zentralkomitee (…)Das Fundament der Partei ist die Zelle. Die KPD folgt dem leninistischen Prinzip der Bolschewisierung (…) Alle Mitglieder und Kandidaten der Partei müssen in ihrer gesamten Tätigkeit die Politik an die erste Stelle setzen; sie müssen ausnahmslos in Grundorganisationen aktiv mitarbeiten." (aus dem KPD Statut, S. 7 ff.)

[131] Programmatische Erklärung der Kommunistischen Partei Deutschlands (KPD), Berlin 1971.

[132] Immendorff, Hier und Jetzt: Das tun was zu tun ist, Köln 1973, S. 154.

[133] Ebd., S. 161.

[134] Ebd., S. 156.

[135] Programm Sozialistische Kunstpädagogik, Immendorff, Hier und Jetzt: Das tun was zu tun ist, Köln 1973, S. 156.

[136] Agitprop ist ein Kunstwort, das die Begriffe Agitation und Propaganda verbindet. Es ist der zentrale Begriff für politische Werbung von Kommunisten seit der Zeit Lenins.

[137] Walter Grasskamp, Der lange Marsch durch die Illusionen: über Kunst und Politik, München 1995, S. 118-129.

[138] Erinna König im Gespräch mit den Autor, April 2010

[139] Nach Gesprächen von Erinna König, Ulrike Harbig, Annette Behler mit dem Autor

[140] Immendorff im Gespräch mit Christine Claussen, Stern, Nr. 27, Hamburg, 1996

[141] Immendorff, An die parteilosen Künstlerkollegen, Kunstforum, Köln 1974, Band 8 /9, S. 163

[142] Immendorff im Gespräch mit Helga Meister, Kunstforum International, Band 168, Köln 2004, S. 398

[143] Ebd.

[144] Die Galerie am Kurfürstendamm wurde von Michael Werner mit dem späteren Fotografen Benjamin Katz, einem der wichtigsten Chronisten der deutschen Kunstszene, geführt.

[145] Michael Werner im Gespräch mit Heinz-Norbert Jocks, Kunstforum International, Band 135, Köln 1996, S. 481.

[146] Die Galeriekünstler bezeichnen Michael Werner intern gern salopp als ihren Coach.

[147] Aloys Inseiter, Café Deutschland: Die Kasse stimmt, Tendenzen, Nr. 147, Neuss 1984

[148] Immendorff im Gespräch mit Helga Meister, Kunstforum International, Band 168, Köln 2004, S. 398

[149] Ebd.

[150] Walter Grasskamp, Der lange Marsch durch die Illusionen: über Kunst und Politik, München 1995, S. 118

[151] Immendorff, Hier und Jetzt: Das tun was zu tun ist, Köln 1973, S.5.

[152] Ebd. S. 148.

[153] Klaus Honnef in einrm E-Mail an den Autor, Januar 2010

[154] Klaus Honnef, Tagebuch, Kunstforum, Band 4/5, Köln 1973, S. 214.

[155] Ebd.

[156] Jörg Immendorff im Gespräch mit Andreas Wrede, Düsseldorf, 2003

[157] Klaus Honnef in einer E-Mail an den Autor, Januar 2010.

[158] Ebd.

[159] Immendorff, Hier und Jetzt: Das tun was zu tun ist, Köln 1973, S. 161

[160] Wolfgang Max Faust, Gerd de Vries, Hunger nach Bildern, Köln, 1982, S. 71

[161] Lasst mich nicht alleine, Immendorff im Interview mit Tilman Spengler, Cicero, Berlin, April 2004

[162] Ebd.

[163] Immendorff im Interview mit Pamela Kort, Kunst Heute, Nr. 11, Frankfürt 1993, S. 58.

[164] Immendorffs Mutter Irene, in dem Film „Ich.Immendorff", 2008.

[165] Das Foto wird gezeigt in Nicola Graef, Ich. Immendorff, Doumentation, DVD, 2008. Weitere Fotos von diesem Besuch im Archiv des Autors

[166] Immendorff in Gespräch mit Tilman Spengler, Cicero, Nr. 4, Berlin, 2004

[167] Ulrike Harbig im Gespräch mit dem Autor, Malaga, August 2009.

[168] Ulrike Harbig im Gespräch mit dem Autor, Malaga, August 2009

[169] Ebd.

[170] Ebd.

[171] Ebd.

[172] Zit. n. Immendorff im Gespräch mit Pamela Kort, Kunst Heute, Nr. 11, Köln 1993, S. 66

[173] Zit. n. Immendorff, Kunsthaus Zürich, 1983, S. 33

[174] Perry Rhodan ist Titelheld der gleichnamigen Science-Fiction-Serie, die seit 1961 in Form von Heftromanen erscheint.

[175] Immendorff im Gespräch mit Michael Stoeber, Bilder und Zeichnungen, Kestner-Gesellschaft, Hannover 2000, S.27

[176] Immendorff, Kunsthaus Zürich, 1983, S. 54.

[177] Katalogbeitrag von Isabelle Graw, Immendorff x Penck - Penck x Immendorff, Galerie Michael Werner, Köln 2000

[178] Zit. n. Immendorff x Penck – Penk x Immendorff, Galerie Michael Werner, Köln 2000.

[179] Ebd.

[180] Immendorff im Gespräch mit Silke Müller und Ralf Schlüter, art, Nr 10, 2004, S. 22 ff.

[181] Immendorff im Gespräch mit Pamela Kort, Kunst Heute, Nr. 11, Köln 1993, S. 66.

[182] Immendorff im Gespräch mit Sascha Krüger, Galore, Nr.6, Dortmund, 2004

[183] Ulrike Harbig im Gespräch mit dem Autor, Malaga, August 2009

[184] Immendorff im Gespräch mit Pamela Kort, Kunst Heute, Nr. 11, Köln 1993, S.63-75

[185] Wilfried Dickhoff im Gespräch mit A.R.Penck, Kunst Heute, Nr. 6, Köln 1990

[186] Krater und Wolke, Nr 2, Köln 1982

[187] FF bringts 1, Hans Peter Riegel und Jörg Immendorff, München 1983

[188] 1975 begann der Stammheimprozess. 1974, zur Vorbereitung des Prozesses gegen die Mitglieder der RAF in Stuttgart-Stammheim, beschloss der Bundestag mit seiner sozialliberalen Koalition zwei Gesetze zur Einschränkung von Rechten der Angeklagten und Verteidiger. Das Antiterrorismusgesetz und das Gesetz zum Schutze des Gemeinschaftsfriedens von 1976. Das andere Gesetz enthält die neuen „Gummiparagraphen" des Strafgesetzbuches gegen das Umfeld der RAF den Paragraphen 88a, Verfassungsfeindliche Befürwortung von Straftaten, und Paragraph 130a, Anleitung zu Straftaten. Damit konnte schon eine nicht genehme Meinungsäußerung zu strafrechtlicher Verfolgung führen.

[189] Ulrike Harbig im Gespräch mit dem Autor, August 2009

[190] Dieter Koepplin in einem Brief an den Autor, Januar 2010

[191] Ebd.

[192] Dieter Koepplin in der Basler Zeitung, 31. 3. 1979

[193] Jürgen Harten im Katalog zu Café Deutschland-Adlerhälfte, Düsseldorf 1982, S. 3

[194] Hans-Peter Riese, Polit-Symbolik als Anti-Kunst, Die Zeit, Hamburg 2.4.1982.

[195] Grün ist die Heide, 1951, Regie Hans Deppe, nach einem Roman von Hermann Löns, war einer der erfolgreichsten Heimatfilme der 50er Jahre und wurde teilweise in Bleckede gedreht.

[196] Kopie des Schreibens im Archiv des Autors

[197] Immendorff in einem Brief an Ernst Tipke vom 14.11.1978, Kopie im Archiv des Autors

[198] Stadtdirektor Neumann gegenüber dem Stern, Nr. 44, 1979

[199] Mahnmal für hüben und drüben, Stern, Nr. 44, Hamburg, 1979

[200] Der Stern-Fotograf Bernd Jansen in einer E-Mail an den Autor, Januar 2010

[201] Lidl-Aktion an der Akademie Karlsruhe am 15.11.1968 sowie die Lidl-Aktion vor dem Bundeshaus in Bonn am 31.1.1969 u. a.

[202] Finger für Deutschland, Düsseldorf, 5. 10. 1980

[203] Johannes Gachnang, im Katalog zu Teilbau, Galerie Neuendorff, Hamburg, 1981

[204] Immendorff im Interview mit Sascha Krüger, Galore, Nr. 6, Dortmund, Februar 2005

[205] Ebd.

[206] Ulrike Harbig im Gespräch mit dem Autor, Malaga, August 2009

[207] Der Spiegel, Nr. 26, 1980, S. 197

[208] Ebd.

[209] Werner Spies, Der Ikonografische Imperativ der Deutschen, Berlin 2009, S.121

[210] Johannes Gachnang im Katalog zu Malermut rundum, Bern 1980, S. 7

[211] Immendorff, Lidl 1966-1970, Van Abbemuseum, Eindhoven 1981

[212] Wolfgang Max Faust, Gerd de Vries, Hunger nach Bildern, Köln, 1982

[213] „Das Büro funktionierte fast wie ein privater Club (...) Martin arrangierte Lesungen mit Michael Würthle und Oswald Wiener, zeigte mit Middendorf und Fetting, den Kollegen von Moritzplatz, Dias aus dem Berliner Alltag und Super-8-Filme, die er aus New York mitgebracht hatte und zu denen Lydia Lunch die Begleitmusik lieferte." Aus: Susanne Kippenberger, Kippenberger, Berlin 2007, S. 152.

[214] Unveröffentlichtes Interview von Immendorff, Albert Oehlen und Werner Büttner mit der Zeitschrift Tempo, 1981, im Archiv des Autors

[215] Jürgen Harten, ehemaliger Leiter der Kunsthalle Düsseldorf, im Katalog Jörg Immendorff, Museum Küppersmühle, Bonn 2007, S. 21

[216] Ulrich Krempel in einer E-Mail an den Autor, Januar 2010

[217] Roswita Hecke, Liebes Leben. Bilder mit Irene, München 1979

[218] Ulrich Krempel in einer E-Mail an den Autor, Januar 2010

[219] Ebd.

[220] Der Spiegel, Nr. 25, Hamburg 1982

[221] Kunstforum International, Band 53/54, Köln 1982, S. 289

[222] Erst 2005 stellte die Saatchi Gallery Immendorff im Rahmen der Gruppenausstellung The Triumph of Painting aus.

[223] Toni Stoss in Immendorff, Kunsthaus Zürich, 1983, S. 134

[224] Andreas Wrede im Gespräch mit dem Autor, Hamburg, Juli 2009

[225] Ebd.

[226] Die Vielleichtors-Café Deutschland, Flexi-Disc, Eigenproduktion, Düsseldorf 1981

[227] Immendorff im Gespräch mit Jan-Hendrik Wentrup, Katalog zu Aualand, Contemporary Fine Arts, Berlin 2003

[228] Immendorff im Interview mit Silke Müller und Ralf Schlüter, art, Nr 10, 2004, S. 22ff.

[229] Immendorff im Gespräch mit Jan-Hendrik Wentrup, Katalog zu „Aualand", Contemporary Fine Arts, Berlin 2003

[230] Ebd.

[231] Immendorff in einen Manifest zum 38. Parteitag, Überblick, Düsseldorf, Juni 1983

[232] Immendorff / Hans Peter Riegel, FF bringts 1–4, Düsseldorf, 1982-1985; FF bringts 5, Düsseldorf 1995.

[233] Hans Peter Riegel, Weltfrage Brandenburger Tor, Dokumentarfilm, 43 Minuten, Düsseldorf 1982

[234] Immendorff im Gespräch mit Kiki Martens, Wolkenkratzer Art Journal, Juni 1984, S.23

[235] Aloys Inseiter, Café Deutschland: Die Kasse stimmt, Tendenzen, Nr. 147, Neuss, 1984

[236] Es gibt ein Immendorff-Problem, Michael Werner im Gespräch mit der Süddeutschen Zeitung, München, 13.6.2008

[237] Der Kunsthändler Helge Achenbach im Gespräch mit dem Stern, Hamburg, 7.7.2008

[238] Handschriftliche Notiz Immendorffs über eine Schwarzgeld-Abrechnung, im Archiv des Autors

[239] Handschriftliche Notiz Immendorffs mit der Adresse des Treuhänders in Basel, im Archiv des Autors

[240] Jonathan P. Derow, Jorg Immendorff's Café Deutschland Gut: Consolidation with Klucel G and the Engelbrecht Radiant Heat Source, The American Institute for Conservation, New York 1993.

[241] Jörg Immendorff - Das grafische Werk, Werkverzeichnis, Düsseldorf 2006

[242] Roman Hollenstein, Malerei gegen die deutsch-deutsche Vereisung, Neue Zürcher Zeitung, 21.11.1983

[243] Harald Szeemann in Immendorff, Kunsthaus Zürich, 1983, S. 6

[244] Immendorff im Gespräch mit Kiki Martens in Bezug auf das Bild „Zeig was du hast“, Wolkenkratzer Art Journal, Juni 1984, S.23

[245] Ariane Barth, Die Reeperbahn, Hamburg 1999, Zit. n. Dossier Könige von St. Pauli- Nutella-Nutten und GMBH, n.tv.de, 19.7.2007

[246] Markus Lüpertz in Nicola Graef, Ich. Immendorff, Dokumentation, DVD, 2008

[247] Immendorff im Gespräch mit Jan-Hendrik Wentrup, Katalog zu „Aualand“, Contemporary Fine Arts, Berlin 2003

[248] Michael Werner im Gespräch mit Helga Meister, Westdeutsche Zeitung, Düsseldorf, 10.5.2009

[249] Paulis Paten - Ringo Klemm, das Koks und die Promis, Hamburger Morgenpost, 9.12.2005

[250] Die Welt, Berlin, 26.6.1985, S.17; Hamburger Morgenpost, 26.6.1985, S. 4

[251] Kopien der Entwurfskizzen von Ulrich Rückriem im Archiv des Autors

[252] Mit Mini-Skulpturen von Hans Albers das Denkmal finanzieren, Hamburger Abendblatt, 2. 7. 1985

[253] Der Spiegel berichtete in folgenden Artikeln über den Skandal: Sex-Geschäfte auf der Schweinefarm, Nr. 26, 1987, S. 91; Tja oder ja, Nr. 36, 1987, S. 98; Unter Strom, Nr. 51, 1987, S. 89; Mal nachdenken, Nr. 49, 1988, S. 102.

[254] Walter Grasskamp, Der lange Marsch durch die Illusionen: über Kunst und Politik, München 1995, S. 125.

[255] Sabine Kampmann, Aneignung und Vermittlung künstlerischer Kompetenz, München 2008, S.184

[256] Der Kniefall Willy Brandts in Warschau am 7. 12. 1970 am Mahnmal des Ghetto-Aufstandes von 1943, unmittelbar vor der Unterzeichnung des Warschauer Vertrags zwischen Polen und der Bundesrepublik Deutschland, versinnbildlichte die Scham über die Verbrechen des NS-Regimes und ebnete gleichzeitig den Weg zur Entspannungspolitik, die später in die Ostverträge mit Polen und der Sowjetunion mündete. Willy Brandt wurde für seine Ostpolitik 1971 der Friedensnobelpreis zuerkannt.

[257] Gast im Café Deutschland, Süddeutsche Zeitung, München, 28. 5. 2007

[258] Nachruf auf Jörg Immendorff, Der Tagesspiegel, Berlin 28.5. 2007

259 Immendorff im Gespräch mit Michael Stoeber, Bilder und Zeichnungen, Kestner Gesellschaft, Hannover, 2000, S.28.

260 Ulrike Harbig im Gespräch mit dem Autor, Malaga, August 2009

261 Jörg Immendorff im Gespräch mit Heinz-Norbert Jocks, Kunstforum International, Band 125, Köln 1994, S. 254

262 Immendorff im Gespräch mit Christopher Schwarz, Wirtschaftswoche, Düsseldorf, 8.5.2006

263 Wolfgang Max Faust und Gerd de Vries, Hunger nach Bildern, Köln 1982, S.73

264 Ulrich Krempel in einer E-Mail an den Autor, Januar 2010

265 Birgit Strempel, Jörg Immendorff. Café Deutschland, Doktorarbeit an der Universität Hamburg, 1986, Kopie im Archiv des Autors

266 Pamela Kort, Immendorff, Museum Boymanns van Beuningen, Rotterdam 1992, S.69

267 Immendorff im Gespräch mit Helga Meister, Kunstforum International, Band 168, Köln 2004, S. 398

268 Immendorff im Interview mit Sascha Krüger, Galore, Nr. 6, Dortmund, Februar 2005

269 Immendorff im Gespräch mit Hans-Ulrich Obrist, Immendorff – Male Lago, Nationalgalerie, Berlin 2006

270 Immendorff im Gespräch mit Michael Stoeber, Bilder und Zeichnungen, Kestner Gesellschaft, Hannover 2000, S. 28

271 Geheimplan: Immendorff soll Prinz Karneval werden, Express, Düsseldorf, 11.6.1990; Kunstprofessor mit dunkler Brille zur Geheimkonferenz - Carneval-Comitee: Immendorff bleibt Nummer 1, Express, Düsseldorf, 12. 6. 1990.

272 Ich bin zu sehr noch hier. Immendorff im Gespräch mit Erwin Koch, Die Zeit, Nr. 14, Hamburg 2005

273 Immendorff in Auckland, Auckland City Art Gallery, Auckland 1988, S.2

274 Biggest Artist Since Gauguin, Auckland Sun, 3.12.1987

275 Linda Herrick, Art and the 87 crash, The New Zealand Herald, Auckland, 1.6.2002

276 Roger Price, Bizarre World of a superstar, The Star, Auckland 5.11.1988

[277] The Beach is Boring, The New Zealand Herald, Auckland 10.12.1987

[278] Immendorff im Gespräch mit Pamela Kort, Kunst Heute, Nr. 11, Köln 1993, S. 80

[279] Immendorff im Interview mit Michael Stoeber, Bilder und Zeichnungen, Kestner Gesellschaft, Hannover 2000, S. 31

[280] Immendorff im Gespräch mit Michael Stoeber, Immendorff, Kestner Gesellschaft, Hannover 2000, S. 29

[281] Immendorff in Salzburger Festspiele, The Rake´s Progress, Salzburg, 1994, S. 11

[282] Veit Görner, Langer Marsch auf Bilder, Jörg Immendorff-Bild mit Geduld, Kunstmuseum Wolfsburg, 1996, S.31

[283] Andres Lepik, Mein Leitfaden war der Egoismus, Neue Zürcher Zeitung, 19 6.1996

[284] Kurt Schwitters. Werke und Dokumente. Hg. v. Karin Orchard, Isabel Schulz. Sprengel Museum, Hannover 1998, S. 43

[285] Altdeutscher Begriff für Honigbiene

[286] Jürgen Hohmeyer, Triumph der Unanständigen, Der Spiegel, Nr. 23, Hamburg 1996, S. 200

[287] Immendorff im Interview mit Sascha Krüger, Galore Nr. 6, Dortmund, Februar 2005

[288] Annette Behler in einer E-Mail an den Autor, April 2010

[289] Website der Suchtprävention im Kanton Zürich, www.sucht-praevention-zh.ch.

[290] Langer Marsch auf Adler, 203 mal 475 Zentimeter sowie 240x160cm, vgl. Jörg Immendorff - Das grafische Werk, Werkverzeichnis, Düsseldorf 2006

[291] Jörg Immendorff - Das grafische Werk, Werkverzeichnis, Düsseldorf 2006

[292] Vgl. Artist ranking, artfacts.net.

[293] art Magazin, Nr. 4, Hamburg 1994, S. 9

[294] Laut Handelsregister Düsseldorf, HRB 30373, hielt Immendorff 49 Prozent der Anteile

[295] Wache: Immendorffs tiefer Sturz!, Express, Düsseldorf, 8.8.1994

[296] M. oder my principal, Der Spiegel, Nr. 27, 1998, S. 56 und 758; Möllemann - Hilfe vom Spezi, Süddeutsche Zeitung, 18. 10. 2002; Spur nach Lichtenstein, Der Spiegel, Nr. 46, 2002, S. 174 u. 180; Möllemann, Projekt 18 und die Steuerfahndung, Die Welt, 6. 6. 2003; Ausgezeichnete Verbindungen, Der Spiegel, Nr. 27, Hamburg 2006, S. 76

[297] Möllemann - Hilfe vom Spezi, Süddeutsche Zeitung, München 18.10.2002

[298] Ebd.

[299] Wache: Immendorffs tiefer Sturz!, Express, Düsseldorf, 8. 8. 1994

[300] Andreas Wrede im Gespräch mit dem Autor, Hamburg, Juli 2009

[301] Sigmund Freud, Gesammelte Werke, Bd. 8, S. 417

[302] Immendorff im Gespräch mit Pamela Kort, Immendorff. Gyntiana, Neuer Berliner Kunstverein, Berlin 1996, S. 32

[303] Vgl. zu diesem Themenkomplex auch ICD Code, Deutsches Institut für Medizinische Dokumentation und Information im Auftrag des Bundesministeriums für Gesundheit und Soziale Sicherung, Köln 2010 sowie Rainer Herrn, Schnittmuster des Geschlechts, Gießen 2005

[304] Niels Sievers, Meisterschüler und Tutor in Immendorffs letzter Klasse im Gespräch mit art-magazin.de, 31.7.2007

[305] Bild mit Geduld, Kunstmuseum Wolfsburg, 25.5. bis 11.8.1996

[306] Gekränkter Malerfürst, Frankfurter Allgemeine Zeitung, 10.10. 1996.

[307] Walter Grasskamp, Der innere Malerfeind, art Magazin, Nr. 8, 2007, S. 64 ff.

[308] Möllemann musste 1993 als Minister und Vizekanzler zurücktreten, da er auf Briefbögen des Bundeswirtschaftsministeriums bei Aldi, Lidl und anderen Großmärkten für einen Einkaufswagenchip aus Plastik geworben hatte. Der Plastikchip wurde von seinem Vetter vertrieben.

[309] „Über seine Düsseldorfer Vermögens- und Verwaltungsgesellschaft Delphi ließ der überwiegend in Monaco residierende Unternehmer Rolf Wegener der chronisch klammen NRW-FDP 300000 Mark zufließen. Mit dem FDP-Politiker war er geschäftlich vielfach verbandelt. Möllemanns Wirtschafts- und Exportberatung WebTec, nach den Recherchen der Wirtschaftswoche „eine Luftnummer", residiert in der Düsseldorfer Achenbachstraße in Gebäuden der Firma Delphi. Zusammen mit Wegener macht der liberale Luftikus „Energieanlagen-Geschäfte im Mittleren Osten". Auch die Münsteraner Firma MS-Air, die Sportflugzeuge zum Absetzen von Fallschirmspringern unterhält, betreiben die beiden. Bei der Staatsanwaltschaft Augsburg ist Wegener wegen brisanter Waffengeschäfte aktenkundig(AZ 502/Js127135/95). Neben dem Waffenhändler Karlheinz Schreiber hat der Möllemann-Spezi Anfang der neunziger Jahre als diskreter Berater beim Verkauf von 36 Spürpanzern durch die Firma Thyssen an Saudi-Arabien mitgewirkt. Wegener soll Thyssen bei der Abwicklung des Deals im Umgang mit dem anfangs sperrigen Finanzamt Duisburg beraten haben. Es ging um die steuerliche Anerkennung von Schmiergeldern von 220 Millionen Mark als „nützliche Aufwendungen". Mitte der neunziger Jahre flossen 8,93 Millionen Mark an die Briefkastenfirma Great Aziz in Panama. Als Treuhänder fungierte Wegener." Hilfe vom Spezi, Süddeutsche Zeitung, 19. 10. 2002.

[310] Künstlerverzeichnis der Galerie Werner, Homepage der Galerie Michael Werner, Köln

[311] Vgl. Website des Vereins der Freunde der Kunst von Jörg Immendorff (i.Gr.), Juni 2010; Immendorff und seine Kunst, Neue Ruhr Zeitung, Essen, 14.11.2007

[312] Der Premio Marco wurde 1994 dem Mexikaner Julio Galán, 1995 dem Ecuadorianer Marcelo Aguirre und dann 1996 an Immendorff verliehen,vgl. Website Museo de Arte Contemporáneo de Monterrey, Juni 2010

[313] Ebd.

[314] Rainer Wengenroth im Gespräch mit dem Autor, Düsseldorf, April 2010

[315] Der Feind im eigenen Körper, Der Spiegel, Nr. 49, Hamburg 2004

[316] Ich bin zu sehr noch hier, Immendorf im Gespräch mit Erwin Koch, Die Zeit, Nr. 14, Hamburg 2005

[317] Elke Pflips im Gespräch mit dem Autor, Düsseldorf April 2010

[318] Josephine Lynen im Gespräch mit dem Autor, Düsseldorf, Mai 2010

[319] Josephine Lynen im Gespräch mit dem Autor, Düsseldorf, Mai 2010

[320] Ebd.

[321] Oda Jaune im Gespräch mit Philipp Holstein und Stefan Weigel, Düsseldorf war schmerzhaft – aber hat mich stark gemacht, Rheinische Post, Düsseldorf, 2.7.2016

[322] Ebd.

[323] Oda Jaune in Nicola Graef, Ich. Immendorff, Dokumentation, DVD, 2008

[324] Bazon Brock im Gespräch mit dem Autor, Zürich, Mai 2010

[325] Arno Orzessek, Adlersturz im Deutschlandbild, Süddeutsche Zeitung, München 16.10.1998

[326] Peter Eisenmann - Haus Immendorff, Hamburg 1993; E-Mail von Eisenman Architects an den Autor, Mai 2010

[327] Immendorff im Gespräch mit Ulrich Schwarz, Peter Eisenman - Haus Immendorff, Hamburg 1993, S. 6 f.

[328] Projektbeschreibung, Peter Eisenman - Haus Immendorff, Hamburg 1993, S. 62

[329] Website Achenbach Art Consulting, Juni 2010

[330] Christiane Hoffmans, Kanzlers Kunstfreund, Welt am Sonntag, Berlin, 17.11.2002; Bernd Philipp, Berliner Spaziergänge, Die Welt, Berlin, 28.9.2008.

[331] Helge Achenbach im Gespräch mit dem Autor, Düsseldorf, April 2010

[332] Ebd.

[333] Helge Achenbach im Gespräch mit dem Autor, Düsseldorf, April 2010

[334] Website der Stiftung für Kunst und Kultur e.V., Bonn, Juni 2010

[335] Ebd.

[336] „Weil das hochgemute und von der Kritik fast einhellig verrissene 'Zeitwenden'-Projekt, mit dem die einstige Regierungsstadt zum Jahrtausendwechsel glanzvoll auftrumpfen wollte, schon vor Schluss 1,8 Millionen Mark Schulden angehäuft hat (...), fühlen sich Stadträte und Dezernenten plötzlich in der Pflicht. Was allerdings schwer zu verstehen ist. Denn die finanzielle Hauptverantwortung liegt gar nicht bei der Ex-Kapitale, sondern bei der "Stiftung für Kunst und Kultur Bonn e.V.", die nichts anderes ist als ein ganz normaler Privatverein, der sich nur ein elegantes Mäntelchen mit fadenscheinigem Glanz umhängt.“ Axel Hecht, art Magazin, Hamburg Nr. 6, 2000

[337] Mut zur Todesnähe, Spiegel, Nr. 36, 1998.

[338] Jürgen Hohmeyer, Ein Anstifter mischt mit, Der Spiegel, Nr. 48, Hamburg 1999

[339] Ulrike Knöfel, Grobe Töne im Kuschelklub, Der Spiegel, Nr. 46, Hamburg 2001

[340] Ein Bild für BILD: Deutschlands größte Zeitungs-Kunstaktion mit Prof. Jörg Immendorff, Presseinformation der Axel Spinger AG, vom 6.4.2000

[341] Malerfürst Lüpertz malt ein Bild für „Bild“, Die Welt, 22.11.2008

[342] Oda Jaune im Gespräch mit vanityfair.de, 26.6.2008. Oda Jaune im Gespräch mit Philipp Holstein und Stefan Weigel, Düsseldorf war schmerzhaft – aber hat mich stark gemacht, Rheinische Post, Düsseldorf, 2.7.2016

[343] Vgl. die Berichte über die Hochzeitsfeier in Gala, Nr 28, 2000, S. 86; Rheinische Post, 3. 7. 2000; Bild-Zeitung, Ausgabe Düsseldorf, 3. 7. 2000; Express Düsseldorf, 3.7.2000; Malerfürst Jörg Immendorff unheilbar krank?, Bild-Zeitung, 6.3.2003; Abschied von Deutschlands normalstem Maler, Die Welt online, 28.5.2007.

[344] Joachim Schucht, Schröder in Georgien Komplimente, Orden, Frauengeschichten, Spiegel online, 31. 3. 2000;Tilman Spengler im Gespräch mit Sybille Giel, alpha Forum, Bayrischer Rundfunk, München 8.2.2002; Tilman Spengler, Das ist ja ein Ding, Die Zeit, Hamburg 18.1.2007

[345] www. geuerbreckner. de

[346] Tilman Spengler, Das ist ja ein Ding, Die Zeit, 18. 1. 2007; Gerhard Schröder - Kanzlerporträt von Immendorff, trotz Krankheit, Die Welt, Berlin, 20.11.2006

[347] Immendorffs Redemanuskript vom 1.9.2000, im Archiv des Autors

[348] Website der Tourismus Information Riesa, Juni 2010

[349] Jörg Immendorffs Mal-Hand steif - Er wechselt jetzt von links nach rechts, B.Z., Berlin 20. 9. 2000; Abschied von Deutschlands normalstem Maler, Die Welt online, 28.5.2007

[350] Markus Meyer im Gespräch mit dem Autor, Köln, Mai 2010

[351] Immendorff im Gespräch mit Willi Keinhorst und Michael Georg Müller, Welt am Sonntag, Berlin, 25.11.2001

[352] Tilmann Spengler in einer E-Mail an den Autor, Mai 2010

[353] Dirk Greuer im Gespräch mit Helga Bittner, Neuss Grevenbroicher Zeitung, Neuss, 9. 8. 2002

[354] Vgl. Jörg Immendorff - Das grafische Werk, Werkverzeichnis, Düsseldorf 2006

[355] Immendorff im Gespräch mit Hans-Ulrich Obrist, Immendorff– Male Lago, Nationalgalerie, Berlin 2006

[356] Ebd.

[357] Kai Strittmatter, Für die Zukunft seh´ich rot, Süddeutsche Zeitung, München, 21 9.2002.

[358] Wolfgang Büscher, Der Überlebende, Die Welt, Berlin 7.9.2004

[359] Ein Genie leidet Qualen, Bunte, Nr. 20, 2003, S. 40; Ich arbeite weiter, Rheinische Post online, 15. 5. 2003

[360] Auszug aus dem Schweizer Handelsregister SHAB, im Archiv des Autors

[361] Verträge zwischen Immendorff und St. Gilles, im Archiv des Autors

[362] Michael Werner im Gespräch mit Stefan Koldehoff, Es gibt ein Immendorff-Problem, Süddeutsche Zeitung, München, 11.5.2010

[363] Zeugnis n.a. von Jochen Riegel. Der Bruder des Autos war damals persönlicher Assistent Immendorffs. Vgl. Bertram Müller, Jochen Riegel, Assistent bei Immendorff, Rheinische Post, Düsseldorf, 29.5.2008

[364] Jörg Immendorff, Tilman Spengler, 15 Affen für Ida, Berlin 2005 o.S.

[365] Kellner hatten Einblick in bizarre Szene, Rheinische Post, Düsseldorf 19. 8. 2003; Schmid, Barbara, Das dreckige Dutzend, Der Spiegel, Nr. 35, Hamburg 2003, S.152

[366] Kerstin Holzer und Thomas von Züthpen, Der Maler und die Musen, Focus, München Nr. 35, 2003

[367] Immendorff in der Welt am Sonntag, Berlin, 24.8.2003

[368] Ich bin zwei Jahre über meine Zeit – Orgien mit Koks und Prostituierten, eine betrogene Ehefrau eine lebensbedrohende Krankheit, Stern Nr. 36, Hamburg 2003

[369] Aualand Teil 1, Contemporary Fine Arts, Berlin 5.9. bis 11.10.2003

[370] Bunte, Nr. 14, München 2004

[371] Kerstin Holzer und Thomas von Züthpen, Der Maler und die Musen, Focus, München Nr. 35, 2003

[372] Bazon Brock im Gespräch mit dem Autor, Zürich, Mai 2010

[373] Wolfgang Büscher, Der überlebende, Die Welt,Berlin, 7.9.2004

[374] Gerald Taufetter, Der Feind im eigenen Körper, Der Spiegel, Nr. 49, S. 175.

375 Gerald Taufetter, Der Feind im eigenen Körper, Der Spiegel, Nr. 49, S. 175.

376 Website von Christoph Schlingensief, Juni 2010.

377 Gerald Taufetter, Der Feind im eigenen Körper", Der Spiegel, Nr. 49, Hamburg 2010, S. 175; Website der Immendorff Initiative, Juni 2010

378 Der große Immendorff: Kunst gegen Leid, Bild.de, 21. 6. 2006

[379] Jörg Immendorff spricht zu Pamela Kort über seine Stadt, Katalog zu Male Lago, Nationalgalerie Berlin, 2005, S. 20

[380] Fötale Zellen ins Gehirn gespritzt, Süddeutsche Zeitung, München 5.3.2005.

[381] Immendorffs Radikalkur, Der Spiegel, Nr. 10, 2005, S.170

[382] Immendorff, Bohrer in meinem Kopf, Die Welt, 29. 5. 2007

[383] Harald Maass, Die verzweifelte Hoffnung, Der Tagesspiegel, Berlin, 8.3.2005

[384] Jörg Immendorff, Bohrer in meinem Kopf, Die Welt, Berlin, 29.5. 2007

[385] In einer roten Stadt, faz.net, 23. 9. 2005; Peter Raue im Katalog zu Male Lago, Nationalgalerie Berlin, 2005, S. 9

[386] Jörg Immendorff spricht zu Pamela Kort über seine Stadt, Katalog zu Male Lago, Nationalgalerie Berlin, 2005, S. 19

[387] Wolfgang Büscher, Der Überlebende, Die Welt, 7. 9. 2004

[388] Jörg Immendorff spricht zu Pamela Kort über seine Stadt, Katalog zu Male Lago, Nationalgalerie Berlin, 2005, S. 19.

[389] Hanno Rautenberg, Die Kunst des Affen, Die Zeit, Nr. 39, Hamburg 22. 9. 2005

[390] Jörg Immendorff spricht zu Pamela Kort über seine Stadt, Katalog zu Male Lago, Nationalgalerie Berlin, 2005, S. 19.

[391] Jörg Immendorff, Ich habe einen Traum, Die Zeit, Nr. 41, Hamburg 6. 10. 2005

[392] Vgl. Nicola Graef, Ich.Immendorff, Dokumentation, DVD 2008

[393] Andreas Wrede in einer E-Mail an den Autor, April 2010

[394] Peter-Klaus Schuster, Raphael ohne Hände, Katalog zu Male Lago, Nationalgalerie Berlin, 2005, S. 29.

[395] Ebd.

[396] Gotthold Ephraim Lessing, Emilia Galotti. Ein bürgerliches Trauerspiel, Uraufführung 1772, das Zitat stammt aus dem 4. Aufzug.

[397] Ich bin zu sehr noch hier, Immendorff im Gespräch mit Erwin Koch, Die Zeit, Nr. 14, 2005; Peter-Klaus Schuster, Raphael ohne Hände, Katalog zu Male Lago, Nationalgalerie Berlin, 2005, S.23.

[398] Cicero, Nr 1, April 2004.

[399] Bertram Müller, Porträt von Gerhard Schröder - Jörg Immendorff malt elektronisch, Rheinische Post, 24. 11. 2006.

[400] Bertram Müller, Porträt von Gerhard Schröder - Jörg Immendorff malt elektronisch, Rheinische Post, 24. 11. 2006.

[401] Markus Meyer im Gespräch mit dem Autor, Köln, Mai 2010.

[402] Immendorff in Düsseldorfer Uni-Klinik eingeliefert, Rheinische Post online, 23. 11. 2005; Immendorff bekommt Luftröhrenschnitt, Rheinische Post online, 1. 12. 2005, Immendorff fühlt sich befreit, Rheinische Post online, 27. 1. 2006; Immendorff im Gespräch mit Gero von Boehm, ZDF-Sendung, 9. 12. 2005.

[403] Immendorff-Bibel in Leipzig vorgestellt, Rheinische Post online, 17.3.2006.

[404] Die Immendorff Bibel - Die Gute Nachricht Bibel, Gütersloh, 2006

[405] Immendorff im Gespräch mit Florian von Heintze und Kai Diekmann, Bild.de, 20. 3. 2006

[406] Ich bin zu sehr noch hier, Immendorff im Gespräch mit Erwin Koch, Die Zeit, Nr. 14, Hamburg 2005

[407] Markus Meyer im Gespräch mit dem Autor, Köln, Mai und Juni 2010; Hanns-Bruno Kammertöns, Erinnerungen an Jörg Immendorff, Die Zeit (Magazin), Nr. 24, 6. 6. 2007; Hanns-Bruno Kammertöns, Stephan Lamby und Michael Wech, Jörg Immendorff - Der letzte Kampf des Künstlers, Dokumentation 2007; Nicola Graef, Ich. Immendorff, Dokumentation, DVD, 2008.

[408] Kopie im Archiv des Autors.

[409] Hanns-Bruno Kammertöns, Erinnerungen an Jörg Immendorff, Die Zeit (Magazin), Nr. 24, Hamburg 6.6.2007

[410] Kaiserring-Verleihung ohne Immendorff, Rheinische Post Online, 6.10.2006. Immendorff bekommt einen Bambi, Rheinische Post online, 1.12.2006

[411] Tilman Spengler in: Nicola Graef, Ich. Immendorff, Dokumentation, DVD, 2008

[412] Kai Diekmann, Gold-Schröder begeistert Altkanzler, Bild-Zeitung, Berlin, 17.1.2007

[413] Niklas Maak, Goldfinger im Kanzleramt, Frankfurter Allgemeine Zeitung, 19. 1. 2007

# DANK

Mein besonderer Dank gilt Tanja Hollenstein für ihre immerwährende Ermutigung und Unterstützung.

Danken möchte ich allen, die es mir durch ihre Auskünfte ermöglicht haben, dieses Buch zu verfassen. Auch jenen, die nicht genannt werden wollen.

Mein Dank gilt: Helge Achenbach, Irene Ackermann, Prof. Bazon Brock, Annette Behler, Horst Bergemann, Michel Friedman, Ulrike Harbig, Prof. Klaus Honef, Benjamin Katz, Prof. Dr. Dieter Koepplin, Erinna König, Dr. Dawn Leach, Marie-Josephine Lynen, Prof. Dr. Ulrich Krempel, Markus Meyer, Prof. Dr. Thomas Meyer, Elke Pflips, Tilman Spengler, Michael Stevenson, Ernst Tipke, Gabriela Uphaus, Rainer Wengenrot und Andreas Wrede.

Andere waren nicht bereit Auskunft zu geben, sondern versuchten vielmehr juristischen Einfluss auf die Entstehung des Buches auszuüben, auch dies sei erwähnt.

## BILDNACHWEIS

1, 2, 3, 4, 5, 6, 7, 8, 9, 10, 11, 12, 19, 20, 21, 22, 23, 24, 26, 38, 39, 40, 41, 45, 46, 55, 56, 58, 62, 65, 64, 65 - Archiv des Autors

42, 43, 44, 47, 48, 49, 50, 51, 52, 53, 54, 59, 60, 64, 67 - Hans Peter Riegel

25, 27, 28, 29, 30, 31, 32, 33, 34, 35, 37 - Archiv Ulrike Harbig

14, 15, 18 - Archiv der Kunstakademie Düsseldorf

13 - Jörg Boström

17 - Volker Krämer

57 - Benjamin Katz

63 - Michael Stevenson

68 - Tom Lemke

66, 69 - dpa

Sofern trotz umfangreicher Recherche nicht alle Fotografen bzw. Rechtsinhaber ausfindig gemacht werden konnten, bitten wir dies zu entschuldigen.

www.riverside-publishing.ch